中国新股民炒股实战丛书

U0666939

股市有风险 入市需谨慎

散户看盘
实战攻略

（第二版）

黄凤祁 编著

经济管理出版社
ECONOMY & MANAGEMENT PUBLISHING HOUSE

图书在版编目（CIP）数据

散户看盘实战攻略/黄凤祁编著. —2 版. —北京：经济管理出版社，2016.1
ISBN 978-7-5096-3998-6

Ⅰ. ①散…　　Ⅱ. ①黄…　　Ⅲ. ①股票投资—基本知识　　Ⅳ. ①F830.91

中国版本图书馆 CIP 数据核字（2015）第 251556 号

组稿编辑：勇　生
责任编辑：勇　生　王格格
责任印制：杨国强
责任校对：郭　佳

出版发行：经济管理出版社
　　　　　（北京市海淀区北蜂窝 8 号中雅大厦 A 座 11 层　　100038）
网　　址：www. E-mp. com. cn
电　　话：(010) 51915602
印　　刷：三河市延风印装有限公司
经　　销：新华书店
开　　本：720mm×1000mm/16
印　　张：19.5
字　　数：365 千字
版　　次：2016 年 3 月第 2 版　　2016 年 3 月第 1 次印刷
书　　号：ISBN 978-7-5096-3998-6
定　　价：48.00 元

前 言

    股市是充满变数的交易场所，它的走势不以人的意志为转移。在这充满变数的市场中，我们是否无法预测它的走向呢？答案自然是否定的。历史上众多的成功交易者为我们提供了案例，他们获取成功的秘诀不在于获得多少内幕消息，也不在于极佳的运气，而是在于他们掌握了技术分析之道。关于技术分析之道，国内外的众多技术分析大师给出了明确的回答："技术分析之道体现在看盘过程中，是投资者对于盘面信息的解读能力！"可以说，盘面信息是我们分析市场及个股走势的核心要素，能否正确解读盘面信息、破译盘口密码将直接决定我们盈利与否，也决定着我们能否在这个市场中生存下去，使自己的财富保持持续增长的态势。

    本书以解读盘面信息为核心，通过"盘前热身"的基础知识、"六大看盘要素"的实盘讲解、"三大看盘时间"的盘口直击，由浅入深，由知识讲解到实战解析，全面、深刻地为读者提供了从看盘到获利的捷径。

    在实际的盘面信息中，很多的盘口术语、盘口知识是我们必须掌握的。在第一篇"盘前热身篇"，通过七章的讲解向读者详细介绍看盘过程中必要的知识，深刻地理解这些内容有助于我们在第二篇、第三篇的实战解析中更好地理解市场及个股的走势。第一章至第三章，讲解了相关的盘口术语、分析方法、大盘指数、个股的分类及板块的特性等基础性的内容，这些概念性的东西是我们进行看盘的准备工作，也是我们全方位理解市场的出发点；通过第四章对市场趋势的讲解、第五章对影响股市走向因素的讲解、第六章对于市场主力的讲解等内容，将使读者对股市的起起伏伏有一个更为透彻的认识，也是通过股市走势的表面现象去认识市场深层交易的一个过程；第七章讲解了反映市场平均持仓成本变化情况的筹码分布知识，筹码分布理论的客观性、准确性已经获得了广大投资者的认可，理解好这种盘面信息有助于更好地研判市场及个股的走势。

    在看盘实战时，我们往往要有所侧重才行，因为盘面信息多种多样，我们既没有精力去研究每一种盘面数据，也没有必要去全面地顾及它们。据笔者经验而言，"量价配合"、"分时线走势"、"指标形态"、"涨跌停板"、"主力动向"、

"题材股走向"这六方面的信息是在看盘中应重点关注的内容，只要把这六方面内容学懂、学透，就可以在纷繁复杂的盘面数据中捕捉到最有用的信息，从而更准确地分析个股、预测个股走势，这就是本书的核心——六大看盘要素。不同的投资者有不同的投资风格，有的投资者偏向于短线操作，有的投资者则偏向于中长线操作，读者在学习这六种看盘要素时还要结合自己的投资风格。可以说，这六种看盘要素均适合于短线操作，但是对于中长线操作来说，"量价结合"及"主力动向"则显得更为重要。

　　无论是主力的行为还是市场中多空力量的转变，都是通过盘中交易反映出来的，而相关的交易细节就反映在每个交易日6个小时的交易时间中。在实际看盘中，我们可以从不同的角度着手。在第二篇中，我们从不同种类的盘面信息分析个股的走势。在超短线的实盘操作中，当日的盘中交易情况更为重要，它是把握个股数日内波动情况的直观窗口。在第三篇中，我们将把每个交易日的盘中交易划分为三个时间段，即开盘及早盘30分钟、中盘30分钟、尾盘30分钟。市场或个股在这三个时间段的不同运行状态反映了不同的市场含义，理解好这些运行状态将会使我们能在短线操作中更为准确地把握买卖点。在这一篇中我们详细介绍了每个时间段的交易细节。

　　本书在编写时得到了石娟、俞慧霞、马连萍、杨慧艳、韦志夫、张乐、吕艳、李志华、高坤、吴华、王海涛、谢荣湘、张玉梅、李星野、黄皇华、王媛媛、梁小明、王天宝、石国桥、何凤娣等人的支持，在此表示深深的感谢。

目 录

第一篇 盘前热身篇

第二篇　细节看盘之六大看盘要素

第三篇 细节看盘之三大看盘时间

第一篇 盘前热身篇

导 读

在实际的盘面信息中，有很多的盘口术语、盘口知识是我们必须掌握的。本篇通过七章的讲解，向读者详细介绍看盘过程中必要的知识，深刻地理解这些内容有助于在第二篇、第三篇的实战解析中更好地理解市场及个股的走势。第一章至第三章讲解了相关的盘口术语、分析方法、大盘指数、个股的分类及板块的特性等基础性的内容，这些概念性的东西是我们进行看盘的准备工作，也是我们全方位理解市场的出发点；通过第四章对市场趋势的讲解、第五章对影响股市走向的因素的讲解、第六章对市场主力的讲解等内容，将使读者对股市的起起伏伏有一个更为透彻的认识，也是通过股市走势的表面现象去认识市场深层交易的一个过程；第七章讲解了反映市场平均持仓成本变化情况的筹码分布知识，筹码分布理论的客观、准确性已经获得了广大投资者的认可，理解好这种盘面信息有助于更好地研判市场及个股的走势。

第一章 掌握看盘术语，理解股市
分析方法

在看盘过程中，我们会接触到各种各样的看盘术语，虽然参与股市交易并不需要太多的专业知识，但是投资者如果想要通过看盘而打开股市的获利之门，首先就要理解看盘过程中所遇到的各种术语、概念。在本章中，我们从看盘的基本概念讲起，力求让读者对看盘过程中所遇到的各种术语有一个更为清晰、全面的认识，从而为后面讲到的看盘实战打好基础。

第一节　常见看盘概念集锦

一、集合竞价

沪、深两市每个交易日上午9：15~9：25为集合竞价时间。集合竞价行为是指个股在当天还没有开始正式交易的时候，投资者基于昨日个股的收盘价及当日个股的预期走势进行申报买入或卖出的行为。在每个交易日的9：15~9：25这段时间内，大量买入或卖出某种个股的信息都输入到电脑内，但此时电脑只接受信息，不撮合信息。在正式开市前的一瞬间（9：30），电脑撮合定价（即产生开盘价），撮合原则并不是按照时间优先和价格优先的原则，而是按最大成交量的原则来定出股票的开盘价。集合竞价是个股全天走势的开端，在一定程度上反映出个股当日的活跃程度，也是市场上多空双方对于此股当日走势的一种预期，是我们在看盘过程中应重点关注的要素之一。投资者在参与集合竞价过程时，有一点是要格外注意的，那就是在9：15~9：20委托的交易单可以在9：20之前撤掉，而在9：20之后进行委托的单子是不能撤掉的，只有在9：30开盘后没有成交的情况下才能撤掉。

二、开盘价、收盘价、最高价、最低价

开盘价是由每个交易日的集合竞价产生的，相对于上一个交易日的收盘价

来说，可以分为高开、平开、低开三种方式：若当日的开盘价高于上一个交易日的收盘价则称之为高开；若当日的开盘价等于上一个交易日的收盘价则称之为平开；若当日的开盘价低于上一个交易日的收盘价则称之为低开。

开盘价预示着一个交易日的开始，而收盘价则代表着一个交易日的结束。在计算每个交易日的收盘价时，沪、深两市存在着一定的区别：沪市以每个交易日最后 1 分钟内的所有交易的加权平均价计算得出；深市的收盘价则是通过最后 3 分钟内的竞价方式产生。相对于上一个交易日的收盘价来说，若当日的收盘价高于上一个交易日的收盘价，则称之为上涨；反之则称之为下跌。

最高价是指当日盘中交易所产生的最高成交价格，最低价是指当日盘中交易所产生的最低成交价格，通过最高价与最低价我们可以知道个股当日的波动幅度如何。开盘价、收盘价、最高价、最低价这四个价位是构成 K 线的四大要素，通过 K 线走势我们可以很清晰地了解到个股的走势情况。

三、股价

股价又称为股票的交易价格，是指股票在交易过程中交易双方达成的成交价，通常所指的股票价格是指市价。股价的涨跌直接牵动着股民的神经，因为股价的上涨或下跌直接决定着股民是盈利还是亏损。随着交易的不断进行，股价会处于不断的变化之中，同时，股价的变化也是股民决定购买股票的依据。当股价过高时，个股处于明显的高估状态，后期下跌的可能性较大，股票的购买力一般会相应降低；反之，当股价较低时，个股处于相对的低估状态，后期上涨的可能性较大，股票的购买力会相应增强。

四、多头与空头

多头与空头是一对相对的概念，它们分别指股市中的两类投资者，多头投资者构成了多方阵营，而空头投资者则构成了空方阵营。多头是指那些预计股价会上涨的投资者，这些投资者由于看好市场整体或个股后期的上涨走势，或是积极地持有个股或是趁低位之际买入个股，他们是推动股价上涨的动力。空头则是指那些预计股价会下跌的投资者，这些投资者认为市场整体或个股后期将出现下跌走势，或是及时卖出手中持有的个股或是在场外持币观望，他们是导致股价下跌的动力。当多方的力量压倒空方的力量时，即买盘的力量强于卖盘的力量，市场整体或个股会在相应的时间段内出现上涨走势；反之，当空方的力量压倒多方的力量时，即卖盘的力量强于买盘的力量，市场整体或个股会在相应的时间段内出现下跌走势。

五、趋势

在汉语词典里，趋势的意思是"事物或者局势发展的动向"，并且当人们用"趋势"这个词来表示一个事物状态时，目的是"对一种模糊的、不够明确的、遥远的运行方向采取行动"。同样，在股市中也有趋势这个概念，但是它所指的内涵稍有不同，股市中的趋势是指市场或个股持续时间较长的整体性运行方向。在平常的使用中，我们可以将趋势依据其运行方向划分为三种，即上升趋势、下跌趋势、横盘震荡趋势。此外，依据道氏理论，我们也可以将趋势划分为三种：主要趋势、次要趋势、短期趋势。在后面我们会详细地阐述趋势这一概念。

六、多头市场（牛市）与空头市场（熊市）

多头市场也称为牛市，是指市场整体处于上涨趋势之中，且持续时间较长、累计上涨幅度较大，多头市场运行中的典型特点由一系列的大涨和其间出现的一连串的小幅回调构成。导致多头市场出现的原因有很多，比如，上市公司整体性盈利能力增强、经济处于繁荣时期、新兴产业发展、国家政策导向、资金流动性过剩等。空头市场也称为熊市，是指市场整体处于下跌趋势之中，且持续时间较长、累计下跌幅度较大，空头市场运行中的典型特点由一系列的大跌和其间出现的一连串的小幅反弹构成。导致空头市场出现的原因有很多，比如，上市公司整体性盈利能力下降、经济处于低迷期、外围股市带动、资金流动性紧缩等。

七、涨跌幅限制

在国内股市中，涨跌幅限制是指为了防止交易价格的暴涨暴跌、抑制过度投机，对每只股票当天价格的涨跌幅度予以适当限制的一种交易制度。经中国证监会同意，上海证券交易所和深圳证券交易所自 1996 年 12 月 26 日起，分别对上市交易的股票（含 A、B 股）、基金类证券的交易实行价格涨跌幅限制，即在一个交易日内，除首日上市的新股之外，上述证券的交易价格相对上一交易日收市价格的涨跌幅度不得超过 10%，超过涨跌限价的委托为无效委托。涨跌幅限制制度是新兴股票市场中的一种常见制度，它的目的就是防止股价剧烈波动，维护证券市场的稳定，保护中小投资者的利益。

八、涨停板与跌停板

涨停板与跌停板是涨跌幅限制制度下的产物，当股票价格上涨到当日的涨限价时价格并不回落，而是在涨限价价位上持续交易，此时的股价走势称为涨停板；与之相反的就是跌停板，当股票价格下跌到当日的跌限价时价格并不回升，而是在跌限价价位上持续交易，此时的股价走势称为跌停板。涨停板与跌停板是股价走势较为极端的两种形态，涨停板反映出个股当日有强烈的上涨需求，但是基于涨幅限制，个股只能在上涨到涨限价后停止上涨，并在这一价位进行交易，由此形成了涨停板；跌停板反映出个股当日有强烈的下跌需求，但是基于跌幅限制，个股只能在下跌到跌限价后停止下跌，并在这一价位进行交易，由此形成了跌停板。

九、T+1 制度

T+1 制度是我国股市中的一种交易方式，它是指投资者在买入一只个股后，只能等到下一个交易日才能卖出此股。目前，我国上海、深圳证券交易所对 A 股实行 T+1 交易制度，而对 B 股实行 T+3 交易制度。

十、停牌与复牌

停牌是指股市或个股停止交易，复牌则是相对于停牌来说的，是指又可以开始交易了。在股市中，我们常常看到个股因为一些原因出现停牌的现象。一般来说，股票停牌有以下三个方面的原因：一是上市公司有重大事项实施时，如公布年报、召开股东大会、进行资产重组、股权变动等。二是当个股走势出现异常波动时，证监会认为上市公司需要就有关对公司有重大影响的问题进行澄清和公告。三是上市公司涉嫌违规而需要进行调查时，对上市公司的股票进行停牌，是证券交易所为了维护广大投资者的利益和市场信息披露公平、公正以及对上市公司行为进行监管约束而采取的必要措施。至于停牌时间长短要视情况来确定。当上市公司重大事项实施完毕或依据中国证监会要求进行了相关信息的披露后，个股就结束停牌（即复牌）并开始正常交易。

十一、委买盘与委卖盘

委买盘对应于股票行情软件中的"买一"至"买五"所构成的委买盘窗口，它反映了投资者委托买单的情况；与之相对的就是在它上方的委卖盘窗口，委卖盘对应于"卖一"至"卖五"所构成的委卖盘窗口，它反映了投资者委托卖单的情况。委买盘与委卖盘各包含了五档价位，每一档的委买盘对应的这一价位处委托买入数量，即委买手数（以"手"为单位，1 手 = 100 股）；每一档的委卖盘对应的这一价位处委托卖出数量，即委卖手数（以"手"为单位，1 手 = 100 股），它们均指那些已委托而未成交的数量。一般来说，在当日的交易过程中若委买盘较大而委卖盘较小，则股价走势看涨；反之，则看跌。

十二、主动性买盘与主动性卖盘

委买盘与委卖盘仅仅反映了委托挂单的情况，它们不一定能真实成交，但是主动性买盘与主动性卖盘则不同，它们是真实成交的单子。投资者在买入股票的时候，以委买盘的价位挂出买入单子从而达到主动性买入称之为主动性买盘；投资者在卖出股票的时候，以委卖盘的价位挂出单子从而达到主动性卖出则称之为主动性卖盘。一般来说，主动性买盘越多，投资者看好后市，所以股票继续上涨的可能性越大；主动性卖盘越多，投资者不看好后市，所以股票继续下跌的可能性越大。

十三、板块

当我们依据某种分类标准将具有相同特性的个股划分到一起时，这些个股就形成了一个板块，这个划分标准可以是行业或地域，也可以是题材与概念，依据不同的标准可以划分出不同类型的板块。比如，依据上市公司的行业特点，我们可以将股票划分为钢铁板块、银行板块、电力板块、券商板块、房地产板块等；依据上市公司的地域特点，我们可以将股票划分为北京板块、上海板块、新疆板块等。将数量繁多的个股划分为板块，既是统计上的需要，也是我们分析的需要，可以说，以板块的角度来分析个股是进行基本面分析时的依据，也是进行技术分析时的出发点之一。有时，一只股票因同时具有两个或两个以上的特征而被划进多个板块，这时板块的划分就出现重叠，即同一只股票按不同的标准可归属不同的板块。板块的划分标准虽然五花八门，但基本上可以归纳为两大标准：行业特征划分标准、市场特征划分标准。

十四、龙头股

龙头股是指在某一时期内，在主力对股票市场的某一板块的炒作中，对同行业板块的其他股票具有影响和号召力的股票，它的涨跌往往对本板块中其他个股的涨跌起引导和示范作用。龙头股会在上涨时冲锋，回调时抗跌，是能够起到稳定军心作用的"旗舰"股票。

十五、绩优股、成长股、垃圾股、ST 类股

绩优股，顾名思义，就是指那些业绩优秀的上市公司的股票。这些上市公司在经过长时间的发展之后，已经具备相当的竞争优势，这些优势既包括资金、技术、垄断资源的优势，也包括人才储备、市场渠道、信誉等方面的优

势，因此，对市场出现的各种变化具有较强的承受和适应能力，其业绩也呈现出稳定且长期上升的趋势。由于绩优股具有较高的投资回报和投资价值，因此，绩优股总是受到投资者，尤其受到那些进行中长线布局的价值投资者的青睐。

成长股是指那些具备优秀成长潜力的上市公司，这些公司主营业务突出，在同行中具备较强的优势。虽然成长股也是业绩优秀的个股，但是与绩优股不同，成长股侧重于指那些业绩可以在较长的时间内实现高速增长的上市公司，而绩优股则偏重于指那些业绩增速相对较为缓慢的上市公司。成长股的一个显著特点就是，由于公司持续增长的业绩可以对不断攀升的股价形成有效支撑，股价上涨与公司的高速成长处于同步运行当中。因此，投资者在操作这种股票时，最好的操作策略就是长期持有。

与绩优股相对应的垃圾股是指业绩较差的公司的股票，这类上市公司或者由于行业前景不好、或者由于经营不善、或者由于领导层的能力低等原因，导致其在同行业中竞争力极弱、毫无优势，公司每年的税后利润也处于一种极低的状态，有时甚至进入亏损行列。

ST 股就是业绩连续 2 年亏损的股票，而连续 3 年亏损的则要在 ST 前面加一个星号，表示有退市风险。

十六、大盘股、中盘股、小盘股

在股市中我们常听到大盘股、中盘股、小盘股，这一称呼以个股的总股本数来区分，大盘股、中盘股、小盘股是一组相对的概念。大盘股，顾名思义，是指发行的股票数量极多（盘子极大）的股票，像中国石油、工商银行有上百亿股的股票自然要称为大盘股，而像武钢股份、鞍钢股份有几十亿股的股票，我们也可以将其称为大盘股。一般来说，总股本在 10 亿股以上的股票称为大盘股，总股本在 10 亿股以下、5 亿股以上的称为中盘股，总股本小于 5 亿股的称为小盘股。随着股市的不断扩容，以及"大小非"解禁、增发、配送股等行为带来的总股本、流通市值的变化，小盘股有可能演变成为中盘股，而中盘股则有可能演变为大盘股。

第二节　基本面分析及相关盘口术语

基本面分析是从宏观经济走向角度、行业发展前景角度、上市公司盈利能力角度三方面出发，对上市公司未来的业绩增长情况进行分析的方法。

一、宏观经济走向分析

股市是经济变化的"晴雨表"，宏观经济的预期走势与股市的预期走势具有一致性，因为个股的走势与大盘走势是息息相关的，因此，分析宏观经济走向也可以说是分析大盘走势。从宏观经济来分析股市总体走向一般可以从以下两点入手：一是从经济周期入手；二是从当前经济指标入手。经济周期决定股市周期，股市周期的变化反映了经济周期的变动；而当前宏观经济指标则反映出当前经济处于经济周期的哪一阶段、目前经济情况是否正在发生变化等信息。

经济周期（Business Cycle），也称商业周期、景气循环，它是指经济运行中周期性出现的经济扩张与经济紧缩交替更迭、循环往复的一种现象。一个经济周期可以划分为衰退、萧条、复苏、繁荣四个阶段。很明显，衰退、萧条阶段对应于股市运行趋势中的熊市阶段；而复苏、繁荣阶段则对应于股市运行中的牛市阶段。但是在通过宏观经济走向理解股市的整体运行趋势时，还应注意到，股市的走向往往有预期效应，股市走势会先于宏观经济走向。因此在实际操作中，我们可以在经济周期中的萧条时期，个股处于低估状态时积极布局，这样就可以在随后出现的复苏、繁荣阶段获取股市上涨所带来的利润，并在经济繁荣时期、个股估值明显处于泡沫状态时抛出股票以保住利润。

经济周期是经济运行的规律，它无法帮助我们解读当前的宏观经济情况，而经济指标是反映一定社会经济现象的数量方面的名称及其数值，它可以通过数字化的形式，实实在在地反映出当前的经济情况。常见的经济指标及其含义如下。

1. 国内生产总值（GDP）

GDP 是反映一个国家或地区经济状况的一个重要指标，在宏观经济分析中占有重要地位。它是指一个国家或地区在一定时期内，运用生产要素所生产的全部最终产品（物品和劳务）的市场价值，是对一个国家或地区的经济在核算期内所有常住单位生产的最终产品总量的度量。GDP 持续稳定的增长，则代表经济发展势头良好，如我国在 2009 年提出的经济"保八"目标就是指保证 GDP 的增长率在 8%以上。在经济从复苏期到繁荣期阶段，GDP 增速会保持相对稳定的状态，处于这种宏观经济走势下，企业盈利能力会提升、好的企业也会实现业绩的逐年增长，投资者可以通过购买股票分享经济发展的成果，例如，2003 年后，我国的 GDP 每年都保持了 10%以上的增长，在这种良好的氛围下，催生了 2007 年史无前例的大牛市的诞生。如果 GDP 增速放缓，则代表经济发展速度减缓，若 GDP 连续两年下降则代表经济陷入衰退，此时就不是介入股市的时机。

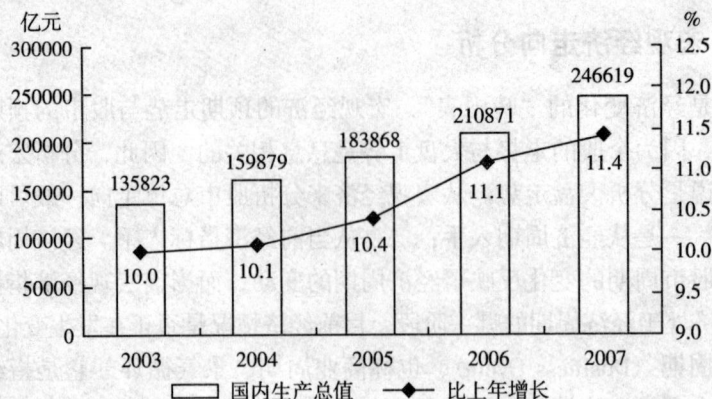

图 1-1　2003~2007 年国内 GDP 走势图

2. 消费者物价指数（CPI）

消费者物价指数（Consumer Price Index），英文缩写为 CPI，是与居民生活有关的产品及劳务价格统计出来的物价变动指标，是度量通货膨胀水平的工具。如果消费者物价指数升幅过大，表明通胀已经成为经济不稳定因素，会阻碍经济的发展，从而也影响股市的走势。CPI 不仅是反映宏观经济情况的指标，与普通百姓的生活也密切相关，如果在过去的一年中，CPI 指数上升了 5%，这表示现在的生活成本比去年平均上升了 5%，或者说是现在货币购买力相比于去年降低了 5%，即现在的 100 元只能买到一年前 95 元的货品及服务。经济学家们普遍认为温和的通货膨胀（即 CPI < 3%）有利于经济健康发展，但是当 CPI > 3% 时，则会造成经济发展不稳定。一般说来，当 CPI > 3% 的增幅时，就是通货膨胀；而当 CPI > 5% 的增幅时，就是严重的通货膨胀；当 CPI > 5% 而股市不涨反跌时，就是可怕的"滞涨"，这种关系代表着经济已开始出现衰退。

3. 生产者价格指数（PPI）

生产者价格指数（Producer Price Index），也称产品价格指数，英文缩写为 PPI。PPI 是衡量工业企业产品出厂价格变动趋势和变动程度的指数，是测量在初级市场上出售的货物（即在非零售市场上首次购买某种商品时，如钢铁、木材、电力、石油之类）的价格变动的一种价格指数，是反映某一时期生产领域价格变动情况的重要经济指标。根据价格传导规律，PPI 对 CPI 有一定的影响。PPI 反映生产环节的价格水平，CPI 反映消费环节的价格水平。生产者价格指数的上涨反映了生产者价格的提高，相应地生产者的生产成本增加，生产成本的增加必然转嫁到消费者身上，导致 CPI 的上涨。PPI 是衡量通货膨胀的潜在性指标。值得注意的是：由于 CPI 不仅包括消费品价格，还包括服务价格，CPI 与 PPI 在统计口径上并非严格的对应关系，因此 CPI 与 PPI 的变化出现不一致的情况是可能的。

4. 利率

利率又称利息率。表示一定时期内利息量与本金的比率，通常用百分比表示，按年计算则称为年利率。其计算公式是：

利息率＝利息量/本金/时间×100%

利率作为一种工具，其作用主要体现在国家对经济的宏观控制上，当经济过热、通货膨胀上升时，便提高利率、收紧信贷；反之则会将利率适当地调低，以鼓励资金流入市场从而刺激经济发展。可以说，利率是重要的基本经济因素之一。一般来说，利率的高低与股市呈反向关系，当利率上升时，由于存入银行获得的利息额较多，这样就会影响投资者进入股市的热情；而利率较低时，由于银行的利息不及上市公司的分红回报，投资者就更愿意将钱投进股市。

5. 财政收入与支出

财政收入是指国家通过一定的形式和渠道集中起来的货币资金，是实现国家职能的财力保证；财政支出是指为满足政府执行职能需要而使用的财政资金。财政收支的平衡关系对社会供求总平衡造成影响，进而影响经济发展。当财政收入大于支出时（称财政盈余），此时可以采用压缩财政支出的方法以减少社会需求，给过热的经济降温，股市会呈现下跌走势；当财政收入小于支出时（称财政赤字），政府增加财政支出具有扩张社会需求、拉动经济增长的功效，此时股市会随着经济的增长出现强势，但是过大的财政赤字由于严重超出了政府所具有的还债能力，则会造成财政负担和经济恶化。

二、行业发展前景分析

行业分析是介于宏观经济分析、上市公司分析之间的中观层次的分析。一般而言，每个产业都要经历由成长到衰退的发展演变过程，这个过程称为行业的生命周期。行业的生命周期通常可分为四个阶段：初创阶段、成长阶段、成熟阶段、衰退阶段。处于初创阶段及成长阶段的行业称为朝阳行业，而处于衰退阶段的行业由于已经不符合经济发展的潮流，所以被称为"夕阳行业"。这种"朝阳行业"、"夕阳行业"等称呼在一定程度上反映了某一行业的发展前景。通俗地讲，朝阳行业就是刚刚兴起，正在发展阶段，而且有相当大的发展空间的行业，比如生物技术、新能源、电子信息行业，通信行业，等等。夕阳行业，比如钢铁、机械、自动化行业等，已经发展得很完善而且技术水平已相当高，发展上升的空间很小。身处朝阳行业中的公司，如果自身实力较为突出且在同行业中具备较强的竞争能力，则其发展空间是极为广阔的，而那些身处夕阳行业中的公司，即使具备较强的竞争力且公司领导层也极有实力，但由于所处行业的局限，其未来的成长空间也极其有限。

在分析行业前景时，我们可以从政策导向及经济周期的角度出发。国家根据宏观经济发展的需要，往往会在某一特定的历史时期内对某些相关产业进行扶持，在国家政策的支持鼓励下，身处这一行业中的公司就有很好的发展机遇。此外，我们还应注意区分行业的不同性质，根据这些行业与宏观经济周期的密切程度不同，可以将行业分为增长型行业、周期型行业、防御型行业三类。增长型行业的运动状态与经济活动总水平的周期、振幅无关。这些行业主要依靠技术的进步、新产品的推出及更优质的服务来使其呈现出增长形态，因此，其收入增长的速率与经济周期的变动不会出现同步影响。周期型行业的运动状态直接与经济周期相关。当经济处于上升时期，这些行业会紧随其扩张；当经济衰退时，这些行业也相应衰落。如消费品业、耐用品制造业及其他需求弹性较高的行业，就属于典型的周期型行业。防御型行业因其产业的产品需求相对稳定，所以不受经济周期处于衰退阶段的影响；相反，当经济衰退时，防御型行业或许会有实际增长，例如食品业和公用事业。

三、上市公司基本面情况分析

上市公司的基本面分析是指在不考虑个股二级市场走势的情况下，通过对上市公司整体、全面的考察而得出公司的盈利能力、发展前景、竞争能力、管理水平等实际情况的分析方法。从长期的角度来看，二级市场中的股价走势最终是要与公司的实际业绩情况相挂钩的，因此，通过进行基本面分析，我们可以从中长期的角度得出个股在二级市场中的总体走势情况。

在进行基本面分析时，我们既要关注企业当前的竞争能力与盈利能力，也要关心企业的未来发展潜力。好企业的标准不仅表现在当前较强的竞争能力与盈利能力上，还表现在未来较长时间内仍能保持较快的业绩增速。

对于企业的竞争能力来说，一个极具竞争能力的上市公司，其在同行业中的竞争地位是通过规模优势、较高的产品质量、不断的技术革新、熟谙市场情况、注意产品需求动态、推销技术高明等条件的具备而获得的。公司的竞争能力主要是通过考察与年销售额相关的数据得出，主要包括：年销售额、年销售额增长率、年销售利润率。年销售额反映公司在行业中的竞争地位，在关注这一指标时，我们可以将该公司的年销售额与该行业的总销售额对比，计算出该公司销售额占全行业销售额的比重，以反映公司产品市场份额的大小；年销售额增长率反映公司自身销售额的增长水平，年销售额的稳定性，能使股东获得稳定的股息和红利，同时，也给投资者发出该公司的管理具有稳定、可靠保证的信号；年销售利润率也是反映公司竞争能力的一个重要指标，当公司的销售额较高、而销售利润率偏低或接近亏损时，说明公司及其产品已处于竞争极为激烈的阶段，投资者对该公司的经营要多加留意。

对于企业的盈利能力来说，它体现了公司当前的运转状况及公司的盈利水平。在实际分析中，可以利用企业发布的财务报表资料分析企业的盈利情况。从财务报表中，投资者只需通过为数不多的几个财务指标（如每股收益、每股净资产、公积金、市盈率、市净率等），就可以对企业的盈利能力有一个全面、细致的了解。

（1）每股收益是测定股票投资价值的重要指标之一，其计算方法为税后利润与股本总数的比率，即：

每股收益 = 税后利润/股本总数

在股本总数不变的情况下，每股收益越高，则表明上市公司所创造的利润越多，可供股东分配的利润就越多，同时说明上市公司的盈利能力强，是基本面极佳的公司。

（2）每股净资产，即公司资本金、资本公积金、资本公益金、法定公积金、任意公积金、未分配盈余等项目的合计，它代表全体股东共同享有的权益，也称股票净值，是股票投资者评估、分析上市公司实力的重要依据之一。每股净资产在会计上叫做所有者权益，是用会计统计的方法计算出来的每股股票所包含的资产净值，其计算方法是用公司的净资产（包括注册资金、各种公积金、累积盈余等，不包括债务）除以总股本，得到的就是每股的净值，其中：

净资产 = 总资产 − 负债

股份公司的每股净资产越高，则股东实际拥有的资产就越多。由于每股净资产是财务统计、计算的结果，数据较精确而且可信度很高。净资产的多少是由股份公司经营状况决定的，股份公司的经营业绩越好，其资产增值越快，股票资产净值就越高，因此股东所拥有的权益也越多。

（3）市盈率又称为本益比，是某种股票每股市价与每股收益的比率。

市盈率 = 普通股每股市场价格/普通股每年每股收益

上式中的分子是当前的每股市价，分母可以是最近一年收益，也可以是未来一年或几年的预测收益。市盈率反映了在每股盈利不变的情况下，当派息率为100%时，在所得股息没有进行再投资的条件下，经过多少年我们的投资可以通过股息全部收回。一般情况下，一只股票市盈率越低，市价相对于股票的盈利能力越低，表明投资回收期越短，投资风险就越小，股票的投资价值就越大；反之则结论相反。当用上一年度的每股收益水平来计算当前个股的市盈率时，这种计算方法得出的市盈率称之为"静态市盈率"，它不能反映股票因本年度及未来每股收益的变化而使股票投资价值发生变化的情况，因此具有一定滞后性。以券商或机构通过分析、预测所得出的本年度或下一年度的每股收益水平来计算当前个股的市盈率时，这种计算方法得出的市盈率称之为"动态市盈率"，这种计算方法虽然可以动态地看待公司的业绩变化情况，但是由于券商或机构所给出的上市公司预期业绩与公司未来的实际业绩情况不符，因此往往会出现错误。在实际应用中，我们既要重视企业的静态市盈率，也要重视它的动态市盈率，只有那些保持稳定持续增长的企业才是我们进行价值投资的首选。此外，在进行市盈率的分析时，我们还应注意行业的不同特点，成熟性的产业（比如钢铁、煤炭、电力等）市盈率一般在 10 倍左右是较为合理的估值中枢，而对于成长型的行业（比如电子信息、生物技术、新能源等）由于仍处于高速成长期，合理的市盈率可以放大到 20 倍左右，对于那些大于 30 倍市盈率的股票，则完全是由资金参与造成的结果，是投机的产物。

（4）市净率也称净资产收益率，是公司税后利润除以净资产得到的百分比率，它可以衡量公司的资本运作效率。

市净率 = 每股市价/每股净资产

市净率较高说明公司的资本运作效率较高，这样的企业往往是前期经过了高速的成长或目前正处于高速成长期；市净率较低说明公司的资本运作效率较低，这样的企业很可能处于起步阶段或衰退阶段。但是过高的市净率也蕴涵了较高的风险，因为企业一旦增速放缓，则股价往往就会大幅下跌，一般来说，市净率这个数值在财务管理理论中以 3 左右为优良。

第三节　技术面分析及相关盘口术语

一、理解技术分析

基本面情况的分析侧重于从宏观经济走向、行业发展前景及上市公司实际情况的角度出发，以此来研究股价的长期性、整体性的走势。技术分析是通过股市中所发生的交易行为预测股票市场及个股价格的走势。在实际分析过程中，技术分析所使用的数据与理论、工具主要包括：成交量、K 线图、盘中成交细节、经典技术分析理论、技术指标等。可以说，技术分析只关心市场本身的变化情况，而对上市公司的基本面情况则不予关注。

由于股市具有极强的预期性，那些通过基本面分析得出的结论不一定能马上反映到股价的走势上，对股价短期内走势产生决定性作用的力量来自于二级市场中的供求关系。当市场中的买盘明显多于卖盘时，即使同期的宏观经济情况不理想、上市公司业绩不佳，但由于买盘的有力推动，股价仍可以持续上涨；当市场中的卖盘明显多于买盘时，即使宏观经济正处于高速发展之中、上市公司业绩喜人，但由于买盘较弱而卖盘较强，则股价的走势往往会不尽如人意。可以说，股票市场在短时间内的价格波动是由二级市场中买卖盘的力量强度对比决定的，这便是技术派进行分析的出发点，而技术分析的实质是透过各种各样的交易数据去研究买卖盘的力量对比程度及变化趋势，从而去预测股价或市场的走向，即技术分析是从市场本身已发生的行为去推测市场未来的走势。相对于基本面分析，技术分析的实时性更强，在短期内对于个股或市场走势的预测也更为准确，它是我们进行股票买卖时的最为重要的一种分析方法。

二、技术分析的前提（技术分析为何准确）

进行技术分析的投资者存在着这样一种共识：一切影响到个股走势的因素，例如上市公司基本面的转变、业绩的改善、买盘与卖盘的转化关系等，都反映在个股二级市场中的实际股价运行之中，因此我们只需关注股价的走势即可。这一共识是有着其正确性的，但是并不能完全反映出技术分析的可靠性。下面，我们了解一下技术分析的可靠性是建立在哪些前提条件之下的。

1. 技术分析的前提之一——市场行为涵盖一切

这一前提说明市场的实际走势最具说服力，市场的走势也是永远正确的。技术分析投资者认为，影响股价波动的因素都会反映在二级市场中个股的实际走势当中，只要不把思维局限于基本面分析当中，这一前提是很容易理解的。进行基本面分析的投资者往往存在着这样一种误区，即个股的股价波动情况应是以基本面变化情况为核心的。但事实往往并非如此，基本面虽然是影响个股走势的一个重要因素，但绝非是唯一的因素。股价波动直接体现在买卖盘关系的变化之中，而买卖盘的关系转化还包含了投资者的情绪、投资者的规模、投资者对于个股基本面的认可程度等，可以说是这些综合因素决定了股价的走向。而技术分析中的这一前提，即市场行为涵盖一切，恰恰也包含了这些综合的因素。因此，相对于基本面分析来说，技术面分析更能客观、迅速地反映股价的运行情况。既然影响股价的所有因素最终都要通过股价变动的方式反映出来，那么研究价格就够了。实际上，技术分析师只不过是通过研究价格图表及大量的辅助技术指标，让市场自己揭示它最可能的走势。

2. 技术分析的前提之二——股价走势有趋势可循

在技术分析里，趋势被认为是存在的，这一观点既是对股市走势的经验总结，也是人们在长期研究股市走向过程中总结出来的一条客观规律。投资者通过研究股市的历史走势来认识趋势的存在性，同时通过趋势对股市进行更为深入的理解。"股价走势有趋势可循"这一前提条件包含了三层意思：第一，承认趋势的存在，并把趋势划分为上升趋势、下跌趋势、横盘震荡趋势三种；第二，个股或市场整体将会依趋势而运动；第三，正在进行的趋势将会持续下去，直至发生反转，这可以说是牛顿惯性定律在金融领域的应用，这也意味着现在的趋势将会延续，直到某种原因导致趋势的转变，而促使趋势发生反转的原因可能是政策性的，也可能是过度投机造成的。研究股市趋势性的意义是要在一个趋势发生、发展的早期，及时准确地把它揭示出来，从而达到顺应趋势交易的目的，而在趋势出现反转迹象的时候则要转变思维。

3. 技术分析的前提之三——历史往往会重演

所谓历史会重演是指市场处于相似的运行状态时，市场的预期走势也会趋于相同。这种相似的状态是通过交易数据来得出的，例如，K线走势、成交量形态、市场环境等。

这一前提是依据人类心理学理论得出的：相似的心理预期决定了市场后期的相似走势，而相似的价格形态恰恰反映出了人们这种相似的心理预期。市场行为本身也确实验证了这一点，价格形态通过一些特定的价格图表形状表现出来。研究者发现，相似的股价形态表示了人们对某市场看好或看淡的心理。因此，这种相似的股价形态往往都能演变出相同的后期走势，它是人类心理共通性在股市中的反映。这一前提条件也充分揭示了技术分析的核心所在，即通过研究股价的历史波动情况找出规律，并将目前的市场走势与其比较，如果发现它们存在着较为相似之处，则可以依据历史中的走势去推测目前市场的后期走势情况。当然，历史走势情况只能是一种借鉴，在实际分析当中，我们还要结合当前的具体市场环境。

三、技术分析中的盘口术语

投资者看盘的目的是通过技术分析以准确地预测个股的未来走势。虽然我们也会关注一下个股的基本面情况，但看盘的重点仍是围绕技术分析展开的。因此，熟悉并掌握技术分析中的各种看盘术语就显得极为重要。下面，我们详细地介绍一下各式各样的技术分析看盘术语，这些术语从各个不同角度反映了市场的整体运行情况，是我们进行技术分析时不可或缺的工具。

1. K线图

K线也常被称为蜡烛线、日本线、阴阳线、棒线等，每一根K线描述了个股的当日波动情况及股价涨跌情况。将各个交易日的K线连接起来，就得到了反映市场或个股历史走势情况的K线图。单根K线由开盘价、收盘价、最高价、最低价四个价位组成，中间的矩形称为实体，开盘价低于收盘价称为阳线，中部的实体以空白或红色表示；开盘价高于收盘价则称为阴线，中部的实体以黑色或蓝色表示，如图 1–2 所示。

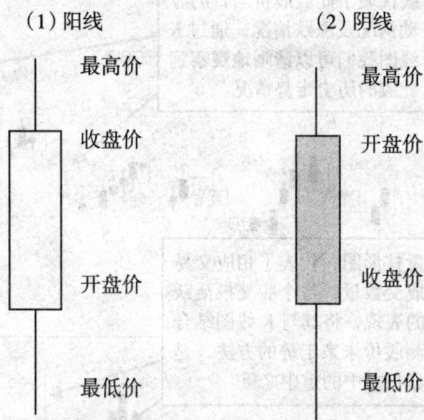

图 1–2　单根 K 线的构成方式

　　根据单根 K 线所反映的股价波动周期，可以把 K 线图分为分钟 K 线图、日 K 线图、周 K 线图、月 K 线图等。日 K 线图是根据股价（指数）一天的走势中形成的四个价位（即开盘价、收盘价、最高价、最低价）绘制而成的，一根 K 线记录的是股票在一天内价格变动的情况；周 K 线图是指以周一的开盘价，周五的收盘价，全周最高价和全周最低价来画的 K 线图。在本书实际使用当中，如果不做特殊说明，所指的 K 线均默认为日 K 线。单日 K 线的形态及多日 K 线的组合形态往往反映了不同的市场含义，是通过 K 线图理解股价走势并进一步预测股价走势的着手点。

　　2. 成交量

　　成交量反映了市场或个股的成交数量，它是市场或个股交投规模的体现。例如，对于某一只股票来说，它的成交量就是指在一段时间内，买方买进了多少股（或者说是卖方卖出了多少股），是以单边的交易来计算，如：此股当日成交量显示为 1000 股＝10 手（其中 1 手＝100 股），这是表示买卖双方达成协议共交易了 1000 股，即买方买进了 1000 股，同时卖方卖出了 1000 股，在计算当日成交量时按 1000 股来统计。根据成交量所指代的时间周期不同，我们可以把成交量分为日成交量（即我们通常默认指代的成交量，对应于个股日 K 线图下方的成交量柱形图）、分钟成交量（对应于个股盘中分时线下方的分时量柱形图）、周成交量等。不同的成交量形态反映出不同的市场交投状况，在运用成交量分析个股走势的时候，一般我们要结合与成交量相对应的 K 线走势情况来着手分析，如图 1-3 所示。

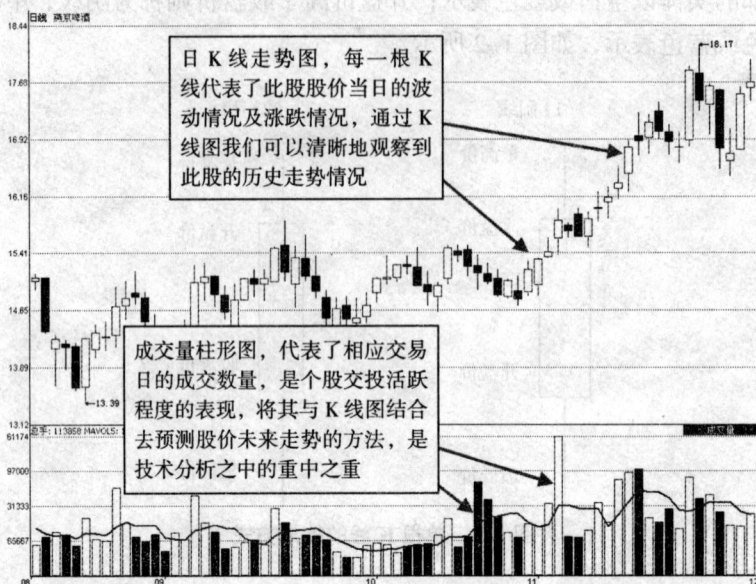

图 1-3　K 线图及成交量柱形图示意

3. 分时线、均价线、分时量

如果说 K 线图及成交量是以日为单位来反映个股的历史走势情况的话，那么分时图与分时量则是对个股盘中交投情况的实时反映，是以分钟为时间单位的。通过将每分钟内的交易价格取其平均值后并连接成平滑的曲线就构成了我们在盘中看到的分时线。分时线的变化直接体现了市场中多空力量的转化，是股价或大盘指数波动情况的实时反映。个股分时线详细描绘了个股价格当日的波动情况，大盘分时线详细描绘了大盘指数的当日指数波动情况。在盘中交易过程中，当买盘力量大于卖盘力量时，分时线就会出现上涨走势；反之，当卖盘力量大于买盘力量时，分时线就会出现下跌走势。在常用的股票行情分析软件中，分时线是以白色曲线的方式呈现的。

在看盘时，白色的分时线是我们关注的重点之一。此外，我们还可以发现缠绕着白色曲线运行的黄色曲线，这一黄色曲线又称均价线，用来表示个股从当日开盘到目前为止的市场平均持仓成本，计算方法是：

到目前这一时刻的当天成交总金额/到目前这一时刻的当天成交总股数

由于白色曲线所代表的分时线体现了个股每一分钟内交易的持仓成本，因此其波动速度较快且波动幅度也较大，而黄色曲线所代表的均价线则体现了个股当日内的市场平均持仓成本，因此其波动速度相对较缓且波动幅度也相对较小。通过均价线与分时线的缠绕关系，我们可以很好地理解个股当日的股价走势状态，是我们进行短线分析的着手点之一。在后面的章节中，我们会详细介绍如何应用它们来解读个股走势并预测股价走向。

出现在分时线下方的柱形图表示的是分时量。与分时线相同，分时量也是以分钟为单位，每一根柱形代表了这一分钟的成交量情况。在分析分时图的运行情况时，分时量也是我们应关注的重点因素，因为通过它的变化情况，再结合分时线的涨跌，我们可以得到更多的市场信息，如图1-4所示。

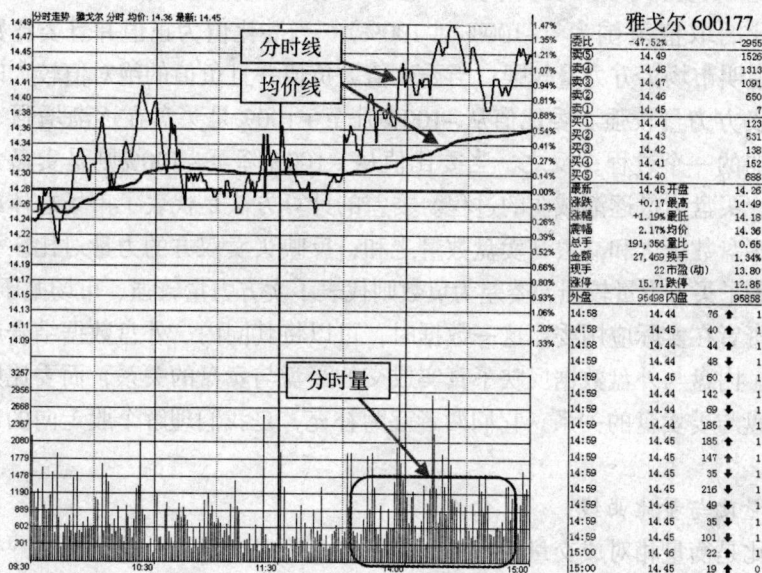

图1-4　分时线、均价线、分时量示意图

4. 外盘与内盘

外盘是指委托方主动买入的成交数量，即买方在买入股票时以卖方已委托的卖出价直接申报买入的股票数量，也可以说是主动性买入的股票数量，外盘越大则主动性买盘越多；内盘是指委托方主动卖出的成交数量，即卖方在卖出股票时以买方已委托的买入价直接申报卖出的股票数量，也可以说是主动性卖出的股票数量，内盘越大则主动性卖盘越多。外盘和内盘相加即为成交量。

内盘、外盘这两个数据反映了买盘、卖盘之间的交锋关系，可以大体衡量出买盘、卖盘力量的强弱，由于内盘、外盘显示的是开盘后至现时主动性买入和主动性卖出各自成交的累计量，所以对判断目前的市场强弱有益。若外盘数量大于内盘，表示有更多的买盘愿意主动买入，是市场投资者买入意愿大于卖出意愿的体现，这意味着买方力量较强；若内盘数量大于外盘，表示有更多的卖盘愿意主动卖出，是市场投资者卖出意愿大于买入意愿的体现，这意味着卖方力量较强。从内盘与外盘的含义中，我们可以理解为：外盘大于内盘，股价看涨；内盘大于外盘，股价看跌。但在具体判断上，则需考虑股价所处的价格位置的高与低、目前的技术走势形态等。在常用的股票行情分析软件中，内盘与外盘这两个数据可以在分时线右侧的数据窗口中查看到。

5. 委比与委差

委比是衡量某一时段买卖盘相对强度的指标。它的计算公式为：

委比＝（委买手数－委卖手数）/（委买手数＋委卖手数）×100%

委比的取值范围为（−100%，＋100%）。当委比值为正值并且委比数值较大时，说明市场买方力量较强；当委比值为负值并且负值的绝对值较大时，说明市场卖方力量较强。委比值从−100%升至＋100%是买盘在逐渐增强、卖盘逐渐减弱的一个过程；反之，当委比值从＋100%降至−100%则是卖盘力量逐渐增强、买盘力量逐渐减弱的过程。委差的计算方法是代表了市场总体或个股的当前买盘数量之和减去其卖盘数量之和，反映买卖双方的力量对比。委差为正数代表了买方力量较强，委差为负数则代表了卖方力量较强、市场抛压较重。

投资者在实际应用委比这一数据时，可以将其同内、外盘数据结合起来进行分析。内盘与外盘数据反映了真实成交的买盘与卖盘的关系，而委比则反映了委买盘与委卖盘的关系。它们两者互为补充，是我们理解个股走向的着手点之一。

6. 量比与量比曲线

量比是衡量相对成交量的指标，是发现个股成交量异动的指标之一，在实际的看盘、操盘过程中其地位较为重要。成交量的异动，无非是放量或缩量，通过量比，我们可以很容易地找出哪些个股出现了放量、哪些个股出现了缩量。由于沪、深两市存在着几千只个股，如果通过个股的成交量异动来寻找备选股的话，量比就不失为一个及时发现个股量能异动的好指标。量比的计算方法是将开市后每分钟的平均成交量与过去 5 个交易日平均每分钟成交量对比，其计算公式为：

量比＝现成交总手/［（过去 5 个交易日平均每分钟成交量）×当日累计开市时间（分）］

量比反映的是当前盘口的成交力度与最近 5 天的成交力度的差别，量比数值越大表明盘口成交越活跃。从某种意义上讲，量比的快速变化往往能体现主力做盘意图，是我们进行盘口分析、捕捉主力动向的重要指标之一。

在实战中，我们可以重点关注那些出现了明显放量或缩量的个股。一般来讲，个股的量比数值大于 1.5 代表个股出现明显放量，而个股的量比数值小于

0.5 代表个股出现明显缩量。量比数值大于 1.5 说明个股交投情况较为活跃，表明个股出现了明显的放量，至于引起放量的原因，我们要结合股价运行来分析：若放大的量能是买盘涌入导致的，则个股当日会呈现出上涨形态，但其后走势如何，我们要结合此股目前的价位、运行趋势、前期走势形态等因素进行综合分析，当它处于较低价位、且走势较好时，此时介入很可能面临着较为理想的短线行情；若放大的量能是由于卖盘的涌出导致的，一般来说，个股的近期走势不容乐观。量比数值小于 0.5 说明此股交投呈现不活跃迹象，表明了个股出现了明显的缩量。根据股价的不同走势，缩量所反映出的信息也不尽相同，例如，缩量创出新高，说明主力控盘程度相当高，如果这时个股刚刚启动，则很可能出现大幅上涨行情，是机会的预示。

盘中实时反映量比变化情况的是量比曲线，在分时线的下方，我们可以调出量比曲线指标。如图 1-5 为量比曲线示意图。量比曲线的上翘与低头表示盘中量能出现了变化。在关注量比曲线的运行时，要重点注意个股开盘时的量比状态及量比曲线的盘中运行是否流畅。

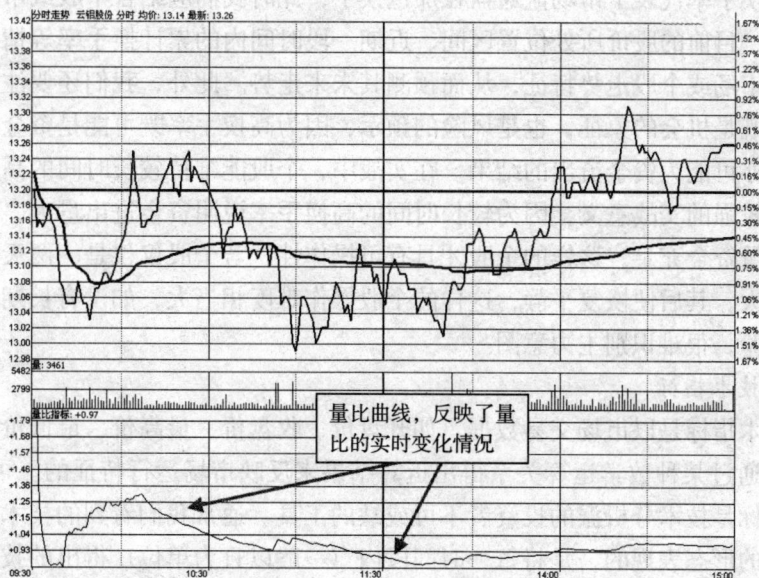

图 1-5　量比曲线示意图

7. 换手率

换手率是从另一个角度来反映成交量情况的指标，是指单位时间内（一般以日为时间单位），某只股票的累计成交量与其流通股本之间的比率。因为个股的流通盘大小不一，大盘股往往有几十亿，甚至上百亿流通股，而小盘股可能只有几千万的流通股，如果在一个水平线上来比较它的成交量谁大谁小并不具有实际意义，而换手率却是具体到了个股身上，能充分反映个股的成交情况。换手率的最重要意义在于反映出个股在某一段时间内的换手程度，是我们研判个股走势、捕捉主力动向的出发点之一。

一般来说，我们可以根据换手率的大小判断出一只个股的交投情况，并从这种交投情况来进一步理解股价的走势及发展方向。当日换手率大于7%时，表明筹码在急剧换手，如果出现在低位区，多是主力快速建仓导致的；如果出现在拉升途中，多是买盘与卖盘分歧较大的表现，同时也说明了买盘的力量更强；如果出现在高位横盘震荡区，则多是主力对倒拉高诱多出货的体现，是风险的象征。当日换手率在3%~7%时，表明市场交投气氛较为活跃，多发生在行情的行进阶段，股票通过持续的换手，市场持有成本在不断地增加或减少，这有利于行情的发展。当日换手率小于3%时，这表明个股交投不活跃，多发生在市场观望气氛较重或主力高度控盘的情况下。

在通过换手率了解市场或个股的走势时，高换手率是我们分析中的重点，因为高换手率代表了市场流通盘在加速换手，此时我们应结合个股或市场的前期走势、目前的股价所处位置区间、近期一段时间内的累计换手率等情况去综合分析市场或个股走势特征，从而预测其未来走势。此外，我们还要注意，高换手率既是机会的象征，也是风险的预示，因为高换手率既可能是资金流入的表现，亦可能为资金流出的结果。在实战中，个股能维持较长时间的高换手率才具有较强的实战意义，因为较长时间的高换手率说明资金进出量大，持续性强，增量资金充足，这样的个股才具有可操作性。若个股仅仅是一两天换手率突然放大，其后便恢复平静，这样的个股操作难度相当大，如没有长期的个股跟踪经验，很难识别主力意图。

8. 技术指标

技术指标是以市场交易数据，如开盘价、收盘价、最高价、最低价、成交量等，通过某种数学运算关系得出运算结果来反映市场运行特征的。可以说，技术指标是技术分析派的投资者不可或缺的工具。通常我们看到的技术指标是以曲线的形态表现的，是将每一时间段内（一般以日为单位）得出的技术指标数值连成平滑的曲线。这些技术指标线的用处在于指示当前价格的运行方向，对价格是否到达重要的价格区域发出预报，对买卖决策有很大帮助。

根据侧重点的不同，技术指标大体可分为三类：趋势类、能量类和摆动类。①趋势类指标源于趋势理论，趋势理论认为市场总体走向有趋势可循，而趋势类指标以直观的形式反映了市场运行的趋势，是我们识别趋势、确认趋势、把握趋势的重要工具。趋势类指标主要包括移动平均线 MA、指数异动平滑平均线 MACD 等。②能量类指标以量价理论为依据，量价理论认为成交量的增加或萎缩、成交量的形态的变化方式都表现出了一定的价格发展趋势。能量类指标以成交量所提供的信息作为基础，通过一定的数学运算得出指标模型，从而去分析市场走势。能量类指标主要包括成交量 VOL、量相对强弱指标 VRSI 等。③摆动类指标多用于研判市场的短期走势情况，主要指标包括随机摆动指标 KDJ、乖离率 BIAS 等。在运用技术指标进行实战操作时，由于某个指标只能反映出局部的市场状态，所以要想对市场整体或个股的走势有一个全面的把握，就不能局限于单纯的某一个指标或某一类指标，要根据具体的实际情况灵活多变地综合运用这些指标。

9. 资金流向

资金流向（Money Flow）是一个较为重要的概念，它有两种表现形式：资金流入和资金流出。下面我们以大盘指数的走势来理解资金的流入与流出，例如，假设在 10:30 至 10:31 这一分钟里，大盘指数较前一分钟是上涨的，则将 10:30 至 10:31 这一分钟的成交额计作资金流入；反之，若在 10:30 至 10:31 这一分钟内大盘指数较前一分钟而言是下跌的，则将 10:30 至 10:31 这一分钟的成交额计作资金流出；如果大盘指数某一分钟与前一分钟相比而言没有发生变化，则这一分钟的成交额不予计入。资金的流入或流出往往以分钟为计算单位，但是在实际应用时，我们往往是查看大盘或个股的当日总体资金流向情况，在每个交易日收盘时将资金流入总和与资金流出总和相减，数值为正则代表当日资金流入，数值为负则代表当日资金流出。

资金流向这一概念所反映的深层市场含义是：股市的涨跌及走势是由资金推动形成的，当市场处于资金流入状态时，将出现上涨走势；当市场处于资金流出状态时，将出现下跌走势。当指数处于上升状态时，产生的成交额是推动指数上涨的力量；而指数下跌时，产生的成交额是推动指数下跌的力量。换句话说，资金流向测算的是推动指数涨跌的力量强弱，反映了人们对该板块看空或看多的程度。

10. 排行榜

在常用的股票行情分析软件中，通过键入数字"60"我们可以打开沪、深两市的排行榜，这一排行榜包括了全体个股依某一数据大小进行排行的情况，例如，可以依据涨幅、量比、委比、市盈率、市净率等进行排行，这是我们在看盘时要经常关注的。依据个股在排行榜中的位置，很容易缩小选股范围，进而锁定目标股。善于利用这些股票行情软件中的排行榜，就会对市场整体运行、局部运行的实时情况看得更透，从而可以更准确地展开实盘操作。例如，通过涨幅排行榜，我们可以了解到哪些个股强势上涨、哪些个股大幅下跌、哪些板块是市场热点、哪些板块受市场冷落，通过查看个股或板块的涨跌情况再结合它们相应的成交金额，我们就可以了解市场的资金流向。当某一板块经常出现在涨幅靠前的位置上，就说明场外大资金在持续大量地流入这一板块，意味着新的市场热点或个股行情即将诞生，此时，我们就有从板块中发掘潜力个股的机会。无论是在牛市中展开的"追涨"策略还是在熊市中展开的"反弹"策略，涨幅排行榜都是进行短线操作必不可少的看盘工具。此外，在排行榜中，较为重要的还有量比排行榜，市盈率、市净率排行榜。通过量比排行榜我们可以一目了然地看清个股出现了明显的放量或缩量。出现在量比排行榜前面的个股，说明当日成交量较近日呈现出极明显放大的势头；出现在量比排行榜末端的个股，说明当日成交量较近日呈现出明显的萎缩，两种"量"是我们进行分析时的重点所在。较低的市盈率与市净率意味着机会，而较高的市盈率与市净率则预示着风险，虽然市盈率、市净率排行榜只是静态地反映个股情况，但仍是我们通过基本面进行选股的出发点之一。

第二章 认识指数，理解市场环境

第一节 什么是指数

一、理解指数的概念及计算方法

在了解个股走势情况时，由于目标个股的数量较少，投资者很容易了解，只需查看它的历史价格走势就行了。但整个股票市场存在着数千只个股，当投资者想要了解市场的整体性变化情况时，就不能把眼光局限于个股身上，而需要一种可以反映股市总体运行情况的统计数据，这就是指数。

在股票市场上，指数是衡量股票市场交易整体波动幅度和景气状况的综合指标，是投资人作出投资决策的重要依据。在实际操作中，股市中的个股具有很大的联动性：当市场整体运行格局较强时，走势较弱的个股往往也会在这种上涨氛围的带动下走势转强；而当市场整体运行格局较弱时，走势相对较强的个股往往也会在这种下跌氛围的带动下走势转弱。因此，理解指数的含义对我们具有重要意义。

指数也称股票指数或股票价格指数，是由证券交易所或金融服务机构编制的、用以表明股票市场变动情况的指示数字，它所描述的对象是股票市场的整体变化情况。由于指数是反映股市总体价格变化情况的指标，因此在进行计算时，所选取的样本多是股本较大并且是各行各业典型代表的个股。根据样本股票所涵盖的范围，可分为反映整个市场走势的综合指数（或成份指数）及反映相关行业股票价格的分类指数等。在理解指数的概念时，我们可以关注两点：一是指数的样本空间；二是指数的计算方法。

指数的样本空间是指被列入指数计算范围的个股，涉及的全体个股或者是有代表意义的个股能够很好地反映出市场的整体运行趋势。在计算指数时，将指数走势涉及的全部股票都纳入指数计算范围，这种指数一般称之为"综合指数"，例如，上海证券交易所发布的上海证券交易所综合指数，就是把全部上市股票的价格变化都纳入计算范围，上海证券交易所工业股价格指数、商业股价格指数则分别把全部的工业类上市股票和商业类上市股票纳入各自的指数计算范围。将全部股票列入指数范围的好处是，指数在采样计算时可以涵盖所有的个股。

由于具有代表性的个股往往可以反映一类股票的走势，因此在实际计算指数时，只要在众多股票中抽取具有代表性的少数成份股，并将这些成份股纳入指数计算范围中的样本空间，这种计算方法一般称之为"成份指数"。虽然成份指数的样本空间较小，但由于所选个股具有明显的代表性，因此成份指数仍不失为一种反映市场总体走势的好方法。在编制成份指数时，要保证所选样本具有充分的代表性。国际上惯用的做法是，综合考虑样本股的市价总值及成交量在全部上市股票中所占的比重，并充分考虑所选样本股公司的行业代表性。例如，深圳证券交易所成份股指数（简称深证成指），就是从深圳证券交易所全部上市股票中选取 40 种，计算得出的一个综合性成份股指数，通过这个指数，可以近似地反映出全部上市股票的价格走势。此外，深圳证券交易所发布的工业股成份指数，是从深圳证券交易所上市的工业股中选取 30 家成份股为代表计算得出的。当成份指数公布后，还要根据市场变化状况定期或不定期地变换样本股。

指数的计算方法可以统分为两大类：一类是以算术平均法为依据，一类是以加权平均法为依据。

（1）应用算术平均法进行计算时，只考虑股票的交易价格而不考虑股票的盘子大小、成交量等因素，通过组成指数的每只个股的价格进行简单平均计算并得出一个平均值。例如，若指数的样本空间包括两只股票，其价格分别为 10 元、20 元，则通过算术平均法所得到的算术平均值就是：$(10 + 20) / 2 = 15$（元）。简单算术股价平均数虽然计算较简便，但它有两个缺点：一是它未考虑各种样本股票的权数，从而不能区分重要性不同的样本股票对股价平均数的不同影响；二是当样本股票发生股票分割派发红股、增资等情况时，股价平均数会产生断层而失去连续性，使时间序列前后的比较发生困难。例如，上述的第二只股票因实施送股方案后由原来的 1 股分割为 2 股，此时股价也要做相应的除权处理，即由 20 元/股变为 10 元/股，这样按算术平均法计算得来的平均价格就不是原来的 15 元，而是 10 元，即：$(10 + 10) / 2 = 10$（元）。

（2）应用加权平均法进行计算时，不仅要考虑股票的交易价格，而且还要考虑股票的盘子大小或成交量等因素。在实际的指数计算中，一般是以流通股的数量作为计算时的"权值"。顾名思义，流通股数量越大则权值也越多，从而在指数中所占的分量也越重。例如，上例中两只股票的发行数量分别为 200

股、2000 股，以此为权值进行加权计算，则价格加权平均值为：$(10 \times 20 + 20 \times 200)/(20 + 200) = 19$（元）。指数作为一种对比性的统计指标具有相对数的形式，通常表现为百分数，在实际得出指数的数值时，往往是以某一基期的价格为基准，将以后各个时期的平均价格与基期的价格相比较，再转换为百分值或千分值，以此作为股价指数的值。例如，上海证券交易所和深圳证券交易所发布的综合指数的基期指数均为 100 点，但是上海证券交易所和深圳证券交易所发布的成份指数的基期指数则都为 1000 点。

二、国际著名的股票指数

纳斯达克综合指数和道·琼斯工业平均指数，是美国股市最具代表意义的市场指数，它们的走势是美国经济最敏感的神经，同时也牵引着世界各地的股票市场。随着全球经济一体化进程的加快，美国、日本、中国、英国等国家在世界经济发展中占据着重要的地位，而股市是经济的"晴雨表"，因此这些国家的股票市场也往往会对全球的股市产生引导与示范作用，了解这些重要股票市场的指数显得格外重要。下面我们就分别介绍国际上最具影响力的指数。

1. 道·琼斯指数

道·琼斯指数是美国股市中最有影响力的一种指数，也是全世界金融市场中最具影响力的指数之一。道·琼斯股票指数全称为道·琼斯股票价格平均指数，它是世界上历史最为悠久的股票指数，由美国道·琼斯公司编制，在交易日每半小时计算一次，是表明美国股票行市变动的一种股票价格指数。道·琼斯股票价格平均指数所选用的股票都是有代表性的，这些股票的发行公司都是本行业具有重要影响的著名公司，并且道·琼斯指数也会随着各公司在行业中的变化进行样本空间的及时调整，几乎每两年就要有一个新公司的股票代替老公司的股票。基于道·琼斯股票价格平均指数的准确性及权威性，这种股票指数一直为世界各地投资者所重视，并深深影响着世界各地股票市场的走势。

目前，道·琼斯股票价格平均指数共分四组：第一组是工业股票价格平均指数，也就是人们通常所引用的道·琼斯工业平均指数，这一指数在这四组指数中的影响力最大、受关注程度也最大，它由那些有代表性的大工商业公司的股票组成，可以反映美国整个工商业股票的价格水平；第二组是运输业股票价格平均指数，它包括了那些有代表性的铁路运输公司、航空公司、公路货运公司等运输业公司的股票；第三组是公用事业股票价格平均指数，是由代表着美国公用事业的煤气公司及电力公司的代表性股票所组成；第四组是平均价格综合指数，它是综合前三组股票价格平均指数而得出的综合指数。

2. 标准普尔股票价格指数

标准普尔股票价格指数也是美国股市中一种极为有影响力的指数，是美国股票市场涨跌的基本标准之一，由美国最大的证券研究机构美国标准普尔公司编制，是用以反映美国股票市场行情变动的股票价格平均指数。在标准普尔股票价格指数中，最重要的四种组合是工业股票组、铁路股票组、公用事业股票组和500种股票混合组。

3. 纳斯达克综合指数

纳斯达克（NASDAQ）是美国全国证券交易商协会于1968年着手创建的自动报价系统名称的英文简称。纳斯达克始建于1971年，是一个完全采用电子交易，为新兴产业提供竞争舞台、自我监管、面向全球的股票市场。纳斯达克是全美也是世界最大的股票电子交易市场。每天在美国市场上换手的股票中有超过半数的交易是在纳斯达克上进行的，将近有6000家公司的证券在这个市场上挂牌。纳斯达克的上市公司涵盖所有新技术行业，包括软件和计算机、电信、生物技术、零售和批发贸易等，由美国的数百家发展最快的先进技术、电信和生物公司组成，包括微软、英特尔、美国在线、雅虎这些家喻户晓的高科技公司，因此成为美国"新经济"的代名词。理解了纳斯达克证券交易市场，就等于理解了纳斯达克综合指数，纳斯达克综合指数是反映纳斯达克证券市场行情变化的股票价格平均指数，基本指数为100。

4. 日经指数

由于日本经济的飞速发展，使得日本证券市场在世界领域内越来越居于重要地位，因此反映日本股市变化情况的日经指数也成了世界上较具影响力的指数之一。日经指数，原称为"日本经济新闻社道·琼斯股票平均价格指数"，是由日本经济新闻社编制并公布的反映日本东京证券交易所股票价格变动的股票价格平均指数。

日经指数按计算对象的采样数目不同，分为两种：一种是日经225种平均股价指数，是从1950年9月开始编制的，其所选样本均为在东京证券交易所第一市场上市的股票，样本选定后原则上不再更改，1981年定为制造业150家，建筑业10家，水产业3家，矿业3家，商业12家，路运及海运14家，金融保险业15家，不动产业3家，仓库业、电力和煤气4家，服务业5家。由于日经225种平均股价指数从1950年一直延续下来，指数时间较长，具有很好的可比性，成为考察日本股票市场股价长期演变及最新变动最常用和最可靠的指标，传媒日常引用的日经数就是指这个指数。另一种是日经500种平均股价，是从1982年1月4日起开始编制的，由于其采样包括500种股票，其代表性就相对更为广泛，但样本是不固定的，每年4月份要根据上市公司的经营状况、成交量和成交金额、市价总值等因素对样本进行更换。

5. 伦敦金融时报指数

伦敦金融时报指数是"伦敦金融时报工商业普通股票平均价格指数"的简称。由英国最著名的报纸《金融时报》于 1935 年 7 月 1 日起编制，用以反映英国伦敦证券交易所的行情变动。该指数分三种：一是由 30 种股票组成的价格指数；二是由 100 种股票组成的价格指数；三是由 500 种股票组成的价格指数。通常所讲的伦敦金融时报指数指的是第一种，即由 30 种有代表性的工商业股票组成并采用加权算术平均法计算出来的价格指数。

6. 恒生股票价格指数

中国香港恒生指数由中国香港恒生银行于 1969 年 11 月 24 日开始发表，是衡量中国香港股票市场行情的一种综合指标，也是中国香港股票市场上历史最久、影响最大的股票价格指数。恒生股票价格指数以从中国香港 500 多家上市公司中选出的 33 家有代表性且经济实力雄厚的大公司股票作为成份股，这些公司的股票市值占中国香港股票市值的 63.8%，该股票指数涉及中国香港的各个行业，具有较强的代表性。共分为四大类：4 种金融业股票、6 种公用事业股票、9 种地产业股票和 14 种其他工商业（包括航空和酒店）股票。

第二节　关注 A 股指数

一、认识 A 股、B 股与 H 股

A 股指人们通常所说的在国内股票市场上市交易的股票，它具体分为两大部分：一部分是在上海证券交易所挂牌上市的股票，即上证 A 股；另一部分是在深圳证券交易所挂牌上市的股票，即深证 A 股。A 股的正式名称是人民币普通股票，是由我国境内的公司发行，供境内机构、组织或个人（不含台、港、澳投资者）以人民币认购和交易的普通股票。反映上证 A 股市场走势的指数为上证综指，反映深证 A 股市场走势的指数为深证成指。

B 股则是为境外投资者买国内股票提供一个窗口，其投资人限于：外国的自然人、法人和其他组织，中国香港、中国澳门、中国台湾地区的自然人、法人和其他组织，定居在国外的中国公民等。很显然，国内投资者是不具备炒作B 股的条件的。另外，值得注意的是，B 股有单日 10%的涨跌幅限制，且实行"T＋3"的交割制度，沪市挂牌的 B 股以美元计价，而深市挂牌的 B 股则以港

元计价，故两市股价差异较大，投资者在查看 B 股的股价时最好将其换算成人民币单位，这样就可以了解 A 股与它们的差价情况。其中，B 股指数反映了 B 股市场的总体走向。

H 股（H 是 "Hong Kong" 首字母）指注册地在内地、上市地在中国香港的外资股，也称国企股。H 股实行 "T+0" 交割制度，无涨跌幅限制，因此 H 股的股价更容易在单日出现巨大的波动。可以看出，H 股代表了在香港募集资金的内地企业，它指代的是内地企业。与 H 股相关的一个概念是红筹股，在中国香港股票市场上，中国香港与国际的投资者把在中国境外注册、在中国香港上市的带有中国大陆概念的股票称为红筹股。

二、上证综指与深证成指

随着证券市场在国民经济中的地位日渐重要，上证综指与深证成指也将逐步成为观察中国经济运行的"晴雨表"。

上证综指也称上证指数，是上海证券交易所 1991 年 7 月 15 日开始实时发布的指数，它是以全部上市的股票为样本（全体 A 股及全体 B 股），以流通股数量为权数，按加权平均法计算的股价指数，用以反映在上海证券交易所上市交易的股票总体走势情况。上证综指以 1990 年 12 月 19 日为基期，基期指数定为 100 点，随着上市交易股票数量的增多，上海证券交易所于 1992 年 2 月 21 日，增设上证 A 股指数与上证 B 股指数，以反映不同股票（A 股、B 股）的各自走势。这样反映上海证券交易所股票市场总体走势的指数就有三个，即上证综指（以上证 A 股全体及上证 B 股全体为样本空间）、上证 A 股指数（以上证 A 股全体为样本空间）、上证 B 股指数（以上证 B 股全体为样本空间）。在实际使用中，我们主要用上证综指来指代大盘指数，平常我们所说的"大盘突破 3000 点"是指上证综指突破了 3000 点。为了能全面细致地反映市场运行状况，1993 年 6 月 1 日，上海证券交易所又增设了上证分类指数，即工业类指数、商业类指数、地产业类指数、公用事业类指数、综合业类指数，以反映不同行业股票的各自走势，此外还有各个板块的指数。

理解了上海证券交易所的指数编制方法，对于深圳证券交易所的指数编制方法我们就容易理解了。上海证券交易所设立了三个反映市场整体运行状况的指数，即上证综指、上证 A 股指数、上证 B 股指数，与此相对应，深圳证券交易所也一样有三个反映市场整体运行状况的指数，即深证综指、深证 A 股指数、深证 B 股指数。与上证指数编制方法不同的是，深证在编制指数时并不是以全体 A 股或 B 股为样本空间，它只是选取了那些较具代表性的个股作为计算时的样本空间。例如，深证成指是从上市的所有股票中抽取具有市场代表性的 40 家上市公司的股票作为计算对象，并以流通股为权数计算得出的加权股价指数，综合反映深交所上市 A 股、B 股的股价走势。

如图 2-1 为上证综指 2009 年 11 月 30 日走势图，在一般的股票行情分析软件中，投资者只需要敲击数字键盘上的"03"或者按"F3"就可以看到这个画面，左边部分是当日的指数走势图，右边部分是反映当日指数运行及市场总体概况的信息窗口。图 2-2 为深证成指 2009 年 11 月 30 日走势图，在一般的股票行情分析软件中，投资者只需要敲击数字键盘上的"04"或者按"F4"就可以看到这个画面，左边部分是当日的指数走势图，右边部分是反映当日指数运行及市场总体概况的信息窗口。

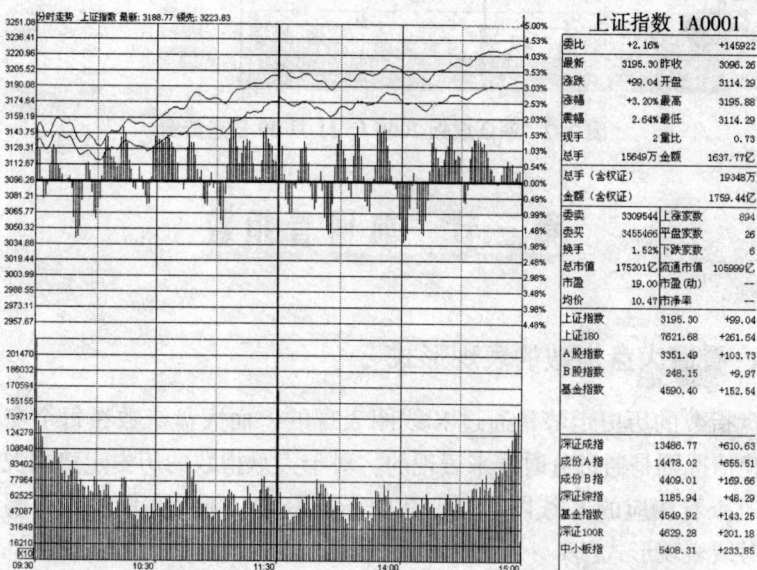

图 2-1　上证综指 2009 年 11 月 30 日走势图

分时走势 深证成指 最新:13486.77 领先:13407.93

深证成指 399001			
委比	-0.76%		-37207
最新	13486.77	昨收	12876.15
涨跌	+610.63	开盘	13015.48
涨幅	+4.74%	最高	13486.77
振幅	3.66%	最低	13015.48
现手	0	量比	0.73
总手	9279万	金额	1070.58亿
委卖	2463702	上涨家数	852
委买	2426495	平盘家数	36
换手	3.15%	下跌家数	16
总市值	56448亿	流通市值	34856亿
市盈	47.52	市盈(动)	--
均价	11.54	市净率	--
上证指数	3195.30	+99.04	
上证180	7621.68	+261.64	
A股指数	3351.49	+103.73	
B股指数	248.15	+9.91	
基金指数	4590.40	+152.54	
深证成指	13486.77	+610.63	
成份A指	14478.02	+655.51	
成份B指	4409.01	+169.66	
深证综指	1185.94	+48.25	
基金指数	4549.92	+143.25	
深证100R	4629.28	+201.15	
中小板指	5408.31	+233.85	

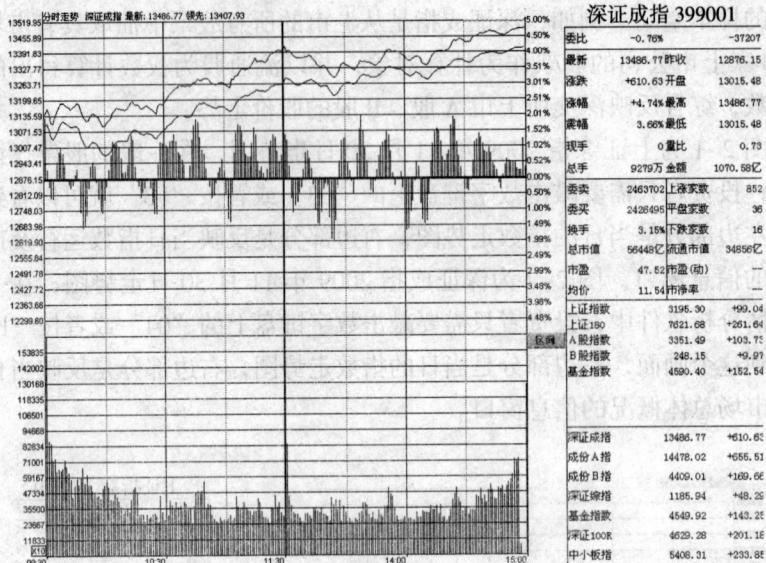

图 2-2 深证成指 2009 年 11 月 30 日走势图

第三节 如何看指数

一、看懂大盘指数的表现形式

大盘指数的历史走势是通过 K 线图表现的，而大盘指数在每个交易日的实时变化情况则是通过分时线来表现的。对于大盘指数的历史走势情况，我们只需通过查看相应的 K 线图即可，在此不再赘述。下面我们重点讲解大盘指数的分时线表现形式。

大盘分时线的走势反映了市场整体在当日盘中的实时走势情况，分时线以分钟为计量单位，其变化直接体现了市场中多空力量的转化，将每分钟交投的数据取其平均值后并连接成平滑的曲线就构成了分时线。在关注大盘分时线运行时，我们应注意不同曲线所表示的含义。其中，白色曲线的走势代表了我们通常所说的指数走势，它表示加权后的市场指数在盘中的实时变化情况。可以说，大盘股的走势对于白色曲线的影响更大。黄色曲线则表示不加权的市场指数在盘中的实时变化情况。所谓不加权，即不考虑股票盘子的大小，而将所有股票对指数影响看做相同而计算出来的大盘指数。一般来说，小盘股对于黄色曲线的影响更大。

通过对比白色曲线与黄色曲线的位置关系，我们可以较为准确地得到市场的走势情况：当大盘指数下跌时，黄线在白线之上，表示流通盘较小的股票跌幅小于流通盘大的股票；反之，流通盘小的股票跌幅大于流通盘大的股票。当大盘指数上涨时，黄线在白线之上，表示流通盘较小的股票涨幅较大；反之，黄线在白线之下，说明流通盘小的股票涨幅落后大盘股。

图 2-3 为上证指数 2009 年 6 月 25 日分时图。如图标注所示，在开盘后，由于大盘股的逐波上涨而小盘股则逐波走低，从而导致了白色曲线（开盘后位于上方）与黄色曲线（开盘后位于下方）的明显分离，如果我们查看当日的个股走势就会发现，当日大盘股的走势要明显强于小盘股的走势。

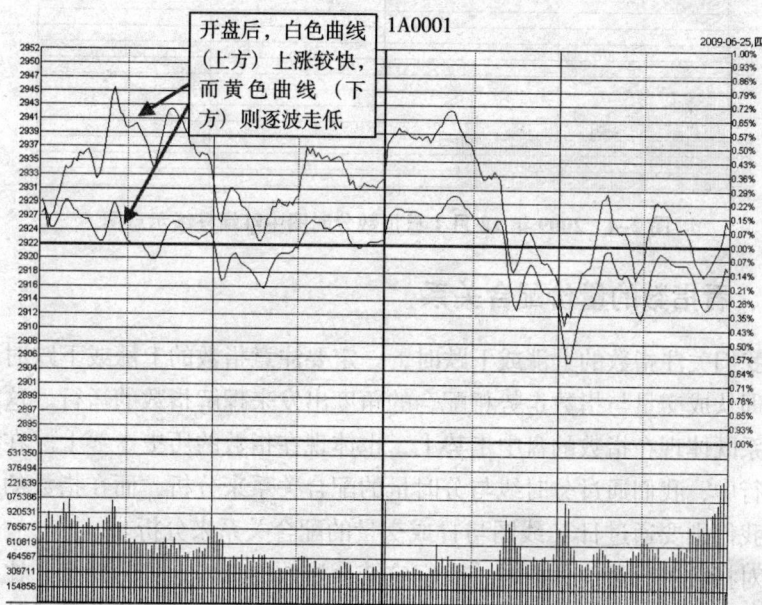

图 2-3　上证指数 2009 年 6 月 25 日分时图

此外，在大盘指数运行的分时图上，还应值得我们注意的是位于零轴上的红绿柱线。红绿柱线实时反映了大盘中全体个股的总买盘量与总卖盘量的比值：当红色柱线出现时，表示目前市场中总体买盘数量大于卖盘数量，大盘指数目前处于上涨状态；当绿色柱线出现时，表示目前市场中总体卖盘数量大于买盘数量，大盘指数处于下跌状态；在指数的快速上涨或下跌期间，我们可以看到红柱线或绿柱线的快速增长，它们分别代表了买盘力量在加速增长及卖盘力量在加速增长，是上涨势头或下跌势头加快的表现。如图 2-4 为 2009 年 12 月 1 日指数分时图中红绿柱线示意图。

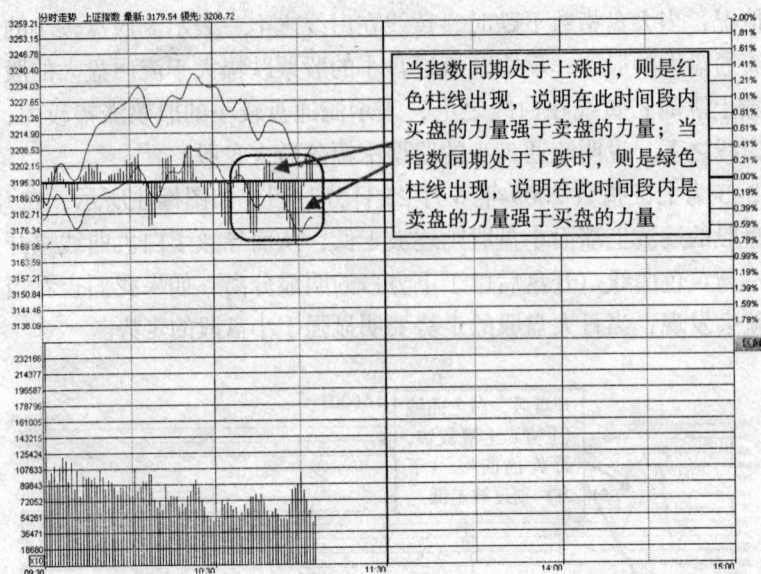

当指数同期处于上涨时，则是红色柱线出现，说明在此时间段内买盘的力量强于卖盘的力量；当指数同期处于下跌时，则是绿色柱线出现，说明在此时间段内是卖盘的力量强于买盘的力量

图 2-4　2009 年 12 月 1 日指数分时图中红绿柱线示意图

二、看指数的量价配合关系

在我们关注指数的上涨或下跌时，一定要注意指数的上涨或下跌时的量能情况，即从成交量与指数走势相配合的角度出发来理解指数的运行。这种量价配合关系既体现在指数的盘中走势上，也体现在指数的历史走势上。在指数的盘中运行中，我们通过分时线与分时量的配合关系来分析，而在指数的历史走势中，我们则要通过日 K 线图与日成交量的配合关系来分析。

在对指数进行量价分析时，我们应结合指数的总体走势的特点，比如，在指数处于上升趋势时，这时的"放量上涨，缩量下跌"的量价关系反映了多方力量充足、空方力量不足，会促进指数上涨；但是在下跌趋势形成后所出现的"缩量下跌"则并不是说明空方力量不足，而是代表了多方力量无意入场，是下跌趋势仍将继续的信号。对于如何应用成交量进行市场走势或个股走势分析，我们会在随后的章节进行详述。

图 2-5 为上证指数 2009 年 11 月 24 日指数走势图。如图标注所示，上证指数在尾盘急速下跌，且成交量大幅放出，说明空方力量强大，考虑到此时指数正处于一波上涨后的相对高点，因此预示了一波深幅回调的展开。

图 2-6 为上证指数 2005 年 12 月 1 日至 2006 年 7 月 7 日期间走势图。如图标注所示，在此期间上证指数从 1000 点附近一直上涨到了 1700 点上方，这一期间可以说是指数不断走高的阶段。值得注意的是在指数逐步走高的过程中，

上证指数 1A0001

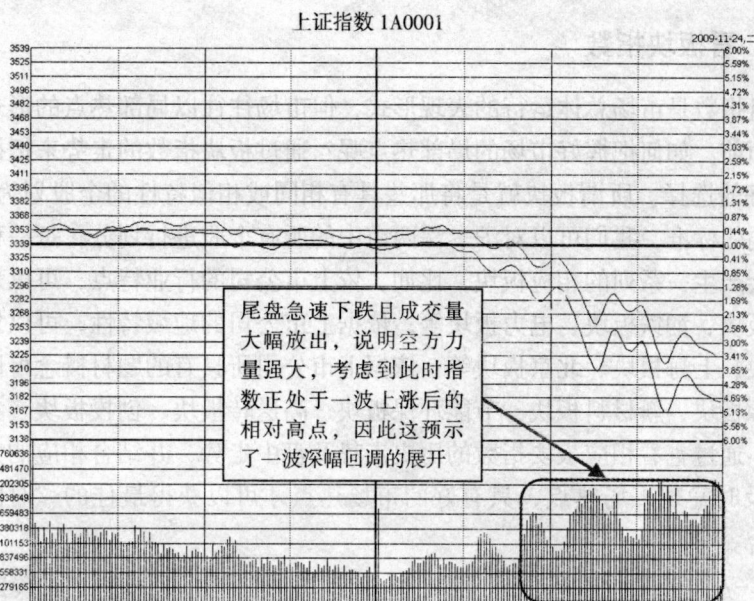

尾盘急速下跌且成交量
大幅放出，说明空方力
量强大，考虑到此时指
数正处一波上涨后的
相对高点，因此这预示
了一波深幅回调的展开

图 2-5　上证指数 2009 年 11 月 24 日指数走势图

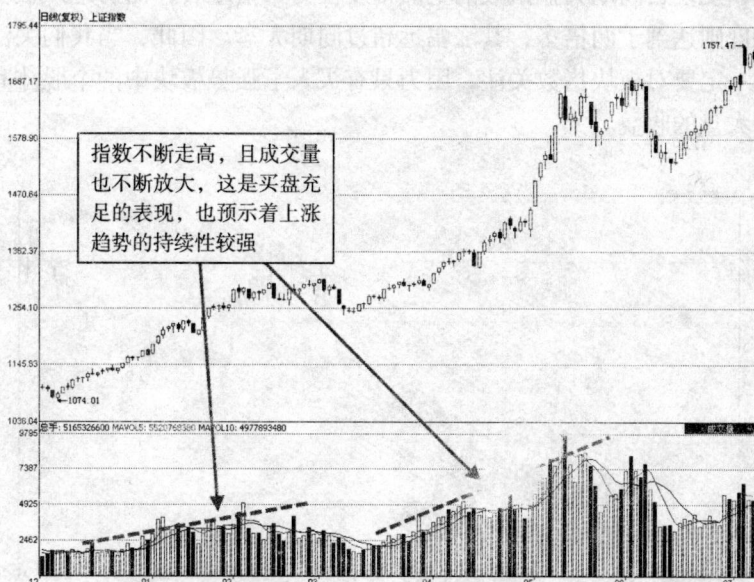

指数不断走高，且成交量
也不断放大，这是买盘充
足的表现，也预示着上涨
趋势的持续性较强

图 2-6　上证指数 2005 年 12 月 1 日至 2006 年 7 月 7 日期间走势图

成交量也出现了不断的放大。不断放大的量能从一个侧面反映出市场上买盘的
充足。不断放大的量能与不断走高的指数所出现的正向配合关系，既是理解指
数在这一较长时间处于上涨走势中的依据，也是分析预测指数后期走向的依据。

三、看板块指数

大盘指数是市场总体运行的表现形式，但市场往往以局部热点的形式呈现在我们面前。如何把握好市场的局部热点呢？通过板块指数的走势来把握无疑是一个好的选择。所谓板块就是将那些具有相同或相似特性的个股划为一类。依据不同的标准，我们可以对沪、深两市中的所有个股进行划分，每一种划分标准都会产生一系列的相应板块，比如，依上市公司的行业特点，可以划分为房地产板块、钢铁板块、电力板块等；依据上市公司的地域特性，可以划分为珠海板块、上海板块、北京板块等；依据上市公司所具有的题材概念可以划分为新能源板块、新材料板块、节能环保板块、高送转板块、创投板块、大订单板块等。通过查看相应板块指数的历史走势及盘中走势，并结合相应的大盘走势，能及时发现市场热点，只有好的市场热点才可以获得最佳的"时间—收益"组合。

图 2-7 为房地产板块指数 2008 年 12 月至 2009 年 12 月期间走势图，图 2-8 为大盘指数 2008 年 12 月至 2009 年 12 月期间走势图，通过对比二者的走势我们可以发现，同期大盘指数的上涨幅度仅为一倍左右，而房地产板块指数的上涨幅度则达到了两倍多，其涨幅远超过同期大盘。因此，当我们关注大盘走势时，一定要对板块指数关注，因为只有买入了强势板块中的个股才有可能获得超于大盘的收益。

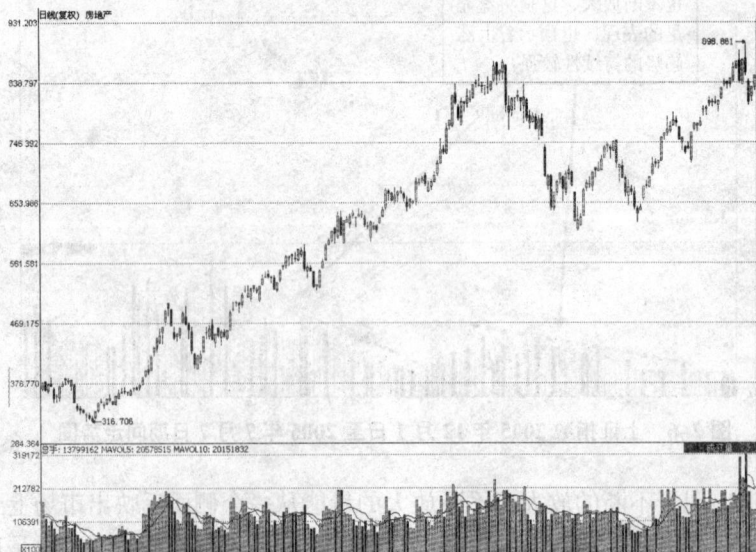

图 2-7 房地产板块指数 2008 年 12 月至 2009 年 12 月期间走势图

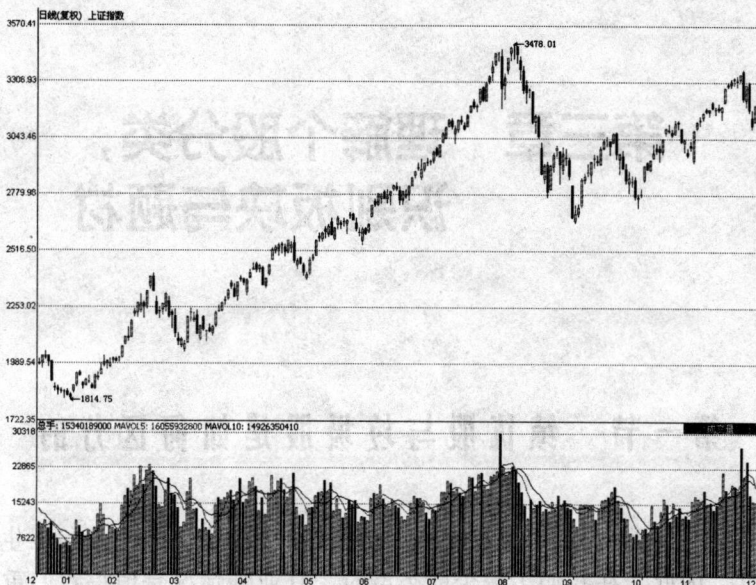

图 2-8　大盘指数 2008 年 12 月至 2009 年 12 月期间走势图

第三章 理解个股分类，识别板块与题材

第一节 绩优股与垃圾股是如何区分的

股市中，业绩永远是市场的热点，业绩的持续增长是催生股价发生质变的关键因素。因此，在我们了解个股类型时，其业绩情况是值得我们重点关注的。一般来说，我们可依据个股的业绩情况，将其分为绩优股、成长股、垃圾股与 ST 类股，下面我们就来分别看看这四种类型股票的个股特点。

一、绩优股

在衡量一只股票是否为绩优股时，主要从它的市盈率情况入手分析。一般来说，若上市公司的市盈率在全体上市公司中处于中下地位时，说明相对于同行业的其他大多数上市公司而言，在股价相同的情况下，它的每股税后利润要更多，业绩要更好，当属同行业中的绩优股。

成长股更侧重于公司的成长性，而绩优股则更侧重于公司的当前业绩情况，一般我们所指的绩优股，都是对那些成长性并不突出、业绩增速相对缓慢的股票而言的。这类上市公司底子厚、规模庞大、抵御风险能力较强，发展前景也较为明确，不像那些刚上市的中小盘个股那样，会带给我们业绩剧增的惊喜。投资者在投资这类股票时，多是因为此股的年终分红情况好（高于银行利率）、业绩稳定性强，是以中长线的眼光来进行价值投资的。下面我们以工商银行（601398）为例来略述绩优股的投资策略。

图 3-1 为工商银行 2007 年 3 月 21 日至 2008 年 2 月 1 日期间走势图。工商银行是一个典型的大盘绩优股，当股价在 2007 年处于 4 元区间时，其股价无疑是较有吸引力的，此时此股市盈率不到 20 倍，而且其未来的业绩增长较为明确，虽然不太可能出现业绩暴增的情况，相对低估的股价、稳定的发展前景，将为购买此股的价值投资者提供充足的理由。

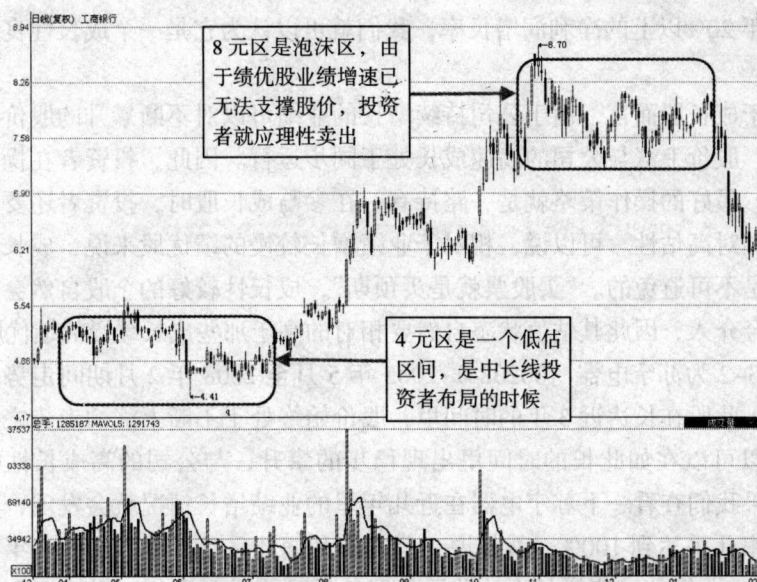

图3-1 绩优股工商银行投资策略示意图

随着2007年大牛市的带动，此股在下半年出现翻倍走势，这时股价位于8元区间，对于这样一个成长性并不突出的大盘绩优股而言，其股价的快速增长由于没有业绩的快速增长来支撑，因此，我们可以说这是一个相对的高位泡沫区，此时，投资者就应理性卖出。

通过以上分析，我们发现，对于成长性并不是很突出的绩优股而言，低估时买入布局，高估时卖出观望是较好的操作策略，低估往往来自于市场的整体性下跌，而高估既可以缘于主力的炒作，也可以缘于市场整体性的牛市行情。只要秉承着"低估时买入，高估时卖出"策略，我们就可以在这些绩优股上实现良好的收益。

二、成长股

所谓成长股，是指那些具备优秀成长潜力的上市公司。这些公司在新上市后，股本并不是很大，但是公司的主营业务突出，在同行中具备较强的优势。不同类型的上市公司其所具备的优势也往往不同，比如，以技术为核心生产力的软件信息类、能源类等上市公司，其优势往往体现在核心技术的垄断上或高端人才的储备上；而钢铁、黄金、石油等矿业类的上市公司，其优势更多的体现在对某种稀缺资源的垄断上，这些上市公司基于其自身较强的优势，其公司业务蒸蒸日上，管理良好，利润丰厚，产品在市场上有着良好竞争力，体现在业绩上就是其每年的利润持续增长。一般来说，若能在未来3~5年内保持平均每年20%以上的净利润增长率，我们就可以认为它是一个成长性良好的成长股。

对于成长股而言，由于公司持续增长的业绩可以对不断攀升的股价形成有效支撑，股价上涨与公司的高速成长处于同步运行。因此，投资者在操作这种股票时，最好的操作策略就是一路持有。在参与成长股时，投资者还要注意成长股的相对高估性。可以说，相对于业绩增长较慢的绩优股来说，成长股的相对高估是不可避免的。"买股票就是买预期"，成长性较好的个股自然会吸引更多的资金介入，因此其估值状态自然要相对的高于那些成长缓慢的绩优股。

图3-2为苏宁电器（002024）2005年5月至2008年2月期间走势图。如图所示，此股在长达近3年的时间里，股价始终处于不断上涨的走势之中。股价之所以可以在如此长的时间里出现稳步的攀升，与公司的高成长性密不可分。如果我们查看一下苏宁电器在近几年里的业绩增长情况就会发现，其年平均增长率几乎达到100%（就是说，公司的利润几乎是每年都比上一年出现翻番情况），业绩的高速增长也让此股的股价得到了重新定位，对持续上升的股价形成了支撑效果。成长股的最大特点：公司的高成长就是此股二级市场中股价的高增长。

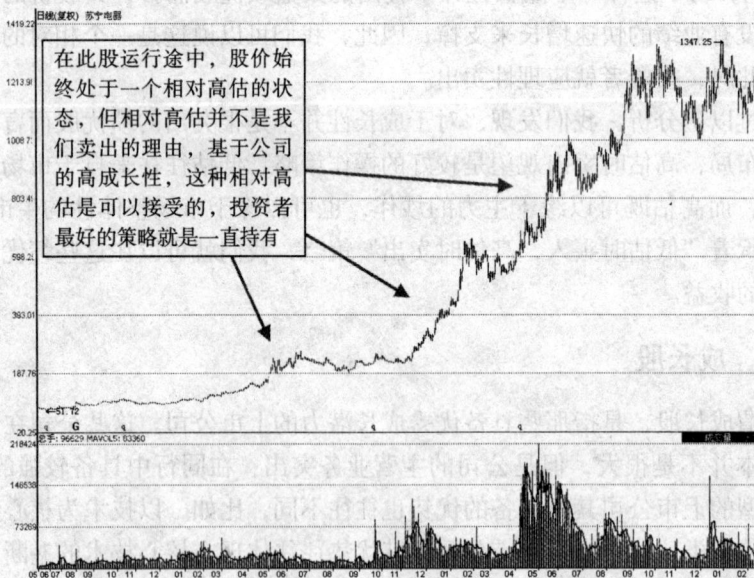

图3-2 成长股苏宁电器投资策略示意图

对于高速成长的个股来说，由于其高速成长性，相对于同行业的其他个股，其股价往往会处于一个相对高估的状态。这种相对的高估不是我们卖出此股的理由，因为公司的高成长，使得股价的这种相对高估是可以接受的。原则上来说，只要是不过分高估，我们就可以一直持有，毕竟公司的业绩保持着高速增长的态势，只有当成长股的未来业绩已被股价过分透支或公司在未来难实现高成长时，我们才应作出卖出的决策。

三、垃圾股与 ST 类股

一般每股收益在 0.10 元以下的个股均可称作垃圾股。其中一部分上市公司往往处于亏损的边缘，其中也有不少上市公司在出现连续两年亏损后，就变成了 ST 类股。对于这种股票，由于股价没有业绩的支撑，因此其股票在市场上的表现是萎靡不振，股价走低，交投不活跃，很难引发投资者的热情。

主力炒作垃圾股的原因一般是基于以下两点：

一是由于垃圾股没有业绩支撑股价，且淡出了大众的视野，因此股价呈现一种相对"较低"的水平，多处于 2 元、3 元的水平。在这样一个价位布局，有利于主力用更少的资金建立更多的仓位，也有利于主力在后期将股价拉升到一个更高的价位。因为沪、深两市有不少投资者只关注股价的高低，而不关注此股的业绩、估值状态，主力拉升垃圾股无疑可以迎合这些投资者的心理，在股价启动后，在这些追涨盘的涌入下，无疑可以起到事半功倍的效果。

二是虽然这些上市公司自身经营不善，但上市公司的幕后大股东却可能实力极强，为了改善这些上市公司的不利局面，大股东往往会将优质资产注入到上市公司中，以使上市公司的自身经营状况发生彻底的转变。可以说，这种资产注入题材是极具想象力，它可以充分打开市场的想象空间。此外，垃圾股还有很多可供炒作的题材，如果主力运作得当，结合市场传闻、政策利好等因素适时地拉抬垃圾股，这会使一只原本默默无闻的垃圾股演变成短期暴涨的明星股。

主力在炒作垃圾股时，往往会结合此股的题材，进行短期急速拉升，在拉抬的过程中通过传媒等手段为个股题材造势，从而吸引散户进场抬轿子。其上涨方式往往也是一步到位，主力会在大市行情向下反转之前或者大市行情正在火爆之时当机立断快速出货。由于相对主力底部的建仓价位来说，这时股价涨幅已经巨大，主力不需要全部出货。而只要部分出货就可实现收益了。投资者在操作垃圾股时，出手一定要快，当此股有启动迹象时，就要毫不犹豫地介入，而当此股经短期暴涨后，出现无力上涨时，就应及时抛出，因为垃圾股的上涨只是主力炒作题材的结果，并不是业绩增长促成的。因此，高位区的垃圾股是风险的预示，逃得晚就很有可能高位"被套"。

如图 3-3 为北京旅游（000802）2009 年 3 月 25 日至 2009 年 10 月 29 日

期间走势图。北京旅游是一只业绩很差的股票，查看它在 2007~2009 年的业绩可以发现，其业绩状态是处于亏损与微利之间，但业绩的不好并不妨碍主力的炒作，特别是短线主力的炒作，因为短线主力炒作的是市场热点，是炙手可热的题材，因此只有这些才能在短时间内汇聚极好的市场人气，而那些业绩不错、成长性也良好的个股，则多需要时间来检验，也需要时间来反映股价的持续变化，这些股是属于中长线主力的。

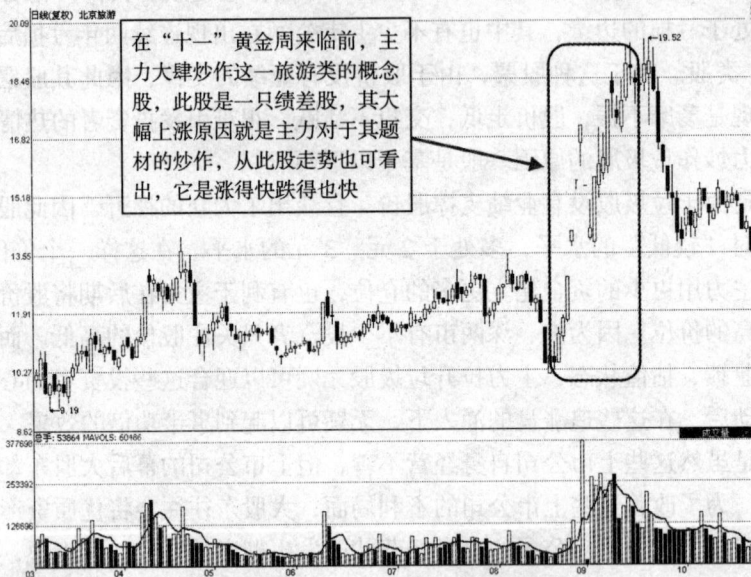

图 3-3　垃圾股北京旅游投资策略示意图

如图 3-3 所示，此股在经历了长期的横盘震荡之后，于 2009 年 8 月 20 日开始走出急速上涨行情，然而此股的这种急速上涨并非是由于基本面出现了重大改观，它的急涨走势完全是由于"十一"黄金周即将来临，主力借机适时地炒作一下旅游类概念股，北京旅游作为处于国家政治、经济、文化中心的一只正宗旅游类概念股因此获得了短线主力的追捧，在"十一"到来之前，成为了短线主力重点炒作的题材股之一。通过对于它急速上涨后的走势进行分析，可以发现，由于没有业绩支撑，与股价飞速上涨形成对照的就是上涨后的股价快速下跌，这也是垃圾股在短期暴涨后所具有的共性。因此，投资者在操作这种股票时，一定要注意把握好卖点，注意及时保住胜利果实。

第二节　大盘股与小盘股的特点

现在上证 50、上证 180、沪深 300、深证 100 等指数的样本股就是最新的大盘股。

随着股市的不断扩容，以及"大小非"解禁、增发、配送股等所带来的总股本、流通市值的变化，小盘股有可能演变为中盘股，而中盘股则有可能演变为大盘股。苏宁电器于 2004 年 7 月 21 日在深圳证券交易所上市，当时公司的总股本为 9316 万股，发行价为 16.33 元。随着公司业绩的高速增长（几乎每年以 80%~100%的速度增长），到 2009 年 11 月，此股经历了 6 次高送转，其间多次通过非公开发行的方式扩大了股本，此时公司的总股本已达到了 40 亿，而二级市场中的股价却并没有降低，仍然保持在 20 元附近，见图 3-4。上市公司的高成长及不断的送股、转股，既实现了其规模的扩张，也实现了其股本的扩张，成功地由一只小盘股演变成为大盘股。而公司规模的扩张、公司业绩的高速增长、二级市场股本的扩张这三者也是一种互相结合、互相印证的过程。

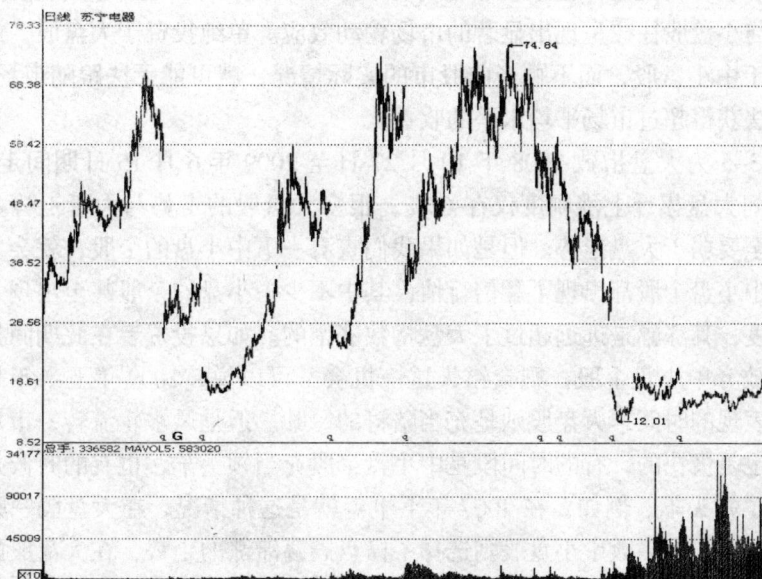

图 3-4　苏宁电器除权后走势图

　　大盘股与小盘股各有优势，在进行投资选择时，一定要注意它们的长处。大盘股对应那些规模较大、行业地位牢固的上市公司。这些上市公司往往具有较强的市场竞争能力、良好的财务结构，具有盈利稳定、估值合理以及流动性好的特征，但由于公司的规模目前已较为庞大，这也在一定程度上制约了公司未来高速发展的潜力。因此，大盘股更适宜于稳健性的投资者在其二级市场中的股价相对低估时介入，大盘股与上一节中我们讲到的绩优股往往是相对应的。

　　与大盘股截然不同的是小盘股，小盘股对应那些中小市值的上市公司，这些上市公司往往在其所属行业的某一领域内具有明显竞争优势，这种竞争优势也是公司得以生存发展的前提。基于公司较强的创新能力、良好的发展空间，随着公司向其他相关领域的不断扩张，这些中小规模的上市公司就会演变成为规模庞大的上市公司，并有可能在未来成为行业龙头。小盘股是相对而言的，从趋势角度来看，小盘股必将逐步向大盘股过渡，这也是由于市场经济中，"竞争"是企业发展的核心。企业发展如"逆水行舟，不进则退"，企业要想在市场中生存并且发展起来，就必须做到不断扩张、不断壮大。这些中小市场的上市公司往往与成长股相对应，是"黑马"诞生的摇篮。

　　在投资大盘股、中盘股、小盘股时，我们要注意它们的区别所在。盘子大小不同的股票往往会在某一阶段成为市场的"主旋律"，在整个股票市场运行的不同阶段，可能是大盘股处于领导地位，也可能是中小盘股处于领导地位，大盘股与小盘股往往呈现出显著的市场轮动效应。单纯投资于大盘股，或者单纯投资于中小盘股，而不顾当前股市的实际情况，就可能无法跟随市场步伐，甚至无法获得超过市场平均水平的收益。

　　图3-5为大盘指数2008年10月27日至2009年6月15日期间走势图。在此期间大盘累计上涨幅度仅在60%，很多大盘股的走势与大盘走势基本相同，甚至要弱于大盘走势。但是如果我们查看一下中小盘的个股，就会发现绝大多数中小盘个股都出现了翻倍行情，其中不少中小盘的个股甚至出现几倍的上涨幅度，其涨幅是远远超过了大盘指数涨幅的。如果投资者在此期间抱守大盘股而放弃中小盘个股，则会错失这一机会。可以说，2009年上半年是中小盘个股表现的时间，大盘股则是充当陪衬的绿叶。但是风水轮流转，市场的节奏转换也是极快的，有的时间段是中小盘个股充当领头羊，也有的时候是大盘股充当了领头羊。例如，在2007年下半年就是这种情况，在大盘股一路高歌猛进的同时，大多数中小盘股则选择了横盘震荡滞涨的走势，在大盘股的带动下，指数也是一路走高，如果投资者此时抱守中小盘股则面临着"只赚指数不赚钱"的尴尬局面。图3-6为大盘指数2007年4月12日至2007年10月29日期间走势图。大盘指数之所以在此期间出现了快速上涨，就是源于市场对于

图 3-5　大盘指数 2008 年 10 月 27 日至 2009 年 6 月 15 日期间走势图

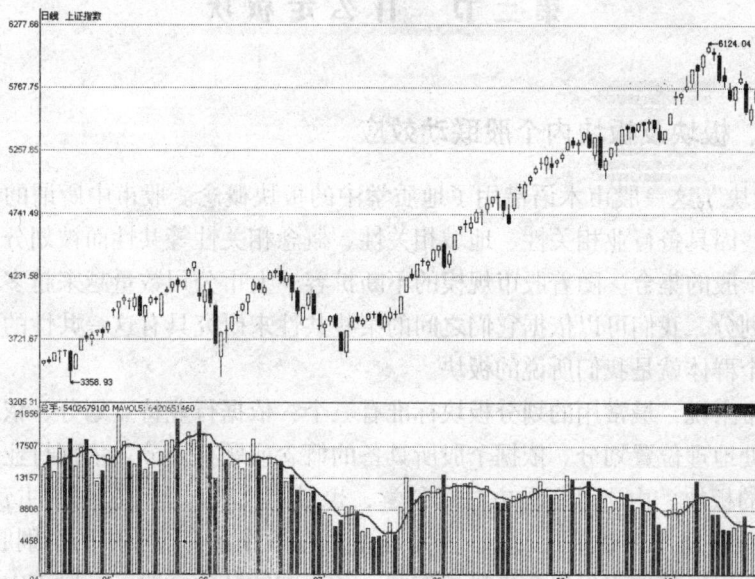

图 3-6　大盘指数 2007 年 4 月 12 日至 2007 年 10 月 29 日期间走势图

"大盘蓝筹股"概念的追捧，大盘股在此期间充当了领涨的先锋。通过上面的分析，我们可以发现，在市场走势相对较弱的时候，小盘股的机会更多一些，这与小盘股只需不多的资金就可以大肆炒作有很大的关系。但是在轰轰烈烈的大牛市行情中，由于大盘股和中盘股更适合大资金的进出，因此盘子大的个股更容易受到主力资金的炒作，从而会走出更好的行情。

另外，对于大盘股、中小盘股来说，还有一点是值得投资者注意的，这就是反映上市公司股价估值状态的市盈率。在一般的情况下，相同业绩的个股，大盘股的市盈率要低于中盘股，中盘股的市盈率要低于小盘股，小盘股的市盈率相对而言是最高的。这种市盈率情况的出现并非偶然，它反映了人们对于上市公司发展潜力的预期。一般来说，由于大盘股经过多年的扩充，其生产、经营规模都达到了较为完备的水平，未来的发展潜力相对较小，市场扩展能力也相对较弱。但是小盘股则不同，由于上市公司规模较小，如果上市公司在保持主营优势的前提下积极扩展其他业务，就会取得不俗增长。可以说，小盘股的成长潜力要远远大于大盘股，中盘股的发展潜力则是位于两者的中间位置。因此，投资者在实际买入或卖出个股时，如果关注上市公司的市盈率水平，一定要对大盘股与中小盘股区别对待，不能用一个标准来衡量它们的股价估值状态是高估还是低估。

第三节 什么是板块

一、板块及板块内个股联动效应

"板块"这一股市术语借用了地质学中的板块概念。股市中所谓的板块就是指那些因具备行业相关性、地域相关性、概念相关性等共性而被划分到一类之中的个股的集合。随着股市规模的不断扩容，上市公司数量越来越多，通过板块的划分，我们可以依据它们之间的某些共性来研究具有这一共性的个股群体，这个群体就是我们所说的板块。

通常来说，最常用的划分板块标准有三个：依据行业特点划分、依据上市公司所处地理位置划分、依据个股所具备的概念或题材划分。依据行业特点划分而来的板块，由于其划分方法最科学，也最能反映出上市公司的主营特点，因此这一划分方法更深入人心。当市场主力在炒作某一行业中的个别股票时，往往也会引发其他主力资金借机炒作同一行业中的其他个股。在股市中我们常可以看到这样的情况，若一些个股出现大幅上涨时，与它处于同一行业板块中的个股往往也会"拔地而起"，出现极好的跟随形态，这就是板块中个股所具有的联动效应。在下面的讲解中，我们会通过实例来说明这种板块间个股的联动效应。

依据行业特点的划分方法，我们可以把个股依据其主营业务的特点划分为：钢铁、电力、房地产、汽车、医药、有色金属、商业百货等板块，如对于商业百货板块来说，它是由涉足商业百货行业的上市公司组成的一个板块，这些公司在行业上存在关联性，它的主营业务也极其相似。

依据上市公司所处的地理位置，我们可把板块划分为：北京、上海、天津等。例如，北京板块说明了构成这个板块的上市公司在地理区域上都集中在北京附近。依据地理位置来划分板块有什么实际意义呢？其中最大的用处就是在出台一些针对某一区域的经济政策时，我们可以快速地找出哪些个股是相关受益股。例如，20世纪90年代的上海浦东被定为经济技术开发区，为身处这一地区的上市公司带来发展机遇。在二级市场上，这些上市公司出现了极好的上涨行情。

依据上市公司所具备的概念或题材，我们可以把板块划分为：新能源、申奥、高送转、大订单、航天军工、节能环保等。概念题材往往与国家的重大事件相关，它们既是社会舆论关注的焦点，也是主力在二级市场炒作的热点。例如，当我们申奥成功后，奥运概念是股市中反复炒作的热点，那些与奥运概念挂钩的股票，如中体产业、北巴传媒、西单商场等很多个股被市场认为是举办奥运会的相关受益个股，因此也受到了主力及投资者的追捧，从而成为股市中的黑马股。可以说，市场热点催生了新的概念，要及时地把握这些因概念题材而诞生的"黑马"，投资者就需多关注国内外的重大事件。

总之，无论我们依据什么标准去划分板块，都说明构成这个板块的上市公司总会在某个方面存在着高度的相似性、关联性。

如图3-7为大同煤业（601001）2008年12月12日至2009年8月5日期间走势图，可以看到此股在2009年上半年从最低点11元一路上涨至54元；图3-8为兰花科创（600123）2008年12月25日至2009年7月30日期间走势图，在此期间此股从最低点的10元一路上涨至40元上方；图3-9为西山煤电（000983）2009年3月19日至2009年7月27日期间走势图，在此期间此股从10元附近一路上涨至40元上方。对比这几只股票的走势，我们可以发现，它们是极其相似的。它们都属于煤炭板块中的成员，如果查看煤炭板块中的其他个股，我们会发现绝大多数个股都在2009年上半年出现了这种较大幅度的上涨，其平均涨幅远超大盘，这就是主力资金对于板块的炒作。

在主力炒作板块时，有些个股的走势处于同步状态。这些个股由于最先获得了主力资金的拉抬，因此在整个板块中，它的起涨时间往往是最早的，而且涨势的持续力度也是最长的。这些股票对同板块中的还没开始步入上涨趋势的个股起到了很好的示范作用，我们可以将其称为龙头股。在龙头股的带动下，那些没有上涨的个股往往是我们短线介入的好机会，因为这些个股在龙头股的带动下往往也会有很好的补涨行情出现，有的补涨个股甚至出现了"后来者居上"的走势，其涨幅和涨速都超过那些率先启动的龙头股。

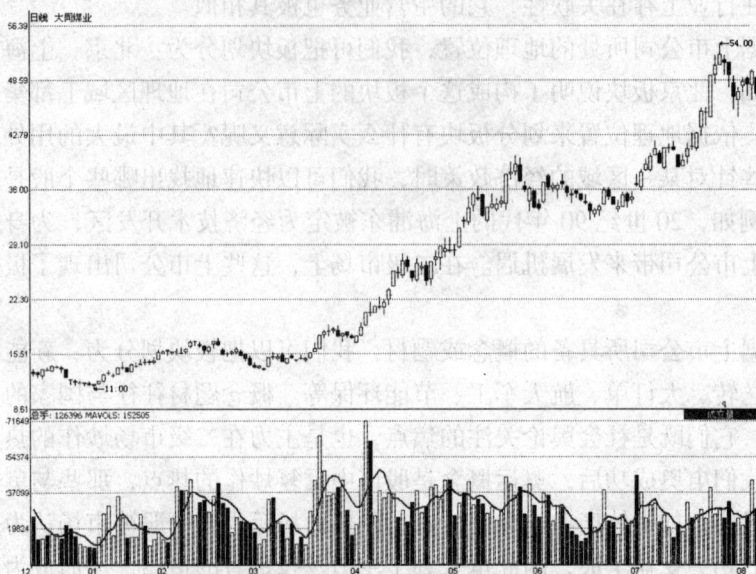

图 3-7　大同煤业 2008 年 12 月 12 日至 2009 年 8 月 15 日期间走势图

图 3-8　兰花科创 2008 年 12 月 25 日至 2009 年 7 月 30 日期间走势图

图 3-10 为靖远煤电（000552）2009 年 3 月 7 日至 2009 年 6 月 2 日期间走势图。靖远煤电作为一只小盘绩优股，在其他煤炭类个股已大幅走强的背景

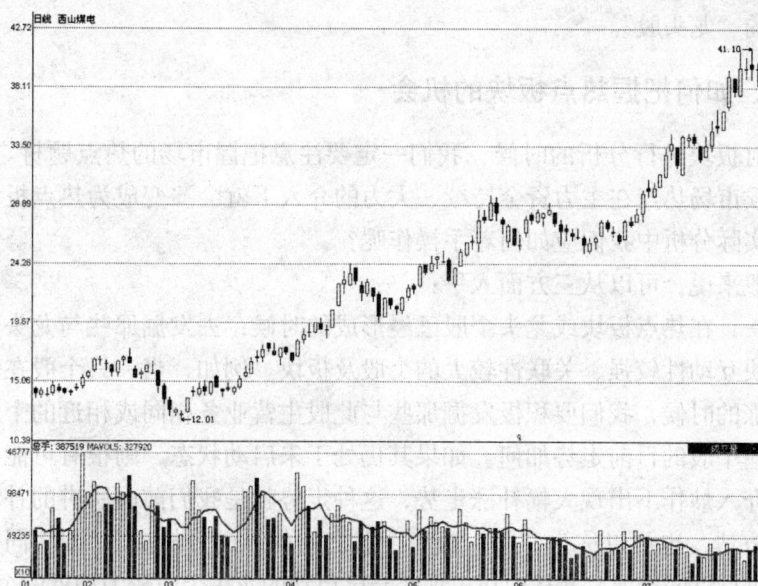

图 3-9　西山煤电 2009 年 3 月 19 日至 2009 年 7 月 27 日期间走势图

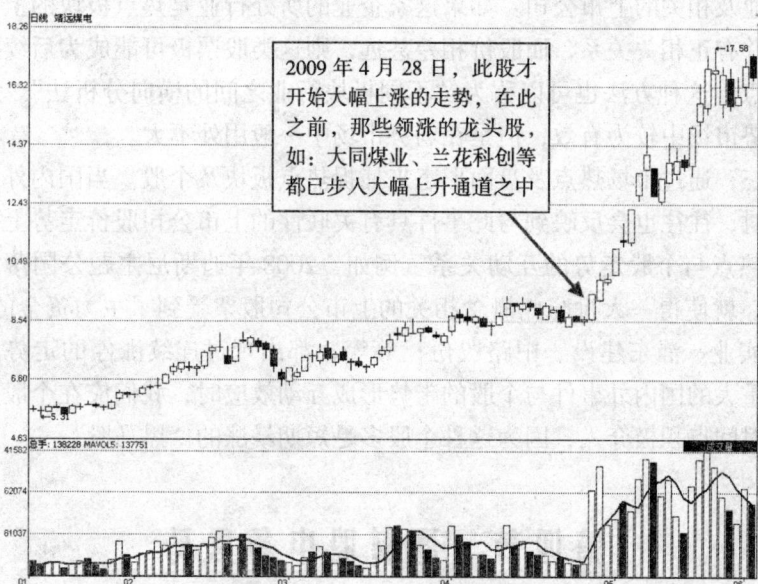

2009 年 4 月 28 日，此股才开始大幅上涨的走势，在此之前，那些领涨的龙头股，如：大同煤业、兰花科创等都已步入大幅上升通道之中

图 3-10　靖远煤电补涨示意图

下自然会获得主力的炒作。如图标注所示，在兰花科创、大同煤业、西山煤电等龙头个股已率先启动的情况下，此股于 2009 年 4 月 28 日才开始走出盘整形态，出现短期内大幅补涨走势，在补涨阶段，其涨幅、涨势远超于那些前期率

先启动的"龙头股"。

二、如何把握热点板块的机会

在对板块进行分析的时候，我们一定要注意把握市场的热点题材。因为，有的时候市场热点在主力资金持续、大力的介入下就会演变成为热点板块，那么，在实际分析中我们应如何着手操作呢？

一般来说，可以从三方面入手：

第一，在热点板块或龙头个股已经形成的时候，去发掘那些与龙头个股或热点板块互动性较强、关联性较大的个股及板块。例如，当一只个股在短期内出现大涨的时候，我们要积极发掘那些与此股主营业务相同或相近的个股，再看看这些个股的目前走势如何，如果其仍处于未启动状态，则很有可能在主力随后的介入炒作下出现大幅补涨走势，这种走势就是我们前面所讲的补涨。这种分析方法，也可以称为"同一板块个股之间的纵向分析法"，即将同一板块中个股进行纵向排列，并从中找出那些与已启动的龙头个股较为相近的个股。

第二，在热点板块或龙头个股已经形成的时候，去发掘那些与热点板块相关的行业及相关的上市公司。如果这家企业的所处行业是热点板块的上、下游行业，并有正相关关系，而股价相差甚远，则这类股票极可能成为后续的主力炒作热点，这种方法也可以称为"不同板块行业之间的横向分析法"。这种方法在强势市场中较为有效，但是在弱势市场中一般用处不大。

第三，通过市场热点及盘面形态来捕捉热点板块及个股。当国内外出现重大事件时，往往也会反映到与此事件具有关联性的上市公司股价走势上，这就是市场热点与个股走势的互动关系。例如，2008年迪斯尼主题公园落户上海的消息，就使得一大批与此概念相关的上市公司股票受到了主力资金的炒作，如界龙实业、浦东建设、中路股份；等等，都出现过连续涨停的走势。可以说，当重大的国内外事件与个股的走势形成互动效应时，我们应在个股启动后的第一时间点积极介入，因为这种个股多是短期暴涨的"黑马股"。

第四节　题材股中多黑马

一、什么是题材及题材股

无论在震荡盘整的市场中，还是在不断下跌的市场中，我们总会发现一些个股能出现短期大幅上涨的走势。这些个股的上涨既不是源于基本面的改善，也不是源于技术面的修正，它们的短期暴涨多是在一些消息、传闻的刺激下，在主力的短期爆炒下形成的。这些个股就是我们本节中将要讲到的题材股，它们是黑马诞生的摇篮。

对于"题材"这一概念，《辞海》上的解释是："题材是文艺作品的内容要素之一。题材是作品中具体描写的，体现主题思想的一定社会、历史或生活现象。它来源于社会生活，是作者对生活素材经过选择、集中、提炼、加工而成。作者选择什么题材，如何处理题材，取决于他们的创作意图和所要表现的主题。当然它也受到作者的立场、观点和社会实践的制约。"《辞海》的解释是针对文学领域的，用高度概括的一句话说："题材就是文学创作中的素材。"同样，在股市中也有题材，它所具有的含义与文学中的"题材"概念相近，是基于市场热点、由主力炒作而形成的素材。简而言之，题材股就是指有炒作题材的股票，而这种炒作题材多源于市场上的热点，市场热点即所谓的国内外的重大事件，这些重大事件由于在或长或短的一定时间内备受人们关注，因此成为"热点"，与这些热点相关联的上市公司股票也就相应的成为了题材股，于是，当主力炒作这一市场热点题材时，这些个股往往会在主力资金的炒作下，短期内出现惊人的涨幅，同时也可以集聚良好的市场人气。

二、主力为何炒作题材股

主力炒作题材股是有其内在原因的，由于题材股反映了当前的市场热点，因此在炒作题材股时，往往能很好地吸引市场人气，形成一种共振的氛围，这对短线主力炒作是极为有利的。一般来说，我们可以将主力炒作题材股的原因归纳为两点：

一是由于"享受"这种题材的上市公司其未来业绩会实现增长。业绩与股价呈现一种正相关关系，业绩增长永远是股市最引人注意的对象，当个股在利好消息的刺激下成为短期内的题材股时，市场就会对此股的未来业绩增长充满期待，但这种题材能否真的给上市公司带来实实在在的业绩增长呢？主力并不在乎这些，受益于题材概念的题材股的预期业绩增长只是主力炒作此股的一个借口而已。

二是主力炒作题材股也是与我国当前大部分散户投资者的习惯有极大关联的。股市里的大多数散户投资者、游资、大户等都属于短线投机客，他们介入股市的目的并不是想分享业绩优秀的上市公司的分红，而是想赚取二级市场的差价，这就造成了短期内的热点题材会引起大量投机者的关注。如果庄家此时再煽风点火，起到导火索的作用，当市场看到热点题材已演变成了股价的强势上涨时，很多资金就会不顾一切扑入其中，这就是所谓的"羊群效应"。利用题材股所能产生的"羊群效应"可以使主力在炒作过程中得到市场的有效配合。

三、理解题材股的分类

了解国内股市中的炒作题材无疑会对投资者把握庄家的选股思路有很大的好处。那么，市场上可供炒作的题材具体有哪些呢？以下是笔者归纳出来的几类，这些题材由于可以反复炒作，因此更受主力青睐。

1. 产业政策受益题材股

上市公司的发展离不开行业的景气程度，而行业的景气程度在很大程度上又取决于国家产业政策的倾向。在不同的发展时期、不同的历史阶段，国家会从战略的眼光出发，对一部分产业给予支持，而对另一部分产业进行抑制。当国家对某些产业进行扶持的时候，不但会给予相关的税收优惠政策，往往还会进行大力度的投资，那些处于这些政策扶持行业的上市公司从中可以得到很大的益处，其未来的发展前景就让人期待，主力则可以适时借题发挥，借政策利好发布时所形成的良好市场氛围炒作相关题材股，进而激发市场人气，形成一种追涨的局面。

目前国家重点扶持的产业偏重于农业、新能源、航天军工等行业，这与国家对当前经济形势的判断及预期的经济效果是密不可分的。比如，2009 年 11 月 26 日，国务院常务会议决定了我国 2020 年降低碳强度的目标：即到 2020 年，单位国内生产总值二氧化碳排放比 2005 年下降 40%~45%。这一重大政策倾向就促使一些相关的节能环保类上市公司成为了市场热点。图 3-11 为菲达环保（600526）2009 年 11 月 27 日走势图。在当日大盘大幅下跌 2.36% 的背景下，它当日高开高走，早盘急速上封涨停板，成为了这一波政策题材中的龙头个股。

2. 业绩预增题材股

业绩永远是股市中的核心话题，当个股的业绩出现高速增长时，其二级市场中的股价与其业绩相挂钩。我们这里所说的业绩改善题材个股是指主力在上市公司公布季报或年报前，由于上市公司将要出现较大幅度的业绩增长，而获得主力炒作的个股。

图 3-12 为新安股份（600596）2007 年 3 月 11 日至 2008 年 3 月 3 日期间走势图。如图所示，此股在长达一年以上的时间内一直处于上涨状态，即使在 2007 年下半年中小盘个股多处于横盘滞涨时，此股也依然保持了良好的上涨势头。这种持续的上涨是有其内在原因的，源于主力对于此股业绩增长题材的炒作。在 2007 年草甘膦价格不断上涨的背景下，新安股份具有极为优越的主营业务优势。新安股份草甘膦原粉产量是世界第二、亚洲第一，可以说是极大地受益于草甘膦价格的上涨，草甘膦价格的不断上涨也必将使新安股份的业绩出

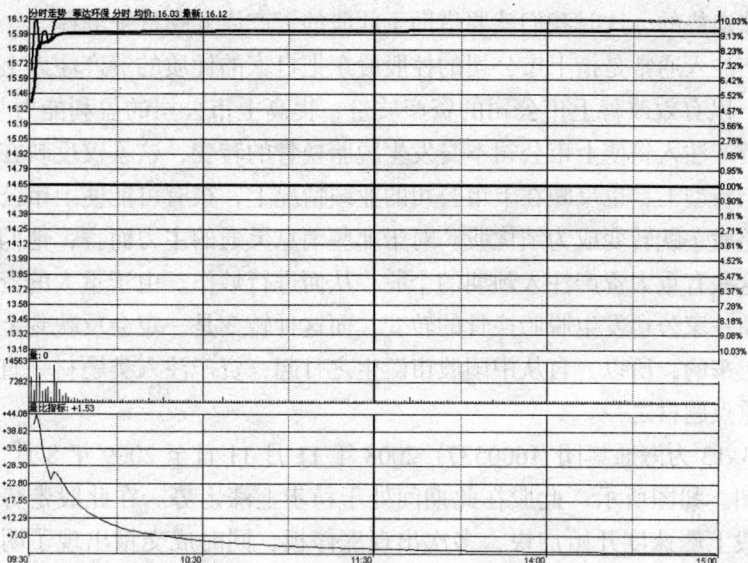

图 3-11 菲达环保 2009 年 11 月 27 日分时图

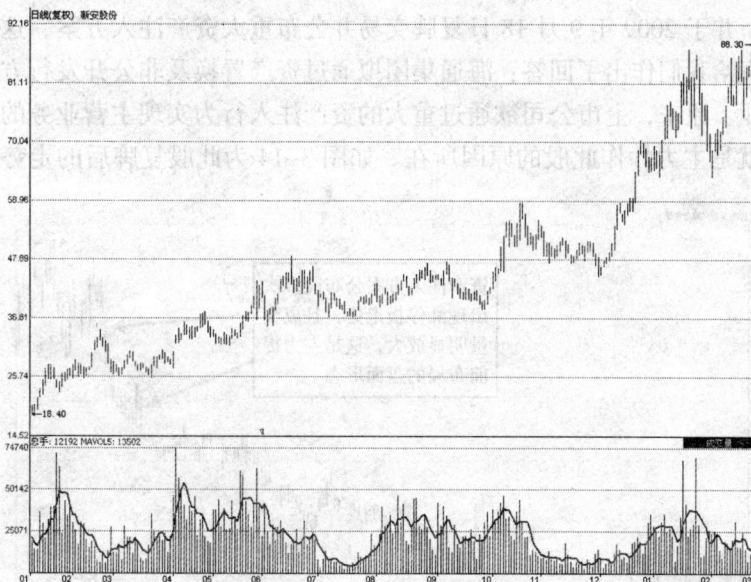

图 3-12 新安股份 2007 年 3 月 11 日至 2008 年 3 月 3 日期间走势图

现高增长的态势，这种业绩高速增长的预期也是主力炒作此股的最大原因所在。

3. 资产注入题材股

我们在国内股市中经常会看到有许多业绩极差甚至出现亏损的个股，其涨势却极为惊人。如果仅以上市公司当前的基本面情况，是无法解释此股的这种大幅上涨走势的，这时我们就要借助于此股的资产注入题材来解释。

资产注入通常是指上市公司的控股股东把自家的优质的资产注入上市公司里面去，以有效改善上市公司的资产质量，提高上市公司的盈利能力与股价。重大的资产注入将使上市公司本身发生脱胎换骨的转变，这不仅反映在主营业务的完全转型上，也反映在上市公司的业绩情况上，很有可能使上市公司由原来的绩差股一跃转变成为绩优股。对于那些消息灵通的主力而言，他们可以提前布局这些有重大资产注入预期的个股，从而进行炒作。由于重大的资产注入行为会使一家公司发生脱胎换骨的转变，而这种转变是一定会反映到上市公司的股价上来的，所以，自从中国股市诞生之日起，资产注入类题材一直是市场炒作的重点题材之一。

图 3-13 为海通集团（600537）2008 年 11 月 11 日至 2009 年 8 月 17 日期间走势图。如图所示，此股在此期间处于稳步上涨走势。在此股走势的后半段，此股上涨速度开始加快，多次出现涨停板，同时成交量出现了明显的放大，这是主力开始运作此股的盘面形态，但是对于一个业绩处于亏损与微利边缘的个股，主力炒作它的目的又是什么呢？随后，此股于 2009 年 8 月 19 日开始停牌，并于 2009 年 9 月 18 日复牌交易并公布重大资产注入方案，这一资产注入方案给我们作出了回答：海通集团拟通过资产置换及非公开发行方式转型光电产业。原来，上市公司欲通过重大的资产注入行为实现主营业务的完全转型，这就是主力炒作此股的原因所在。如图 3-14 为此股复牌后的走势图，可

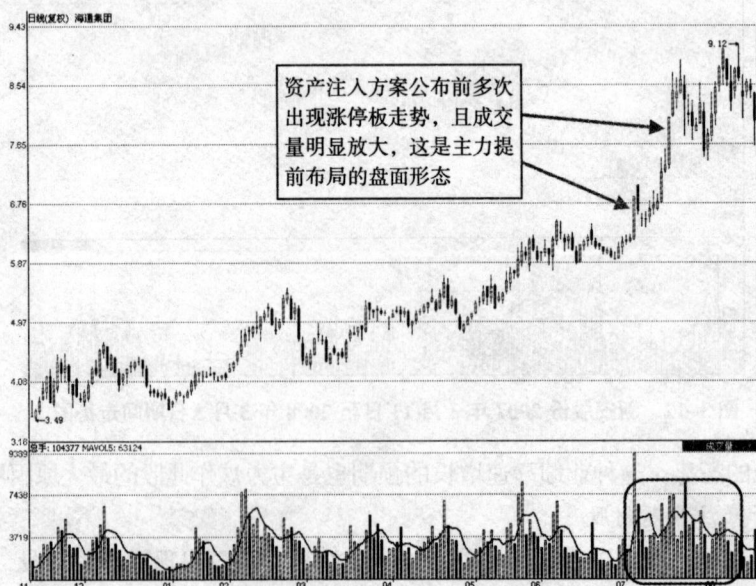

资产注入方案公布前多次出现涨停板走势，且成交量明显放大，这是主力提前布局的盘面形态

图 3-13 海通集团走势图 1

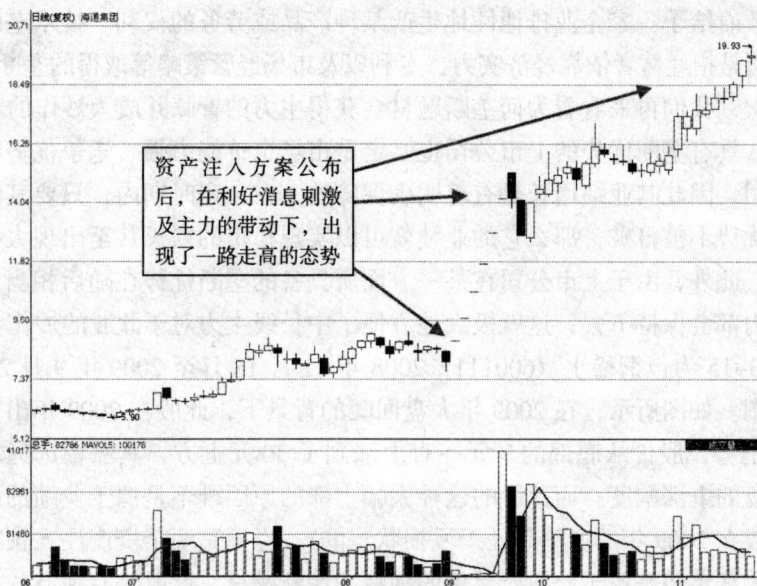

资产注入方案公布后，在利好消息刺激及主力的带动下，出现了一路走高的态势

图 3-14　海通集团走势图 2

以看到，在这一重大利好消息的刺激及主力的带动下，此股出现了连续缩量涨停的走势。

4. 垄断题材股

世界著名的投资大师巴菲特称其一生都在追求"具有消费垄断性质的企业"。在股神巴菲特的选股原则中，我们常会发现很多上市公司都是具有垄断性质的。那么什么是垄断呢？所谓垄断就是指企业在市场某一领域中具有绝对优势并且其他企业很难与之形成竞争局面，这一优势或体现在矿产资源的拥有上，或体现在技术的创新上。那些具有垄断性优势的个股我们可以将其称为垄断题材类个股。

首先，我们分析一下垄断的类型，这有助于我们深入理解相关上市公司的垄断题材。一般来说，垄断类型可以分为四种：资源性垄断型、自然性垄断型、政策性垄断型、技术性垄断型。资源性垄断是指关键资源由一家企业拥有，比如，那些拥有稀缺性矿产资源的上市公司：包钢稀土拥有独特的稀土资源；金钼股份拥有的金堆城钼矿是世界六大原生钼矿床之一，这些都是典型的资源垄断型的上市公司。自然性垄断是指上市公司具有网络性经营特点的，如电网、自来水、煤气管道、电话等。对于这些行业，由一个厂商生产全行业产品的总成本比由多个厂商生产的总成本低，因此独家生产比多家竞争更有效率，更能够有效地向消费者提供廉价的商品或服务供给。政策性垄断的上市公司是指政府给予一家企业排他性地生产某种产品或劳务的权利。技术垄断型的上市公司是指经营者依靠经济实力、专利以及市场经营策略等取得的垄断地位。

其次，我们再来看看为何垄断题材会获得主力的青睐并成为炒作的对象。

那些具有垄断优势的上市公司也必定是市场定价能力强、竞争优势明显的上市公司，因此其业绩增长是有着明确保障的，在一定时期内，只要其所具有的垄断优势不被打破，那么它的业绩就可以实现稳定的增长甚至出现大幅增长的情况。此外，由于上市公司在某一方面所具备的垄断优势在随后相当长的一段时间内都会保持下去，这就极大地方便了中长线主力对于此股的炒作。

图 3-15 为包钢稀土（600111）2008 年 11 月 18 日至 2009 年 9 月 22 日期间走势图。如图所示，在 2009 年大盘回暖的背景下，此股在 2009 年出现了大幅上涨走势，股价从底部的 7 元一直上涨到了 30 元上方，其涨幅远远超出了同期大盘的上涨幅度。而此股的这种大幅上涨的原因既不是源于业绩的高速增长（此股在 2009 年的业绩是处于亏损状态的），也不是源于资产注入预期，它的这种大涨走势是源于此股所具备的独特的垄断题材。此股具有独特的资源概念：我国是世界已探明有经济开采价值的稀土储量最大的国家，控股股东所属的白云鄂博铁矿拥有世界稀土资源的 62%，占国内已探明储量的 87.1%；包钢白云鄂博矿是世界瞩目的铁、稀土等多元素共生矿，独特的资源优势造就了包钢在世界冶金企业中罕有的以钢铁和稀土为主业的独特产业优势。可以说，正是由于对稀土资源的绝对垄断优势成为了主力大肆炒作此股的最大原因所在。

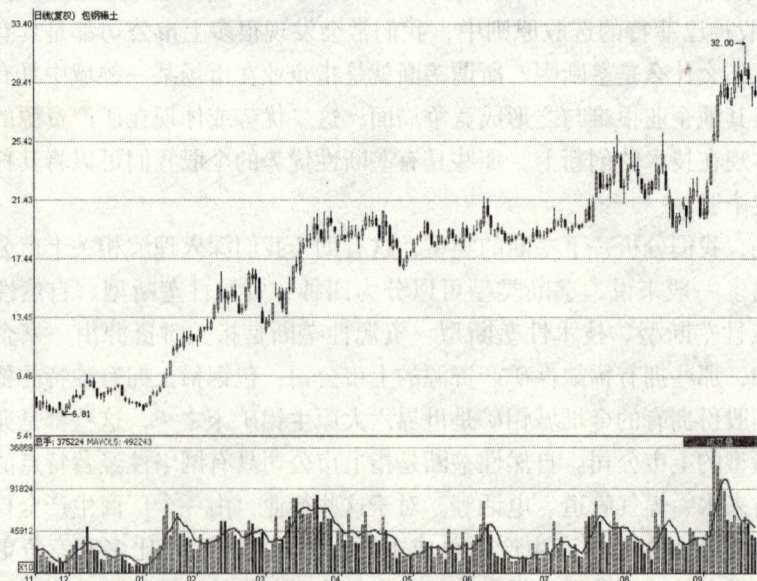

图 3-15　包钢稀土走势图

5. "高送转"题材股

所谓"高送转"就是指大比例的以资本公积金转增股本或者是大比例送红股，比如，10股送10股或10股送5股转增5股等。"高送转"对净资产收益率没有影响，对公司的盈利能力也并没有任何实质性影响，可以说，高送转方案仅仅是一种股本规模扩大的方式。由于股本的扩大，资本公积金转增股本与送红股将摊薄每股收益，公司的净利润并没有发生变化。当上市公司高送转方案实施时，在股本扩大的同时，二级市场中的股价也将做除权处理，通俗地讲就是：如果上市公司实施了"10送10"的高送转方案，这一方案将使上市公司的总股本扩大一倍，那么，当高送转方案实施时，此股二级市场中的股价将对应的减半，虽然投资者的持股数变大了，但持股比例并没有发生变化，且持有股票的总价值也没有发生变化。既然高送转并没有像上市公司的年终分红、派现那样为投资者带来实际的回报，那么，主力炒作它的原因又何在呢？

由于上市公司快速成长的过程既是一个企业规模不断扩大的过程，同时也是其股本扩大的过程。这种股本扩大的过程对于上市公司的高速发展来说并不是必需的，但为了保持证券市场中的流通性，实施高送转降低股价就显得较为重要了。这也与我国这一特定的投资环境密切相关，美国股市中的高送转行为较为少见。如巴菲特掌控的伯克希尔哈撒韦由于一直保持了高速增长的势头，以致其目前每股的股价几乎达到了10万美元。对于国内的上市公司来说，如苏宁电器，2004年上市时的股价是30多元一股，且从2004~2007年几乎保持了年利润100%左右的高速增长，如果苏宁电器在这期间不多次实施高送转方案，它的股价就达到了较为惊人的千元之上，这种股价将大大降低此股的二级市场流通性，同时也超出了散户投资者的购买能力。通过上面的分析，可以看出，高送转题材之所以受主力青睐的原因是上市公司的高送转方案向市场传递了一个信号，即公司正在高速成长。但这一高送转方案是否真实地反映了上市公司的高速成长性，恐怕也只有上市公司自己知道了。如前面我们所介绍的苏宁电器，它的高送转方案就是其业绩高速增长的体现，其高送转方案实施的原因是："公司规模扩张的同时有扩大股本规模的需求。"此外，主力炒作高送转题材的最大原因还在于高送转可以让股价变得"便宜"起来，这与国内投资者偏爱低价股的投资习惯有关。在国内，无论个股的业绩是多么糟糕、亏损多么严重，我们基本看不到股价在1元以下，甚至2元以下的个股。可以说，股价便宜是吸引投资者的重要要素，而高送转方案正好迎合了投资者的这种心理，所以，它自然也就成为了主力炒作的热点题材之一。

图3-16为维维股份（600300）2008年12月1日于2009年12月27日期间走势图。如图所示，此股在2009年上半年出现了大幅飙升的走势，这种走

势源于消息灵通的主力在上市公司发布高送转预案前对此股的炒作。在此股实施了"10 股转增 12 股"的高送转方案后，股价又开始变得"便宜"起来，这为主力的后续运作无疑带来了很大的方便：若上市公司的业绩出现了高速增长，则主力可以在除权后继续拉升股价；若上市公司的高送转方案并没有预示业绩的高速增长，则主力可以借这一"低价"效果进行出货。对于此股来说，由于净利润出现了 300% 的增长，增长后的业绩可以对股价形成良好的支撑，因此主力选择了在除权后再次拉升此股的运作形式。

图 3-16　维维股份走势图

上面介绍了主力炒作中的几种常见题材。可以说，只要一种题材包含了市场热点因素，它就是好的炒作题材。例如，当能源类产品出现紧张，而国家又出台政策鼓励新能源发展时，一些具备风能、太阳能、核能等新能源题材的上市公司就会成为炒作对象。投资者在关注国内外的重大事件时，还要注意这一热点事件所形成的题材是否已反映到了相关题材股的走势上。一些看似平淡无奇的题材只要得到主力的认可并加以炒作，就会成为短期暴涨的黑马股，而一些看似相当不错的题材若得不到主力的加盟其股价走势也只能是碌碌无为。

第五节　关注新股

一、新股及新股炒作

股市的最主要作用之一就是发挥其融资功能。融资功能是指已上市公司通过增发或定向增发的方式实施再融资，也指那些还没有上市的公司通过发行股票上市筹资，这些新发行上市交易的股票即是新股。新股英文简称为 IPO，全称为 Initial Public Offering（翻译成中文即为首次公开募股），指某公司（股份有限公司或有限责任公司）首次向社会公众公开招股的发行方式，通常为"普通股"。有限责任公司公开招股后会成为股份有限公司。这种首次向社会公众公开招股发行的股票就是新股。

新股在上市交易后，往往受到主力资金的炒作。可以说，正是在主力资金的大力炒作下，新股才能有极好的行情出现，那么，主力为何要炒作新股呢？我们可以从三点来理解：

第一，新股由于刚刚上市开始交易，无论对于想控盘的主力来说，还是对于散户投资者来说，大家都是站在同一个起跑线上，新介入的主力不必担心此股是否已隐藏着老主力。可以说，新股是"遗留问题"少的个股，对想要控盘的场外主力资金是有一定吸引力的。

第二，很多新股在上市交易时的总股本规模只有几千万股左右，而且新股在上市首日的换手率往往很高，这对主力资金快速建仓及控盘此股都是极为有利的。

第三，新股往往具有独特的题材，并且上市公司在股票上市前会进行一定的造势，这使得新股上市后可以很好地汇聚人气，从而也可以极大地方便主力的借势炒作。

我们可以将新股的特点总结如下：一是新股上市后的前几个交易日换手率巨大，主力可在短期内迅速建仓；二是刚上市的新股其业绩情况都是不错的，有较高的公积金，转增股能力强，其未分配利润也很吸引人；三是新股由于是新上市交易的股票，因此不存在套牢盘，没有老主力潜藏其中，"遗留问题"少，上升空间相对宽广；四是在国内股市中有炒新的风气，主力炒作新股可以导致投资者产生"追涨"心理，这可以极大地方便主力拉抬和出货；五是新股的走势往往会独立于大盘，这会为主力炒作降低风险。

图 3-17 为全聚德（002186）2007 年 11 月 20 日至 2008 年 3 月 16 日期间

走势图。如图所示，此股在 2007 年 11 月 20 日作为新股开始上市交易，在上市后几个交易日中，由于受到大盘短期快速下跌影响，因此出现了一波回调走势，但这波回调走势的下跌幅度却明显小于大盘的下跌幅度，盘面形态显示有主力积极运作此股。随后，此股在主力的带动下，短期内走出了翻倍行情。而主力炒作此股的原因就是基于它良好的品牌优势。全聚德烤鸭闻名国内，而全聚德品牌也是深入人心，在此股发行上市交易后，基于它良好的人气效应，主力借势炒作，从而形成了它在上市后短期内股价翻倍的走势。

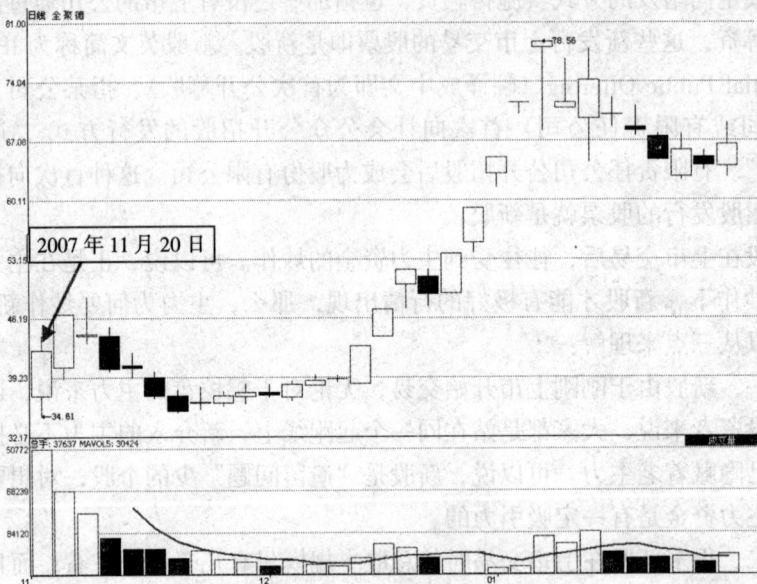

图 3-17 全聚德上市后走势图

二、怎样把握新股上市后的机会

新股上市后的市场机会与主力是否炒作此股相对应。研究新股是否具有市场机会，就是要研究该股是否有大资金介入，判断是否有主力资金介入到新股当中，我们可以从以下几点出发来做分析：

（1）要关注新股是否具有较为独特的题材。这一独特的题材既可以是公司所具有的独特品牌优势，也可以是公司在某一领域内具有资源垄断优势。只有好的题材才可以激发市场人气、获得主力炒作。

（2）要关注新股上市首日的换手率情况。当主力资金炒作新股时，如果没有充足的筹码拿在手中，是不太可能大幅拉升新股的。可以说，新股上市后的换手情况是我们判断新股是否有短期行情的重要依据之一。一般来说，当主力资金要炒作新股时，新股上市首日的换手率是较高的，多在 50% 以上。这种高换手率说明一级市场中的中签者已悉数抛出，而二级市场中的买盘承接较为充分，是主力介入此股吸筹的表现。此外，我们还应关注早盘开盘后的换手率情况，开盘换手率超过5%，基本可认为有主力进驻；超过15%很可能有大主力入驻；第1个小时甚至开盘15分钟换手率达到或超过15%~30%，说明主力实力不小。

（3）要关注新股上市首日的盘中交易细节。主力如果要炒作新股，必定会在新股上市首日进行较为积极的建仓，这体现在买卖情况上，也就是盘中经常性的出现大买单向上扫货的情况，出现大买单笔数越多越说明主力在抢筹。因此，投资者应对新股首日的盘中交易情况进行细致的观察。

（4）关注新股上市后几个交易日的走势情况。一般来说，在大盘不出现深幅下跌的背景下，那些有主力参与的新股在上市后的头几个交易日内多呈现较为强势的走势，或是出现强势的横盘形态，或是出现小幅回调整理，且换手率仍旧保持在一种较高的水平上；反之，那些没有获得主力炒作的个股，往往会出现一路走低的情况，在上市后的头几个交易内走势极为疲软。

（5）关注新股的盘子大小。当我们对那些新上市的股票按盘子大小来进行排列后，就会发现那些中小盘个股被主力炒作的概率要远远大于那些盘子极大的大盘股。一般来说，大盘股只有在牛市的良好背景下才会在上市后受到主力资金的联合炒作。而中小盘个股则不同，中小盘个股即使在大盘同期走势较弱的情况下也依然可以获得主力的炒作，因为炒作新股的多是一些短线主力资金，而中小盘股的股本规模正好与这种短线主力的资金规模相仿，因此，更容易获得短线主力的青睐。

下面我们通过实例来分析一下两只几乎同时上市的新股，为何一个是大幅上涨的行情，另一个的走势却是一路下跌？图3-18为世联地产（002285）2009年8月28日至2009年12月27日期间走势图。世联地产作为一只小盘股，其上市流通的股本规模只有3200万股，而且是一只符合市场热点的业绩极为优秀的小盘股。如图所示，此股于2008年8月28日开始作为新股上市交易，当日此股的换手率达到了较高的74.60%，且在随后几日内出现了强势横盘的走势。如果我们对此股上市首日的盘中交投情况进行跟踪，就会发现上市当日此股的大买单时常出现，有主力资金介入建仓的迹象。可以说，无论是从题材方面，还是从上市后几个交易日的技术面来说，都对此股后期的强势上涨形成了有力的支撑。

图3-19为光大证券（601788）2009年8月18日至2009年12月27日期间走势图。两只股票上市时间较为接近，它们所处的大盘背景也基本相同，但是光大证券的走势却完全不同。通过公开资料我们可以发现，此股的盘子较

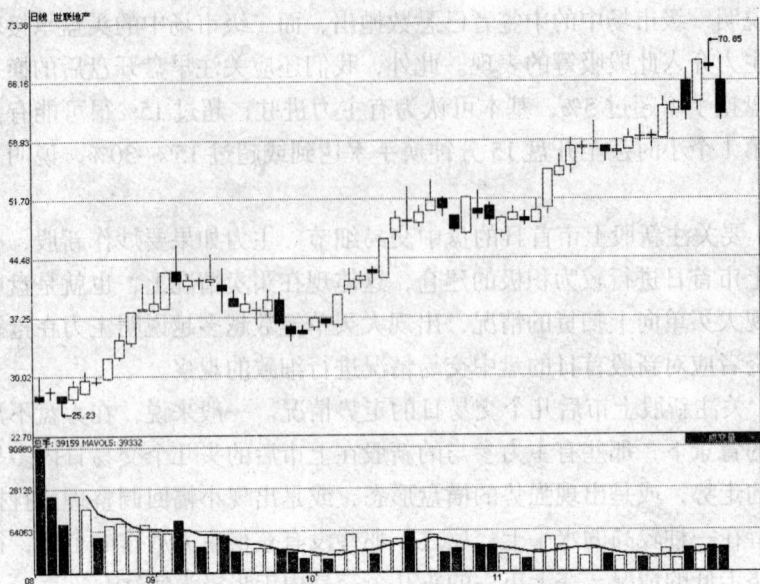

图 3-18　世联地产新股上市后走势图

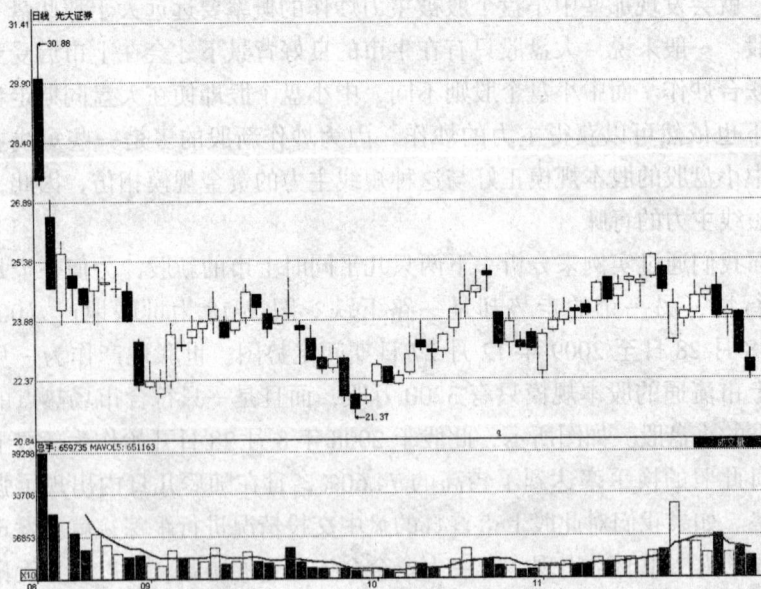

图 3-19　光大证券新股上市后走势图

大，总股本在 34 亿股，而流通股也达到了 5.2 亿股，可以说是一只标准的大盘股。而且作为一只普普通通的券商股，它并没有什么可以值得炒作的独特概念。我们再来看一下它上市后的技术面情况，此股上市首日的换手率仅为

38.33%，且在上市后的第二个交易日就出现了一根大阴线，并没有主力积极运作的迹象，随后更是一路下滑，价位几乎跌到了发行价附近。

通过以上对比分析，我们可以看出，虽然同为新股且面临着相同的大盘环境，但是其走势却存在着天壤之别，一个是"高歌猛进"，一个是疲软下跌。因此，要想把握新股上市后的机会，要求投资者要善于分析新股的独特题材，善于分析新股上市后的技术形态。

此外，在分析新股上市后的走势情况时，我们还应关注新股的开盘价定位情况。如果新股在上市前被媒体、股评等大肆渲染，则新股上市后很容易出现"股价一步到位"、"高开低走"走势，这就为主力收集低价筹码带来困难。没有足够的筹码，主力就不会往上炒。一个很好的例子就是中石油上市后的走势，中国石油上市前，媒体、评论认为此股是"亚洲最赚钱的公司"，过高的评价及以点带面的宣传导致了中国石油这样一只超级大盘股竟出现了相对于发行价而言300%的溢价，对于这样的价格、这样的盘子，是没有哪家主力敢于炒作它的。相反，有些新股上市前，宣传低调，媒体和大众不看好，上市后很可能低开高走，走出自己的独立行情。

第四章　牛市还是熊市，盈利还是亏损

第一节　认清大势意义重大

　　投资者常说的"大势如何如何"、"走势如何如何"等说法是在强调市场的运行趋势，那么什么是趋势呢？在理解股市中的趋势概念时，我们不妨先看看字典里对于"趋势"一词是如何解释的。根据汉语字典，趋势的意思是"事物或者局势发展的动向"，并且，趋势一词暗含了这种发展方向是不以个人意志为转移的，是一种客观存在的规律。例如：我们常说的"顺应历史发展趋势"中的"趋势"一词就暗含了这种意思。可以说，当人们用"趋势"这个词来表示一个事物状态时，目的是"对一种模糊的、不够明确的、遥远的运行方向采取行动"。可以说，趋势是事物明确的、可预见的发展方向，它描述的是一种渐进的、连续发生的线性规律。研究趋势是去发现一系列连续发生的事件，从中归纳出线性的发展方向。而预测趋势是去分析未来某段时间内，某个趋势将会产生什么样的方向性变化。

　　将趋势这一概念搬到股市中时，它所反映的含义是个股或市场总体运行的方向性。不少投资者在理解股市中的趋势概念时往往以物理学的惯性定律为依据。物理学的惯性定律含义是："任何物体在不受任何外力的作用下，总会保持匀速直线运动状态或静止状态，直到有外力迫使它改变这种状态为止。"这一观点有其正确之处，但也有其片面之处。它的正确之处是指出了当一种趋势形成后，若市场没有受到明显的外力阻挡，则趋势仍将延续下去；它的片面之处是并没有明确指出股市中的外力作用是什么。据笔者对于股市中趋势这一概念的理解，我们可以把股市中的这种外力理解为买盘与卖盘的力量转化过程。当股市形成某种趋势后，若在较长一段时间内买盘或卖盘中的一方处于主导地位，则趋势会沿原有的方向运行下去，但是一旦买盘或卖盘所处的优势状态被打破时（我们即可以认为股市在运行过程中受到了明显的外力作用），则趋势就有转向的可能。

在对股市中的趋势进行分类时，我们有两种标准可以遵循：一种是依据市场整体或个股的总体运行方向来划分，即依据"方向性"，我们可将趋势划分为上升趋势、下跌趋势、横盘震荡趋势，这种划分方法也是我们最常用的趋势划分方法，平常我们所提到的趋势就是依据这种划分方法得来的；另一种是我们依据市场整体或个股在某一阶段的走向与总体走向的方向是否一致将趋势分为主要趋势、次要趋势、短期趋势，这种关于趋势的划分方法是道氏理论对于趋势的划分方法，我们将在下一节中详细介绍它。

无论投资者是进行中长线投资，还是进行短线投机，理解股市走向的趋势性对于我们展开实盘操作都具有重要的意义。趋势是我们部署实战策略的着手点：在上升趋势中，我们可以进行中长线持股或阶段性的高抛低吸短线操作；而在横盘震荡趋势中，我们不宜进行中长线布局，更适宜开展波动操作；在下跌趋势中，我们只能展开短线反弹操作，如果进行中长线操作则很可能出现重大亏损。

可以说，股价运行的总体趋势是我们进行中长线布局或短线操作时的背景环境，如果我们的操盘不能顺应这一背景环境，所面临的可能不仅是利润的减少，更有可能的是重大亏损。一旦我们出现重大亏损，要在股市中继续生存发展下去就会变得难上加难。可以说，识别趋势、认清趋势、把握趋势是我们开展实盘操作的关键点。

第二节　道氏趋势及趋势走向

依方向来说，股市或个股的趋势可以分为上升趋势、下跌趋势及横盘震荡趋势。顾名思义，上升趋势指代市场或个股在总体运行上处于持续上涨状态，而下跌趋势与横盘震荡趋势则指代市场或个股在总体运行上处于下跌状态及横盘震荡状态。

一、道氏理论对于趋势的划分

道氏理论是技术分析中的基础理论，很多技术分析理论、技术分析方法都是以道氏理论为出发点的。道氏理论主要包括了六条原则：平均指数包容消化一切；市场具有三种趋势；上升趋势或下跌趋势各分成三个阶段；两种指数必须互相验证；交易量是对趋势的验证；只有当反转信号明确显示出来，才意味着一轮趋势的结束。很明显，道氏理论是注重趋势的，在这六条原则中，有四条原则是用于阐述趋势运行的。

按照道氏理论，股市的趋势按照其持续时间长短及注重程度可以划分为三种趋势，即主要趋势（也称为基本趋势）、次要趋势、短期趋势。

主要趋势是趋势运行的主要方向，也是股价波动的大方向。主要趋势对应于上升趋势中的主升浪、下跌趋势中的主跌浪，它的持续时间最长、重要性也最大。主要趋势的持续时间通常为一年或一年以上，至少会导致股价增值或贬值20%以上。

在主要趋势的行进过程中还穿插着与其方向相反的次要趋势，次要趋势对应于上升趋势中的回调浪、下跌趋势中的反弹浪，是在主要趋势运行过程中出现的调整，并对其产生一定的牵制作用。次要趋势持续的时间从几日到几周不等，其对原有主要趋势的修正幅度一般为股价在一波上涨中的1/3或2/3。

股价运动的第三种趋势称为短期趋势，反映了股价在几天之内的变动情况，多由一些偶然因素决定。

二、上升趋势、下跌趋势与横盘震荡趋势

理解了道氏理论对于主要趋势、次要趋势的划分，我们对于上升趋势、下跌趋势就会有更深入一层的理解。当主要趋势的方向向上时，则为上升趋势；当主要趋势的方向向下时，则为下跌趋势；当主要趋势的方向为横向时，则为横盘震荡趋势。

上升趋势即是我们常说的"牛市"，在股市或个股走势上表现是：每一个后续价位上升到比前一个价位更高的水平，而每一次上升途中的回调所创下的低点都高于近期前一次上升过程中回调的低点。用"波峰"、"波谷"来作比喻，即上升趋势是在一个价格走向总体向上的运动当中，其包含的波峰和波谷都相应的高于前一个波峰和波谷。

一般我们可以将上升趋势的演变过程分为三个阶段：

第一阶段是建仓阶段（或称为市场情绪回暖阶段）。当市场处于这一阶段时，个股的估值往往处于一种相对较低的状态，市场的交投也很可能处于一种相对不活跃的状态。导致这种市场环境出现的原因可能是经济情况的不佳、投资者对未来的担心等。此时那些有远见的投资者预料到股市未来的上升走势或是感觉到了经济好转的信号，于是开始不断买入股票并积极锁仓。由于多方力量的持续介入，此时空方也是再次让股市大跌的力量，股市往往会以震荡的走势出现在投资者面前。

第二阶段是上涨阶段（或称为市场情绪持续升温阶段）。随着买盘能量的积累、卖盘力量的瓦解及经济出现好转的信号，上市公司业绩开始复苏，越来越多的投资者预示到了股市的上涨走势，从而也导致了场外投资者的不断介入。在不断介入的买盘的推动下，股市出现了持续性较强且幅度较大的上涨走

势。在这一阶段，技巧娴熟的交易者往往会得到最大收益。

第三阶段创新高及筑顶阶段（或称为市场情绪狂热阶段）。此时市场中充溢着乐观的情绪，股市的财富效应获得了场内外投资者的共识。很多不熟悉这个风险市场的场外人士纷纷加入进来，他们的感觉是只要买进就会赚钱，价格惊人的上扬并不断创造"崭新的一页"。但是随着指数或股价的屡创新高，成交量却是不增反减，这是买盘力量越来越弱的表现，一旦场外买盘再也无法有效跟进时，上涨趋势也就走到了顶点。可以说，这一阶段是市场酝酿大跌的过程，此时，聪明的投资者就应该清仓出局，伺机等待了。

图 4-1 为上证大盘指数 2008 年 11 月 5 日至 2009 年 8 月 4 日期间走势图。大盘在经过了短期的底部震荡之后就步入了上升趋势之中，同时随着指数的不断走高，成交量也同步出现了放大的势头。促使大盘开始步入上升趋势的原因有很多，如外围股市的上涨、经济政策的刺激、资金流动性的过剩等等。

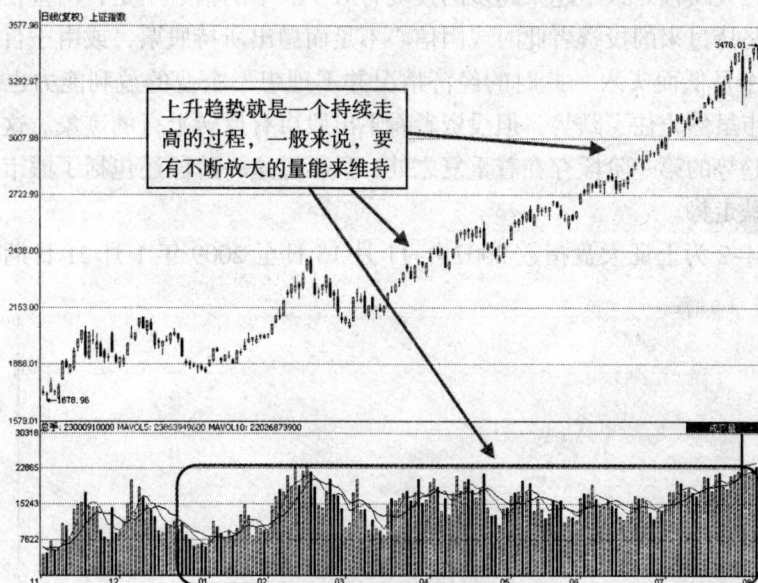

图 4-1 大盘上升趋势示意图

下跌趋势即是我们常说的"熊市"，在股市或个股的走势上表现是：每一个后续价位下跌到比前一个价位更低的水平，而每一次下跌途中的反弹所创下的高点都高于近期前一次下跌过程中所创下的低点。用"波峰"、"波谷"来作比喻，即下跌趋势是在一个价格走向总体向下的运动当中，其包含的波峰和波谷都相应的低于前一个波峰和波谷。

一般我们可以将下跌趋势的演变过程分为三个阶段：

第一阶段是出货阶段（也可以称为狂热情绪消退阶段）。它开始于上升趋势的后期，此时有远见的投资者感到交易的利润已达至一个反常的高度，因此在涨势中抛出所持股票。股市或个股由于一部分投资者的获利抛出及买盘的无法有效大力跟进，会呈现出滞涨形态，原有的上涨行情开始明显减弱，股市的财富效应在减退。

第二阶段是下跌阶段（也可以称为市场情绪恐慌阶段）。由于买盘的衰竭，而卖盘又在持续涌出，股价走出下跌趋势就成为了必然。每一次下跌走势的出现都是促使投资者转变原有牛市思维的过程。随着更多的投资者意识到了下跌趋势的正式形成及展开，越来越多的抛盘会涌出来，价格跌势也会呈现出加速势头，当成交量达到最高值时，价格也几乎是直线落至最低点。在这一阶段之后，可能存在一个相当长的次等回调或一个整理运动，然后开始第三阶段。

第三阶段是下跌末期及筑底阶段（也可以称为市场情绪低迷阶段）。由于前期的巨大跌幅导致了越来越多的投资者对于股市的信心不足，一些在股价大跌阶段坚持过来的投资者此时或因信心不足而抛出所持股票，或由于目前价位比前几个月低而买入。此时的经济情况并不理想，企业的盈利能力也出现下滑，股市虽然止住了跌势，但投资者看不出股市有反转上行的迹象。这一阶段和上升趋势的第一阶段存在着重复之处，只不过这一阶段还包括了熊市末期的快速下跌走势。

图 4-2 为上证大盘指数 2007 年 11 月 15 日至 2009 年 1 月 21 日期间走势

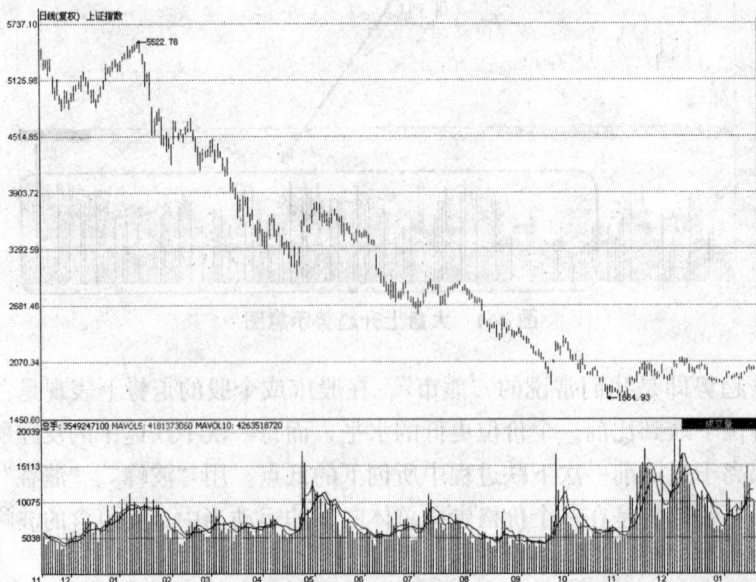

图 4-2　大盘下跌趋势示意图

图。大盘在此期间处于大幅下跌走势之中。大盘之所以出现如此大幅下跌走势的原因，有投资者对于未来经济情况的担忧，外围股市下跌的原因，也是一种价值回归的表现，通过大幅下跌修正前期暴涨所产生的泡沫。

相对于方向明显的上升趋势及下跌趋势来说，横盘震荡趋势多体现出市场处于焦灼状态，往往是市场在选择方向前的蓄势阶段。当横盘震荡出现在大幅下跌之后或上升途中时，往往预示着横盘震荡之后，市场或个股将向上运行；当横盘震荡趋势出现下跌途中或大幅上涨末期时，往往预示着横盘震荡之后，市场或个股向下运行。

图4-3为思达高科（000676）2002年6月28日至2005年5月30日期间走势图。此股在经历了大幅上涨之后，于高位区出现长时间的横盘震荡走势，其持续时间长达近一年之久。由于这一横盘震荡出现在累计大幅上涨之后，因此是个股筑顶的表现。图4-4为此股2002年6月28日之前的走势。从此图4-4中可以清晰地看到此股前期的累计涨幅巨大。图4-5为高位横盘之后的走势图。在经过了长时间的顶部区横盘震荡之后，此股最终选择了向下突破，从而步入到了大幅下跌趋势之中。

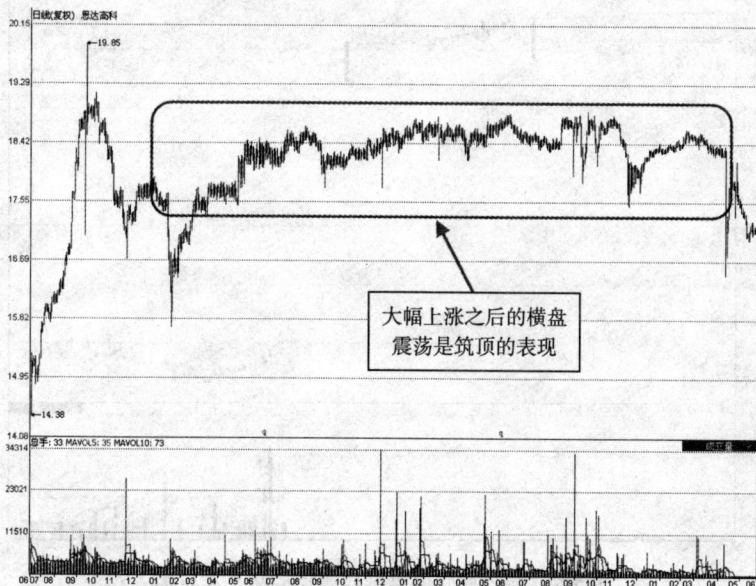

图4-3　思达高科横盘震荡走势示意图

三、总结

市场运行的这三种趋势既是人们长期的经验总结，也是反映市场运行的一

图 4-4　思达高科高位横盘前走势图

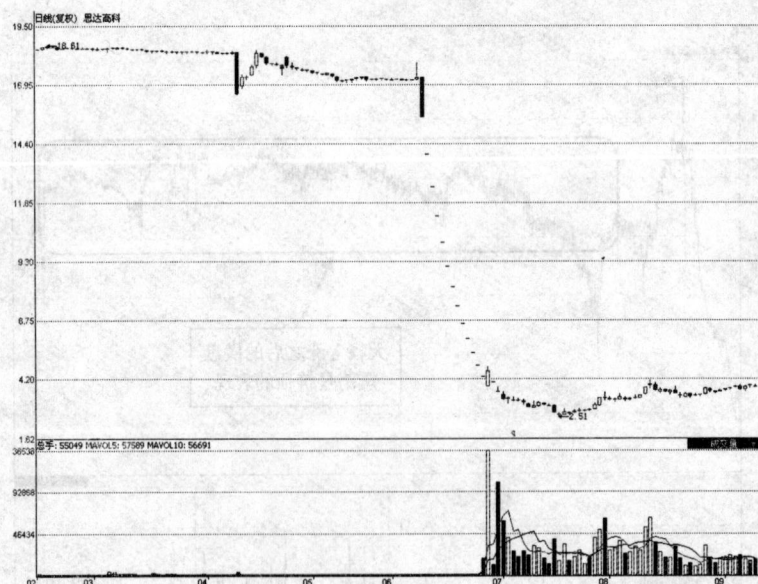

图 4-5　思达高科高位横盘震荡后跳水走势图

种客观规律，它不以投资者的个人意志为转移。由于股市是一个规模庞大的市场，资金实力有限的投资者在股市中就如同大海中的一滴海水，是无法与潮起潮落的自然力量相抗衡的，因此，对于普通投资者来说，认清趋势的运行具有极为重要的意义。认清趋势可以使我们顺势而为，避免逆市而动，同时也可以使我们的财富实现稳步的增长，避免"一朝得、一朝失、到头一场空"的尴尬局面。对于中长线投资者来说，他们的目标是尽可能在一个牛市启动的初期买入并一直持有，因为趋势一旦形成就具有极强的持续运行特性，因此通过认清趋势、把握趋势，投资者就可以坐享趋势发展所带来的利润；同样，当熊市出现时，中长线投资者要尽量离场观望，直到下一牛市有启动迹象才择机介入。对于短线投资者来说，除了要关注基本趋势的方向，还要关注次要趋势的出现时机，这是短线投资者成功展开短线操作的基础之一。

第三节　趋势线——市场整体走势的直观体现

一、趋势线的概念

趋势线是根据股价上下变动的趋势所画出的线，画趋势线的目的在于反映市场运行的趋势特征并通过趋势线去找出恰当的卖点与买点。趋势线分为上升趋势线（也称为支撑线）与下降趋势线（也称为阻力线）。上升趋势线是股价处于上升走势中通过连接两个以上的低点而得到的直线，其功能在于能够显示出股价上升的支撑位，一旦股价在波动过程中跌破此线，就意味着行情可能出现反转；下降趋势线是股价处于下跌走势中通过连接两个以上的高点而得到的直线，其功能在于能够显示出股价下跌过程中回升的阻力，一旦股价在波动中向上突破此线，就意味着股价可能会止跌回涨。

在实际运用中，我们可以将趋势线这一概念适当外延化，以便清晰地显示出个股的运行轨迹。当个股处于上升趋势时，我们除了连接股价波动的低点画一支撑线外，还可以通过连接股价波动的高点画一直线，于是股价便在这两条直线内上下波动，这就是上升趋势轨道；当个股处于下跌趋势时，我们除了连接股价波动的高点画一阻力线外，还可以在股价波动的低点画一条直线，股价在这两条直线内上下波动，这就是下跌趋势轨道。通过上升趋势轨道与下跌趋势轨道我们可以清晰地看到个股的波动幅度、总体走向，并可以在个股走势出现反转时及时发现。

图4-6为中国国航（601111）2008年1月29日至2008年9月18日期间走势图。此股在此期间处于下跌走势之中，通过对此股在此期间股价波动中的高点进行连线，我们就可以得到此股在此期间的下降趋势线（即阻力线）。

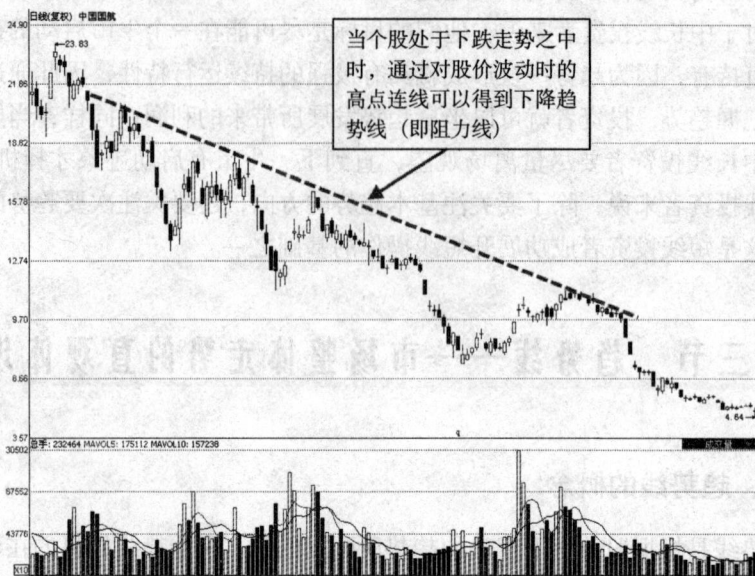

当个股处于下跌走势之中时，通过对股价波动时的高点连线可以得到下降趋势线（即阻力线）

图 4-6　中国国航下降趋势线示意图

二、趋势线的使用方法

1. 趋势线连接的点数越多则越可靠

趋势线的主要作用在于指示出行情的发展方向是向上还是向下，从而为我们的实战提供支持。趋势线连接的点数越多则所覆盖的行情区间就越广，一条好的趋势线应该能覆盖 80% 以上的行情走势。当更多的点数出现在下降趋势线中时，它所反映的深层含义是这些点所连成的直线对于股价的反弹构成了有力的阻挡；当更多的点数出现在上升趋势线中时，它所反映的深层含义是这些点所连成的直线对于股价的下跌构成了有力的支撑。

图 4-7 为金陵饭店（601007）2008 年 10 月 13 日至 2009 年 7 月 21 日期间走势图。此股在此期间处于上升趋势中，如图标注所示，我们可以看到有很多的点出现在上升趋势线上，这是对趋势线可靠性的一种反映，它说明个股的上升走势较为稳健，趋势的持续性较强。

2. 趋势线持续时间越长越可靠

趋势线所反映的个股走势是一种时间段相对较长的中长期走势，而不是个股的短期波动情况，因此在我们所画出的中期趋势线或长期趋势线中，第一点和第二点的距离不应太近，距离过近则趋势线难以反映出个股的中长期走势情况。

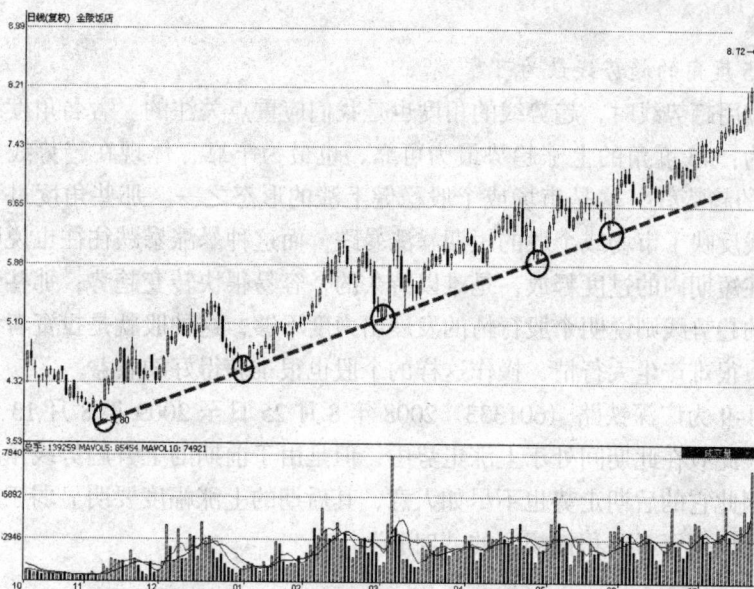

图 4-7 金陵饭店趋势线点数示意图

图 4-8 为西部矿业（601168）2008 年 10 月 21 日至 2009 年 4 月 17 日期间走势图。此股在我们图中标注之前的时间内明显处于总体的上涨走势之中，随后出现了一波回调走势，如图标注所示，在个股前期整体走势向上的情况下，若我们此时依据个股的短期波动来画出所谓的下降趋势线则会出现明显的

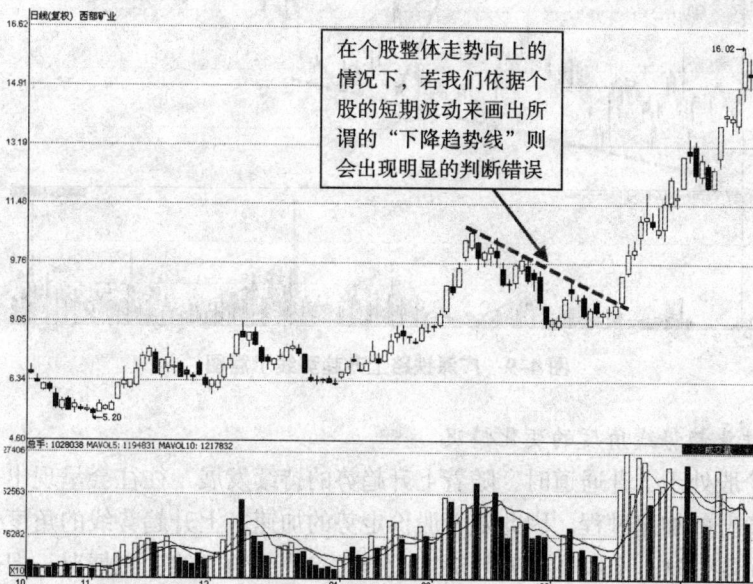

在个股整体走势向上的情况下，若我们依据个股的短期波动来画出所谓的"下降趋势线"则会出现明显的判断错误

图 4-8 西部矿业走势图

判断错误。

3. 45 度角的趋势线最为可靠

在应用趋势线时，趋势线的角度也是我们应重点关注的。著名角度线大师江恩认为：45 度角的上涨趋势最为可靠，也最为牢靠，体现在趋势线上就是45 度角的趋势线，这是市场或个股稳健上涨的形态之一。那些角度过于陡峭的趋势线反映了市场或个股的短期暴涨暴跌，而这种暴涨暴跌往往也说明了市场力量在短期内的过度释放，是难以持久的，容易很快转变趋势；那些角度过于平缓的趋势线则说明个股行情的发展出力度不够，这种股就是投资者常说的"肉股"，很难产生大行情，操作这样的个股也很难获得好的收益。

图 4-9 为广深铁路（601333）2008 年 8 月 25 日至 2009 年 8 月 13 日期间走势图。此股在此期间处于上涨走势中，但是由于前期的上升趋势线角度过于平缓，因此它的后期走势也不尽如人意，其后期的上涨幅度要明显弱于同期大盘，是我们投资者要积极规避的"肉股"。

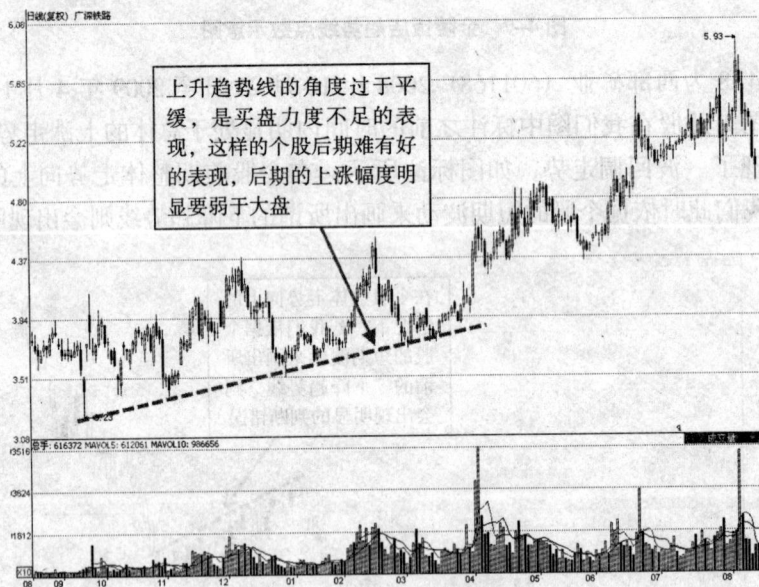

图 4-9 广深铁路上升趋势线示意图

4. 注意趋势线角度的变化情况

当个股处于上升通道时，随着上升趋势的持续发展，往往会呈现出一种从缓升到急升的加速过程。因此随着股价走势的加速，上升趋势线的角度也是一个比一个陡，这是个股在上升趋势中运行时趋势线角度的变化情况。但是，随着个股上升趋势线角度的逐渐变陡，我们也应注意趋势反转的发生，因为股价的长期走势是由业绩决定的。当个股的涨速加快，涨幅扩大时，其泡沫也越来越大，一旦买盘出现枯竭，则个股就会步入到下跌趋势中。当后期出现的较为陡峭的趋势线被个股的下跌所击穿时，并不一定意味着行情的结束，因为随后往往还会有另外一条比较平缓的趋势线来撑住它，但这时投资者就要注意，随着股价持续的滞涨走势出现，其出现反转走势的概率也越来越大。

当个股处于下跌通道时，随着下跌趋势的持续发展，往往会呈现出一种从缓跌到急跌的加速过程。因此随着股价走势的加速，下跌趋势线的角度也是一个比一个陡，这是个股在下跌趋势中运行时趋势线角度的变化情况。但是，随着个股下跌趋势线角度的逐渐变陡，我们也应注意趋势反转的发生，因为股价的长期走势是由业绩决定的，当个股的跌速加快，跌幅扩大时，其低估状态也会越来越明显，一旦卖盘做空力量枯竭、买盘开始涌入，则个股就会结束下跌趋势。当后期出现的较为陡峭的下降趋势线被个股的上涨所击破时，往往就是个股步入底部区间的信号。

图4-10为中国平安（601318）2008年10月15日至2009年7月28日期间走势图，图4-10中表示出了这段时间此股的上升趋势线逐渐开始变陡的转变过程。如图标注所示，角度相对平缓的趋势线其牢靠性也较大，正是基于此股在前期走出了稳健的上涨势头，后期才能出现这种加速上涨。随着个股后期的加速上涨，它的上升趋势线也变得更为陡峭，这种陡峭的趋势线其牢靠性较弱。图4-11为此股在这一波加速上涨后的走势图。可以看到此股出现了大幅

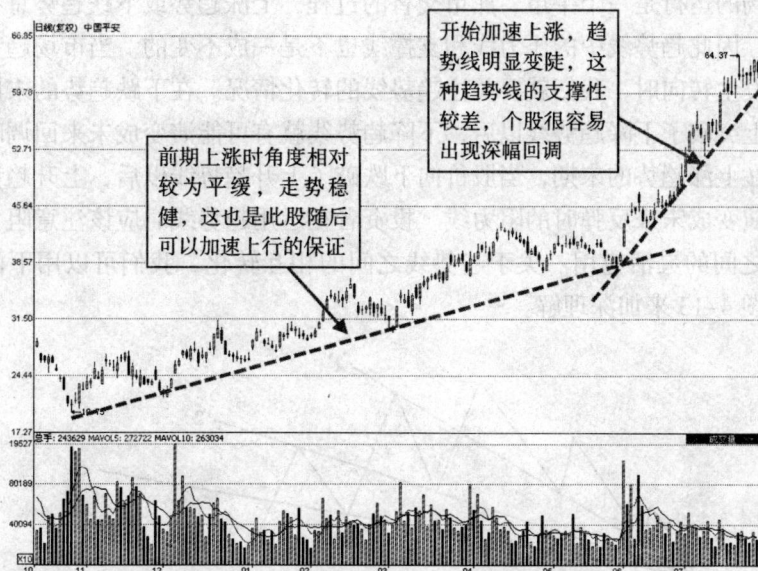

图4-10　中国平安趋势线角度变化示意图

下跌的走势，陡峭的上升趋势线在随后并没有给个股的上涨提供有力的支撑，反而是轻易就被跌破了。

图4-11 中国平安后期走势图

5. 关注趋势线之间的相互转化

趋势线是反映个股趋势运行情况的直线，但趋势也不可能一直持续发展下去，市场的运行是一个牛市、熊市交替的过程，上涨趋势或下跌趋势总有转向的时候，因此趋势线中的压力线和支撑线也不是一成不变的。当市场趋势或个股趋势发生转向时，我们就要关注趋势线的转化情况。在下跌趋势的末期，当股价向上突破了下降趋势线以后，下降趋势线就有可能演变成未来回调时的支撑线；在上涨趋势的末期，当股价向下跌破了上升趋势线以后，上升趋势线就有可能演变成未来反弹时的阻力线。投资者在运用趋势线时应该注意阻力线和支撑线之间的灵活应用。关于趋势线之间的相互转化，我们可以用下面的图4-12、图4-13来加深理解。

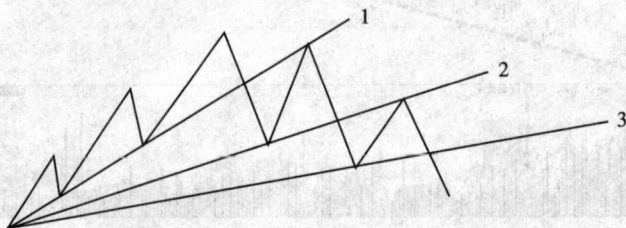

图4-12 支撑线转化为阻力线示意图

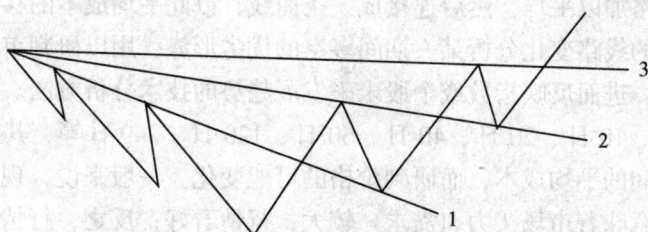

图 4-13　阻力线转化为支撑线示意图

　　图 4-12 为上升趋势线转化为阻力线示意图，从图中可以清晰地看到股价在每一次跌破上升趋势线后，这条线转变成为了其股价后续上涨时的阻力线。图 4-13 为下降趋势线转化为支撑线示意图，其过程刚好与上升趋势线转化为阻力线的过程相反。在分析趋势线是否已被有效突破时，我们可以从突破时的量能及持续时间这两方面着手分析。一般来说，当个股在长期下跌后向上突破下降趋势线时，需要有放大的量能来进行配合才可靠，但在长期上涨后向下跌破上升趋势线时则不必如此，允许出现缩量跌破的形态，这就是通常所说的上涨要有量，而下跌则可以缩量；当趋势线被有效突破时，投资者可以适当观察一段时间再说，因为趋势的转向毕竟有一个过程，很少有 V 形的反转走势出现。

第四节　均线——反映趋势，也预警趋势

　　在介绍移动平均线 MA 之前，我们先来看看为何均线可以反映和预测市场或个股的未来走势。均线的实质是用来简单描述市场参与群体持仓成本状态。价格是市场运动的表象，成本运行状态才是市场运动的本质。一般来说，市场的成本状态对于市场未来走势有 50% 的影响力，另外 50% 由场外陆续进场交易的多空双方决定。当成本呈现下降趋势，而价格快速向上运动的时候，这就是市场的非理性运动，不会持久，价格很快还会回来的，所以研究市场成本状况对于研究市场价格的未来走势非常关键。而均线是反映市场成本状况的一个非常好的指标，它可以直观清晰地反映市场的持仓成本变化情况。基于这一角度，我们就可以较为准确地把握趋势运行、预测趋势走向。因为趋势形成及延续具有一个较长的时间跨度，所以反映这种趋势的趋势类指标普遍具有稳定的特点，不易人为操作骗线，受到很多投资者的青睐。

　　移动平均线（MA）是道氏理论的形象化表述，它以道·琼斯的"平均成本概念"论为基础，采用统计学中"移动平均"原理，借助统计处理方式将若干

天的股票价格加以平均，然后连接成一条曲线，以此平均成本的移动曲线配合每日收盘价的线路变化分析某一期间多空的优劣形势，用以研判市场及个股走势的趋势性，进而反映指数或个股未来发展趋势的技术分析方法。移动平均线通常有 5 日、10 日、20 日、40 日、60 日、120 日、240 日等，其目的在于取得某一段期间的平均成本，而研判价格的可能变化。一般来说，现行价格在平均价之上，意味着市场买力（需求）较大，行情看好；反之，行情价在平均价之下，则意味着供过于求，卖压显然较重，行情看淡。

在实际计算中，一般以每一日的收盘价为计算依据。下面以 C_n 来代表第 n 日的收盘价，以时间长度为 5 日均线 MA5 为例说明计算方法。第 n 日的 5 日均线 MA5 在当日的数值为：

$$MA5(n) = (C_n + C_{n-1} + C_{n-2} + C_{n-3} + C_{n-4}) \div 5$$

将每一日这些数值连成曲线，便得到了我们经常见到的移动平均线。

在用移动平均线分析市场或个股趋势时，我们主要关注两种均线排列：一个是多头排列；另一个是空头排列。空头排列是指周期较短的均线运行于周期较长的均线之下，并且它们呈现出向下发散的状态，这种均线排列形态反映了个股或市场处于下跌趋势之中；多头排列是指周期较短的均线运行于周期较长的均线之上，并且它们呈现出向上发散的状态，这种均线排列形态反映了个股或市场处于上涨趋势之中。

图 4-14 为天伦置业（000711）2008 年 12 月 17 日至 2009 年 8 月 10 日期间

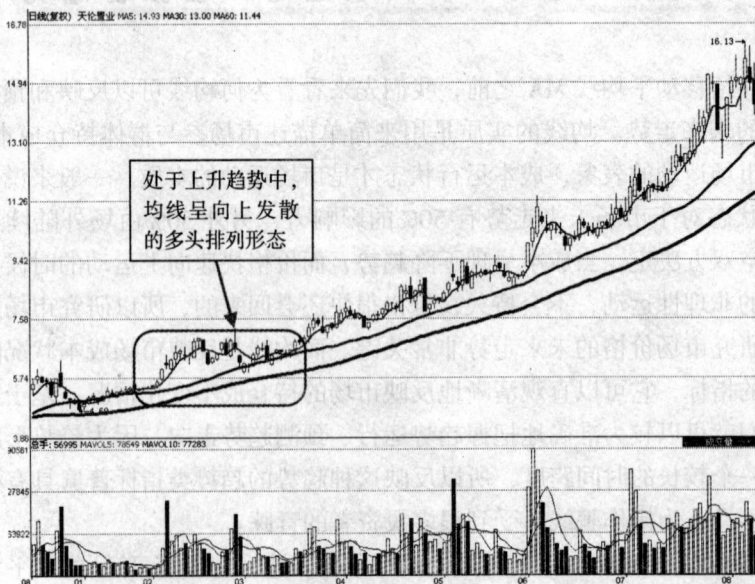

图 4-14 天伦置业均线多头排列示意图

走势图。此股在此期间处于上升趋势中，均线呈现出向上发散的多头排列形态。

图 4-15 为锦龙股份（000712）2007 年 11 月 8 日至 2008 年 10 月 23 日期间走势图。此股在此期间处于下跌趋势中，均线呈现出向下发散的空头排列形态。

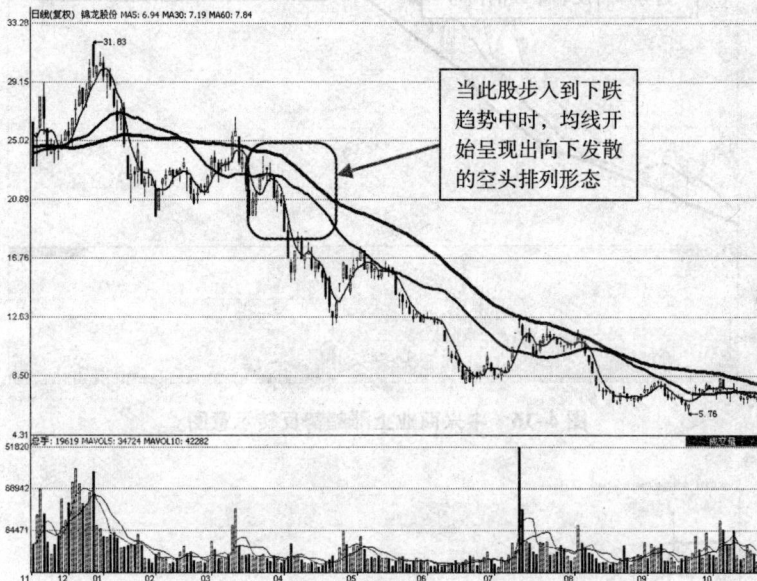

图 4-15　锦龙股份均线空头排列形态示意图

均线除了可以清晰地反映出市场或个股的上升趋势及下跌趋势，还可以在上升趋势结束或下跌趋势结束的时候预警趋势的反转。当个股经历了长期上涨之后，若均线的排列形态由原来的向上发散的多头排列形态转变为走平的横向缠绕形态，则说明上涨趋势已经见顶，是趋势即将反转下跌的信号；当个股经历了长期下跌之后，若均线的排列形态由原来的向下发散的空头排列形态转变为走平的横向缠绕形态，则说明下跌趋势已经见顶，是趋势即将反转上行的信号。

图 4-16 为中兴商业（000715）2007 年 1 月 15 日至 2008 年 2 月 26 日期间走势图。此股在经历了前期的大幅上涨之后，均线的排列形态由原来的向上发散的多头排列形态转变为走平的横向缠绕形态，这说明上涨趋势已经见顶，是趋势即将反转下跌的信号。图 4-17 为此股 2008 年 2 月 16 日后的走势图，可以看到随后此股步入到了大幅下跌的走势之中。

图 4-18 为中金黄金（600489）2008 年 1 月 31 日至 2009 年 1 月 22 日期间走势图。此股在经历了前期的大幅下跌之后，均线的排列形态由原来的向下

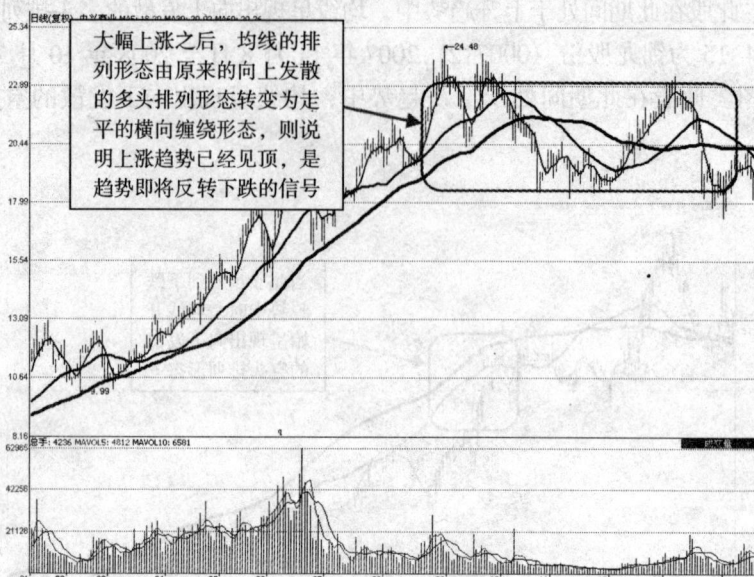

大幅上涨之后，均线的排列形态由原来的向上发散的多头排列形态转变为走平的横向缠绕形态，则说明上涨趋势已经见顶，是趋势即将反转下跌的信号

图 4-16　中兴商业上涨趋势反转示意图

图 4-17　中兴商业后期走势图

发散的空头排列形态转变为走平的横向缠绕形态，这说明下跌趋势已经见底，是趋势即将反转上行的信号。图 4-19 为此股 2009 年 1 月 22 日后的走势图，可以看到随后此股步入到了大幅上涨的走势之中。

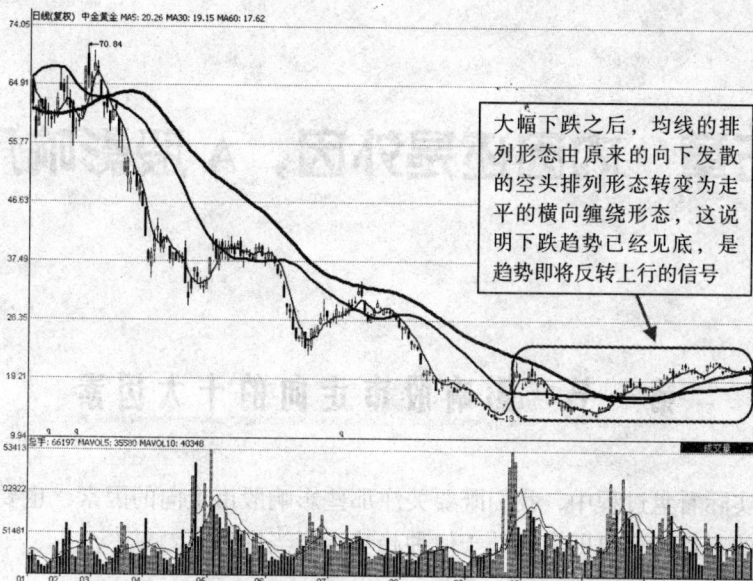

大幅下跌之后，均线的排
列形态由原来的向下发散
的空头排列形态转变为走
平的横向缠绕形态，这说
明下跌趋势已经见底，是
趋势即将反转上行的信号

图 4-18　中金黄金下跌趋势反转示意图

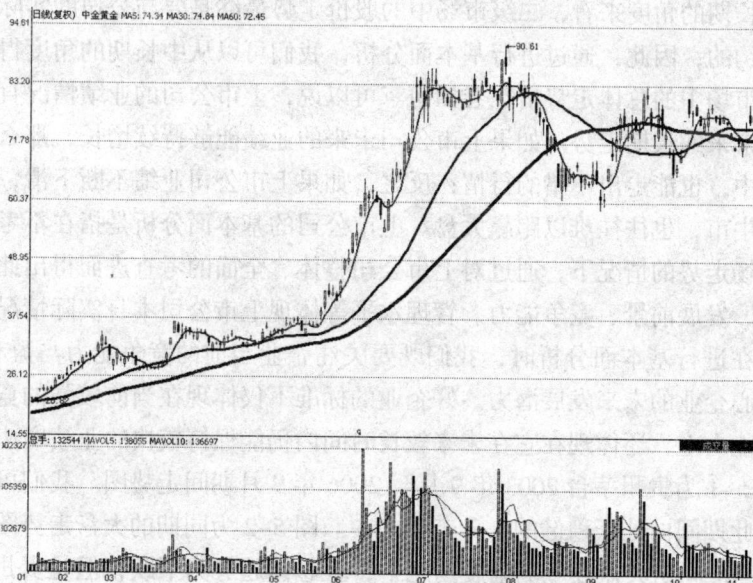

图 4-19　中金黄金后期走势图

第五章　内因还是外因，A股影响几何

第一节　影响股市走向的十大因素

在实际看盘过程中，我们既要关注那些影响股市走向的因素，也要关注股市目前的走势情况（即目前处于何种趋势运行当中）。

一、上市公司业绩情况是决定个股走势的内因

从长期的角度来看，二级市场中的股价走势最终是要与公司的实际业绩情况相挂钩的，因此，通过进行基本面分析，我们可以从中长期的角度得出个股在二级市场中的总体走势情况会如何。可以说，上市公司的业绩情况直接决定着个股未来的长期走势。如果上市公司未来的业绩能够持续增长，那么即使身处熊市中，也能走出不错的行情；反之，如果上市公司业绩不断下滑，那么即使身处牛市，也往往难以跑赢大盘。上市公司的基本面分析是指在不考虑个股二级市场走势的情况下，通过对上市公司整体、全面的考查进而得出此公司盈利能力、发展前景、竞争能力、管理水平等体现上市公司本身实际情况的分析方法。在进行基本面分析时，我们既要关注企业当前的竞争能力与盈利能力，也要关心企业的未来发展潜力。好企业的标准不仅体现在当前较强的竞争能力与盈利能力上，还体现在它在未来较长时间内仍能保持较快的业绩增速。

图 5-1 为贵州茅台 2003 年 9 月至 2006 年 9 月期间走势图。我们可以看到此股在此期间内处于稳健的上升走势之中。图 5-2 为同期的大盘走势图。由图 5-2 可见，同期大盘处于宽幅震荡之中，且总体趋势为下跌，但是贵州茅台的走势却明显脱离大盘，这其中的原因就是此股的业绩可以保持强劲的增长势头。公司业绩的变化是导致股价走向的内因，当上市公司的业绩处于持续增长势头时，并且这种业绩增长来源于公司主营业务的不断进步，由于二级市场中的股价走势最终要与公司的业绩情况挂钩，因此个股的走势是可以脱离大盘而走出独立行情的。

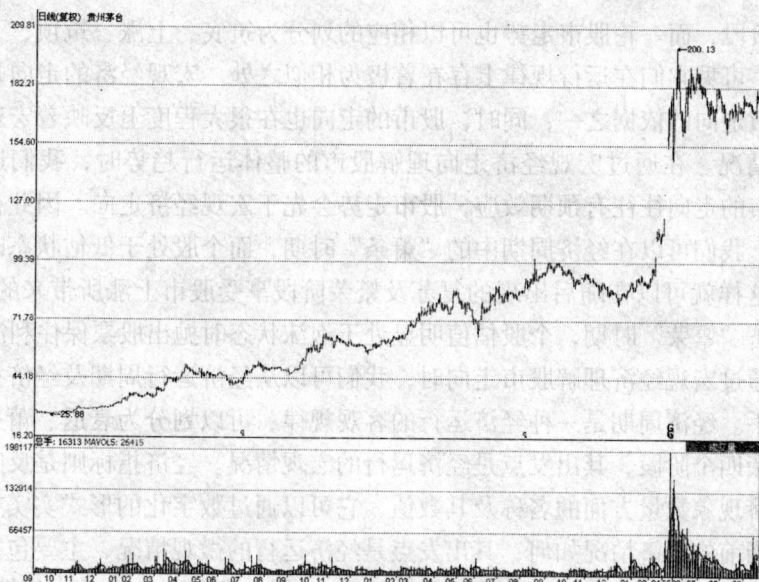

图 5-1　贵州茅台走势图

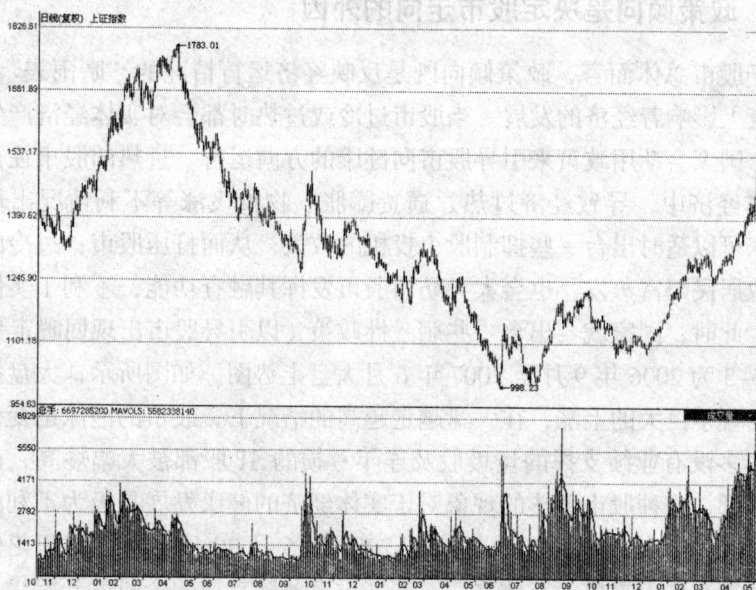

图 5-2　同期大盘走势图

二、经济运行情况是决定股市走向的外因

　　股市是经济变化的"晴雨表"，宏观经济的预期走势与股市的预期走势具有一致性。前面章节已经提到一个经济周期可以划分为复苏、繁荣、衰退、萧

条四个阶段，而一轮股市走势也可以相应的划分为筑底、上涨、筑顶、下跌四个阶段，可见它们在运行规律上存在着极为相似之处。宏观经济的走向是我们理解股市走向的依据之一，同时，股市的走向也在很大程度上反映着宏观经济的运行情况。在通过宏观经济走向理解股市的整体运行趋势时，我们还应注意，股市的走向往往有预期效应，股市走势会先于宏观经济走向。因此在实际操作中，我们可以在经济周期中的"萧条"时期，而个股处于低估状态时积极布局，这样就可以在随后出现的复苏及繁荣阶段享受股市上涨所带来的利润，并在经济"繁荣"时期，个股估值明显处于泡沫状态时抛出股票保住利润。

在通过宏观经济理解股市走向时，我们可以从经济运行周期及经济指标两方面入手。经济周期是一种经济运行的客观规律，可以划分为衰退、萧条、复苏到繁荣四个阶段，其出发点是经济运行的宏观情况。经济指标则是反映一定社会经济现象数量方面的名称及其数值，它可以通过数字化的形式实实在在地反映出当前的经济情况如何，其出发点是经济运行的微观情况，主要包括：国内生产总值（GDP）、消费者物价指数（CPI）、利率、财政收入与支出等等。

三、政策倾向是决定股市走向的外因

对于股市总体而言，政策倾向既是反映经济运行情况的"晴雨表"，也在很大程度上影响着经济的发展。当股市过冷或过热时都会对实体经济产生不利的影响，国家会动用政策来引导股市向健康的方向运行。过热的股市往往会传导到实体经济中，导致经济过热、通货膨胀、物价飞涨等不利情况出现，此时，国家可以适时出台一些抑制股市投机的政策，从而打压股市；过冷的股市既会导致居民财富蒸发，也会大大妨碍股市发挥其融资功能，不利于实体经济的发展，此时，国家就会出台一些刺激性政策，以引导股市出现回暖走势。

图 5-3 为 2006 年 9 月至 2007 年 6 月大盘走势图。如图所示，大盘指数在这期间出现了巨大的上涨，在大盘越走越高的情况下，股市的泡沫也变得越来越大，很多没有业绩支撑的垃圾股及连年亏损的 ST 股都被大幅炒高，市场投机气氛浓郁，这种股市过热的现象对于实体经济的健康发展是极为不利的。针对股市日益高涨的投机现象，国家于 2007 年 5 月 30 日出现上调印花税的方案，从而抑制股市投机。在此之后，那些没有业绩支撑的个股就开始步入到了顶部区间。

图 5-4 为 2008 年 3 月至 2009 年 2 月大盘走势图。如图所示，大盘在前期出现了巨大跌幅。过热的股市对实体经济发展不利，过冷的股市对实体经济发展也极为不利，为了引导股市向健康的方向发展，国家于 2008 年 9 月 19 日出台了三大利好政策：证券交易印花税实施单边征收，国资委支持央企增持或回

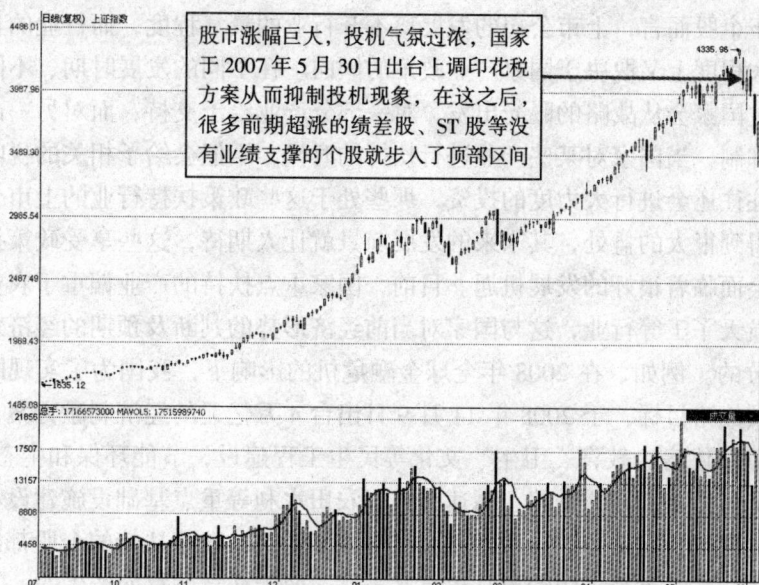

图 5-3　2006 年 9 月至 2007 年 6 月大盘走势图

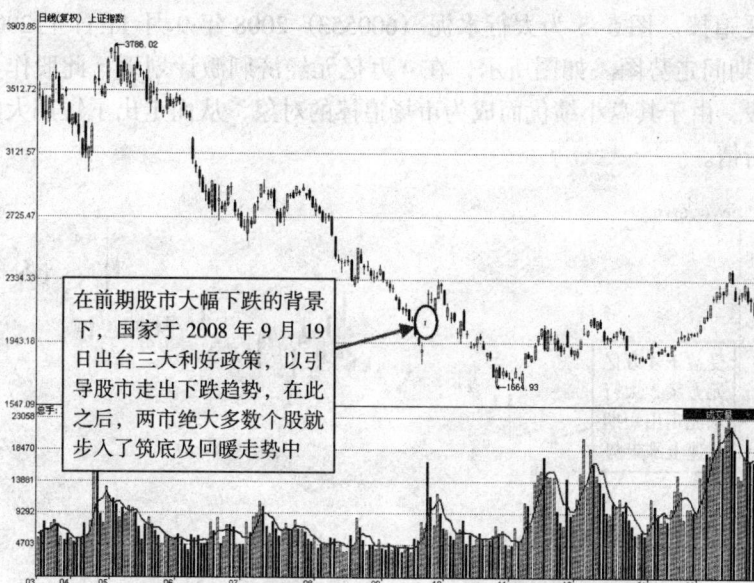

图 5-4　2008 年 3 月至 2009 年 2 月大盘走势图

购上市公司股份，汇金公司将在二级市场自主购入工、中、建三行股票。上述措施对于资本市场稳定健康运行具有重要作用，由此可见，促进资本市场稳定健康发展是党中央、国务院既定的战略决策，而政策导向对于股市的总体走向也至关重要。

　　对于个股而言，上市公司的发展离不开行业的景气程度，而行业的景气程度在很大程度上又取决于国家产业政策的倾向。在不同的发展时期、不同的历史阶段，国家会从战略的眼光出发，对一部分产业给予支持，而对另一部分产业进行抑制。当国家对某些产业进行扶持的时候，不但会给予相关的税收优惠政策，往往还会进行大力度的投资，那些处于这些政策扶持行业的上市公司从中可以得到很大的益处，其未来的发展前景就让人期待，这些享受政策扶持的个股就会面临着很好的发展机遇。目前，国家重点扶持的产业偏重于农业、新能源、航天军工等行业，这与国家对当前经济形势的判断及预期的经济效果是密不可分的。例如，在 2008 年全球金融危机的影响下，我国为了实现既定的经济发展战略目标，于 2008 年 11 月 9 日出台 4 万亿元的经济刺激方案，主要用于保障性住房、教育、卫生、文化等民生工程建设，节能环保和生态建设，技术改造与科技创新，铁路、高速公路、农田水利等重点基础设施建设和地震灾后恢复重建。在这一政策激励下，很多因享受这一政策扶持的个股都出现了良好走势，甚至有很多短线黑马也是基于这一政策扶持题材而产生的。

　　在国家 4 万亿元投资计划的刺激下，水泥业作为金融危机下最先启动的板块而备受追捧。图 5-5 为太行水泥（600553）2008 年 9 月 11 日至 2009 年 5 月 19 日期间走势图。如图所示，在 4 万亿元经济刺激计划下，此股作为典型受益个股，由于其盘小绩优而成为市场追捧的对象，从而走出了短期大幅上涨的独立行情。

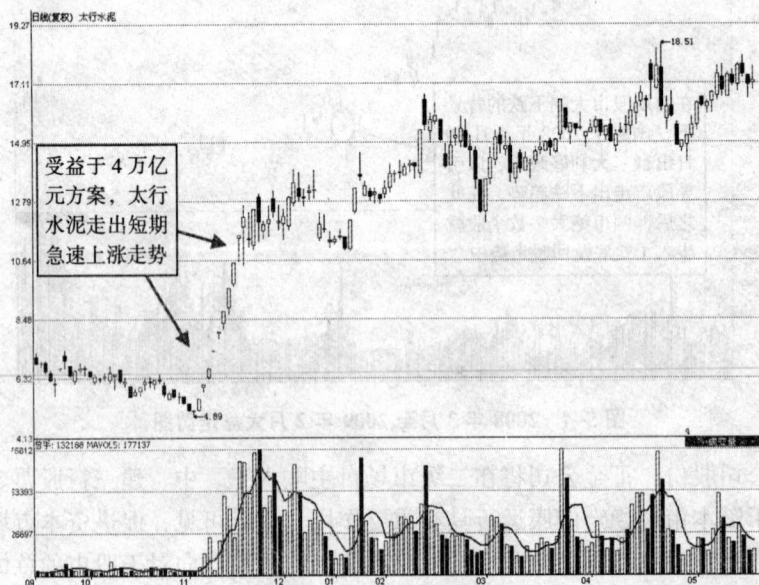

图 5-5　太行水泥走势图

同样受益于 4 万亿元方案的还有很多个股，如从事机械制造的柳工。图 5-6 为柳工（000528）2008 年 8 月 22 日至 2009 年 2 月 23 日期间走势图。如图标注所示，此股在 2008 年 11 月 10 日（即国家推出 4 万亿元方案后第一交易日）开始启动，走出了短期大幅上涨行情。

图 5-6　柳工走势图

四、资金流动性是决定股市走向的内因

股市作为一个重要的资本市场，当然离不开资金的参与。从买盘与卖盘关系的角度来说，我们可以把股市看做是一个资金驱动性的市场。当流入的资金量大于流出的资金量时，股市就会上涨；当流出的资金量大于流入的资金量时，股市就会下跌。资金参与的多少决定了市场的活跃程度，整个宏观经济面流动性的充足与否很大程度上也影响到了股市的运行。在股市中，我们所称的"资金"既包括参与场内交易的资金，也包括准备随时入场的场外资金。当股市资金的供给力度大于股市中股票的供给力度时，那么股市将会上扬；当参与的资金少于股票的供给，则股市将会下跌。所以，研究资金的流动性是否充裕，对于我们判断股市走向是相当有意义的。在具体分析资金流动性时，我们可以重点关注：货币供应量 m1、m2、信贷数据等几个数据，货币供应量 m1、m2、信贷数据的增长率与股市走向有较为明显的关系，通常 m1 增长率与股市走势有同向运行趋势。

五、外围市场的动荡也往往波及 A 股

随着全球经济一体化进程的加快，直观反映各国经济情况的股票市场的联动性也日益加强。2008 年，全球股市联动特性明显，国内股市回稳，有待海外市场稳定。外围市场主要包括外围股市（如美股、港股等）及期货市场。

对于外围股市而言，由于全球金融体系一体化进程的加快，没有哪一个国家在经济发展中能够做到完全独立，经济的发展方向、股市的走向往往具有较高的趋同性，且随着 QFII 及 QDII 的发展，中国股票市场与全球股市渐渐有了直接关系。当外围股市出现大幅上涨行情时，这种走势也会影响到国内股市的走向；当外围股市出现大跌走势时，这种下跌因素也制约着国内股市的上涨。在理解不同股票市场间的这种相互之间的影响时，我们也要注意这种影响是双向的。作为经济大国的美国，其股市大幅震荡必然会影响到整个世界对经济的看法，影响投资者的心态。随着中国优质企业的海外上市及我国经济在世界经济发展中所占的地位越来越重要，国内的股市走向也在一定程度上影响着外围股市。从中国的基本面来看，外围股市对中国股市确实存在一定的影响，但这种影响不是决定中国股市的最主要因素。

对于期货市场而言，随着期货品种服务于实体经济功能的进一步体现及期货市场的不断发展，期货市场与股市关联度越来越高，期货商品的价格走势往往会对相关的上市公司的股价走势产生重要影响。期货价格影响上市公司的股价是因为期货价格的走势往往直接关系到上市公司的业绩情况。从早期的金属期货走势影响有色金属板块的股价走势，到后来的钢材期货、农产品期货、黄金期货等对于相应的钢铁股票、农作物类股票、黄金类股票产生重要影响，期货价格的走势对相关的个股走势也产生了越来越重要的影响，且不少股市的投资者在进行投资决策时已经开始重视国内外期货品种价格。可以说，无论是期货价格走势对于上市公司业绩的影响，还是期货价格走势对于人们心理预期的影响，都会反映到相关上市公司的个股走势上。

图 5-7 为恒邦股份（002237）2009 年 2 月 2 日前后走势图。如图所示，此股春节复牌后的首个交易日出现高开高走的涨停板形态，这种走势是源于春节停牌交易期间国际黄金期货出现了大幅上涨的走势。作为一只以黄金开采为主营业务的个股来说，金价的大涨无疑对其形成明显的利好，在这种影响下，此股当日及随后一段时间的走势都极为强劲。

六、主力控盘往往决定个股走势

主力是一个和散户投资者相对的概念，在国内股市中，主力是股市中的主

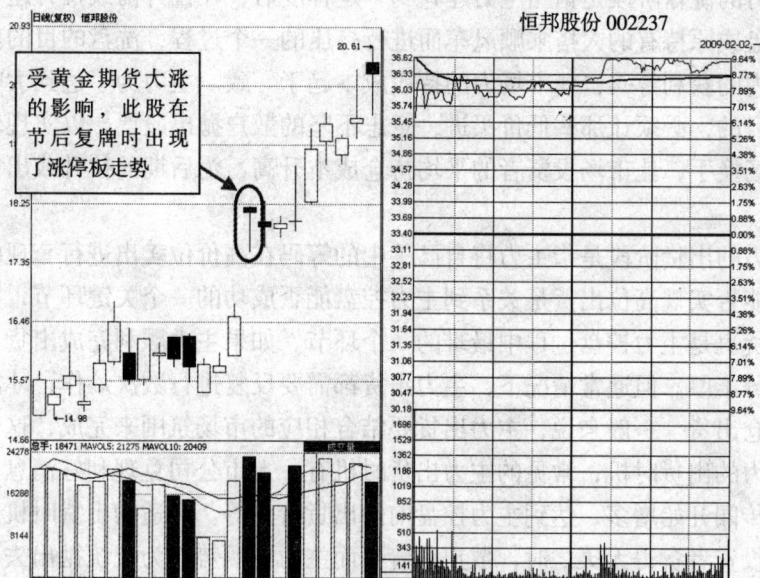

受黄金期货大涨的影响，此股在节后复牌时出现了涨停板走势

恒邦股份 002237

图 5-7　恒邦股份受黄金期货影响大涨示意图

导力量，无论对于股价的中长期走势，还是对于股价的短期走势来说，多是在主力的引导下完成的。主力资金强大、消息灵通、深谙散户投资者的炒股心理，并且对于宏观经济的走向、上市公司的发展前景都有一个很好的预测，因此往往走在市场前面、先知先觉。一般来说，主力对个股的控盘是指主力通过其资金优势在二级市场中大量买入个股，从而达到人为控制个股走势的目的，这一目的是为主力低吸高抛获取差价利润服务的。我们可以把主力的控盘过程分为建仓阶段、拉升阶段、洗盘阶段、出货阶段。

主力的建仓阶段是一个以买入股票的方式将自己的资金转换成股票筹码的过程，其目的是在股价升上去的时候转手卖出去从中赚取利润。在什么样的大市行情下、在哪只股票上选取什么价位吸筹主要根据主力准备实施哪一种操作策略决定，比如长线主力多挖掘有业绩增长潜力的绩优股，而短线主力则往往顺应市场热点挖掘短期内的题材股。

主力的拉升阶段是一个将股价拉高的过程，由于我国股市不存在做空机制，因此主力只有拉高了股价才可以实现高抛低吸、在二级市场中获取差价利润的目的。在主力拉升个股时，原则上是能拉到多高就拉到多高，然后在一个较高的价位套现出局。一般来说，主力拉抬股价都要借助外围因素，比如有关上市公司或相关行业的一些朦胧利好消息、大盘企稳上升等，以此减轻拉抬过程中的抛压，并逐步吸引跟风盘进场帮助主力拉抬。

主力的洗盘阶段是指当主力建仓到一定程度后，在拉升前或拉升途中为防有跟风盘或原持有的人搭乘顺风车而进行打压的一个过程，洗盘的目的就是清掉市场内的获利筹码，使市场内的持股成本趋于一致。主力为了达到大幅拉升股价的目的，必须让那些低价买进，意志不坚的散户抛出股票，以实现较为充分的市场换手，让市场投资者的平均持仓成本升高，为后期的拉升或出货打好基础。

主力的出货阶段是指主力将自己手中的筹码在高价位卖出进行套现的一个过程。能否实现高位出货是关系到主力控盘能否成功的一个关键环节，相对来说，出货也是主力控盘过程中最难的一个环节，如果主力顺利完成出货，获利必定十分丰厚。但通常情况下，主力出货都需要反复进行数次炒作，才能最终完成全仓出货。一般来说，主力出货要结合相应的市场氛围来完成，这也可以说是主力的出货时机，常见的主力出货时机有：上市公司兑现利好消息、关于个股的传闻开始增多、达到主力控盘前的出货价位等。合适的出货时机往往也是散户投资者贪得无厌之时，散户跟着买而主力则顺势而为统统抛出去，当你发觉股票怎么不涨反跌的时候主力已经出局了，而散户已经被套住了。

在主力控制个股走势的过程中，投资者要注意两点：一是主力与散户一样要在二级市场中进行交易，但与散户追涨杀跌的操盘方式不同，主力讲究的是布局，低买高卖。由于国内的股市不允许做空，也只有在低位买进然后在高位卖出才能够获利。二是主力详细的控盘计划，即主力有办法控制局面的发展，让自己获利出局。这一点是主力与散户的最大不同点，主力之所以可以控制局面的发展，这与主力的强大优势密不可分，主力有资金优势、信息优势、技术分析优势、心态优势等。为达到把优势转化为胜势的目的，主力在控盘过程中最注重资金的使用方式。一般来说，主力要把资金分成两部分：一部分资金用于建仓，这部分资金买进的股票筹码可以称之为底仓，是主力等炒高了股价进行抛售获利的那部分筹码；另一部分资金则用于控制股价。这两部分资金在使用时会呈现出反比的关系：建仓资金越多，则主力的控盘能力就会越强，所需的控盘资金也越少；主力的建仓资金越少，则主力的控盘难度就越大，所需的控盘资金也越多。

七、消息题材是引发市场做多热情的导火索

题材在国内股市中起着十分重要的作用，题材的作用在于号召市场资金转向某一热点。许多短线暴发的超级黑马股无不具有爆炸性题材。因此，题材是造就个股行情的主要动力之一。无论在牛市中，还是在熊市中，我们总能发现某些个股在短期内或较长一段时间内明显强于大盘的上涨，其原因就是主力结

合当时的市场热点对相关题材股进行大肆炒作，以此吸引人气，打开市场想象空间，由此展开题材股炒作。对于那些注重基本面分析的投资者来说，题材股的暴涨无疑是难以理解的，这是因为基本面分析者不了解国内股市的特点，也不了解股市的预期性特点，借用凯恩斯的"空中楼阁"理论，我们就可以解释题材股的大涨原因了。著名经济学家凯恩斯曾在 1936 年论证并阐明了"空中楼阁"理论，所谓空中楼阁理论是指：对于证券市场中的专业投资者，如果要想从市场中尽可能获利，就要把重点放在分析大众投资者未来可能的投资行为上，而不应将精力花在估计其（多指股票）内在价值上。

题材股的最大特点往往体现在上涨走势中。不同于那些在中长期内持续走高的个股，题材股往往以短期暴涨的形势出现在投资者面前，主力为了能够让市场投资者充分地认识到这一题材的火暴性，往往采用直拉式的手法，在拉抬股价的时候多采取连续涨停的方式，股价在短短数日内以火箭般的速度快速上升，这也充分体现了题材股的赚钱效率。

投资者在对题材股进行挖掘时，既要理解题材股的特性，也要对题材股的类型加以了解。沪、深两市存在着几千只上市的个股，几乎每一只个股都有题材，但是并不是每一只个股都能成为题材股，而且题材股多以短期阶段性的上涨来完成它的题材性热点。因此，投资者在分析个股的题材能否成为市场中的热点题材时，要注意两个方面的因素：一是个股所具有的题材是否与当前的市场热点相吻合；二是此股是否有主力资金介入的迹象，这两个因素缺一不可。好的题材既反映了当前的市场热点，又能获得主力资金的青睐。题材股的类型多种多样，但国内股市经历了这么多年的发展，有一些题材因反复获得主力炒作，因此也是我们进行分析时的重点关注对象，例如，高送转题材、资产注入题材、政策扶持题材、大订单题材、原料价格上涨题材等。

八、"大小非"解禁影响到股市走向

股权分置改革初期时，限制了一些上市公司的部分股票上市流通的日期。也就是说，有许多公司的部分股票暂时是不能上市流通的，这就是非流通股，也叫限售股或叫限售 A 股。"大非"指的是大规模的限售流通股，占总股本5%以上；"小非"指的是小规模的限售流通股，占总股本 5%以内。大小非"是指大额小额限售非流通股"大小非"解禁就是限售非流通股允许上市。

由于"大小非"的持仓成本极低，因此当"大小非"解禁时，个股往往面临着巨大的抛压。通常来说，"大小非"解禁时若上市公司的基本面情况明显无法支撑二级市场的股价时（即我们所说的股价存在明显的泡沫）则"大小非"会有明显的抛售欲望，从而导致个股的卖压剧增，股价下跌。但有的时候

"大小非"解禁之后，其解禁的股份不一定会立刻抛出来，我们也常常可以看到一些个股在"大小非"解禁后出现了大幅度的上涨，这种走势不是由于上市公司基本面的转变，就一定是主力操纵的结果，而主力与"大小非"很可能存在着一种"密切"的关系。因此，在分析"大小非"解禁对个股或股市的影响时，我们应全面分析，不应仅把思维局限于"大小非"的解禁压力之上，还应综合考虑市场的资金流动性是否充足、主力的控盘意图等。在实际操作中，投资者可以观察个股或股市在面临"大小非"解禁压力时的具体走势情况来作出决策。

九、IPO 发行速度影响到股市走向

IPO，指某公司（股份有限公司或有限责任公司）首次向社会公众公开招股的发行方式。有限责任公司 IPO 后会成为股份有限公司。IPO 重启就是 IPO 重新启动了。由于 IPO 对于资本市场的现存资金具有分流作用，因此 IPO 的速度也会在一定程度上影响到股市的走向。

由于 IPO 是股市发挥其融资作用必不可少的一个环节，因此只要 IPO 的速度较为平缓，我们就不必对 IPO 对于股市产生的影响过于关心，而应把重点放在大趋势的研判上，因为大势的走向反映出了股市的资金流动性是否充裕。当股市资金流动性充裕的时候，IPO 对于股市资金的分流作用是微乎其微的；当大势趋坏、股市资金流动性较差的时候，即使没有 IPO，股市也难以止住跌势。

十、汇率变动促使个股出现分化

在当代国际贸易迅速发展的潮流中，汇率对一国经济的影响越来越大。汇率的变动对于不同的上市公司往往会有截然不同的影响，汇率变动对股价的影响，最直接的是那些从事进出口贸易的公司的股票，这些上市公司在从事进出口贸易时，在出口货物时要把人民币换算成美元，而在进口货物时则要把美元换算成人民币。由于我国人民币对于美元有着相对稳定的挂钩关系，美元的贬值也就意味着人民币对其他货币一定程度的贬值，它将有利于中国增加对欧洲和亚洲其他国家和地区的出口，人民币升值的影响是通过对企业公司的影响呈现的，对石化行业、房地产、造纸业等是利好，对纺织与服装行业、家电行业、汽车行业、中小企业板块等则是利空。例如，一家上市公司的主要销售渠道在海外，即从事出口贸易，当汇率提高时，则产品在海外市场的竞争力受到削弱，公司盈利情况下降，股票就会下跌；若上市公司的某些原料依赖进口，产品主要在国内销售，那么汇率提高，使公司进口原料成本降低，盈利上升，从而使公司的股价趋于上涨。可以说，汇率的变化是一把"双刃剑"，它对一

部分上市公司有利，但是却对一部分上市公司不利，由于我国现阶段是出口总额大于进口总额，因此人民币的持续升值对股市的总体影响是利空因素，但在这种总体性的利空中，我们也要看到它对某些个股的利好因素，这种分化也有可能导致二级市场中个股走势的分化，从而形成"二八现象"。

第二节 美股对于A股走势的影响

虽然影响国内股市走势的外围市场有很多，但是在实际看盘过程中，我们并不需要对这些外围市场逐一观察。一般来说，我们只需重点关注美股、港股、B股及期货市场的变化情况。本节中，我们将结合实例来看看美股的走势是如何波及国内股市的。

从次贷危机以来，国内的投资者对于美股对A股的影响明显关注起来。自从2008年全球金融危机出现后，以美股为首的国际股票市场出现了暴跌走势，而在此期间国内股市也是哀鸿遍野。基于这种下跌走势的同步性，而且每当美股出现暴跌走势时，国内股市往往也会受到影响。因此，我们有必要了解美股是如何对A股产生影响的。

美国是全球经济的龙头，美国股市是一个很成熟的市场，宏观经济走势、机构投资力量等因素相结合决定了美股的走向，美股的走势也反映了美国经济的运行情况。但是随着全球经济一体化进程的加速，作为全球经济龙头的美国股市在全球股市中的影响力也越来越大。虽然中国的股市走向的内因是由中国的经济宏观发展情况来决定的，但是在短期内，往往也很容易受到美股波动的影响，特别是当A股处于强势或弱势时，由于国内股市对外围市场的利好或利空消息具有放大效果，美股对A股的影响就更为显著。投资者的心态往往决定了股市的短期波动情况，短期的影响可以说多来自于一种心理的传导，从这点上来讲，美国股市对中国股市确实存在一定的影响。但从中国的基本面来看，这种影响不是决定中国股市中长期走势的最主要因素，美股对国内股市的影响仅仅局限于A股的短期波动中。

美国股市交易的时间以北京时间为标准是：美股夏季是晚上9:30开盘直到清晨3:30收市，冬季则晚上10:30开盘直到清晨4:30结束，即美国周二的收市之时是中国周三的清晨，中国周三的晚上是美股周二开市。由于交易时间不同，因此沪、深股市在开盘前很可能要受到几小时前收市的美国股市的影响。

图5-8为上证指数2008年8月20日至2008年11月4日期间走势图。在三大政策利好的刺激下（2008年9月19日三大政策利好齐发：证券交易印花

税只向出让方征收；国资委支持央企增持或回购上市公司股份；汇金公司将在二级市场自主购入工、中、建三行股票），大盘出现了短期内的强势上涨，并将这种强势一直延续到国庆停牌时，但由于国内股市在国庆停牌期间（2008年9月27日至2008年10月5日），以美股为代表的国际股市出现了暴跌走势，因此在大盘于2008年10月6日复牌交易后一改之前的强势运行态势，转而出现了明显的下跌走势（2008年10月6日当日大盘低开低走，全天呈弱势运行格局），图5-9为大盘2008年10月6日当日的分时图。可以说，这种下跌走势就是受美股暴跌所带动的，但由于美股的暴跌并没有停止，于2008年10月6日至2008年10月10日这一周内出现了历史罕见的暴跌，一周内累计跌幅超过了20%。受此影响，国内股市也大受影响，从而出现了一波短期内的深幅下跌，这一波下跌可以说完全是由于国际股市暴跌所牵动的。

但是在关注美股走势的时候，我们更应注意到A股走势的独立性，因为股市毕竟是一个国家的股市，它是国家经济走向的"晴雨表"，它反映了这个国家的经济发展势头。由于中国与美国是两个完全不同的经济实体，因此不存在美股对A股是否会产生长期影响这种说法，美股对A股的长期影响，其实是一种本末倒置的说法。我们关心美股走势，主要是因为它反映了美国的经济发展情况，虽然全球经济一体化进程在加速，但一国的经济发展更多地取决于它自身的内因，而不是国外经济的影响。可以说，中国股市的走势主要取决于

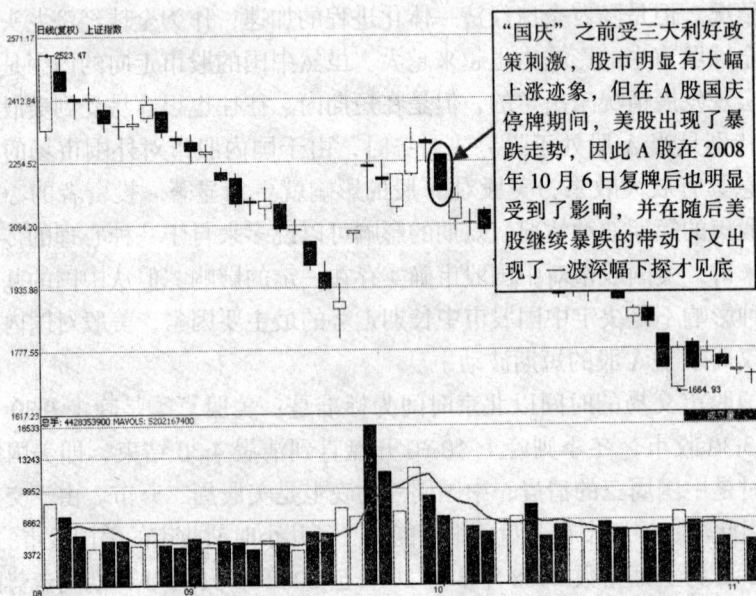

图 5-8　上证指数 2008 年国庆前后走势图

上证指数 1A0001

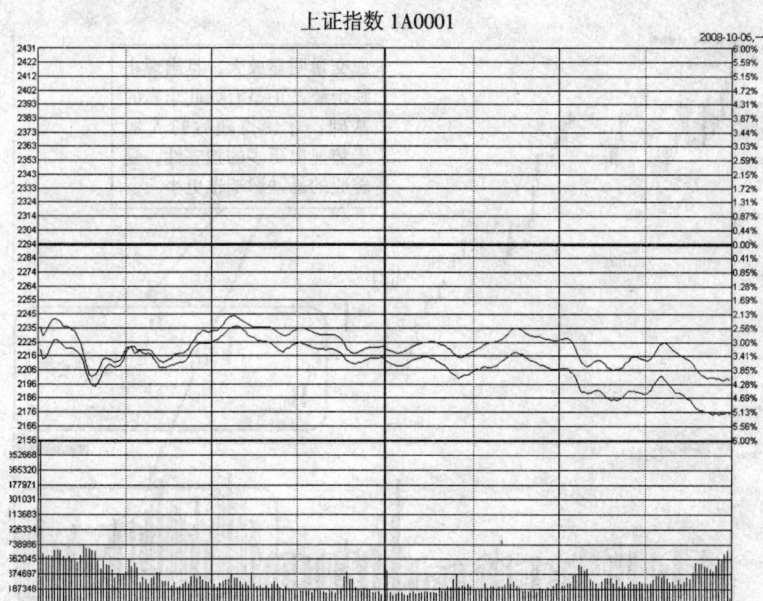

图 5-9　上证指数 2008 年 10 月 6 日分时图

中国国内经济自身的特点和供求关系，从以往的 A 股与美股的中长期走势来说，美股与 A 股往往存在着巨大的差异。例如，"9·11"事件后到 2005 年 7 月，美国股市从 8000 点一路上涨到 12000 点，中国的 A 股市场却从 2245 点跌到 998 点；在起始于 2006 年中期至 2007 年 10 月的大牛市行情中，国内股市涨幅巨大，短期内翻了三倍有余，而美股则明显滞涨，其累计涨幅不足 50%。

图 5-10 为上证指数 2009 年 1 月 5 日前走势图。如图标注所示，我们可以看到 A 股在这之前已出现了明显的筑底形态，正是基于这一良好的筑底形态，才使得 A 股随后的走势显出其独立性。相比 2008 年 10 月 6 日之后的影响来说，2009 年 1 月 5 日至 2009 年 3 月 10 日期间所受的美股影响要明显小得多，而 2008 年 10 月 6 日国庆之后国内股市之所以会明显受到 A 股的暴跌影响，这是因为在 2008 年国庆前国内股市一直处于下跌趋势中，市场仍处于极弱的状态，对外围股市的利空影响还具有明显的放大效应，因此导致了美股的暴跌对 A 股也产生了明显的影响。

通过以上的实例分析，我们可以发现，在 A 股运行的不同期间内，美股对于国内股市的影响效果也往往不同。当国内股市处于明显的弱势运行状态时，一旦美股出现暴跌走势，国内股市往往就会对这种利空消息进行放大，从而在其影响下也出现暴跌走势。但是如果在国内股市处于明显的稳步上涨状态下，即使美股出现了较为明显的暴跌，基于国内股市的强势，外围股市的这种利空

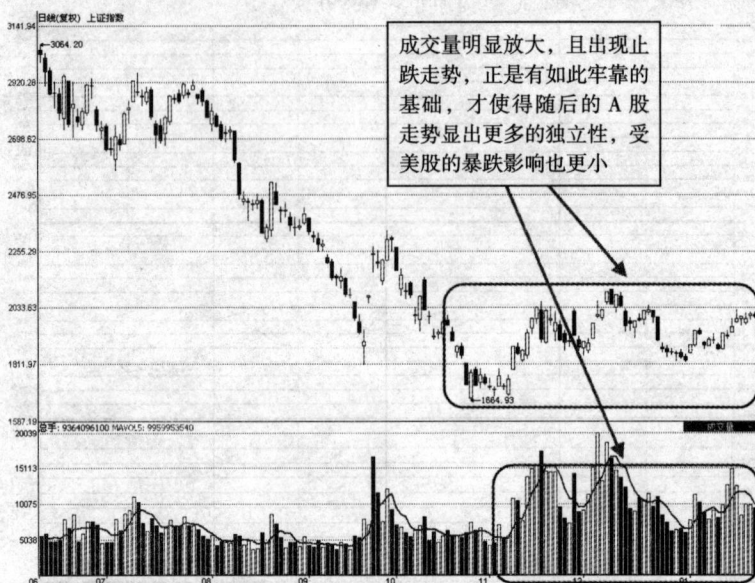

成交量明显放大，且出现止跌走势，正是有如此牢靠的基础，才使得随后的 A 股走势显出更多的独立性，受美股的暴跌影响也更小

图 5-10　上证指数 2009 年 1 月 5 日前走势图

消息并不会使 A 股发生转向。在分析美股对 A 股的影响时，我们一定要结合 A 股当前的实际走势来分析，可以将其总结为："当国内股市处于强势运行状态时，外围股市的上涨对其影响较大，而下跌则对其影响较小；当国内股市处于弱市运行状态时，外围股市的下跌对其影响较大，而上涨则对其影响较小。"

第三节　H 股对于相关 A 股走势的影响

　　港股的交易时间与 A 股略有不同，它的交易时间为北京时间上午 10:00 至 12:30，下午 2:30 至 4:00。H 股是港股中一部分，H 股指注册地在内地、上市地在香港的外资股，也称国企股，H 股实行"T+0"交割制度，无涨跌幅限制，因此 H 股的股价更容易在单日出现巨大的波动。由于 A 股与港股是不同的证券市场，所面向的投资者也是完全不同的，因此它们之间的走势存在一定的差异是完全正常的。但是由于有不少内地企业既在国内 A 股中上市，也在港股市场中上市（如：晨鸣纸业在 A 股市场中的代码为 000488，在 H 股中的代码为 1812），因此，当这家上市公司的股票在 H 股出现大幅异动走势时，就很有可能会影响到其相关的 A 股走势。可以说，港股对于 A 股的影响，更多地体现在个股之间的联动上（下面我们将通过实例进行说明）。当国际股市出现大幅上涨从而带动 H 股急升时，对于那些具有 H 股背景的 A 股中的上市公司，则无疑具有很好的补涨潜力，此时布局那些没有启动的 A 股，则是一个很好的短线机会。

图 5-11 为晨鸣纸业（000488）2009 年 5 月 7 日至 2009 年 8 月 6 日期间走势图。如图所示，此股在 2009 年 7 月 31 日至 2009 年 8 月 5 日期间出现了大涨走势，这种走势可以说明对于之前晨鸣纸业 H 股大幅上涨的一种反映。晨鸣纸业 H 股于 2009 年 6 月 5 日单日大涨 24%，随后于大涨之后的高位区震荡运行，但是反观 A 股中的晨鸣纸业却迟迟没有上涨，仍处于低位横盘区震荡之中。此股之所以没有马上补涨，一是因为当时 A 股中的造纸印刷仍是冷门板块，主力无意做多，二是主力在观察港股是否可以在大涨之后有效地站稳于高位区。可以说，在这两方面条件成熟后，此股的补涨也势在必行。

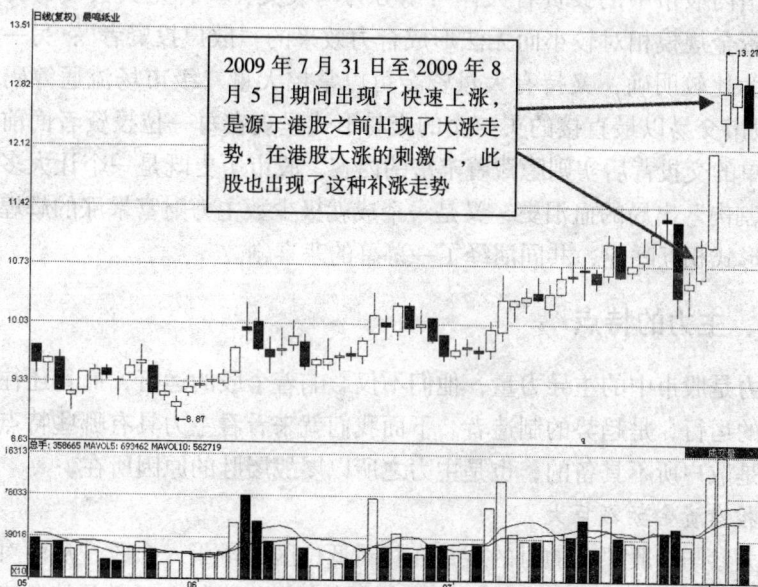

图 5-11　晨鸣纸业受 H 股影响大涨示意图

第六章 制造趋势，还是追随趋势

第一节 主力与散户的区别

在国内股市中的投资者大体可以分为两大类：一种是其买卖行为比较随便，因资金规模相对较小而无法形成合力效果的"散户投资者"；另一种是其买卖行为比较明确，又持有大量资金可以掌控大量二级市场流通筹码的"主力"。股市交易以最直接的买与卖的交易形式呈现在每一位投资者面前，在这看似简单的交投背后实则隐藏着丰富的内容。股市历史既是一个让大多数散户亏损、"割肉"出局的血泪史，又是一个成就极少数主力财富暴涨的辉煌史，两种极端形式相互呼应，共同演绎了一幕幕的悲喜剧。

一、主力的特点

主力是股市中的主导力量，他们不仅影响着个股的运行，而且还往往决定着股市的运行，是趋势的制造者。下面我们就来看看主力具有哪些特点，这些特点正是散户所不具备的，也是主力之所以屡战屡胜的原因所在。

1. 控盘资金数额巨大

主力参与个股买卖的目的就是在相对低位区大量买入个股，从而对个股实施控盘，并进一步炒作个股。如果想完全或者部分控制一只股票的走势，那手中没有足够的流通筹码是不行的，而要买入大量的流通筹码就需要巨资，散户投资者是不具备这个实力的。主力在实际运作个股的过程中，对于资金的使用往往会有一个较为详细的策划，但万变不离其宗。主力主要将资金分成两部分：一部分用于建仓；另一部分则是维护股价或拉升股价。这两部分资金使用比例是成反比的，即用于建仓的资金越多，则拉抬或维护股价的资金会相对减少。因为建仓资金越多，则主力买入的筹码数量也越多，二级市场中的浮筹数量就会越少，主力在维护股价或拉升时就相对更轻松些，不必动用大量的资金去承接获利浮筹的抛出。反之，如果主力的建仓资金较少，那市场仍有大量的浮筹存在，这些浮筹会对主力后期控制股价起到不小的阻碍作用，因此主力拉升与维护股价所用到的资金便会增多。

2. 消息灵通，先知先觉于市场

对股市稍有经验的投资者往往会看到这样一种现象，即个股在发布重大利好的事项之前，股价往往会出现异动走势。如果上市公司欲发布重大利好事项，则股价总能在利好事项发布前收于涨停板之上；如果上市公司欲发布利空事项，则在发布之前股价往往提前出现大幅下跌走势。股价走势的提前异动走势就是主力资金对于利好、利空消息的先知先觉，在利好来到之前先将股价推上一个台阶，随着利好的发布，或选择借利好出货或选择继续将股价往上做，或者是在利空发布前提前出货，高位逃顶。

图 6-1 为天业股份（600807）2009 年 3 月 9 日至 2009 年 7 月 10 日期间走势图。如图所示，此股在经历了长期横盘震荡之后出现了快速向上突破的走势，并于 2009 年 7 月 10 日之前两日连续收出涨停板。如果查看此股的基本面，我们可以发现它不仅业绩较差而且目前并无可圈可点的炒作题材，这种走势让散户投资者很难理解。但随后此股因要发布重大事项而停牌才让散户投资者明白了此股异动的原因所在，这是先知先觉的主力对于此股利好消息的提前获知，从而提前运作此股导致的异动。图 6-2 为此股利好发布后的走势图，此股于 2009 年 8 月 19 日复牌交易并公布利好消息："天业股份：拟定向增发不超过 2700 万股收购天业黄金矿业 100%股权。天业黄金系为收购明加尔金源公司

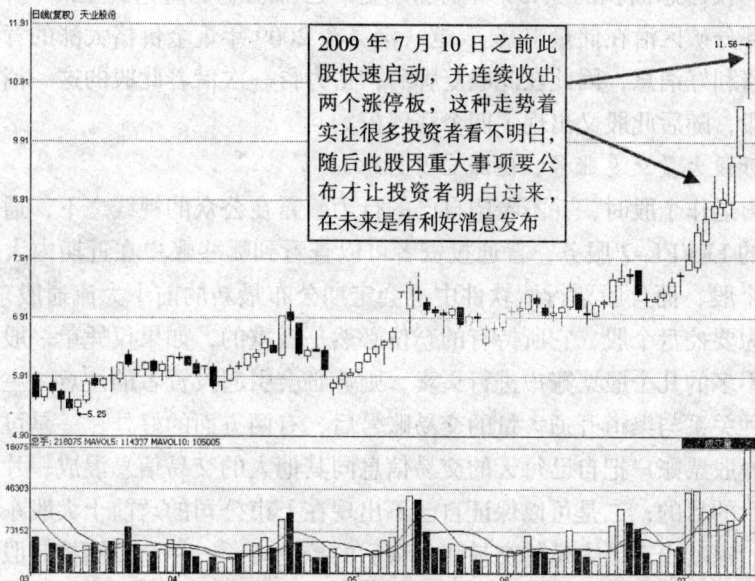

> 2009 年 7 月 10 日之前此股快速启动，并连续收出两个涨停板，这种走势着实让很多投资者看不明白，随后此股因重大事项要公布才让投资者明白过来，在未来是有利好消息发布

图 6-1 天业股份利好公布前走势图

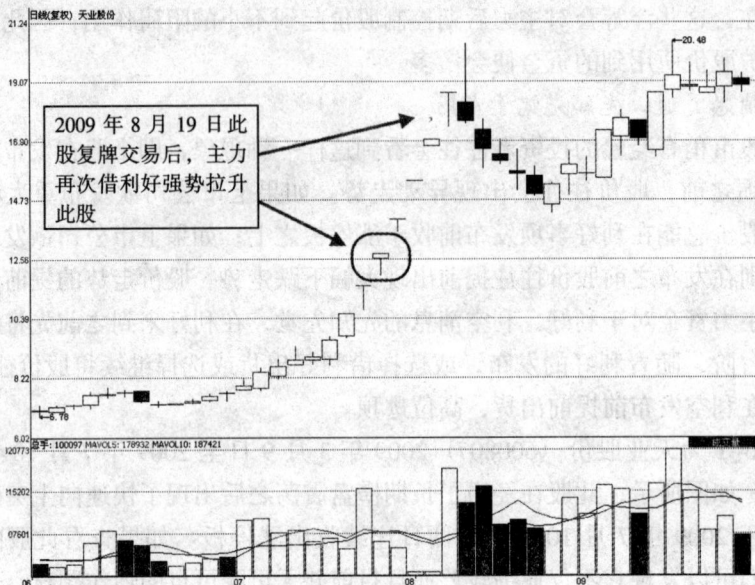

图6-2　天业股份利好公布后走势图

股权而成立（3000万澳元收购51%股权），除投资明加尔金源公司外，并未开展其他实际业务。明加尔金源公司已取得明加尔矿区的金采矿权12个，明加尔矿产区域面积为1457平方千米，截至目前，已探明储量的矿区面积约50平方千米，仅占总面积的3.43%，明加尔金矿已探明金储量达到12.5吨，同时，未勘探部分矿区潜在储量丰富。"这一消息在2009年黄金价格大涨的背景下无疑是重磅利好消息，因此在此股复牌后，主力再一次借着此股的这一消息强势拉升此股，随后此股又出现了四个涨停板。

3. 开设大量交易账号，隐藏自身行踪

主力运作个股时，并不希望自己的行为暴露在公众的视线之下，通过上交所开通的LEVEL-2服务，普通投资者可以查看到哪些账户在近期内大量买入或卖出个股，而且股票行情软件中也会定期公布最新的前十大流通股东名单。主力因为要控盘个股，它所持有的仓位必然是极重的，如果仅凭单一股票账户或为数不多的几个股票账户进行买卖，则势必会引起投资者的注意。主力若是通过各种关系与渠道开通大量的交易账号后，有两方面的好处：一是可以通过频繁更换股票账户把自己每天的交易信息同其他人的交易信息混成一片，达到掩人耳目的目的；二是可以保证自己不出现在上市公司的"前十大股东"这一公告内。这就出现了大量的交易账号背后的控制者———一个意图控制股价走势的"主力"。

4. 深谙散户投资者心态，了解散户操盘方式

股市就是一个主力与散户互相博弈的场所，若非因为上市公司业绩出现持续增长，则主力的盈利只能来自于散户投资者的亏损。因此，能否了解对手就成为某一方获胜的关键所在。主力深谙大众投资者的炒股心理，并且常常通过老练的操盘手法制造盘面假象用以迷惑大众投资者从而达到自身的目的。例如，为了达到快速建仓的目的，主力经常会利用大盘的跌势顺势打压，通过挂出大压单、进行虚拟的买卖申报等形式制造恐慌的效果，以此让更多散户在恐惧中交出自己手中的筹码；为达到高位出货的目的，主力会在高位区通过对倒放量的手法制造一种放量要涨的形态，而"量价齐升"正是散户投资者买股的重要依据之一，因为一般的量价关系理论（也可以说是经典的量价关系）已经深入人心，成为一般股民选股的一个重要条件。殊不知，这种买股的思维方式正被主力加以利用。

通过前面这几点的分析，我们可以对主力的特点有一个大致的了解，这些特点也可以说是主力的优势所在，相对而言，散户投资者则并不具备这些优势。因此可以说主力是趋势的制造者，散户要想在这个市场中获利就要跟随主力的步伐去追随趋势。

二、主力与散户的区别

主力在股市中扮演着操纵者和掠夺者的角色，而散户在股市中扮演着盲目投资者、情绪失控者的角色。炒作股票的过程不同于一般买卖交易，它既是一种主力与散户的智力较量，也是一种操作能力的体现。主力在对个股进行炒作前后会进行周密的布局，并且对上市公司未来的情况及相关行业的政策消息也都有极强的前瞻性。此外，主力利用其在资金、信息等方面的优势，通过低位区大量建仓进而操纵市场价格，牟取暴利。散户在介入一只个股的时候，往往既不关注上市公司的情况，也不关心主力的动向或难以判断主力动向，也不具备资金、信息、技术分析能力等方面的优势，因此会出现亏多赚少的不利局面。"知己知彼，百战不殆"，散户在介入一只个股的时候，往往都是很轻率的，并没有充足的理由，更谈不上对其博弈对手——主力的了解程度如何。而主力则恰好相反，主力对自己和散户的情况都做到了胸中有数，而且对于要进行炒作的个股也有充分的了解。

在操盘过程中，散户的操作更多地取决于股价在最近的涨跌，因为股价的波动直接与其账面的盈亏相关，因此牵动着投资者的神经；而主力则能严格遵守操作纪律，能够按既定的目标去运作个股，做到心中有数、运筹帷幄。

三、总结

主力在股市中不仅常胜，而且往往获利惊人，这一方面是因为主力的优势巨大；另一方面是因为市场上存在着大量对行情缺乏分析判断能力的盲目操作的散户投资者，这些散户投资者最大的特点就是追涨杀跌、易受情绪波动的影响，而这也恰恰是主力控盘成功的关键所在。主力在参与个股炒作的时候，主力既有强大的资金优势，也有灵通的信息渠道，并且既了解自身的实力，又了解大众的心态，真正做到了"知己知彼"，在这样一种情况下，主力除非对大势的研判出现了严重的错误，或发生资金链断裂等意外情况，否则，是不会不成功的。这也从另一个侧面反映了大众投资者知识的贫乏、信息滞后、处在一个相对不利的地位。可以说，主力的行为不仅仅单纯地影响着个股或股市的走向，而且还是决定股市发展的主导力量，散户投资者要想在这个充满竞争的股市获得利润就一定要揣测主力意图，把握主力动向，这也是我们追寻趋势、把握趋势的另一种解读。

第二节　不同主力，不同特点

主力是股市或个股的主导力量，它们的行为和意图往往决定着股价的走势。我们在分析主力的行为与意图时除了关注个股中是否有主力加入进来外，还应注意主力的类型。一般来说，我们可以依据主力控盘时间的长短和主力的资金性质来对各种各样的主力进行划分，依据主力控盘时间的长短，我们可以把主力划分为长线主力、中线主力、短线主力；依据主力的资金性质，我们可以把主力划分为公募基金、券商、QFII、游资、私募基金、大户或他们形成的联盟等。随着全流通时代的逐步到来，又加入了一个新的主力，即"大小非"。一般来说，公募基金、券商、QFII属于中长线主力，而游资、私募等则属于短线主力。当然这种区分并非是绝对的，也有不少公募基金属于快进快出的短线主力。下面谈谈这些不同类型的主力及它们的控盘风格。

一、偏股型基金（公募基金）

公募基金（Public Offering of Fund）是受政府主管部门监管的，向不特定投资者公开发行受益凭证的证券投资基金。作为一种投资工具，证券投资基金把众多投资人的资金汇集起来，由基金托管人（例如银行）托管，由专业的基金管理公司管理和运用，通过投资于股票和债券等证券，实现收益的目的。在这里我们所说的基金是指那些主要投资于股市的基金，也称为偏股型基金。投资者购买基金可以实现通过投入少量的资金去购买很多股票，从而避免了把资金压在单一个股上的风险。公募基金由相应的基金经理管理，其操作理念偏向于价值投资，基金公司在股市中的买卖操作围绕着基民的申购与赎回，当基民申购多时则加大持股力度，反之则进行减仓应付基民的赎回。由于其所持个股多属于绩优股，而这些个股的成长性较好，且基金的资金规模较为巨大，进出都相对缓慢，因此其持股方式是大部分时间的被动持股不动。在行情好的时候可能会部分的追逐市场热点并结合大势对所持个股推波助澜；在行情不佳的情况下可能会对其所持有的重仓股进行护盘。但是如果出现了大量基民赎回的情况，为了应对基民的赎回就会大幅减仓其所持的重仓股，导致这些大盘绩优股大幅下挫，从而对股市整体走势产生消极影响。

　　图 6-3 为包钢股份（600010）2006 年 11 月至 2007 年 9 月期间走势图。此股作为一只大盘蓝筹股，它的前十大流通股东几乎都是公募基金，可以说公募基金充当了此股中的主力资金。但由于公募基金并不完全操控个股的走势，且不存在某家基金完全操控个股走势的情况，公募基金的操盘风格也大多跟随大势，因此此股的走势也基本与大盘指数的走势相似。投资者在买这种公募基金扎堆的个股时，可以更多的关注大势，关注行业的发展前景，而不必去劳神费力地分析主力的意图。

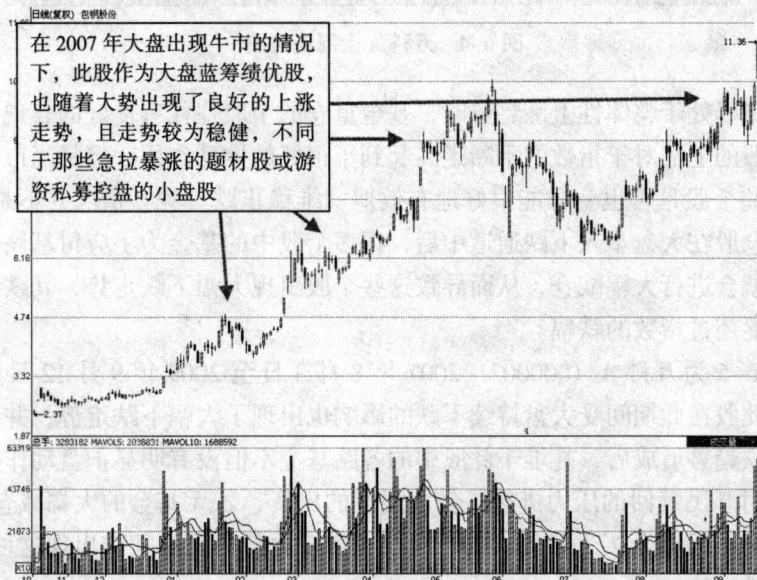

图 6-3　包钢股份上涨走势图

图 6-4 为万科 A（000002）2006 年 12 月 15 日至 2007 年 9 月 11 日期间
走势图。此股在此期间出现了大幅上涨走势，这种走势固然与大盘在此期间处
于牛市走势密不可分，但是也与基金对此股的大力推动密不可分，此股作为一
只基金重仓股，由于正逢牛市且符合当时房地产热的市场趋势，因此基金也对
此股推波助澜，其总体涨幅要明显强于大盘。

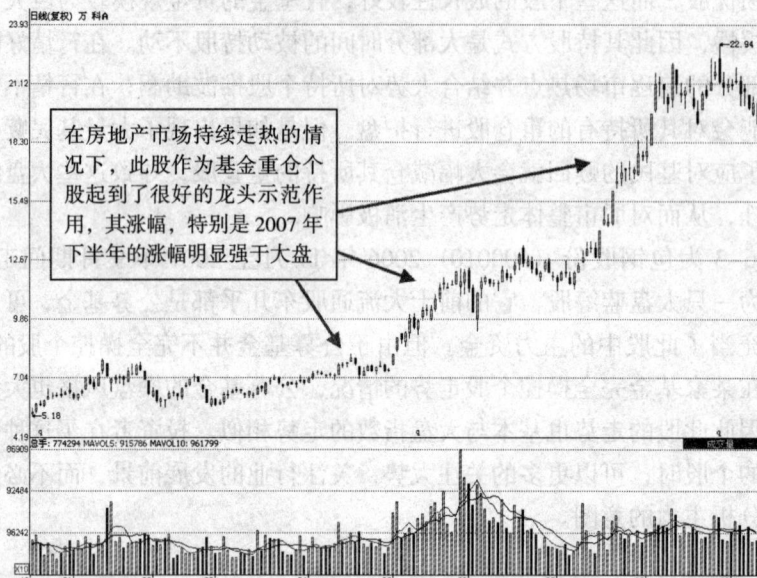

在房地产市场持续走热的情
况下，此股作为基金重仓个
股起到了很好的龙头示范作
用，其涨幅，特别是 2007 年
下半年的涨幅明显强于大盘

图 6-4　万科 A 上涨走势图

当市场处于整体性上涨趋势时，基金重仓的个股往往有良好的表现，这些
大盘个股的上涨对于指数的不断走高起到了很好的推动作用，但是当市场下跌
时，这些个股是否也一样能很好地有效地"维稳止跌"呢？情况并不是这样，
基金重仓股在大盘步入下跌通道中后，很多个股中的基金为了应付基民赎回的
压力，就会进行大幅减仓，从而导致这些个股出现大幅下跌走势，其跌幅很可
能要明显超过指数的跌幅。

图 6-5 为万科 A（000002）2007 年 8 月 3 日至 2009 年 9 月 12 日期间走
势图。此股在此期间受大盘持续下跌的影响也出现了大幅下跌走势，并且当此
股的下跌趋势形成后，扎堆于此股中的各路基金不但没有明显护盘动作，反而
为了应付基民赎回的压力进行了较大规模的出货，若无基金的大幅减仓操作，
此股作为一只基金买入量较大的个股仅凭散户力量是无法使它出现这种长期、
大幅下跌走势的。

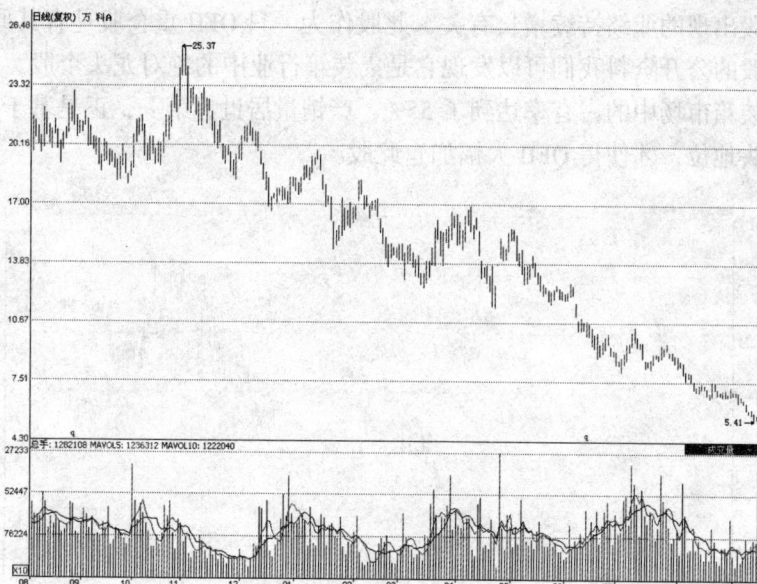

图 6-5　万科 A 下跌走势图

二、券商

券商是"集合理财"的理财产品的发起人和管理人，是集合客户的资产，并按照集合理财计划进行投资管理的专业投资者。券商与基金一样，更重视上市公司的业绩情况，与基金更偏重于大盘蓝筹股的特点不同，券商重仓股往往更多的集中于中小盘绩优股上，这些个股主营业务突出，在同行业中具备了较强的竞争能力。券商在股市中的行为特点也与基金基本相似，即多是被动持股，少数时间会随大势推波助澜。

三、QFII（即合格境外机构投资者）

QFII 制度是指允许经核准的合格境外机构投资者，在一定规定和限制下汇入一定额度的外汇资金，并转换为当地货币，通过严格监管的专门账户投资当地证券市场，其资本利得、股息等经审核后可转为外汇汇出的一种市场开放模式。我们常说的 QFII 是指合格境外机构投资者，其进入中国股市意图并非短炒，多是真正价值投资，他们虽然资金雄厚，但并不主导个股行情。若QFII 进入或退出一只个股，大众投资者更应该关心的是这只个股的基本面问题，而不是技术指标。

图 6-6 为中集集团（000039）2006 年 7 月 27 日至 2007 年 9 月 20 日期间走势图。此股在此期间出现了大幅上涨，这种上涨走势既与大盘的带动有关，

也与此股出现的业绩持续增长有关，此股作为一只 QFII 重仓股是有其原因的，查看此股的公开资料我们可以发现它是集装箱行业中的绝对龙头个股，此股在全球集装箱市场中的占有率达到了 55%，产销量居世界第一，正是基于此股的行业龙头地位，才使得 QFII 大幅加仓此股。

图6-6 中集集团走势图

四、民间游资

在股票市场中我们常会看到一些个股因为符合当前热点而受到了资金的大力炒作，成为同板块或同题材中的"黑马"股或"龙头"股。如果查看一下它的前十大流通股东，一般少有公募基金或券商，这正体现了基金与游资的风格不同。由于民间游资的资金规模有限，因此它们更偏爱于那些题材股、小盘股，它们是沪、深股市的热点题材股的制造者和推波助澜者。如果权重股稳定，民间游资可能会把注意力集中到小盘袖珍股上，同时他们也会适当的注意最新上市的定位合理的新股和一些题材股。在牛市中，民间游资控盘的个股很可能会出现被轮番炒作的情况，其涨幅明显强于大盘，甚至独立于大盘。在弱势市场中，民间游资的盈利模式是做超跌反弹，在市场处于均衡时它们喜欢与其他的操作积极的机构并肩作战。分析民间游资或私募基金的动向是短线投资者进行实战的重要内容之一。

图6-7 为莱茵生物（002166）2009 年 3 月 17 日至 2009 年 8 月 6 日期间走势图。此股在此期间出现了反复被炒作的现象，此股被炒作的原因与它所具

有的"甲型流感"题材相关，此股受益甲型 H1N1 流感疫苗概念。2009 年上半年，甲型流感暴发以来，莱茵生物因提供甲型 H1N1 流感疫苗的原料莽草酸而成为游资暴炒对象。受益流感疫苗概念，莱茵生物多次发布股价异常波动公告。莱茵生物股价一度从 4 月底的 15 元左右被炒至 7 月初的将近 40 元。然而，在股价暴炒之后，疫苗概念并未能转成产品需求，给其业绩带来强劲增长动力。其实，莱茵生物之所以能够不顾一切的上涨，主要与甲型 H1N1 流感的进一步发展密切相关。作为流感概念股的龙头，莱茵生物受到民间游资的不断冲击，从而出现了一波又一波反复的涨停板走势，其走势完全独立于大盘，也不同于那些基金、券商入驻的大盘股。查看此股的前十大流通股东情况，我们可以发现在这前十大流通股东中并没有基金、券商、QFII 的身影，流通股东几乎清一色的全是自然人，这也是民间游资选择炒作对象时的一个标准，即不去炒作那些有基金扎堆或券商入驻的个股，以免炒高了股价却面临着基金或券商高位出货的风险。

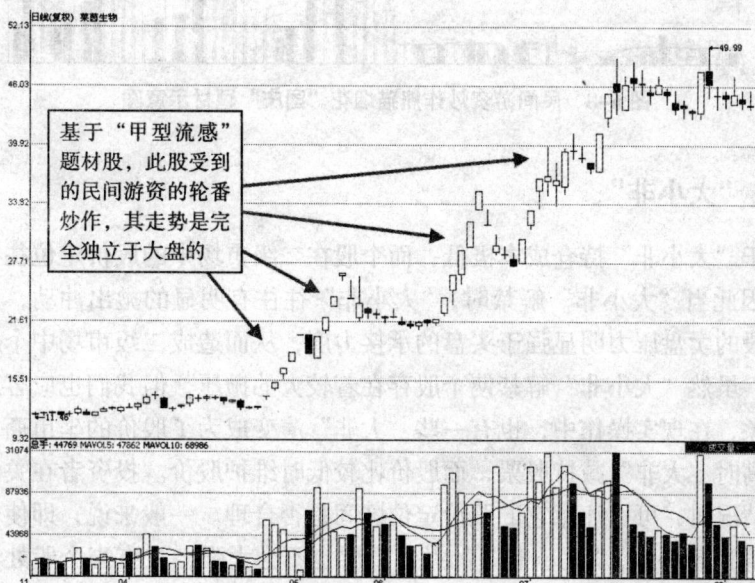

基于"甲型流感"题材股，此股受到的民间游资的轮番炒作，其走势是完全独立于大盘的

图 6-7 民间游资炒作莱茵生物"甲流"题材示意图

图 6-8 为熊猫烟花（600599）2009 年 6 月 9 日至 2009 年 9 月 22 日期间走势图。此股于 2009 年 7 月 30 日开始启动，其涨势凌厉程度、短期内暴发力度都远不是基金重仓股所能比拟的。查看此股的公开资料我们可以发现它的前十大流通股东也都是自然人，没有基金或券商的身影。此股被炒作的原因也很简单，借着国庆六十周年燃放烟花的题材，它的股价也在民间游资的炒作下出

现了一路飙升的走势，这种升势一直维持到国庆前才止住。

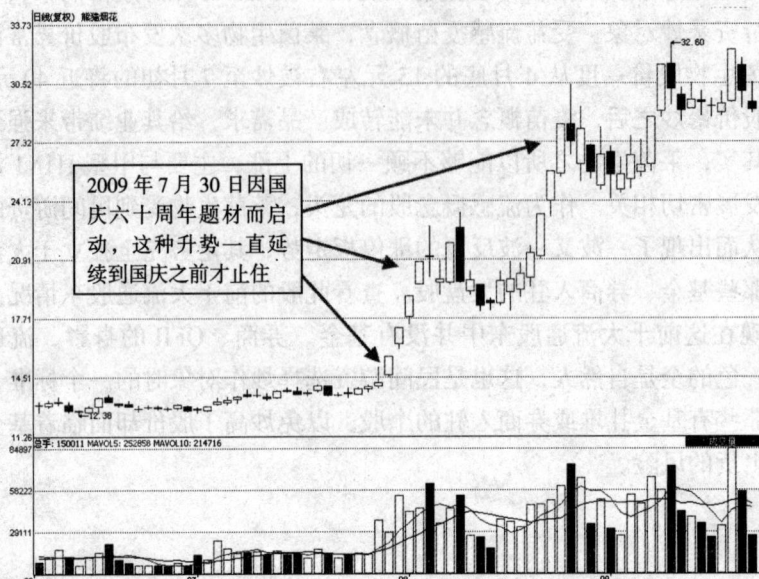

2009 年 7 月 30 日因国庆六十周年题材而启动，这种升势一直延续到国庆之前才止住

图 6-8　民间游资炒作熊猫烟花"国庆"题材示意图

五、"大小非"

由于"大小非"持仓成本极低，而个股在二级市场中的股价定位往往明显偏高，因此当"大小非"解禁时，"大小非"往往有明显的抛出冲动，这就会造成个股的卖盘压力明显强于买盘的承接力度，从而造成二级市场中个股股价的下跌。虽然"大小非"解禁使个股存在着较大的抛压，但我们也应客观看待这种现象，在现实操作中，也有一些"大非"演变成为了股价的坐市商，当股价比较高时"大非"减持股票，而股价比较低时维护股价。投资者在关注个股的解禁情况时，可以注意它的股价定位区间是否合理。一般来说，即使个股的相对估值稍高一些，"大小非"的抛售意愿也不会太强，只有当个股处于明显的泡沫区间时，"大小非"才有极强的抛售意愿。

图 6-9 为紫金矿业（601899）2008 年 12 月 1 日至 2009 年 11 月 20 日期间走势图。此股在 2009 年 4 月之前出现了大幅上涨走势，这种大幅上涨的走势与国际黄金期货价格节节走高密不可分，查看与此股处于同一板块中的中金黄金、山东黄金等黄金类个股，我们就会发现它们都出现了大幅上涨的走势，这些黄金股在走势上有同步之处。但是此股在 2009 年 4 月 27 日后的走势就明显与其他类的黄金股脱节了，此股在 2009 年 4 月 27 日之后面临着 49 亿解禁

股上市流通的压力，而且其间多次发布大股东减持的公告，正是基于大股东的不断减持，才使得此股在2009年4月27日之后并没有像其他黄金股一样继续走出大涨势头。图6-10为中金黄金（600489）2009年4月28日至2009年8月5日期间走势图，可以看到此股在此期间又出现两倍左右的涨幅，但是紫金

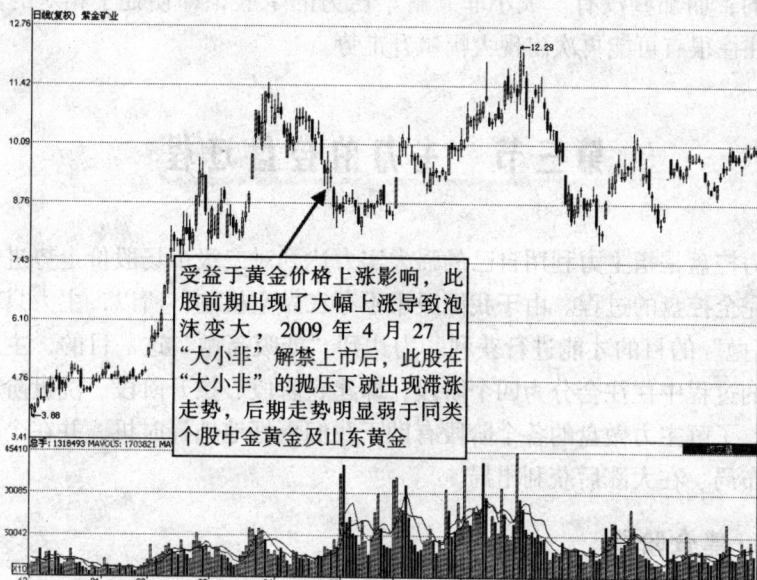

受益于黄金价格上涨影响，此股前期出现了大幅上涨导致泡沫变大，2009年4月27日"大小非"解禁上市后，此股在"大小非"的抛压下就出现滞涨走势，后期走势明显弱于同类个股中金黄金及山东黄金

图6-9　紫金矿业大小非解禁走势图

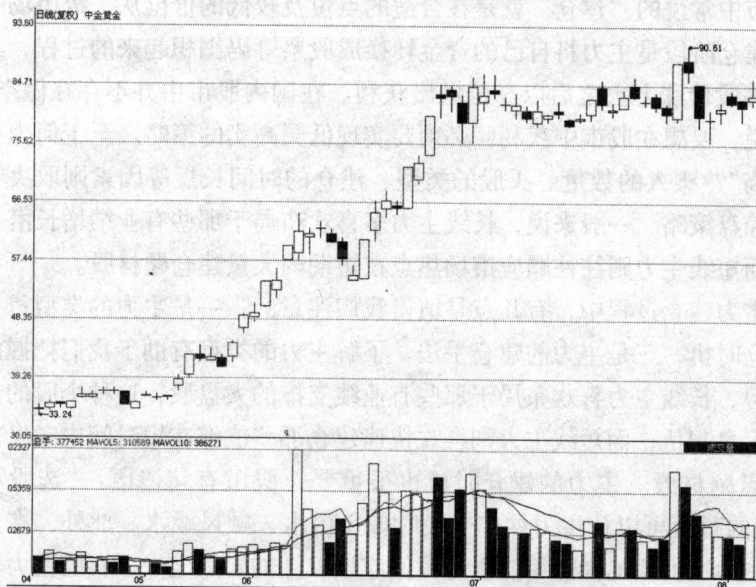

图6-10　中金黄金2009年4月28日后走势图

矿业在此期间却只能处于横盘震荡状态，可以说若不是黄金类个股在 2009 年 4 月 27 日之后可以继续保持强势大幅上涨势头，那么，紫金矿业出现大幅下跌走势就是不可避免的。通过对比两只题材类似的个股走势，我们可以发现，有"大小非"解禁压力的个股在股价明显处于泡沫区间时，是难以再有上涨走势出现的，而那些没有"大小非"解禁压力的个股，即使处于相对的泡沫区间，也往往很有可能再次出现大幅飙升走势。

第三节　主力的控盘过程

主力控盘是指主力利用自己的强大实力达到对二级市场股价走势进行部分控制或完全控盘的过程。由于我国股市不存在做空机制，所以，主力只有通过"低吸高抛"的目的才能进行获利。为达到"低吸高抛"这一目的，主力在运作个股的过程中往往会分为四个阶段，即建仓阶段、拉升阶段、洗盘阶段、出货阶段。了解主力做盘的各个阶段有助于我们更好地选择时机，并在个股起涨前进行布局、在大涨后获利出局。

一、建仓阶段

1. 什么是建仓

股市中常说的"建仓"就是在合适的点位及较低的价位从二级市场中买入股票。建仓阶段是主力将自己的资金转换成股票筹码囤积起来的过程，其目的是为了等股价涨上去之后以高位抛出获利。在国内股市中并不存在做空机制，也就是说，要想在股市中获利，必须要实现低买高卖的策略。至于何为"低"？何为"高"？买入的数量、买股的类型、建仓的时间长短等因素则取决于具体主力的控盘策略。一般来说，长线主力多喜欢布局于那些有业绩增长潜力的绩优股，而短线主力则往往顺应市场热点在短期内大量建仓题材股。

在主力建仓过程中，有几点是值得我们注意的：一是主力的类型；二是主力的建仓时机；三是主力的建仓手法。了解主力的类型有助于我们把握此股的未来走势，长线主力喜欢布局于那些有业绩支撑的大盘股，这种个股的走势也往往随大盘起伏；而短线主力则喜欢快速建仓那些能够在短时间内激发市场人气的热点题材股。主力的建仓时机也很重要，股市有句谚语："选股不如选时。"好的时机可以让主力炒作个股时如鱼得水、顺风顺水。此外，在主力建仓时，主力所使用的操盘手法也是我们应该关注的要点之一，有的主力喜欢通过"打压"的方式来制造市场恐慌气氛，进而令情绪不稳的投资者抛出廉价筹码；有的主力则喜欢通过拉高的方式实现短期内的快速建仓。

2. 主力的建仓时机

股市是经济变化的"晴雨表"，只有当宏观经济持续向好时或是出现回暖时，股市往往才会有稳健的走势；当宏观经济情况较为糟糕、企业盈利能力大幅降低时，股市往往也难有好的表现。可以说，好的建仓时机是以宏观经济的企稳为前提的。一般来说，当宏观经济运行至低谷而有启动迹象之时，此时建仓个股意味着在日后的操作过程中能得到来自基本面的正面配合，能顺应市场大趋势的发展。此外，由于股市的运行存在着周期循环的特性，对于主力而言，它们的目标是尽可能在一个牛市中买入，一旦它们确定基本趋势是上升的并且已经启动，它们便会买入，然后一直持有直到上升趋势已经终止，一个熊市已经开始的时候。因此，当主力在建仓时，除了要考虑宏观经济的情况，还要考虑股市自身的运行规律。只有当两者相结合，发出共振买点时，才是最好的建仓时机。下面我们就本着实战的角度出发，来看看主力建仓都有哪些具体的好时机。

（1）股市在周期运行中的深幅下跌后是主力的建仓时机：股市存在着周期运行的特点，当股市在投资者的狂热情绪下不断推高后，就面临着一个挤出泡沫、价值回归的过程，而这一过程也正是股市大跌的过程，这一过程既是个股价值回归的过程，也往往是个股被错杀的过程。当股市经历了持续下跌后，由于市场中的恐慌情绪蔓延，往往就会使得个股跌入一个明显的价值低估区。这种股价的低估状态往往是与上市公司的基本面、宏观经济走向相脱节的，因此未来必将走出上升趋势，因此可以说这一时机是中长线主力最偏爱的建仓时机，也是价值投资者开始买股的时机。

图 6-11 是中煤能源（601898）2008 年 6 月 2 日至 2009 年 3 月 12 日期间走势图。此股在经历了长期下跌后，于低位区出现止跌企稳走势。这时，此股的市盈率不足 15 倍，作为一只资源类的大盘股，公司的基本面不存在任何问题，此股前期的大跌既是受大盘长期下跌所带动，也是前期处于一个相对高估状态而出现的一个价值回归过程。但是在这种深幅下跌后，我们可以看出它的估值状态处于一个明显的低估状态，此时就是中长线主力最好的建仓时机。从图中走势可以看出，此股在止跌横盘区出现了明显的放量形态，这是主力资金持续介入的迹象。

（2）个股处于相对低估状态或是处于估值合理范围内时是主力的建仓时机：与深幅下跌后形成的大底部不同，深幅下跌后的个股往往是处于一种明显的低估状态，此时建仓当然是最好时机，但是股市要多少年才会出现一个大起大落的周期循环，这种机会并不常有。在股市中我们操作的是个股，个股也许

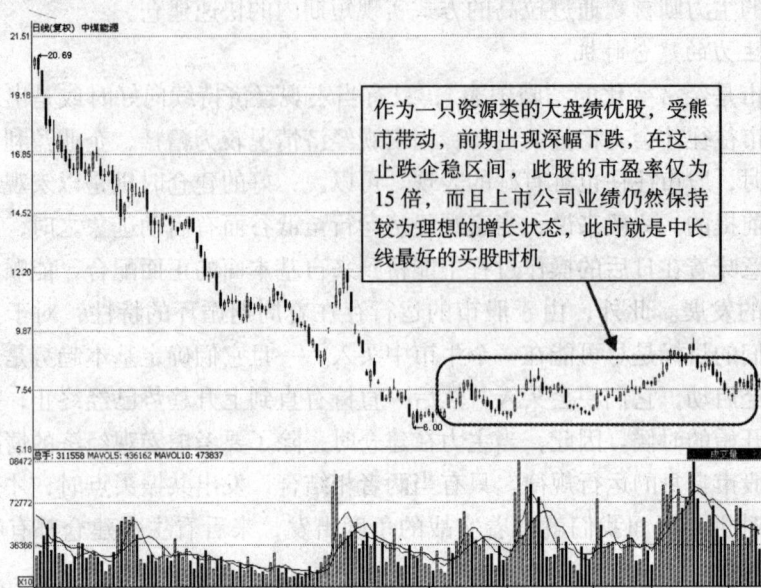

图 6-11　中煤能源深幅下跌后建仓时机示意图

此时并非处于历史底部，这可能是由于上市公司基本面的逐渐改善促成的目前股价较高，也可能是由于此股前期经过了一番炒作已经使股价脱离了历史底部，即使在这种情况下，主力仍可以基于对上市公司的判断作出是否建仓，因为上市公司的业绩发展往往具有很强的独立性。当一家上市公司发展前景良好，且股价处于一种相对低估或股价处于合理的估值范围内时，也会吸引主力介入建仓的。而且，此时的建仓时机往往是处于大盘稳健上升的背景之下，此时建仓的行为可以说是顺势操作，因为主力在建仓后可以顺势将股价推向一个泡沫区间，从而实现低买高卖的策略。

图 6-12 为中金黄金（600489）2008 年 9 月 17 日至 2009 年 5 月 15 日期间走势图。如图标注所示，此股在上升途中出现了横盘震荡走势，并且在横盘震荡过程中成交量呈明显放大形态，这是新主力加入进来建仓的标志。虽然此时此股的股价已有一定的升幅，但是处于 2009 年黄金价格大涨的行情背景下，随着金价屡创新高，此股这时的股价仍可以说是一个较为理想的合理估值区间。在此背景下，新主力并不介意没有在最底部买入，而是选择了积极的顺势在相对高位进行建仓，这种建仓操作是顺应大趋势发展的。图 6-13 为此股 2009 年 5 月 15 日后走势图。在新主力的大力推动下，此股再次出现了大涨行情。

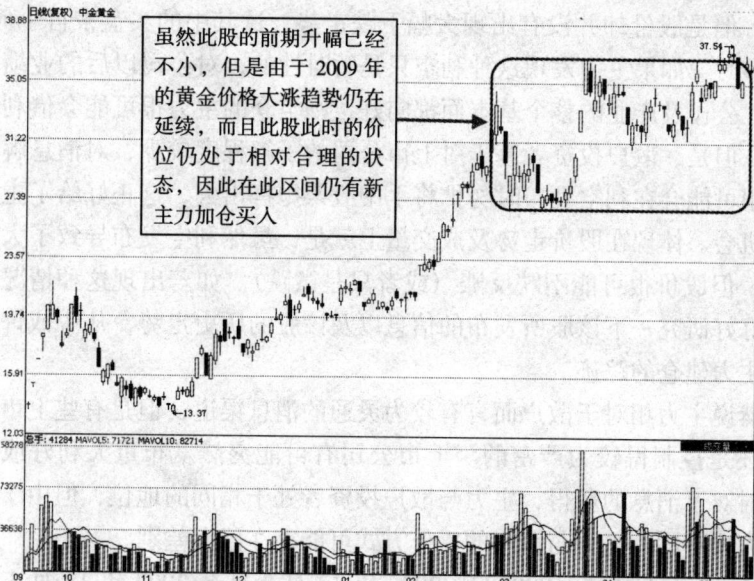

虽然此股的前期升幅已经不小，但是由于 2009 年的黄金价格大涨趋势仍在延续，而且此股此时的价位仍处于相对合理的状态，因此在此区间仍有新主力加仓买入

图 6-12　中金黄金 2008 年 9 月 17 日至 2009 年 5 月 15 日期间走势图

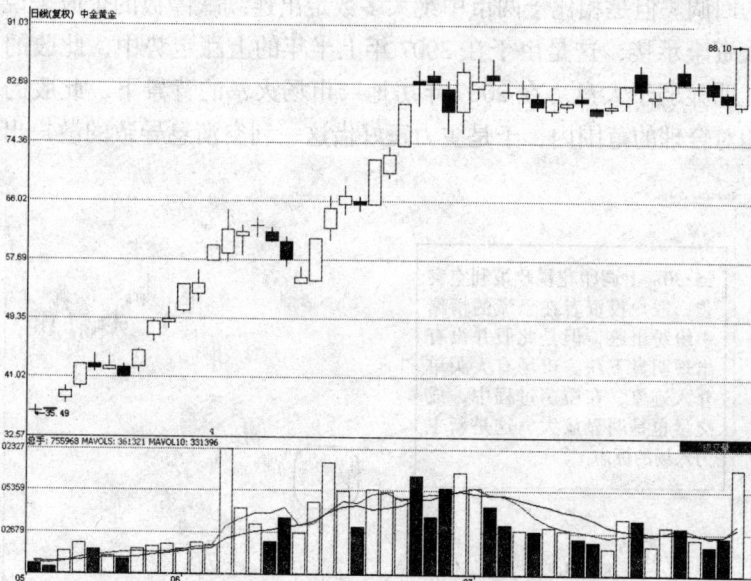

图 6-13　中金黄金 2009 年 5 月 15 日后走势图

（3）个股出现利空消息时是主力的建仓时机：对于散户来说，最直接的思维习惯就是利空消息会导致下跌，而利好消息则会导致上涨，但实际情况往往并非如此。我们也常常可以看到个股在利空消息出来后，虽然成交量出现了大

幅放出，但是股价却并没有出现大幅下跌走势，这其中的买盘来自于何处呢？利空发布时，如果主力发现这种利空只是暂时性的，对公司以后的业绩没有多大影响，公司及产业的整个基本面都向好，则空仓的主力很可能会借利空来进行建仓。但是，散户投资者基于对上市公司的了解程度较少，对消息解读能力较差，很可能会在利空发布时匆忙将手中股票抛售出去，这正好给了主力快速建仓的机会。体现在股价走势及成交量上就是，虽然利空发布导致了大量的抛盘涌出，但股价很可能不跌反涨（或者只是微跌）。如若出现这种情况，投资者就应好好研究一下该股所发布的信息以及该股的历史走势，从中或许可以发现这种主力建仓的踪迹。

虽然说主力相对于散户而言有较为灵通的消息渠道，但是有些上市公司对于消息还是控制得较为严密的。上市公司有可能突然发布重大利好或利空消息，此时对于消息的获得，主力与散户投资者处于相同的地位，但由于对消息的解读方式不同，主力与散户的操作方式可能存在巨大差别。

图 6-14 为万科 A（000002）2006 年 12 月 8 日至 2007 年 12 月 1 日期间走势图。此股在上涨途中遇 2007 年 5 月 30 日上调印花税的政策利空影响出现了一定的回调。但是相比于两市中绝大多数走出连续跌停板的个股来说，此股明显有大资金承接，这是由于在 2007 年上半年的上涨走势中，此股的累计涨幅较小，明显弱于大盘。在 2007 年房地产市场火暴的背景下，此股的估值仍在一个相对合理的范围内，于是主力正好借这一利空消息导致的散户出逃局面

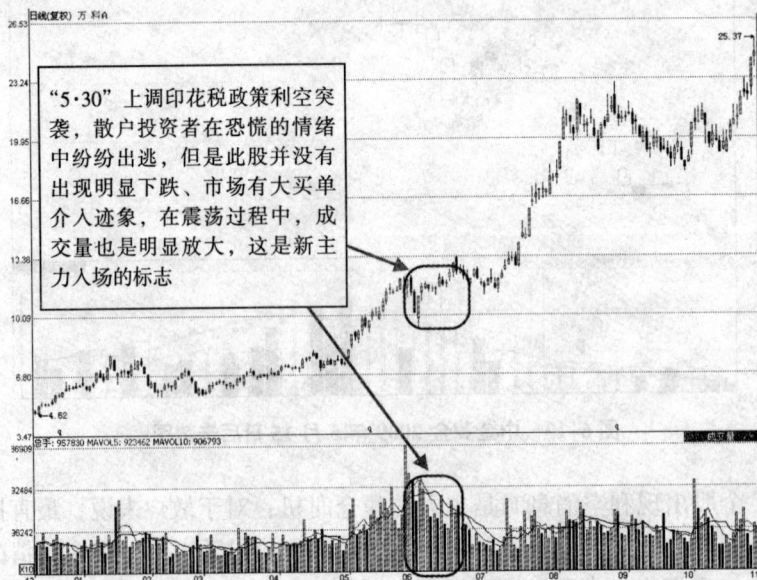

图 6-14　万科 A 主力借利空建仓示意图

"5·30"上调印花税政策利空突袭，散户投资者在恐慌的情绪中纷纷出逃，但是此股并没有出现明显下跌、市场有大买单介入迹象，在震荡过程中，成交量也是明显放大，这是新主力入场的标志

而进行建仓，因此此股在此震荡过程中出现了较为明显的量能放大形态，这是新主力加入进来的标志。正是由于新主力的介入，此股在 2007 年下半年又一次走出了翻倍行情。

（4）个股出现利好消息时是主力的建仓时机：主力借利好消息进行建仓的原理与其借利空消息建仓的原理是一致的。当一些利好政策出台或是上市公司基本面出现重大转变时，由于主力资金并没有提前获知这一利好消息，因此并没有进行提前布局，此时主力资金很可能会在公司利好发布时进行快速的吸货，以期通过后期将股价炒到更高处而获利，这种个股往往就是我们常说的题材股，它往往以短期大幅上涨的形态呈现在我们面前。

图 6-15 为德赛电池（000049）2008 年 8 月 14 日至 2009 年 1 月 9 日期间走势图。此股在低位区突然出现了大幅放量上涨的形态，这种走势是源于此股受巴菲特入股比亚迪的消息刺激产生，此股作为相关的概念股而受到了主力资金的追捧，在主力资金快速的建仓下，此股也出现了短期飙升的走势。

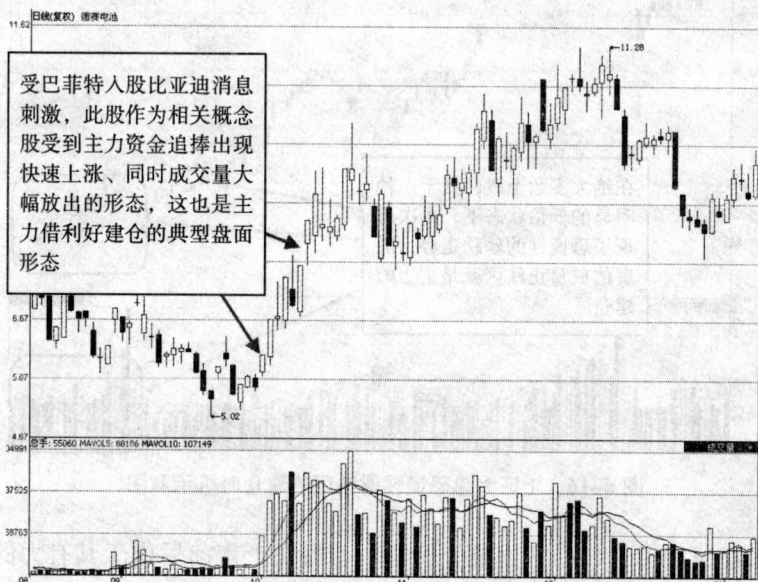

图 6-15　德赛电池利好消息下建仓示意图

（5）恐慌性暴跌之后是主力建仓时机："涨时追涨，跌时杀跌"是投资者不理性的操作方式。投资者在进行股票交易时往往受到明显的情绪影响，这种情绪有利于主力在大幅拉升个股后在明显的高位泡沫区从容出货，也导致了投资者在深幅下跌后的明显低估区割肉出局。恐慌性暴跌的情况是市场在大幅杀跌后的最后一跌，市场之所以会出现这种情况，就是因为投资者情绪的不理性。

由于市场前期处于跌势之中，持续的下跌及跌幅之深超出了投资者的心理承受能力，当股价已经明显跌至一个较低的价位后，绝大多数投资者都认为"应该"止跌了，然而事实并非如此，股价重心、大盘指数重心又在逐步下移，市场给人一种深不见底的感觉，市场让投资者产生了深深的绝望，超出了大部分人所能承受的心理极限，在这些最后一批恐慌的投资者的带动下，市场往往会出现恐慌性的最后一跌，而这正是主力建仓的好时机。

图 6-16 为上证大盘指数 2008 年 3 月 24 日至 2008 年 10 月 21 日期间走势图。如图标注所示，大盘在经历了深幅下跌后，再次出现了跳水走势，给投资者一种深不见底的感觉。但是这一波杀跌之后，成交量明显放出且股价走势出现了止跌迹象，这就是主力在恐慌性暴跌后进行建仓的盘面形态。

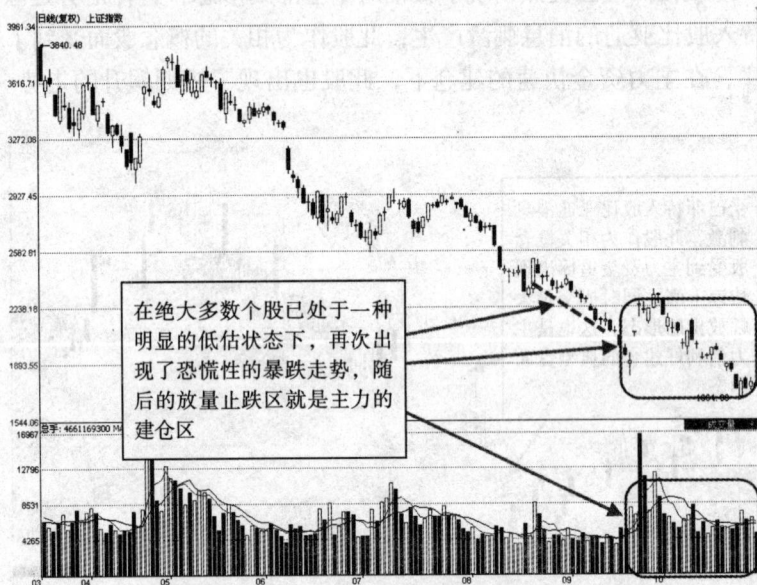

图 6-16　上证大盘恐慌性暴跌后的建仓时机示意图

（6）新股上市首日是主力建仓时机：新股在上市前后由于其有力的宣传、独特的题材，因此在上市后往往会形成良好的市场氛围。且在国内股市中，主力惯有炒新股的习惯，因此，在上市首日，一级市场中中签者的大量抛出就给了主力快速建仓的机会。此时，如果主力觉得新股的股价尚在合理的估值区间内，且股价仍有不小的炒作空间，就会在上市首日进行积极的建仓操作，体现在新股盘面上的形态是：新股当日往往收于阳线，且呈现出较高的换手率（一般在 60% 以上），并且在随后的几个交易日出现高位区的强势横盘或强势拉升走势。

图 6-17 为北新路桥（002307）2009 年 11 月 11 日至 2009 年 12 月 7 日期间走势图。此股于 2009 年 11 月 11 日作为新股上市交易，上市首日换手率超过了 80%，随后几日呈现强势运行状态，这是主力在新股上市首日已大幅建仓的表现，随后此股在主力的运作下，在短短不到一个月的时间内成功地实现了翻倍。

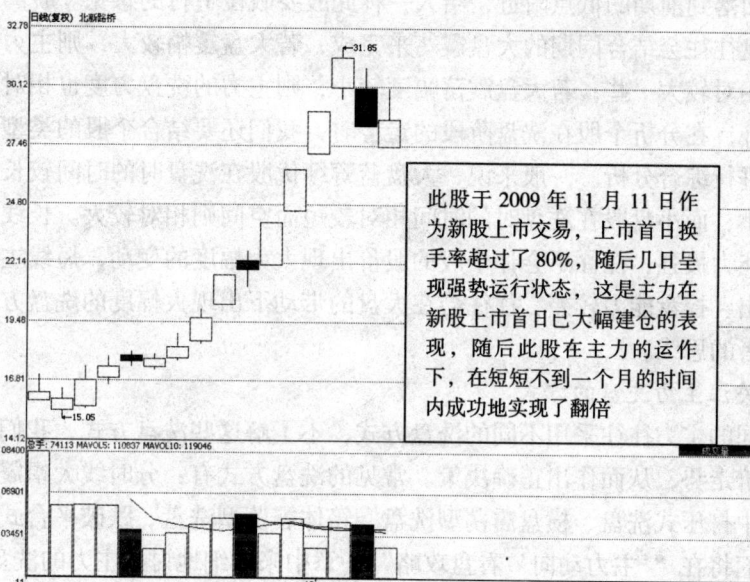

图 6-17　北新路桥新股建仓时机示意图

二、洗盘阶段

当个股经历了前期的大幅上涨之后，市场获利浮筹已开始大量增多，这对主力后期继续强势拉升此股是极为不利的，主力为达到继续拉升的目的，必须在中途让那些低价买进、意志不坚的散户抛出股票，以减轻上档压力，同时让持股者的平均价位升高，以利于后期可以从容地施行控盘，这一过程也可以说是洗掉前期介入的市场浮筹的过程，即洗盘。洗盘是指主力收集到一定的股票筹码后，为防有跟风盘或原持有的人搭乘顺风车而进行打压的一种手法，洗盘的目的就是清洗掉市场内的获利筹码，使市场内的持股成本趋于一致。

洗盘既可以出现在拉升阶段，也可以出现在建仓末期。在拉升阶段，主力可以通过洗盘洗掉不利于主力再次拉升的市场获利浮筹；在建仓末期，主力则可以通过洗盘洗掉不坚定的浮筹，为即将到来的拉升打好基础。

1. 注意洗盘的时间与空间

洗盘时间的长短与市场的氛围、主力的实力、操盘的风格等因素有关。在主力控盘过程中，洗盘的时间讲究的是节奏，如果时间太短，难以较好地处理浮码，达到预期的效果；如果时间太长，则难以吸引新的投资者追高跟风。洗盘的空间是指主力洗盘过程中股价振荡的幅度。在底部区域，主力会通过洗盘让股价回落到前期的低点附近，给人一种此股要破位下行的感觉。脱离底部之后的洗盘往往会结合同期的大盘震荡来完成，若大盘震幅较大，则主力的洗盘力度也相对较大一些；若大盘震荡幅度较小，则主力的洗盘力度也相对较小一些。此外，在分析个股在洗盘阶段的走势时，我们还要结合个股的类型、主力的类型进行综合分析。一般来说，大盘蓝筹绩优股在洗盘时的时间较长而空间相对较小，而小盘股在洗盘时的时间相对较短而空间则相对较大。长线主力由于控盘能力极强，往往不会让个股的股价出现太大幅度的变动，短线主力由于快进快出、控盘能力较差，往往会在大盘的带动下出现大幅度的洗盘方式以扰乱投资者的思维。

2. 关注主力洗盘的方式

不同的主力往往采用不同的洗盘方式，不了解这些洗盘方式，我们就难以应对股价走势，从而作出正确决策。常见的洗盘方式有：分时线大幅震荡洗盘、上升途中打压式洗盘、横盘震荡型洗盘、箱体震荡型洗盘、跌破平台式洗盘等等。我们将在"'主力动向'看盘攻略"一章中来详细地讨论主力的洗盘方式。

三、拉升阶段

主力拉抬股价的目的就是要将股价做上去。主力为了实现在二级市场中通过低买高卖并从中赚得差价收益的目的，就必须在建仓个股后将股价做上去。所谓拉升，就是主力大幅拉高股价的过程，这一过程或长或短。长线主力在拉升初期，为了避免引起市场关注，往往采用较为缓和的方式进行拉升，而短线主力为了聚集人气，很可能会采用较为激进的快速拉升方式。

通常情况下，主力在拉升个股时往往会借助外围因素，比如有关上市公司或相关行业的一些朦胧利好消息、大盘企稳上升等，以此减轻拉升过程中的抛压，并逐步吸引跟风盘进场帮助主力拉抬。

好的拉升时机可以让主力的拉升起到事半功倍的效果，据笔者的经验来说，主力往往喜欢在以下几种时机中完成对个股的拉升。

（1）市场交投气氛活跃或大盘处于稳健上升通道中时是主力的拉升时机：大盘走势既是个股走势的大背景环境，也是市场人气的直接反映，好的大盘走势有利于主力快速实现对其所控盘个股的拉升计划。当大盘处于稳健的上升通道之中时，随着大盘的步步走高，会充分带动股市的人气效应。在这种氛围下，很多投资者都有追涨的心理，实力不是很强的主力借势拉升可以吸引一定的跟风盘进场，主力只需花不多的资金，就可以轻松地把股价拉高，此时拉升可以达到"风助火势，火借风威"的效果。反之，如果大盘一路暴跌，而主力却逆势拉升，这种拉升是得不到市场认可的，主力在其后的出货操作中必定困难重重。

图 6-18 为浪潮软件（600756）2009 年 3 月 3 日至 2009 年 4 月 20 日期间走势图。如图中标注所示，此股在同期大盘处于稳健上涨的背景下，主力借助于此股的核高基题材完成了对于此股短期内的快速拉升。

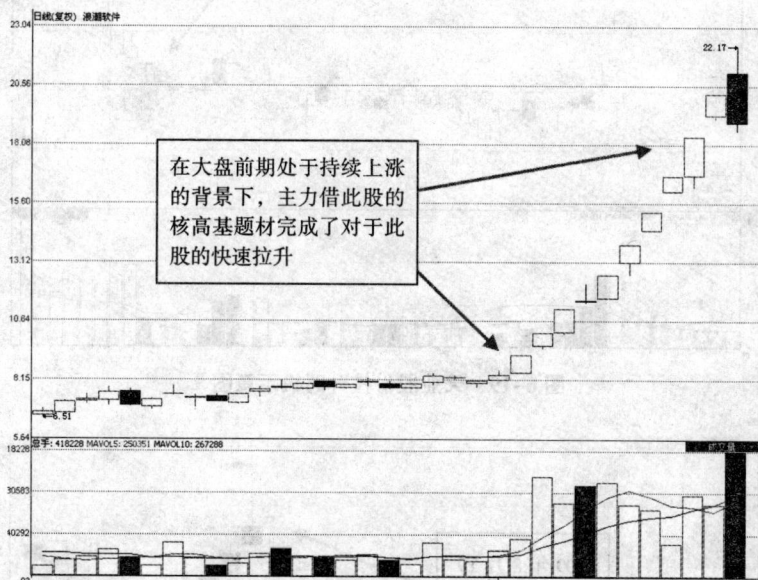

图 6-18 浪潮软件拉升时机示意图

（2）重大利好公布前是主力的拉升时机：由于主力有着优越的消息渠道，因此对于利好消息产生了先知先觉，在利好来到之前先将股价推上一个台阶。随着利好的发布，或选择借利好出货或选择继续将股价往上做。可以说，利好公布前，是主力绝好的拉升时机，因为在利好公布后，主力将处于十分主动的地位。利好消息主要分为两类：一是指利好大市的国家政治经济形势、政策、方针等；二是指利好个股的资产重组题材、送配方案、业绩改善或增长等。但不管是哪一类利好，都为主力创造了拉升的条件。特别是一些实力不太强的主力正好顺水推舟，借助利好拉高股价。

图 6-19 为天业股份（600807）2009 年 4 月 29 日至 2009 年 7 月 10 日期

间走势图。如图中标注所示，此股在短期内出现了大幅上涨的走势，短期内的升幅达到了较为惊人的 50% 以上，这是先知先觉的主力借此股利好即将发布而提前拉升个股的结果。图 6-20 为此股随后于 2009 年 8 月 19 日复牌后的走势图。2009 年 8 月 19 日复牌后，此股公布利好消息："天业股份：拟定向增发不

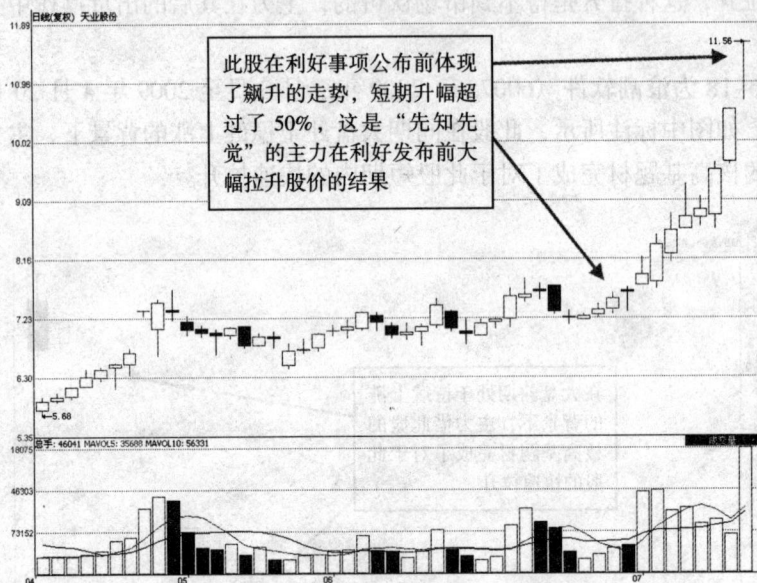

图 6-19　天业股份拉升时机示意图

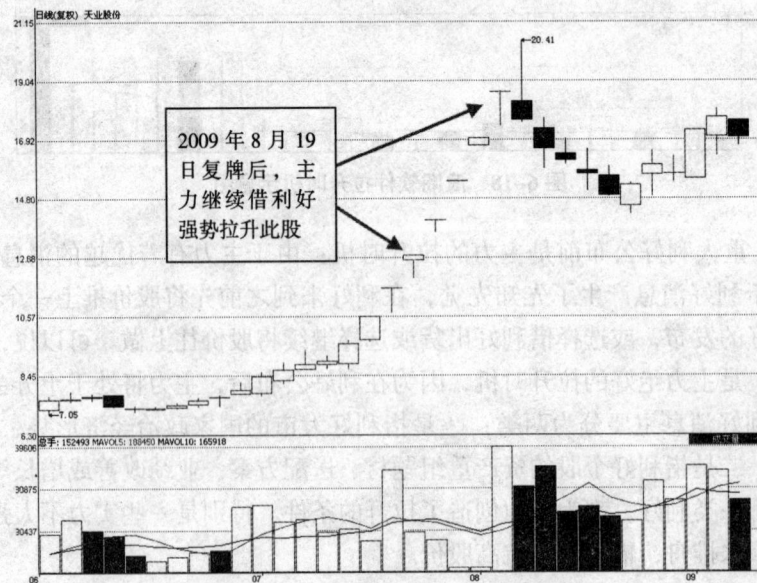

图 6-20　天业股份复牌后的走势图

超过 2700 万股收购天业黄金矿业 100%股权。天业黄金系为收购明加尔金源公司股权而成立（3000 万澳元收购 51%股权），除投资明加尔金源公司外，并未开展其他实际业务。截至本预案公告日，明加尔金源公司已取得明加尔矿区的金采矿权 12 个，以及相关探矿权，项目管理计划及危险品许可已经澳大利亚相关部门核准，施工许可、环境检查等审核正在办理中。明加尔矿产区域面积为 1457 平方千米，截至目前，已探明储量的矿区面积约 50 平方千米，仅占总面积的 3.43%，明加尔金源公司将于 2009 年 9 月底开始恢复其在明加尔矿区的生产经营活动，公司预计恢复生产后，第一年采选生产能力将达 1500 吨/日，年产纯金量为 1.13 吨；第二年采选生产能力将达 2000 吨/日，年产纯金量为 1.51 吨；第三年明加尔金源公司将通过增加投资扩大生产能力，使得采选生产能力达到 4000 吨/日，年产纯金量为 3.01 吨。明加尔金矿已探明金储量达到 12.5 吨，同时，未勘探部分矿区潜在储量丰富。"可以说，在 2009 年金价大涨的背景下，此股的利好消息属于重大利好，因此在此股复牌后，主力遂借机继续强势拉升此股。

（3）板块中出现龙头股时是主力拉升相关个股的时机：在我国的股市中，板块的概念深入人心，同一板块中的个股往往具有联动效应。当板块中的一些个股出现大幅上涨后，投资者因跟风心理，往往会追涨同板块中其他相关的个股，从而形成"羊群效应"，这种"羊群效应"既体现在一个板块中相互关联的个股之间，也体现在具有同类题材的相关个股之间。板块需要龙头股票的领涨来带领，实力强的主力会率先发掘有潜质的个股并进行大幅炒作使其成为龙头股，而实力较弱的主力则会在龙头股的示范效应下积极发掘与它相关的其他个股进行炒作，这种拉升方式也可以称作为"补涨"。

图 6-21 为安凯客车（000868）2009 年 8 月 27 日至 2009 年 12 月 1 日期间走势图。如图标注所示，此股在 2009 年 10 月 23 日至 2009 年 12 月 1 日期间已出现了翻倍走势。但是与此股同为客车销售的金龙汽车其涨幅却明显滞后，如图 6-22 为金龙汽车 2009 年 10 月 23 日至 2009 年 12 月 1 日期间走势图。因此其补涨也势在必行。如图 6-23 标注所示，2009 年 12 月 1 日至 2009 年 12 月 5 日此股出现了近 30%的补涨走势，这是主力借龙头股的示范效应而进行的择机拉升。

（4）技术指标或技术形态完善时是主力的拉升时机：随着技术分析的有效性获得了公认及技术分析的推广，现在市场懂得技术分析的投资者越来越多，而且关于技术分析的书籍也相当多，投资者通过技术分析得出的结论进行买卖决策已经成为一种重要手段。基于此，主力就可以对投资者这种过于注重技术分析这一点加以利用，在技术指标或技术形态出现好转时，借机拉升，可以有效得到技术派投资者的认可及配合，从而实现成功拉抬股价的目的。值得我们注意的是，仅凭技术指标、形态去拉升股价的主力往往是实力较弱的主力，而那些敢于制造恶劣图形，不看指标而肆意拉升个股的主力才是完全控盘的主力。

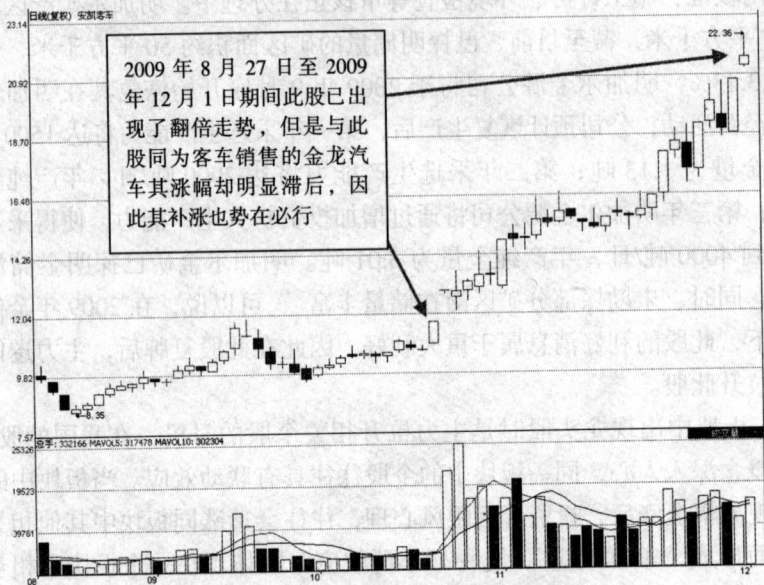

图 6-21　安凯客车拉升时机示意图

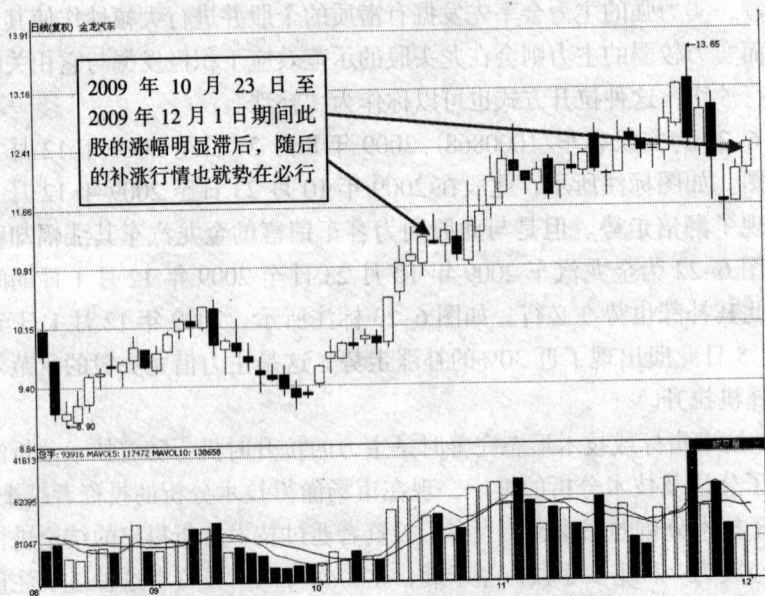

图 6-22　金龙汽车 2009 年 12 月 1 日前走势图

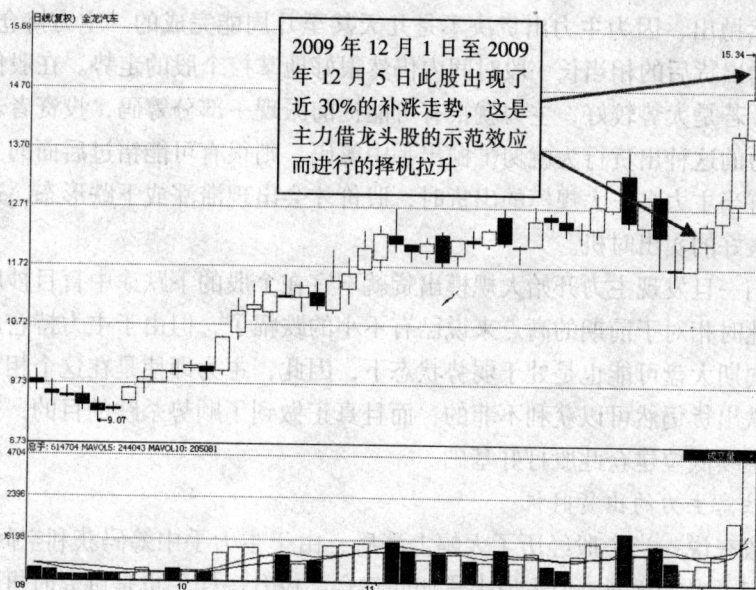

图 6-23　金龙汽车补涨走势图

四、出货阶段

出货阶段对应于主力"低吸高抛"过程中的"高抛"阶段，是主力将手中筹码在高价位卖给市场进行套现的活动。任何一个主力，只有将手中的筹码派发出去，才能使账面的盈利变为实实在在的获利。可以说，出货也是关系到主力控盘成败的关键的一个环节，相对来说，也是最难的一个环节，一般都要结合强势的大盘或利好消息才能顺利完成。如果主力顺利完成出货，获利必定十分丰厚。但通常情况下，主力出货都需要反复进行数次炒作，才能最终完成全仓出货。

1. 正确理解主力出货下的个股走势

如果我们可以确认个股中有主力介入，就可以适当地将股价的上涨幅度定的相对高一些，因为主力资金量巨大，如果在股价上涨幅度较小时就贸然出货，势必会造成主力没出多少货而股价就跌回上涨前的价位了。当主力出货时，需要一定的时间和空间来完成出货操作。一般来说，短线主力出货最低需要半个月到三个月；而长线主力在拉高股价后，高位震荡出货的时间有时会长达一年以上。从出货空间方面来讲，累计涨幅较小的个股，由于主力持仓量往往也相对较小，因此出货的空间不需要太大。但是累计上涨幅度越大的股票，由于主力持仓量巨大，其需要出货的空间也就越大。

此外，我们还应注意，即使主力已在个股的上涨途中有出货行为，我们也不宜贸然抛出，因为主力出货决不是几天甚至几周能完成的。主力持仓巨大，会在开始出货后的相当长一段时间内仍然很好地掌控个股的走势。在股价上涨的途中，若是大势较好，主力就很有可能提前派现一部分筹码，投资者若是一发现主力的这种出货行为就匆忙抛出手中筹码，则很有可能错过后面的大好行情，只有当主力真正大规模的出货时，股价才会出现滞涨或下跌形态，这时才是我们最好的卖出时机。

我们一旦发现主力开始大规模出货就不宜在个股的下跌途中盲目抄底，因为个股此时相对于前期的高点来说已有不小的跌幅了，但由于主力持仓成本极低，而同期大盘可能也是处于弱势状态下，因此，主力即使是在这个相对的低价位杀跌出货仍然可以获利不菲的，而且真正做到了顺势杀跌的目的，也可以为后期继续低位建仓此股打好基础。

2. 注意主力的出货时机

一般来说，当个股经历了大幅上涨后，由于主力手中筹码获利空间巨大，因此就有了出货意图，但主力出货如同建仓、拉升一样，也是讲究时机的。我们可以把主力的出货时机分为四种：利好兑现时、利空出现时、主力达到目标位时、个股传闻增多时。利好兑现时、利空出现时、个股传闻增多时这三种时机比较容易理解，它们都是结合个股的消息面来说的。当个股前期经历了大幅的上涨，若此时出现利好公布或利空突袭，或是传闻增多，但股价不涨反跌，我们就要提防主力的出货行为了。投资者对于"主力达到目标位时"这一出货时机是难以把握的，因为有的主力在控盘时会将个股的出货价位放的相对低一些，也有的主力会将出货价位定得很高。对于普通投资者来说，我们不必去猜测主力会将个股拉升至何价位，只要顺势操作即可。当个股经历了大幅上涨后而出现明显的顶部滞涨形态时就是我们应该卖出的时候了。

五、总结

主力在控盘个股的过程中，这四个阶段有时并非泾渭分明，比如短线主力在炒作题材股时很可能会将建仓与拉升这两个阶段合二为一，而且有的主力在拉升过程中也没有明显的洗盘行为，但是主力如果想实现二级市场中的获利，"低位建仓"与"高位出货"这两个阶段却是必不可少的。不同类型的主力有不同的侧重点，比如长线主力更关注建仓阶段，而短线主力则比较关注拉抬阶段，至于在低位区建仓多少、在高位区出货多少则取决于主力的控盘特点。因此，在实际分析个股走势时，我们既要注意主力控盘个股过程中的这四个阶段，也要结合主力的实际控盘方式来综合分析个股走势，从而才能准确地预测个股的未来走势情况。

第四节　主力的做盘手法

上一节中我们了解了主力对个股的宏观控盘过程，但是我们并没有讲解主力在相应的控盘阶段是如何完成这一控盘阶段目标的，如，主力在建仓阶段要如何迫使散户出局呢？主力在出货阶段又是如何诱骗散户入局接盘呢？这里面就涉及主力做盘手法的运用了。主力的做盘手法是指在主力控盘个股的过程中，为了达到某一控盘阶段的目的，通过抛出筹码打压个股或买入筹码拉升个股从而制造一种个股即将上涨或下跌的盘面形态，并以此盘面形态引发市场投资者出现恐慌或高涨的市场情绪，以扰乱投资者正常思维。可以说，大多数的操盘手法都是针对投资者所共有的"恐慌"或"贪婪"的人性弱点而实施的，其目的就是让投资者在情绪的影响下，作出错误的判断。下面我们就来具体看一下主力常见的做盘手法有哪些。

一、打压手法

所谓打压，是指主力通过抛售筹码来打压股价，主力打压股价的目的多种多样，这要结合主力控盘意图来进行。由于要打压股价就要通过抛售筹码来完成，因此，打压手法多出现在主力手中有一定的筹码之后。

一般来说，打压手法主要出现在主力的建仓阶段及震仓阶段。在吸筹阶段，若个股底部区的走势是四平八稳的，相信没有几个投资者愿意抛出自己手中的筹码，无论是对于被套的投资者，还是对于底部介入的投资者，平稳的股价走势导致市场卖出意愿大幅降低，这种走势下，主力是难以吸筹的。建仓阶段的打压是结合大盘震荡而制造恐慌的市场情绪，让投资者产生错觉，认为此股的"底"深不可见，从而抛出手中筹码。即使散户在打压时没有因恐慌而抛售筹码，那么等股价随后反弹至打压前的价位时，也多会因持仓信心不足而进行抛售。可以说，低位区的打压，是为主力建仓服务的，它的成功是基于投资者的恐慌心态。

此外，在主力建仓后、拉升前往往还会对个股进行一次震仓操作，这种震仓往往就是以打压的方式来实施的。通过打压震仓，主力可以让那些不坚定的浮筹在拉升前出局，也可以让那些在底部买进的获利筹码产生不安，担心自己已得的利润会随着股价的不断下跌而消失，从而使这些获利散户纷纷卖掉持有的筹码，而主力却把这些卖出的筹码都买入，通过这种打压震仓的方法，主力既增强了自身的控盘能力，又为随后的拉升股价打好了基础。

拉升途中的打压洗盘多是主力结合大盘震荡，进行的一次短期快速洗盘，其目的就是通过股价短期快速的下跌，制造市场恐慌情绪，从而达到快速洗掉获利浮筹，为马上来到的拉升做好准备。

图 6-24 为中国软件（600536）2008 年 12 月 30 日至 2009 年 3 月 26 日期间走势图。如图所示，主力在大幅拉升此股前，对其进行了打压震仓，股价连续四天收于阴线，同时跌破前期平台，但是在下跌过程中成交量并没有放出，这既是此股筹码稳定（即表明多数筹码已被主力所控制）的表现，也是主力打压手法中常见的盘面形态。

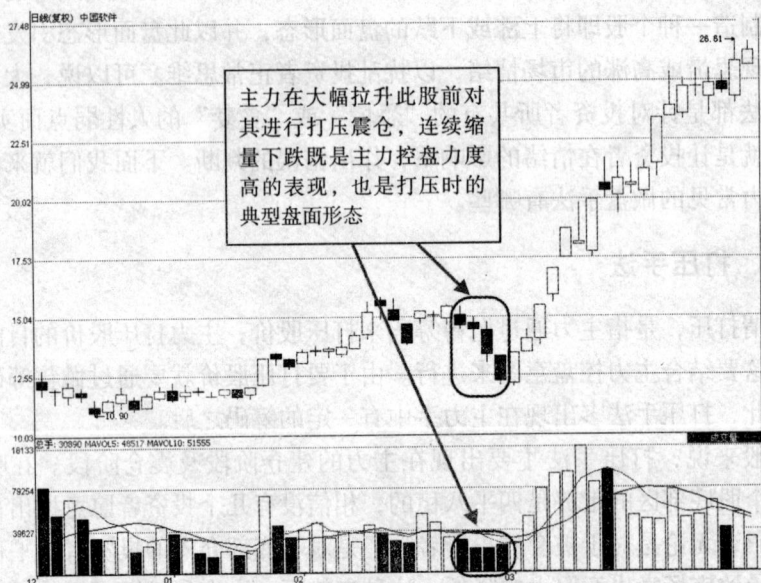

图 6-24　中国软件打压震仓示意图

二、对倒放量拉升手法

所谓"对倒"就是主力利用自身的大量交易账号，将自己左手里的筹码倒进右手。对倒的目的无非是利用成交量制造利于主力的股票价位，吸引大众跟进或卖出。对倒主要是为了无中生有地制造成交量放大的假象，以此迷惑市场此股的人气极为旺盛，从而制造有利于主力的股票价位。

一般来说，"对倒放量"与"股价上涨"往往是一同出现的，即在主力对倒个股的过程中，个股的走势往往也呈现了大幅上涨的形态。我们常说的"对倒"手法是指"对倒拉升"手法，这一做盘手法常出现在个股的上涨末期或顶部震荡阶段，是主力利用投资者所固有的"放量要涨"的思维方式而采用的手段。通过对倒拉升，可以制造高涨气氛，制造该股票被市场看好的假象，从而引发投资者的追涨情绪。一般来说，主力对倒会增加其持仓成本，且对倒会暴露主力行踪，因此"对倒手法"多出现在主力的拉升或出货阶段，主力可以借对倒引发的市场热情而拉升此股或是趁追涨盘的介入而积极出货。在主力拉升时，通过对倒吸引跟风盘加入进来，帮助主力完成拉升，起到"四两拨千斤"的作用；在出货的时候，通过对倒放量突破的假象，引诱那些有追涨情绪的投资者高位接盘。

　　当个股出现放量上涨的时候，我们如何识别这是个股的真实放量上涨、还是主力对倒手法的体现呢？一般来说，我们可以通过结合此股的走势特点及观察此股随后的走势及量能形态来判断。当个股处于上升途中时，若前期累计涨幅不大且上涨势头明显，此时出现放量上涨且随后量能也能保持在较为稳定的状态内，则这种放量上涨往往是真实的；若个股在顶部震荡区出现放量上涨的形态，但这种形态仅维持几个交易日，随后的量能及股价又回落到了原来的水平上，则这种放量上涨往往是主力对倒诱多的手法，因为主力对倒会增加其成本。因此，对倒的时间往往较短，这种对倒手法往往与个股的"脉冲放量"形态相对应。

　　图 6-25 为中国软件（600536）2009 年 3 月 17 日至 2009 年 9 月 3 日期间走势图。此股在经历了大幅上涨之后，于高位区出现长期横盘滞涨的走势，这是此股上涨趋势结束、构筑顶部区间标志，如图标注所示，在横盘震荡过程

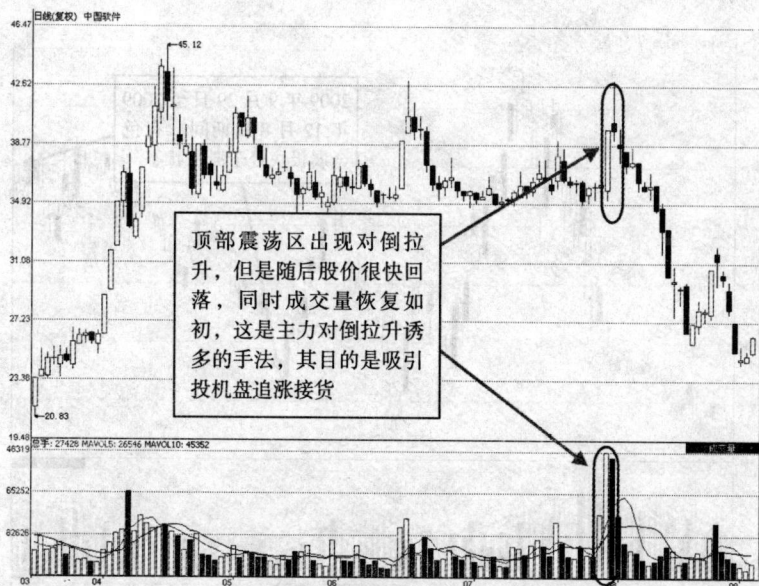

顶部震荡区出现对倒拉升，但是随后股价很快回落，同时成交量恢复如初，这是主力对倒拉升诱多的手法，其目的是吸引投机盘追涨接货

图 6-25　中国软件对倒拉升示意图

中，此股出现了成交量大幅放出、同时股价上冲的形态，但是随后股价又马上回落、量能也恢复如初，这就是主力对倒诱多的操盘手法，这一量能形态也称为"脉冲式放量"形态，是主力典型的高位诱多出货手法。

三、轮炒手法

打压手法常出现在个股的建仓或洗盘阶段，而对倒手法则常出现在个股的拉升或出货阶段，这两种手法均是主力独立完成的，并不需要其他主力来配合。但是轮炒手法则不同，它是市场中各方主力所形成的一种共识，所谓主力"轮炒"其对应的就是板块的"轮涨"，在大盘指数缓慢爬升的过程中，并不是每个板块的走势都会与大盘相一致，有的板块先涨，有的板块后涨，市场热点轮番变动。

如果市场整体处于轮涨状态下，则指数不容易出现大幅下跌的走势，因为即使前期涨幅较大的板块出现了滞涨或回调的走势，但是由于又有其他板块出现上涨，从而掩盖了一部分板块的下跌或回调。轮炒是阶段性牛市的标志，这不仅意味着市场热点具有很强的聚集人气的作用，更代表了牛市的前提条件——不缺乏资金介入。在板块轮涨的过程中，如果投资者以中长线的投资方法抱着自认为一个不错的个股不放手，就很可能错失掉很多短线机会。因此，了解轮炒的方式对于投资者介入短线操作有着极强的指导作用。

图 6-26 为有色金属板块 2009 年 9 月 29 日至 2009 年 12 月 8 日期间走势

图 6-26　有色金属板块走势图

图。此板块在 2009 年 9 月 29 日至 2009 年 12 月 8 日期间处于横盘震荡状态，但是在同一期间，如图 6-27 所示，汽车制造板块却处于大幅上涨状态。这是市场主力对板块进行轮炒的结果，也是大盘处于阶段性牛市的标志，投资者只有及时切换市场热点才能更好地从这种市况下获取收益。

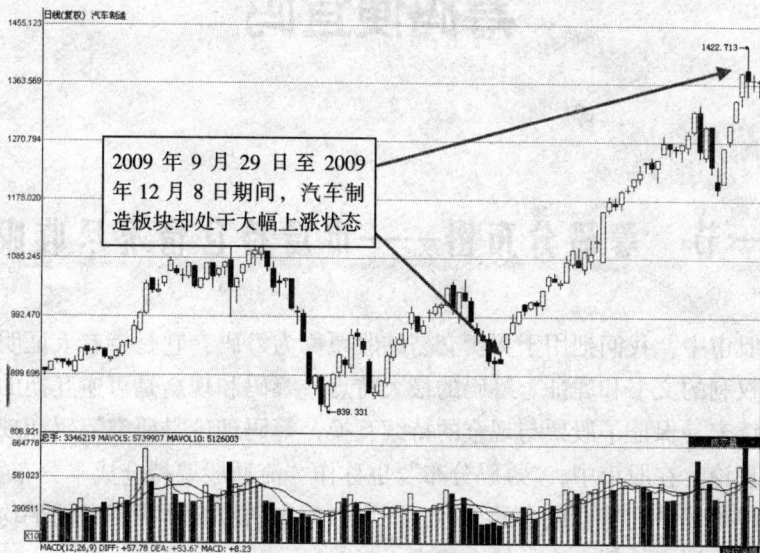

图 6-27　汽车制造板块走势图

第七章 主动还是被动，你的筹码便宜吗

第一节 筹码分布图——市场持仓情况尽收眼底

在股市中，我们把用于买卖交易的股票称为筹码，它是持有人证明自己拥有某种权利的文书和凭证。筹码的最大特点：筹码和现金是可逆互换的。股市中的持续交易保证了股票与现金的持续互换，筹码理论是研究筹码和现金可逆互换的理论。在股市中，"筹码分布"也称作"流通股票持仓成本分布"，它是用于反映市场平均持仓成本的指标，既可以用来估算全体投资者的平均持仓成本，也可以用来估算主力的持仓成本。

市场的持仓成本取决于股票在某一价位区的换手，若股票在某一价位区的换手越充分，则在此区间买卖的投资者就越多，因此市场的持仓成本就更多的分布于这一价位区，筹码分布理论正是以这一观点为核心，从而测算市场的持仓成本分布情况。由于市场的持仓成本分布情况对于股价的未来走势有很大的影响，因此，个股的筹码分布情况是我们在看盘过程中重点关注的对象之一。下面我们就来看看什么是筹码分布。

股票交易是持续进行的，在相应的时间点、相应的价位会产生买卖交易：认可股价的投资者会买入股票；不太认可的持股者则会卖出手中股票。随着股价走势的持续发展及买卖交易的持续进行，此股在不同的价格区域的换手程度也不同。若个股在上涨途中的某一价格区间出现了长期横盘的走势，则这一区域的换手程度就较为充分，区间的累计成交量也较大，这意味着有更多的投资者在这一价格区间内进行了买卖操作，使得更多的市场投资者的持仓成本位于这一区域，因此我们可以认为有较多数量的筹码分布于此价格区间；在上涨途中的其他价格位置上，若换手较少，则相应的分布于这一价位上的筹码也就较少。由于股票交易是随着时间向前推移的，因此当我们在某一时间点上把此股之前走势中各个价位的筹码分布数量展示出来的时候就形成了一张筹码分

布图。

图 7-1 为鄂尔多斯（600295）2009 年 12 月 4 日的筹码分布图。如图所示，它位于 K 线图的右边，在价位上它和 K 线图使用同一个坐标系，筹码分布图看上去像一个侧置的群山图案，它实际上是由一条条自右向左的线堆积而成，每个价位区间拥有一条代表持仓量的横线，持仓量越大则线越长，这些长短不一的线堆在一起就形成了高矮不齐的山峰形态，将每一价位上的横线所代表的筹码数量相加，得到的和就是此股的流通盘大小。股票的筹码分布状况是流通盘在股票不同价格位置上的股票数量。筹码分布反映一只股票的全体投资者在全部流通盘上的建仓成本和持仓量，它所表明的是盘面上最真实的仓位状况。

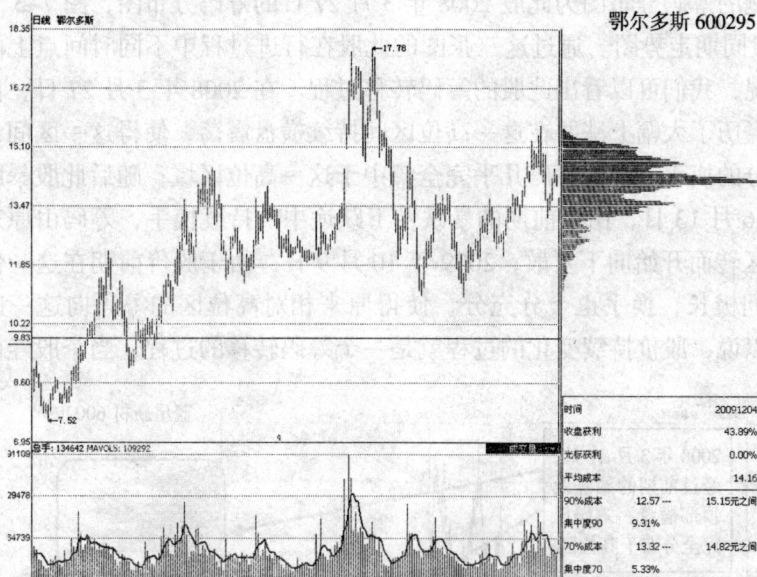

图 7-1　鄂尔多斯 2009 年 12 月 4 日筹码分布图

在某一时间点上，由于股票交易前每个价位的成交情况不同，换手程度不同，因此体现在每个价位上的持仓数量也不同。把这一时间点之前每一价位上的持仓筹码数量全部反映出来，就构成了一个静态的筹码分布模型，之所以称它为静态的筹码分布图，是因为这张图只体现了个股在某一时间点上的筹码分布情况，它并没有反映出筹码是如何发生转移、变化的。随着时间的推移，买卖双方在不同价位进行交易，筹码会在投资者之间进行流动，因此筹码分布并不是一成不变的，它是随着交易的进行而逐渐转移的。

第二节　理解筹码转移过程

股票的筹码分布状况是流通盘在股票不同价格位置上的股票数量。筹码分布反映一只股票的全体投资者在全部流通盘上的建仓成本和持仓量，它所表明的是盘面上最真实的仓位状况。但是个股在某一时间点上的筹码分布图只是筹码分布情况的静态写照，它并没有反映出筹码是如何实现转移的。与筹码分布相对而言，筹码转移则是一个动态的概念，它反映了筹码的流动过程。

图 7-2 为蓝星新材（600299）2004 年 4 月至 2009 年 12 月期间走势图，图中右侧的筹码分布图为此股 2008 年 3 月 27 日的筹码分布图，图 7-3、图 7-4 为此股同期走势图。通过这三张图的此股在行进过程中不同时间点上的筹码分布情况，我们可以看出此股的筹码转移过程。在 2008 年 3 月 27 日，由于此股前期经历了大幅上涨并在这一高位区间持续横盘震荡，使得这一区间出现了较为充分的换手，因此筹码几乎完全集中于这一高位区域；随后此股暴跌，在 2008 年 6 月 13 日，由于前期的暴跌及下跌途中的持续换手，筹码由原来集中于顶部区转而开始向下发散；2009 年 10 月 9 日，由于股价前期在这一低位区震荡时间极长，换手也十分充分，使得原来相对高位区的筹码向这一区域转移。可以说，股价持续变化的过程就是一个筹码转移的过程，当个股经由低位

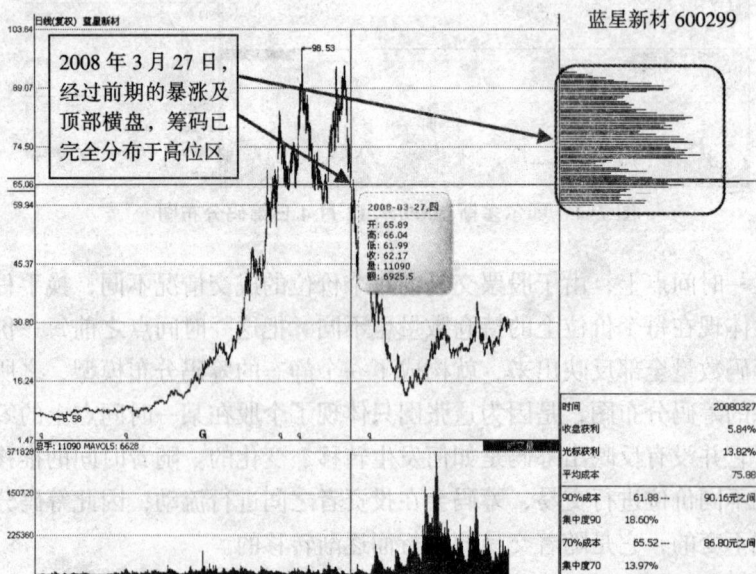

图 7-2　蓝星新材 2008 年 3 月 27 日筹码分布图

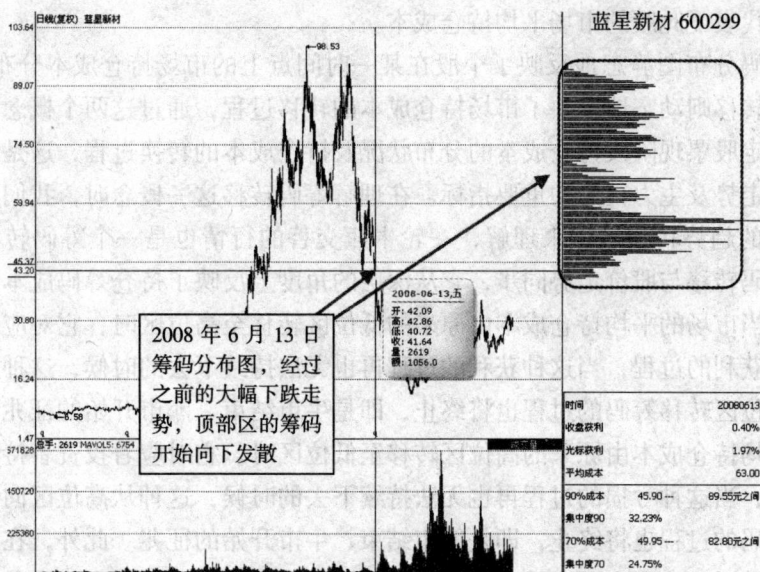

图 7-3　蓝星新材 2008 年 6 月 13 日筹码分布图

2008 年 6 月 13 日筹码分布图，经过之前的大幅下跌走势，顶部区的筹码开始向下发散

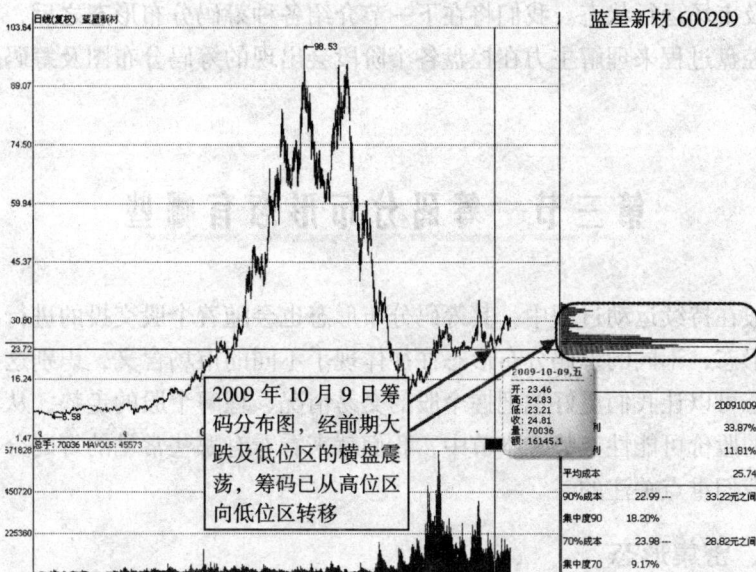

图 7-4　蓝星新材 2009 年 10 月 9 日筹码分布图

2009 年 10 月 9 日筹码分布图，经前期大跌及低位区的横盘震荡，筹码已从高位区向低位区转移

区的长时间横盘震荡之后向上突破时，筹码就开始由低位区向上发散；当个股由高位区的长时间横盘震荡之后向下突破时，筹码就开始由高位区向下发散；当个股再次在高位区或低位区出现长时间的横盘震荡走势时，由于这一区域出现了较为充分的换手，就会使得此股的流通筹码向这一区域进行集中，这一集

中区域代表了此股的市场平均持仓成本。

筹码分布图静态地反映了个股在某一时间点上的市场持仓成本分布情况，而筹码转移则动态地反映了市场持仓成本的转移过程，通过这两个概念可以有效地测定股票现阶段持仓成本的分布状况及持仓成本的转换过程，这是我们把握股价走势及主力行为的重要指标。在理解筹码转移这一概念时，我们可以综合个股的趋势转化过程来理解，一轮牛熊交替的行情也是一个筹码转移的过程。筹码转移与股价走势同步，它从深层的角度上反映了持仓筹码成本的转化过程：当市场的平均持仓成本由原来的低位区转移至高位区时，它对应着投资者持续获利的过程，当这种获利的过程再也无法持续下去的时候，这种从低位区向高位区转移筹码的过程也将终止，即是牛市结束、熊市开始的征兆；当市场的平均持仓成本由原来的高位区转移至低位区时，它对应着投资者持续亏损的过程，当这种亏损的过程再也无法持续下去的时候，这种从高位区向低位区转移筹码的过程也将终止，即是熊市结束、牛市开始的征兆。此外，在理解筹码的转移时，我们也可以结合主力控盘的角度。对同一个问题进行多角度、综合性的深入分析，有助于我们把握市场运行的深层规律，从而更好地理解个股的走势及市场运行状态。我们将在下一节介绍各种筹码分布形态之后，再结合主力的控盘过程来理解主力在控盘各个阶段会出现的筹码分布图及筹码的转移过程。

第三节　筹码分布形态有哪些

个股在持续运动过程中，其筹码分布形态也会随着个股交投的进行而呈现出各种形态，不同的筹码分布形态往往体现了不同的市场含义，识别这些筹码分布形态可以让我们更好地把握个股的交易情况、理解个股的走势，从而预测其未来的股价可能性走势。本节中，我们就来看看有哪些常见的筹码分布形态是值得我们重点关注的。

一、密集形态

所谓筹码密集形态是指个股的绝大多数流通筹码集中在一个相对较狭小的价格区间内，形成一个密集峰形，在这个密集峰形的上下几乎没有筹码分布。它的形成过程与个股在这一狭小的价格区间内实现了充分换手有关，如果个股在某一个价位附近横盘了很长的时间，就会使得市场流通筹码在这一价位附近出现充分换手，上方和下方的筹码向这个横盘区集中，使狭小的横盘区价格空间内聚集了该只股票很多筹码，这一密集形态说明了市场的平均持仓成本较为接近，我们将其称为筹码分布的密集形态。根据筹码密集形态所出现股价位置区间不同，我们可以把筹码密集形态分为三类：单峰密集、双峰密集、多峰密集。

1. 单峰密集

单峰密集是个股的全部流通筹码都聚集在单一狭小的价格区间内，形成了一个独立的密集峰形，它表明该股的全部流通筹码充分集中在某一特定的价格区域。单峰密集形态是市场流通筹码在这一价位附近充分换手的标志，也说明市场中的投资者绝大多数的持仓成本都位于这一价位附近。在单峰密集区域，流通筹码实现了充分换手，这种充分换手是由于单峰密集区间上方的筹码割肉，在单峰密集区域被承接，而单峰密集区间下方的筹码获利回吐，在单峰密集区域被消化。可以说，几乎所有的筹码在单峰密集区域实现了成交换手。根据单峰密集所出现的股价位置不同，我们可以把单峰密集形态分为：低位单峰密集和高位单峰密集。

图 7-5 为工商银行（601398）2008 年 1 月 17 日至 2009 年 12 月 4 日期间走势图。图中右侧为此股在 2009 年 4 月 2 日的筹码分布图，筹码分布呈现出低位区的单峰密集形态，此股在低位区出现了长时间的横盘走势，并且在横盘过程中成交量持续放出，是市场流通筹码在此区间实现充分换手的标志。

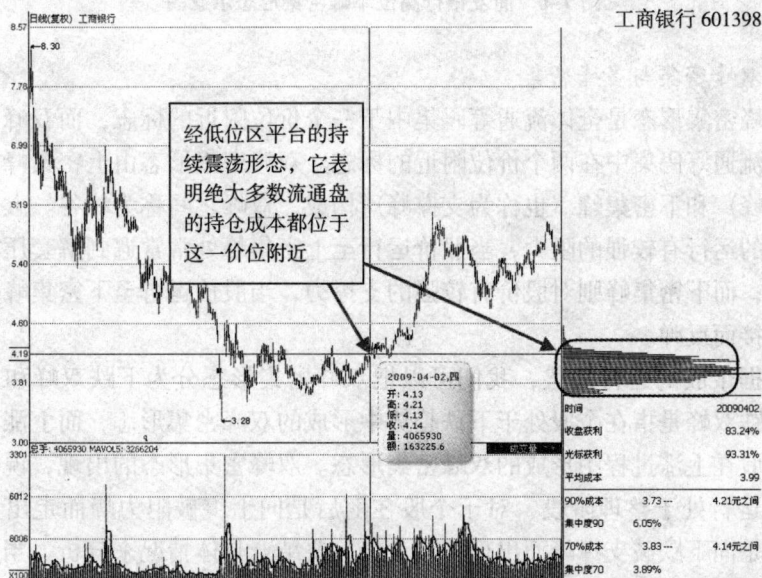

图 7-5　工商银行低位单峰密集形态示意图

图 7-6 为浦发银行（600000）2006 年 12 月 15 日至 2008 年 2 月 20 日期

间走势图。图中右侧为此股在 2008 年 2 月 20 日的筹码分布图，筹码分布呈现
出高位区的单峰密集形态，此股在高位区出现了长时间的横盘走势，是市场流
通筹码在此高位区间实现充分换手的标志。

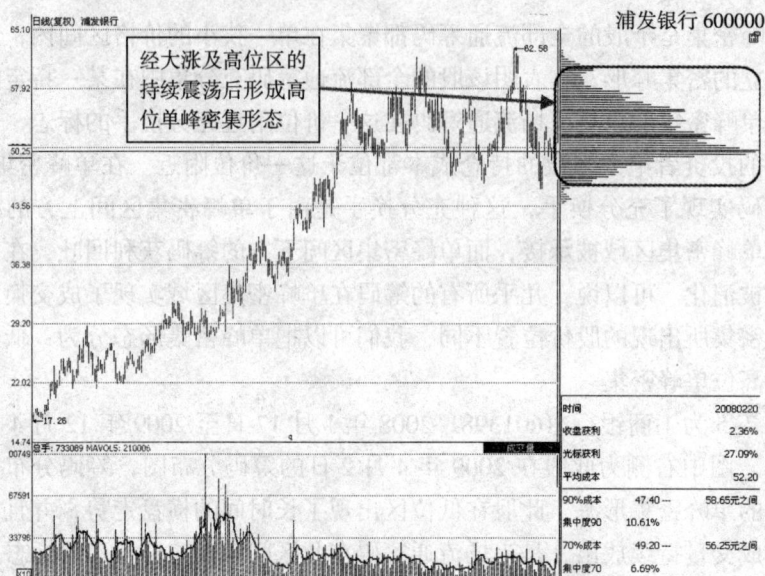

图 7-6　浦发银行高位单峰密集形态示意图

2. 双峰密集与多峰密集

单峰密集形态是全体流通筹码集中于一个价位附近的标志，而双峰密集则
是全体流通筹码集中在两个价位附近的标志。双峰密集形态由上密集峰（也称
为阻力峰）和下密集峰（也称为支撑峰）构成，双峰之间称为峰谷。上密集峰
对股价的运行有较强的阻力，当股价运行至上密集峰处常常遇到解套压力，受
阻回落；而下密集峰则对股价有较强的支撑力，当股价运行至下密集峰处常被
吸筹承接而反弹。

依据个股的运行趋势，我们可以把双峰密集形态分为下跌双峰和上涨双
峰。下跌双峰是指个股处于下跌趋势中形成的双峰密集形态，而上涨双峰则
是指个股在上涨过程中形成的双峰密集形态。双峰密集形态的出现，说明个股
的趋势运行处于整理阶段，对于个股在随后是向上突破阻力峰而走出上涨行
情，还是向下跌破支撑峰而出现下跌走势，要结合具体情况来分析。当个股处
于上涨双峰形态时，一般不会立即走出下跌行情。因为如果股价迅速向下突破
支撑峰而展开下跌走势，则意味着阻力峰位置上的筹码亏损扩大，支撑峰上的
筹码也无利可图。可以说，若出现这种向下跌破阻力峰的走势则说明绝大多数

投资者在割肉出局，除非大势环境极差，否则是难以出现这种投资者争相割肉出局的走势的；同理，当个股处于下跌双峰状态时，一般也不会立即发动上攻行情，因为如果个股迅速向上突破阻力峰而展开上攻行情，就会使下峰（支撑峰）获利较多，而上峰（阻力峰）也处于解套状态，如果投资者追涨情绪不高、市场气氛并不热烈，主力就会在拉升此股的过程中面临下峰的获利抛压和上峰的解套抛售的双压力，从而使主力的拉升成本大幅提高，这对主力而言是极为不利的，只有当这种双峰密集形态逐渐演变为低位区的单峰密集形态时，个股展开上攻的走势可能性才会更大。

图 7-7 为南山铝业（600219）2006 年 7 月 26 日至 2008 年 6 月 20 日期间走势图。如图标注所示，此股在下跌途中形成了下跌双峰形态，这种形态标志着此股在下跌过程中在这两个相应的价位区间内实现了较为充分的换手。从此股随后的走势可以看出，下跌双峰形态形成后，此股是很难走出上涨行情的，因为在这种下跌双峰筹码分布形态下走出上涨行情并突破阻力峰，则意味着在上涨过程中要面临着下跌双峰的获利抛压和上峰的解套抛售的双压力，而且下跌双峰形态往往出现在个股或大盘同期处于大幅下跌的背景之下，此时市场人气涣散，除非主力做多决心极大，否则是难以出现这种突破上涨行情的。

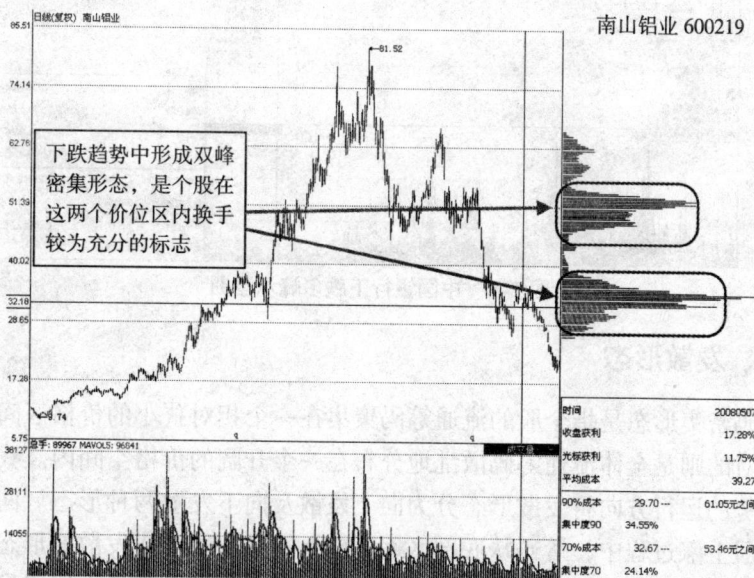

图 7-7　南山铝业下跌双峰示意图

在理解双峰密集形态的基础之上，多峰密集形态就容易理解了。多峰密集是指个股在上涨或下跌途中，股票筹码分布在两个以上价位区域呈密集峰形。根据上下峰形成的时间次序不同，可分为下跌多峰和上涨多峰，是个股在上涨途中或下跌途中多次出现横盘整理走势的标志。

图 7-8 为中国银行（601988）2006 年 9 月 8 日至 2008 年 7 月 22 日期间走势图。图中右侧为此股 2008 年 4 月 28 日筹码分布图，由于此股在下跌途中出现了多次横盘整理走势，从而也导致了市场流通筹码在此股下跌途中的横盘整理走势中换手更为充分，因此就形成了这种下跌多峰形态。与下跌双峰所蕴涵的市场含义相似，当个股出现上涨多峰形态时，也是难以走出大涨行情的，因为在这一背景下，如果此股要实现大涨，就会面临着下峰的获利抛压和上峰的解套抛售的多重压力。

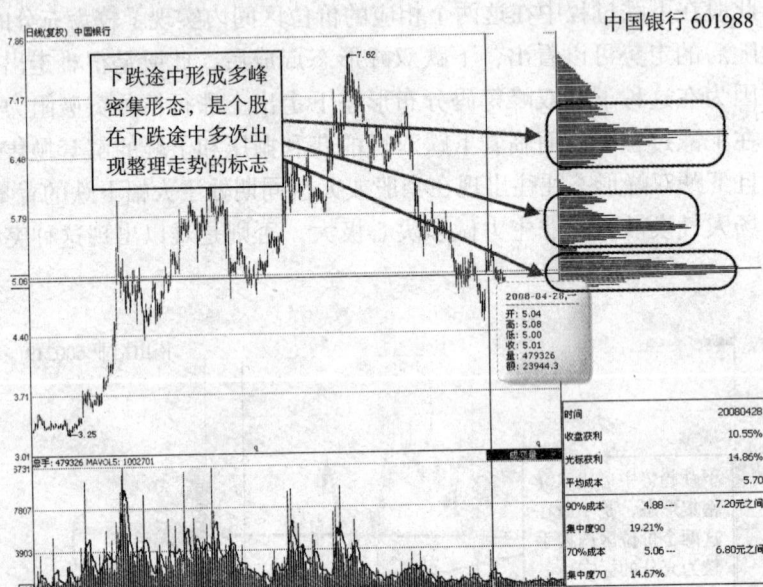

图 7-8　中国银行下跌多峰示意图

二、发散形态

筹码密集形态是指个股的流通筹码聚集在一个相对狭小的价格区间内，而与此相对的则是全体流通筹码散乱地分布在一个开阔的价格空间内。我们可以根据趋势的运行方向将发散形态分为向上发散及向下发散两种形态。向上发散是指个股上涨过程中，筹码从底部区逐渐向上转移从而形成发散的形态，而向下发散则是指个股下跌过程中，筹码从顶部区逐渐向下转移从而形成发散的形态。发散形态之所以出现，与个股的走势密不可分。由于在一轮上涨或下跌走势中个股的股价波动速度往往较快，这就会使得持仓筹码在每一个价位迅速分布。发散是一个过渡状态，它往往对应个股上涨过程或下跌过程，随着发散形态逐渐消失，个股往往会重在高位区或低位区形成密集形态，这也是一轮上涨或下跌走势即将结束的信号。

　　图 7-9 为邯郸钢铁（600001）2008 年 7 月 21 日至 2009 年 8 月 3 日期间走势图。图中右侧为此股 2009 年 4 月 30 日的筹码分布图，由于此股低位区进行了充分的换手，因此随着时间的推移，当个股运行至 2009 年 4 月 30 日时，此股的筹码呈现出低位单峰密集形态。随后，此股出现了大涨走势。图 7-10 为此股大涨后的 2009 年 7 月 31 日的筹码分布图，可以看到此时的筹码分布呈现向上发散的形态，这是由于此股在上涨过程中，成交量始终保持在一个相对活跃的状态，这是市场持仓成本快速向上攀升的标志。与此对应的筹码分布情况就是此股的筹码形态由原来的低位密集形态开始向上发散，形成了向上发散形态，这意味着此股上涨导致了持仓筹码在每一个价位迅速分布，是市场持仓成本开始升高的标志，同时也说明了原来的底部获利筹码正在加速卖出。

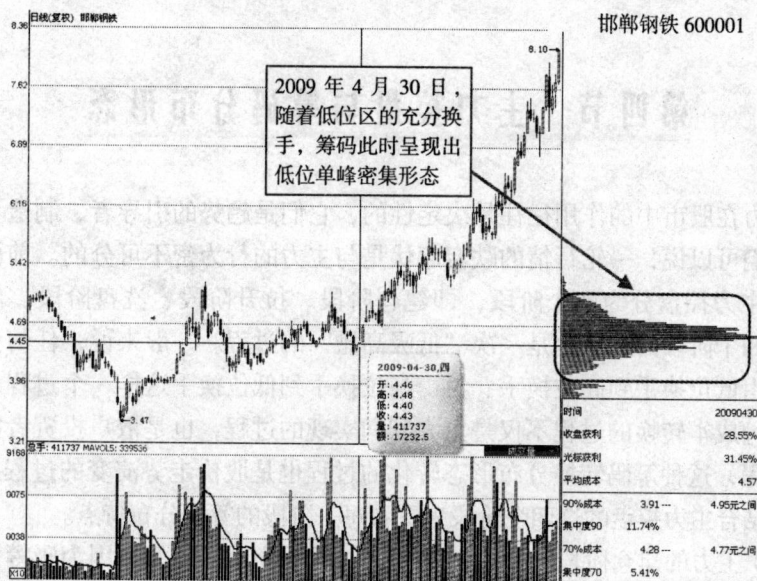

邯郸钢铁 600001

2009 年 4 月 30 日，随着低位区的充分换手，筹码此时呈现出低位单峰密集形态

时间	20090430
收盘获利	28.55%
光标获利	31.45%
平均成本	4.57
90%成本	3.91 — 4.95元之间
集中度90	11.74%
70%成本	4.28 — 4.77元之间
集中度70	5.41%

图 7-9　邯郸钢铁筹码低位单峰密集示意图

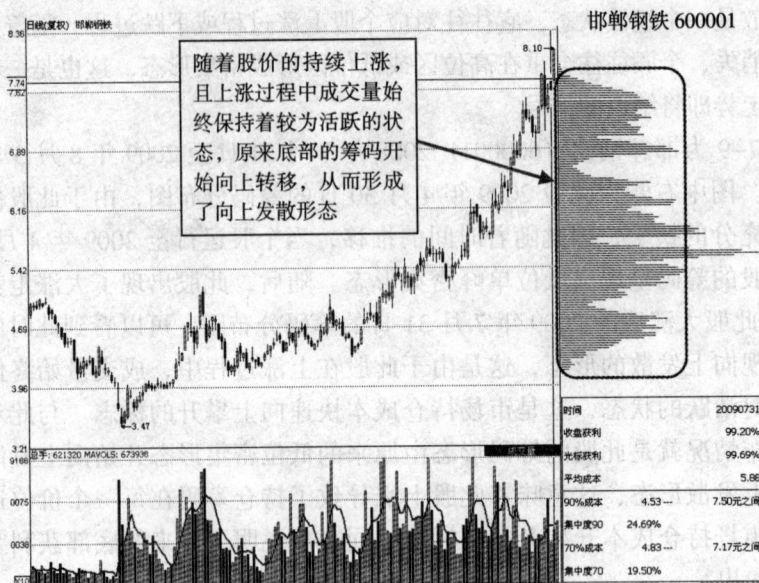

随着股价的持续上涨，且上涨过程中成交量始终保持着较为活跃的状态，原来底部的筹码开始向上转移，从而形成了向上发散形态

邯郸钢铁 600001

时间	20090731	
收盘获利	99.20%	
光盘获利	99.69%	
平均成本	5.88	
90%成本	4.53 ---	7.50元之间
集中度90	24.69%	
70%成本	4.83 ---	7.17元之间
集中度70	19.50%	

图7-10 邯郸钢铁筹码向上发散示意图

第四节 主力控盘与筹码分布形态

主力在股市中的作用往往是决定性的，它们是趋势的引导者、制造者，因此，我们可以说，一轮行情的跌宕起伏是与主力的行为密不可分的。前面我们介绍过主力控盘分为四个阶段，即建仓阶段、拉升阶段、洗盘阶段、出货阶段，这四个阶段的过程也是一次"低吸高抛"的过程。一般来说，任何一轮行情都是由低位换手到高位换手、再由高位换手到低位换手这样一个过程来完成的，这种成本转换的过程不仅是主力利润实现的过程，也是散户投资者割肉亏损的过程，这种筹码转换分布形态转化的过程也是股价走势演变的过程。下面我们就结合主力控盘的这四个阶段来看看每一阶段的筹码分布特点。

（1）主力的建仓阶段。主力往往要进行较为充分的吸筹，因为吸筹直接决定着主力后期的控盘能力，而且也决定着主力的获利数额，只有在低位区买入大量的筹码才可以在随后的高位区实现巨额利润，并且可以在随后的拉升中对个股的控制才会更加容易。因此，在一般的情况下，无论个股在底部区可以震荡多长时间，只有当个股在底部区实现了较为充分的换手后，主力才有可能借机进行较为充分的吸筹。主力建仓数量对其日后控盘有着极为重要的意义，因为建仓量的多少决定了其未来利润的多少，建仓筹码数量越多，则未来的利润也越多，而且建仓量反映了主力的做多意愿及其控盘程度。市场中个股的流通盘数量是有限的，当主力大量买入筹码时，市场浮筹就会减少，主力买入的越多，市场浮筹越少，则主力对股票的控制能力越强。同时，在吸筹阶段也常伴随着洗盘过程，迫使跟风客出局和上一轮行情高位套牢者不断的割肉，主力才能在低位吸筹承接。在主力进行建仓的背景下，个股往往会形成低位单峰密集形态，此时这种单峰密集形态代表了主力为买方而大众为卖方，是主力积蓄能量的过程，在这一低位单峰密集区，主力买入的筹码数量越多，则此股未来的上涨空间也越大，只有在低位充分完成了筹码换手，吸筹阶段才会结束，发动上攻行情的条件才趋于成熟，主力的吸筹区域就是其持有股票的成本区域。下面我们通过一个实例来理解筹码密集区与主力持仓成本的关系。

图 7–11 为抚顺特钢（600399）2004 年 12 月 28 日至 2006 年 12 月 28 日期间走势图。如图所示，此股大幅下跌后出现止跌企稳震荡走势，图中标示出了此股在 2006 年 11 月 21 日的筹码分布形态。从图中可见，此股在止跌企稳后，在低位也出现了一个单峰密集区，如果不出现这一低位单峰密集，则筹码无法完成转移，而主力在此低位区也无法实现大量建仓。主力在此区域吸足了筹码，这一低位区也正是主力建仓成本所在，从而导致了此股后期的强势上涨。图 7–12 为此股 2006 年 12 月 1 日后走势图，此股于 2006 年末期形成低位单峰密集形态后，在主力的运作下出现了大幅上涨的行情。

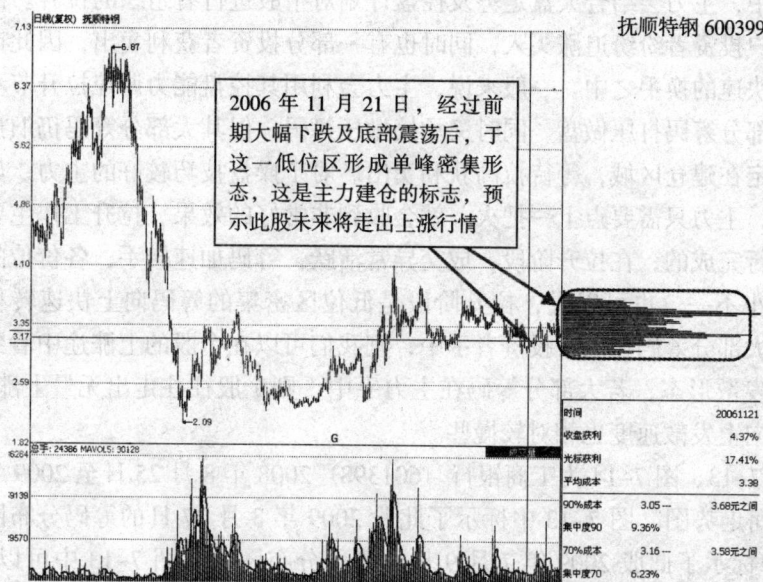

图 7–11　抚顺特钢低位单峰密集形态示意图

图 7-12 抚顺特钢低位单峰密集后期走势图

（2）主力拉升个股的阶段。拉升的目的主要是为了使股价脱离主力建仓区，从而使主力低位区的建仓筹码处于一种安全的获利状态，并且不给散户投资者再次低位介入的机会。通过拉升，主力可以快速地打开利润空间。在此拉升过程中，主力会结合大盘走势及控盘计划对个股进行有组织的拉升。由于一部分散户投资者纷纷追涨买入，同时也有一部分投资者获利卖出，因此市场浮筹处于快速的换手之中。一般来说，主力会利用其控盘能力调控拉升节奏，即通过一部分筹码打压做盘，同时又承接抛压筹码，但其大部分筹码仍旧按兵不动地锁定在建仓区域，等待拉高获利卖出。对于操盘技巧较好的主力，如有大势配合，主力只需要点上一把火，就会收到非常好的效果。拉升工作主要是由股民自行完成的，在拉升阶段，成交异常活跃，筹码加速转手，各价位的成本分布大小不一。也可以说，拉升阶段是低位区密集的筹码向上快速转移的过程，若大部分筹码在散户投资者手中，则我们可以在个股的上涨途中看到明显的筹码发散形态，若大部分筹码在主力手中，则个股往往走出无量上涨行情，筹码的向上发散速度也相对较慢些。

图 7-13、图 7-14 为工商银行（601398）2008 年 8 月 25 日至 2009 年 8 月 3 日期间走势图。图 7-13 中标示了此股 2009 年 3 月 27 日的筹码分布图，图 7-14 中标示了此股 2009 年 7 月 9 日的筹码分布图。从图 7-13 中可以看出，此股经低位区的持续震荡后，筹码已实现了充分换手，从而在这一低位区形成了低位筹码密集形态，随后在此股的上涨走势下，这一低位区的筹码密集形态

开始向上快速发散。从图 7-14 中可以看出，此股运行至 2009 年 7 月 9 日，筹码分布已呈现出明显的发散形态，这种在股价的上涨过程中同时出现筹码快速向上发散的状态也说明主力在底部区的吸筹力度有限。由于市场浮筹仍然较多，因此在此股的上涨途中，鉴于市场获利浮筹的不断抛出，从而导致了此股

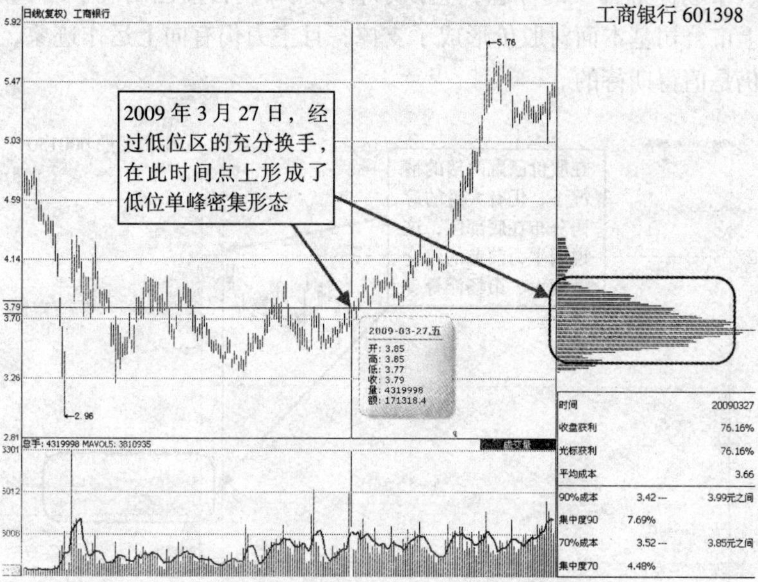

图 7-13　工商银行低位筹码密集形态示意图

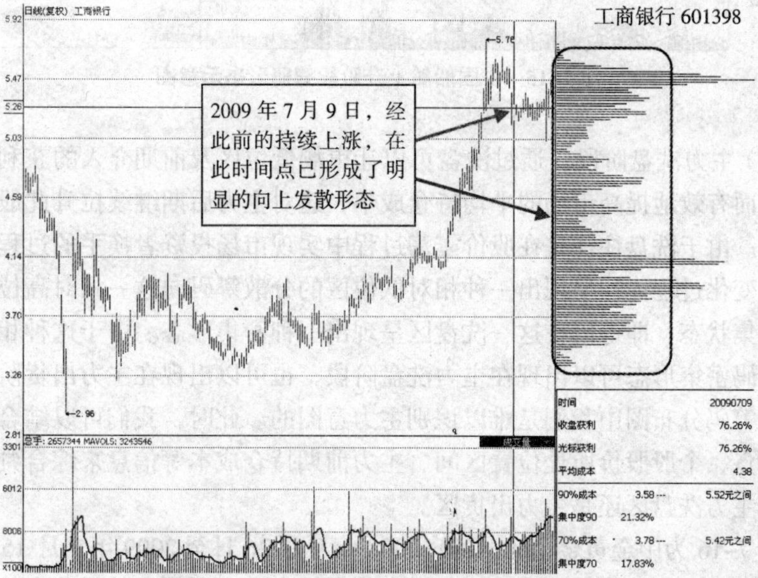

图 7-14　工商银行筹码向上发散形态示意图

的低位密集筹码快速向上发散的转变。

图 7-15 为中国船舶（600150）2006 年 8 月 11 日至 2007 年 4 月 9 日期间走势图。图中右侧为此股 2007 年 4 月 2 日筹码分布图，此股在股价已经翻了两倍多的情况之下，仍有大量的筹码分布于底部区域，这是主力在前期建仓力度巨大、市场浮筹稀少的标志，它预示着此股即使目前已出现了巨大的涨幅，但由于上市公司基本面对股价形成了支撑，且主力仍有向上运作迹象，因此后期走势仍是值得期待的。

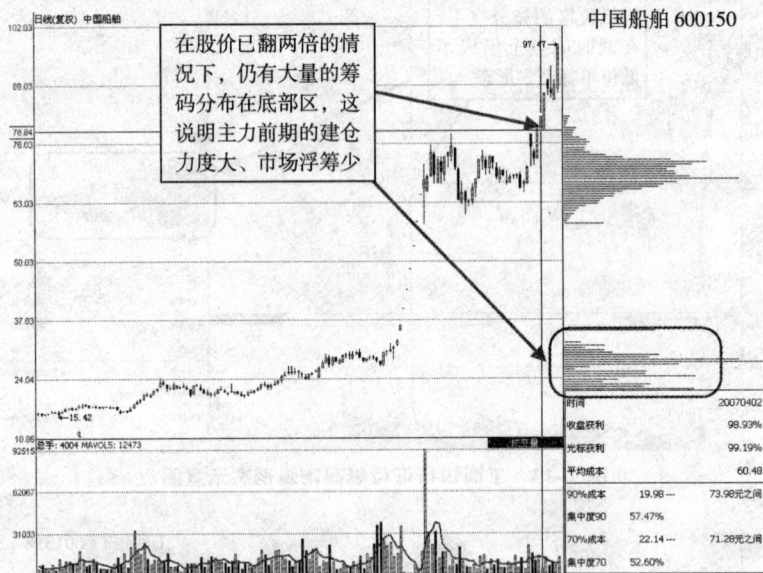

图 7-15　中国船舶上升阶段筹码形态示意图

（3）主力洗盘阶段。通过洗盘可以让市场低位区及前期介入的获利浮筹抛出，从而有效地提高市场的平均持仓成本，这对主力后期继续拉升此股是极为有利的。由于洗盘往往是在股价震荡过程中实现市场投资者换手的过程，因此其筹码变化过程往往呈现出一种相对低位区的分散筹码向这一相对高位洗盘区进行密集状态，即筹码在这一洗盘区呈现出一种密集形态。由于这种相对高位区的筹码密集形态可以出现在主力洗盘阶段，也可以出现在主力出货阶段，因此仅从筹码分布图中我们是难以识别主力意图的。此时，我们可以结合个股走势的特点、个股股价所处位置区间、主力前期持仓成本等信息来综合判断这一区域是主力洗盘区还是主力出货区。

图 7-16 为中金黄金（600489）2008 年 9 月 26 日至 2009 年 5 月 15 日期间走势图。此股在持续上涨后，于相对高位区平台出现了明显的震荡走势，且此

股在高位震荡过程中，成交量也保持在一种相对较高的水平上。随着股价的震荡，低位区的市场获利浮筹开始抛出。震荡洗盘使筹码开始向这一区域集中，是市场平均持仓成本由低位过渡到相对高位的表现。提高市场平均持仓成本，有利于主力后期继续拉升此股。如图 7-17 为此股 2009 年 5 月 15 日后走势图，

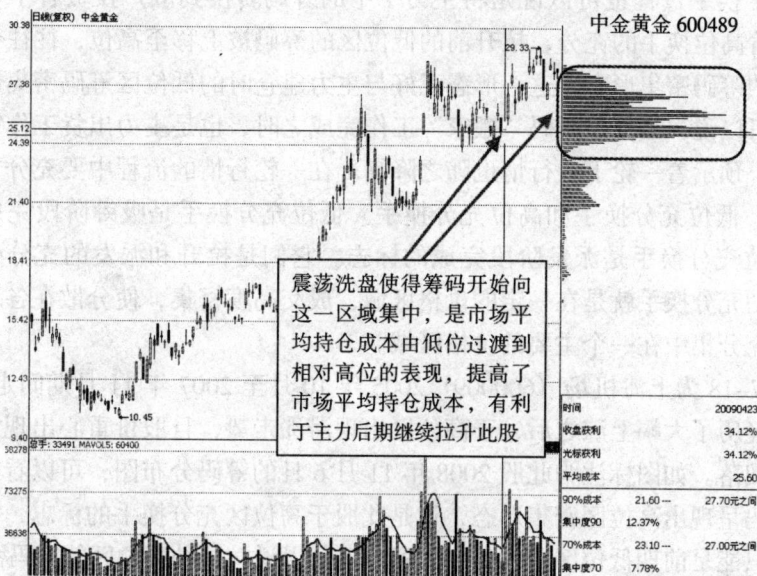

图 7-16　中金黄金洗盘阶段筹码分布图

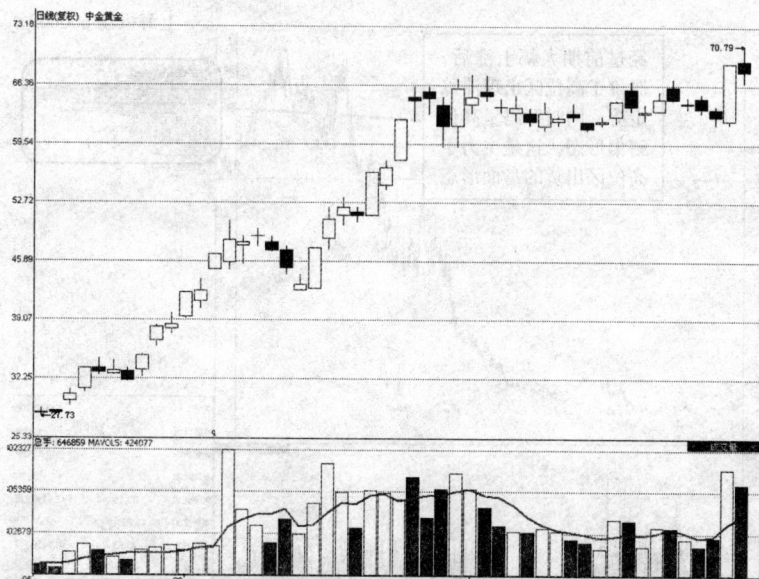

图 7-17　中金黄金 2009 年 5 月 15 日后走势图

可以看到，通过震荡洗盘，在主力的运作下，此股再次实现强势上涨走势。

（4）主力出货阶段。主力主要的任务是将手中低价买入的筹码于此高价位处卖出，主力由于持仓量大，因此要完成高位出货，就要让个股尽可能在高位区持续运行，只有随着个股持续于高位区运行中，才有可能实现较为充分的换手，这个换手过程也可以说是将主力手中的筹码转换到散户投资者手中的过程。随着高位换手的充分，拉升前的低位区的筹码被上移至高位，往往会形成高位区的筹码密集形态，这一形态正好与主力建仓时的低位区筹码密集形态相对应。可以说，当低位筹码"搬家"工作完成之时，也是主力出货工作宣告完成之时，预示着一轮下跌行情也随之降临。在一轮行情的流程中要充分重视两个概念：低位充分换手和高位充分换手。低位充分换手是吸筹阶段完成的标志；高位充分换手是派发阶段完成的标志。它们是拉升和派发的充分必要条件。所谓充分换手就是在一定的价格区域，成交高度密集，使分散在各价位上的筹码充分集中在一个主要的价格区域。

图 7-18 为上海机场（600009）2005 年 10 月至 2007 年 11 月期间走势图。此股在经历了大幅上涨之后，于高位区出现滞涨走势，且股价重心出现了较为明显的回落。如图标注为此股 2008 年 11 月 6 日的筹码分布图，可以看出，这时的筹码呈现出高位区密集形态，这是此股于高位区充分换手的标志，而充当卖方的只能是前期低位区介入的主力资金。可以说，这种高位区的筹码密集形态是主力出货的标志，预示着随后即将展开的下跌趋势。

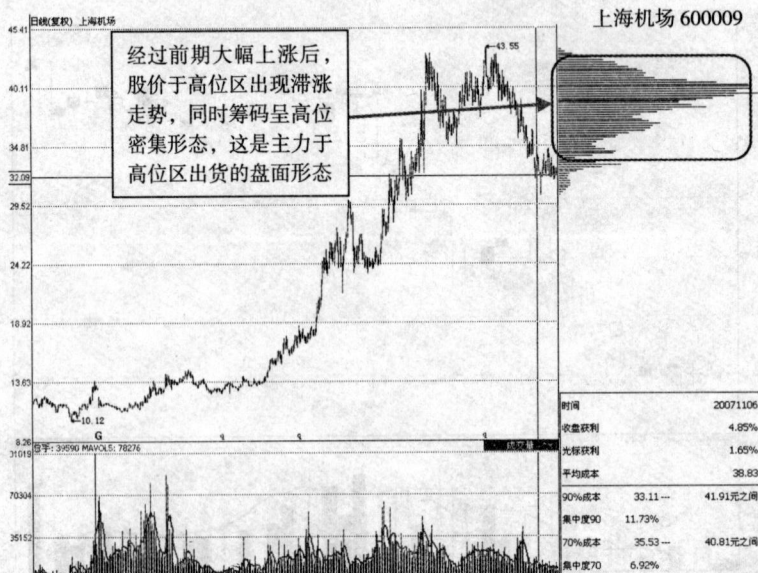

图 7-18 上海机场出货阶段筹码分布图

第二篇 细节看盘之六大看盘要素

导 读

进行看盘实战，我们往往要有所侧重。因为盘面信息多种多样，我们既没有精力去研究每一种盘面数据，也没有必要去周全地顾及它们。据笔者经验而言，"量价结合"、"分时线走势"、"指标形态"、"涨跌停板"、"主力动向"、"题材股走向"这六方面的信息是我们在看盘中应重点关注的内容，只要把这六方面学懂、学透，我们就可以在纷繁复杂的盘面数据中捕捉到最有用的信息，从而更准确地分析、预测个股走势。

不同的投资者有不同的投资风格，有的偏向于短线操作，有的偏向于中长线操作。读者在学习这六种看盘要素时还要结合自己的投资风格。可以说，这六种看盘要素均适合于短线操作，但是对于中长线来说，"量价结合"及"主力动向"则显得更为重要。

第八章 "量价结合"看盘攻略

第一节 关注经典的 K 线组合形态

K 线分析方法是应用最广泛也是最实用的分析方法,不仅在股市中长盛不衰,在期市、汇市、债市等各类投资市场都需要运用 K 线分析。K 线形态蕴藏了丰富的信息:单日 K 线、双日 K 线的组合,反映了短短几日内市场的多空交投情况,以及主力最近几日内的控盘效果、控盘目的,通过它们可以准确地预测此股近期内的走向;通过多日的 K 线组合,可以准确地判断出目前市场或个股处于何种趋势状态。因为,当个股处于顶部区或底部区时,K 线经常会走出较为经典的顶部或底部形态。掌握这些形态出现的原理,我们就可以透过简简单单的 K 线走势看出市场的真实交投情况,从而对个股后期走势了然于胸。当个股走势将要反转时,K 线会提前向我们发出预警,如当个股处于上涨末期或下跌末期时,衰竭缺口的出现就是最好的信号。可以说,K 线形态是我们在看盘过程中必然要接触到的内容,也是我们应重点掌握的内容之一。本节中,我们就结合个股趋势运行的特点来介绍一下经典的 K 线组合形态。

一、典型的底部 K 线形态

"底部"与"顶部"是一对相对概念,当个股经历了大幅上涨后会在某一价位区间内形成顶部,与此相反,当个股经历了大幅下跌后则会在某一价位区间内形成底部,顶部是从底部涨上去的,而底部则是从顶部跌下来的。一般来说,如果个股在前期出现了大幅上涨并于随后出现了下跌走势,那么,底部的价位要相对前期高点有 50%左右的跌幅,而且目前在这一低位股价出现止跌企稳迹象,且有一个月以上的强势震荡横盘的时间,对于这样的走势,我们可以将其称之为底部。

下面我们将介绍底部区经常出现的 K 线形态,如圆弧底、双重底、头肩底、V 形底等。一般来说,形态的构筑有赖于成交量的配合,因此在实例的讲解中，我们除了关注这些底部形态之外，还会结合具体成交量的特点进行综合分析，以帮助读者更好地理解这些底部形态。

1. V形底K线组合形态

V形底是一种变化较快、转势力度极强的反转形态。V形底通常是由于恐慌性抛售，跌到了偏离股票内在价值的低位，是报复性上涨的结果，它往往在重大利好消息来临时或是在严重的超卖情况下产生，从而形成短期内价格的剧烈波动。V形底一般出现在熊市末期，股价先是连续快速大幅下跌，市场处于极度恐慌状态，股价随即形成单日或双日V形反转，并伴随着成交量的急剧放大，股价大幅度回升。

V形底是短期趋势强烈的底部反转信号，一般是在市场出现较大的利好或短期内股价跌幅巨大的情况下产生的。在理解V形底形态时，我们要注意把V形底形态与下跌途中的V形反弹区别开来，而区别两种不同形态的关键点就是成交量及个股前期累计跌幅情况。一般来说，只有个股在经历了前期的深幅下跌后且在V形上涨走势中出现了明显的放量形态，我们才能将其称之为V形底形态。V形底形成后的上涨规律是：V形底的最低点到股价下跌前的平台区域的垂直距离，即股价从哪里来又最少回到哪里去。由于在股价实际走势中V形底的涨幅往往超过基本量度涨幅，如果形态出现应该予以高度重视。

图8-1为昆明机床（600806）2008年8月12日至2009年1月15日期间走势图。此股在经历了前期的深幅下跌后，再次出现了短期内快速下跌的走

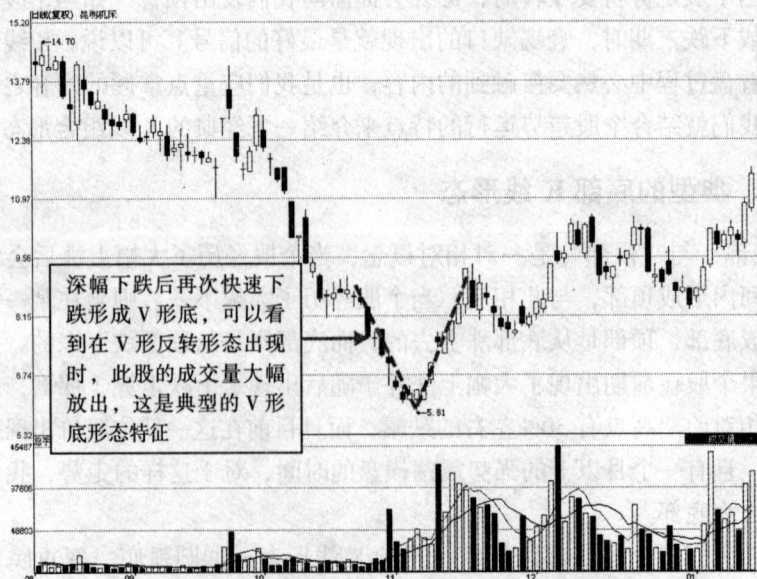

图8-1 昆明机床V形底形态示意图

势，随后出现了 V 形反转的走势，在这种 V 形反转过程中，此股的成交量也是大幅放出，这种形态就是典型的 V 形底形态。我们可以根据此股随后的走势来确认它，在这种 V 形反转之后，此股股价重心开始企稳向上，同时成交量也持续保持在一种放大的量能效果下。

2. W 底及三重底 K 线组合形态

W 底又称为双重底，它是由两个相同或相差不多的低点所组成的，两个跌至最低点的连线叫支撑线。双重底形成过程为：当股价经过较长时间和较大幅度后，随着做空动力的减少，股价出现了止跌反弹的走势且量能出现放大迹象；但是在一波反弹过程遇到前期套牢盘和短线获利盘的抛压，股价再次回落，回落时的量能明显萎缩，在下跌至前次低点附近即止跌回稳；随即在买盘的继续拉动下，股价出现了二次上攻的走势，且突破前次反弹的高点，于是便完成了双重底形态。三重底形态只是比双重底多了一次探底过程，其构筑过程及后期走势等均与双重底形态相似。

双重底形态及三重底形态是市场中较为常见的底部形态，它是趋势转向的信号。该形态形成后，一般会出现半个月以上的反弹行情，据此做多，成功率很高，获利也相当丰厚。该形态形成后的上涨规律是：颈线以上的上涨幅度，至少为双重或三重底低点到颈线垂直距离的一倍。图 8-2 为标准的双重底形态示意图。

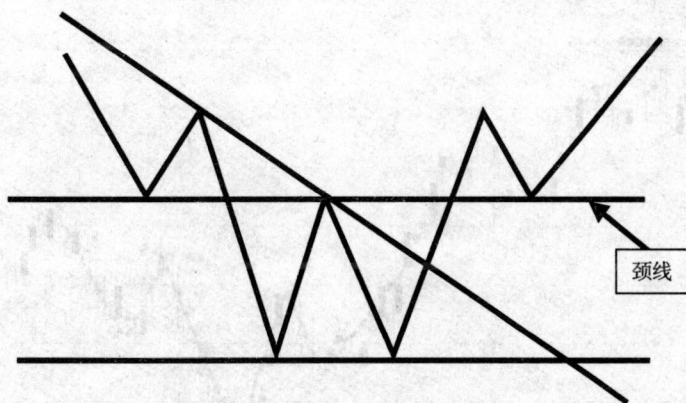

颈线

图 8-2　标准双重底形态示意图

3. 头肩底 K 线组合形态

头肩底是最常见的反转形态，图 8-3 为标准的头肩底形态示意图。头肩底形态由左肩、头、右肩及颈线组成，三个连续的谷底以中谷底（头）最深，第一及最后谷底（分别为左、右肩）较浅及接近对称，因此形成头肩底形态。当个股放量向上突破颈线时，则宣告头肩底形态构筑完成，后市将出现较大幅上升。该形态形成后的上涨规律是：颈线以上的上涨幅度，至少为头部低点到颈线垂直距离的一倍。

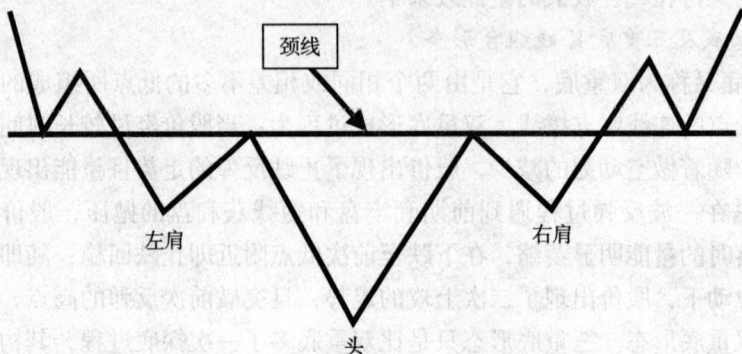

图8-3　标准头肩底形态示意图

图8-4为宝胜股份（600973）2008年8月14日至2008年12月19日期间走势图。此股在深幅下跌后出现了头肩底形态，在头肩底形态出现时，可以看到此股量能的变化情况。伴随着头肩底形态的出现，此股的成交量也开始明显放大，这是主力资金开始介入的迹象，再结合此股的头肩底形态，我们就可以确认此股的底部出现。

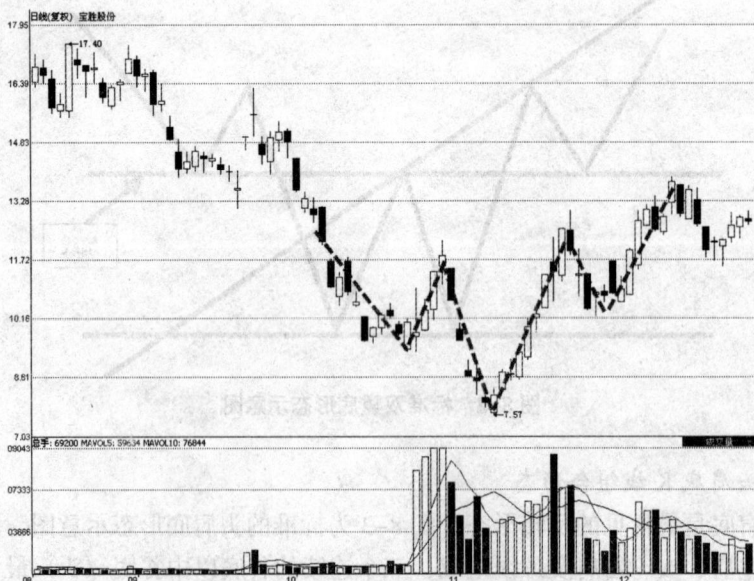

图8-4　宝胜股份头肩底形态示意图

4. 圆弧底 K 线组合形态

圆弧底因形态酷似一弯弧形月，市场人士也称它为"弧线底"。这一形态大多出现在下跌趋势的末期，属于一种盘整形态，股价从急速下跌转为缓慢下跌，底部的波动幅度逐渐收窄，筑底的周期也相应地延长，有时长达 4~5 个月以上，形成一个圆弧形，随后股价缓慢爬升，上涨的角度也随之抬升，成交量也同步放大，之后伴随着巨量突破颈线位，便完成圆弧底形态。

圆弧底形态的形成是由于个股的长期深幅下跌使得空方的能量基本上已释放完毕，但由于短时间内买方也难以汇集股市人气，价格无法上涨；许多的高位深度套牢盘，因价格跌幅太大，只好长期持仓不动；多头也没有快速介入的迹象，股价只有停留在底部长期休整，此时，股价很可能就会形成一个类似圆弧形的底部形态。

圆弧底形态既表明了个股已出现止跌走势，又清晰地反映了多空力量的转换过程：当个股经历了前期的大幅下跌，随着股价越来越低，卖方意愿越来越弱，这意味着主动性抛盘减少、卖方的实力正在减弱，所以股价跌幅越来越小，成交量也出现相应的萎缩；当股价跌至某一价位区时，有远见的投资者或是主力资金见时机已到，便开始入场买进，买方力量渐渐增强，股价及成交量缓缓上扬，从而形成了圆弧底形态；当买方大量吸筹后，由于此时买方已完全控制了市场，为了使底部区买入的筹码成为获利盘，买方开始大力推升股价，从而使股价向上脱离了这一圆弧形的底部区，圆弧底形成后的中长期升幅往往比较大。

价格在完成圆弧底形态后，在向上突破初期，会吸引大量散户买盘，给主力后期拉升此股增加负担，故主力会让价格再度盘整，而形成平台整理，清扫出局一批浮动筹码与短线客，然后再大幅拉升股价。圆弧底形态是明确的底部反转信号，后市有望持续向好。该形态形成后的上涨规律是：股价向上突破颈线位后，后市上涨的幅度至少是底部低点到颈线位垂直距离的一倍。

图 8-5 为通产丽星（002243）2008 年 8 月 11 日至 2008 年 12 月 30 日期间走势图。此股在深幅下跌后出现了一个圆弧底形态，这一形态是个股进入底部区间，并预示着随后反转走势出现的信号。如图标注，我们可以看到在圆弧底形成过程中，当股价于圆弧右侧向上突破时，可以看到明显的放量形态，这是圆弧底形态的典型盘面特征。

二、典型的顶部 K 线形态

在了解底部常见 K 线组合形态的基础上，对于顶部区的 K 线组合形态我们就容易理解了，因为这些顶部形态正好有与之相对的底部形态，且形成过程

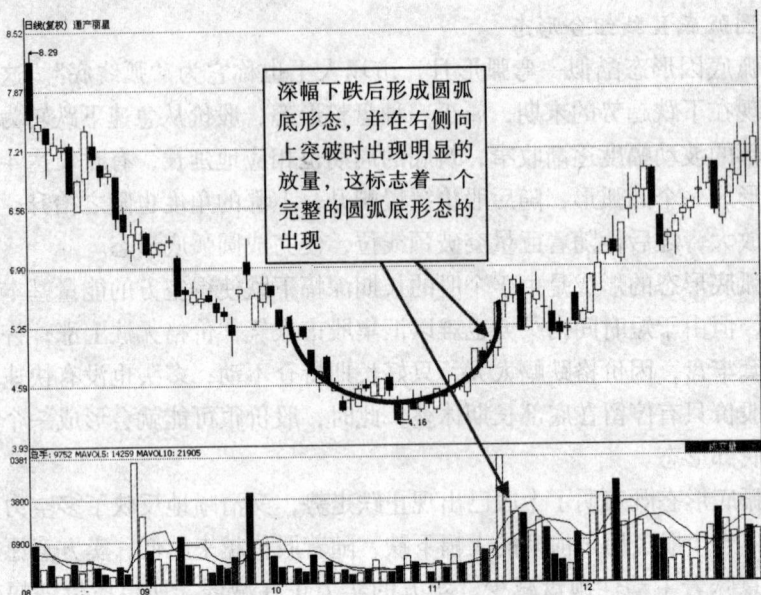

深幅下跌后形成圆弧底形态，并在右侧向上突破时出现明显的放量，这标志着一个完整的圆弧底形态的出现

图 8-5 通产丽星圆弧底形态示意图

也正好与底部形态的形成过程相反，下面我们主要结合实例来了解一下这些经典的顶部形态。

1. V 形顶 K 线组合形态

图 8-6 为华阳科技（600532）2007 年 1 月 31 日至 2007 年 7 月 18 日期间

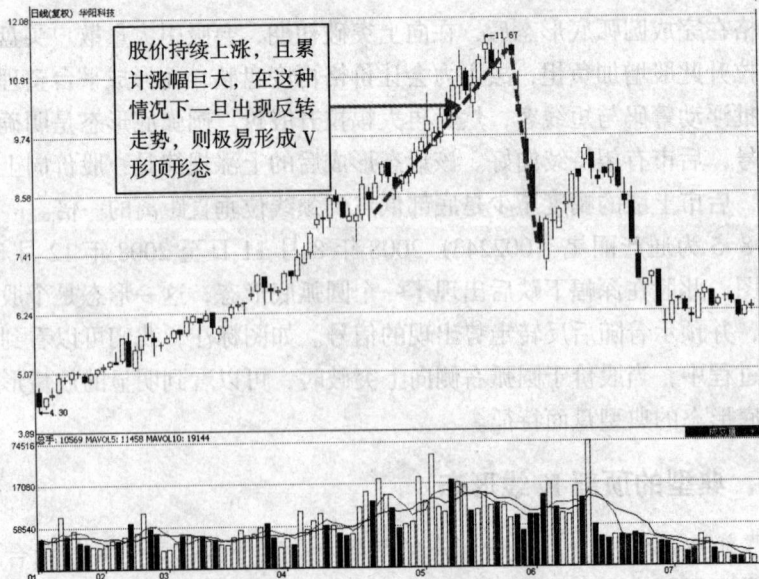

股价持续上涨，且累计涨幅巨大，在这种情况下一旦出现反转走势，则极易形成 V 形顶形态

图 8-6 华阳科技 V 形顶形态示意图

走势图。此股在持续的快速上涨过程中并没有出现明显的调整形态，且股价累计涨幅巨大，在这种情况下，一旦有利空消息出现或是主力反手做空，则极易形成 V 形顶形态。如图标注，可以看到，在 V 形顶形态出现时，股价急速下跌，短期内跌幅巨大，V 形底形态往往是在涨停板的带动下出现的，与 V 形底形态正好相反，V 形顶形态则往往是在跌停板的带动下出现的。可以说，深幅下跌后的涨停板是个股出现 V 形底形态的信号，而大幅上涨后的跌停板则是个股出现 V 形顶形态的信号，投资者在操作类似的个股时，一旦发现个股出现了跌停板的反转苗头就应及时卖出，避免此股随后几日的快速下跌而带来更大的损失。

2. M 形顶及三重顶 K 线组合形态

图 8-7 为中国船舶（600150）2007 年 3 月 1 日至 2008 年 4 月 21 日期间走势图。此股在大幅上涨后，于高位区出现了滞涨的 M 顶形态，也称为双重顶，这一形态的出现是个股已停止上涨趋势并开始构筑顶部区间的标志。在 M 顶形态的右侧我们可以看到此股无法有效的放量突破前期高点，这也是市场做多动能枯竭的信号。一般来说，M 顶形态的构筑时间相对要长一些，且构筑时间越长则这一顶部形态就越可靠。在 M 顶形成初期，我们就应关注个股的走势，争取在第一时间卖出个股，锁定利润。一般来说，当股价进入高价区域并走出第一个顶部之后，这时若出现较大幅度的下跌，就要判断个股的上涨走势很可能已经结束了，但此时不必急于卖出。一般来说，主力为了出货的需要，

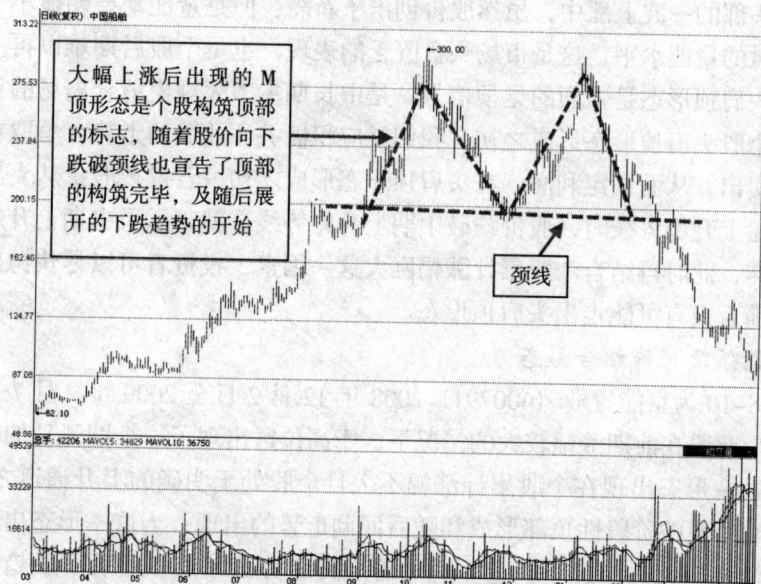

图 8-7　中国船舶 M 顶形态示意图

会让股价尽量维持在顶部区间的。我们可以通过股价反弹至前期高点时再做判断，当股价在走向第二个顶部时，如果出现放量不破前高走势时，就应果断卖出。

3. 头肩顶 K 线组合形态

头肩顶形态与头肩底形态正好相反，是中长线主力大规模清仓离场的重要盘面形态。当股价形成头肩顶后，股价将以反复震荡盘跌的方式进入一轮较长周期的下跌走势。图 8-8 为标准的头肩顶形态示意图。

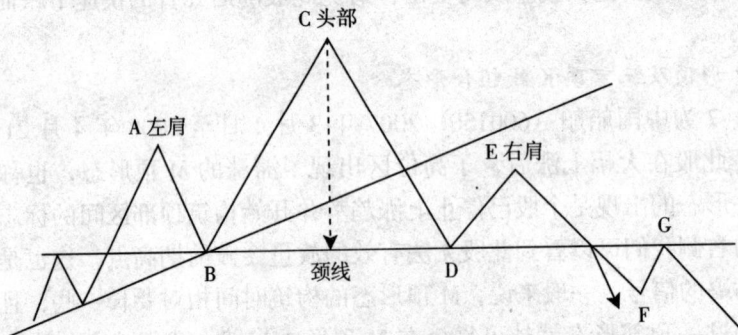

图 8-8　标准的头肩顶形态示意图

图 8-9 为吉林森工（600189）2007 年 7 月 18 日至 2008 年 8 月 22 日期间走势图。此股在大幅上涨后，形成了一个头肩顶形态。从图中可以看出，此股在形成头部的一波上涨中，虽然股价创出了新高，但是量能却要明显小于前期主升浪时的量能水平，这是市场买盘匮乏的表现，也是个股后期难以再上涨的信号。头肩顶形态是强烈的见顶信号，是中长期主力大规模清仓离场的重要特征。在个股头肩顶形态形成之初，我们就应积极关注此股的走势，争取在第一时间内卖出，从而锁定利润。在头肩顶形态形成之初，若发现股价从头部下落跌破本轮上升趋势线时，股价跌破中期上升趋势线，就暗示了中期上升趋势将发生逆转，此时再结合个股累计涨幅巨大这一因素，投资者可以尽快抛出，因为此股随后极有可能走出头肩顶形态。

4. 圆弧顶 K 线组合形态

图 8-10 为京能置业（600791）2008 年 12 月 2 日至 2009 年 9 月 7 日期间走势图。此股在前期涨幅较大的情况下，于高位区出现了一个圆弧顶的滞涨形态。当这一形态出现在个股累计涨幅不大且个股处于明确的上升通道之中时，它意味着个股的阶段性顶部形成和随后回调走势的出现；当这一形态出现在个股累计涨幅较大的情况下，它多意味着上升趋势的结束和随后下跌趋势的开始，它的出现是明确的顶部信号。在实际操作过程中，投资者可以在圆弧顶初

步形成时的滞涨走势中卖出，因为一旦圆弧顶形态构筑完毕，其后期的杀跌力度往往很大。

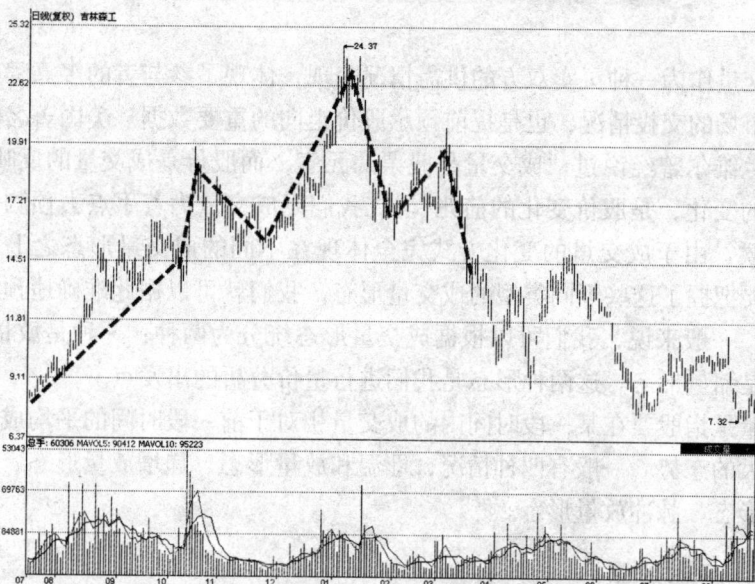

图 8-9　吉林森工头肩顶形态示意图

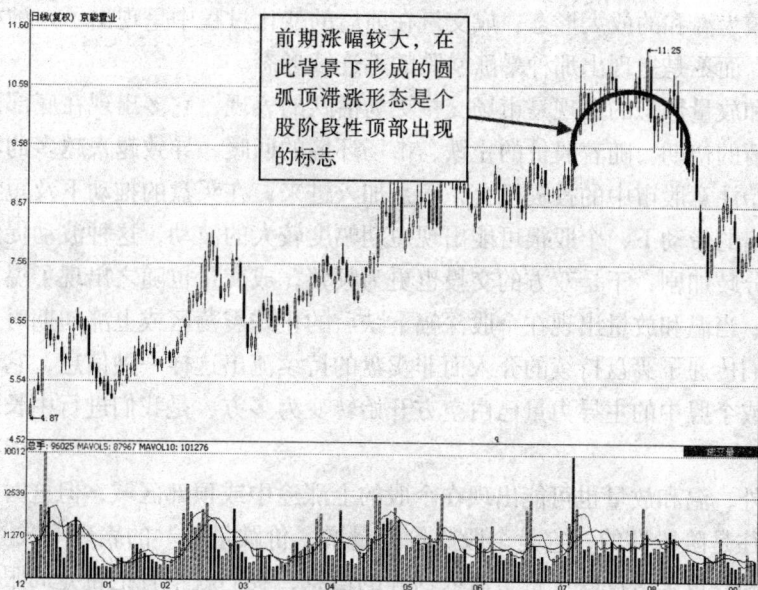

前期涨幅较大，在此背景下形成的圆弧顶滞涨形态是个股阶段性顶部出现的标志

图 8-10　京能置业圆弧顶形态示意图

第二节 放量下的深层市场含义

成交量作为一种买卖双方的供需情况表现，体现了参与者的多寡程度，反映出了市场的交投情况，也是提前预示股价走向的重要数据。美国著名的投资专家格兰维尔曾经说过"成交量是股票的元气，而股价是成交量的反映罢了，成交量的变化，是股价变化的前兆"。在我们以成交量为着手点去预测个股走势的时候，由于成交量的变化方式完全体现在不同的成交量形态之上，可以说，只要把握了这些不同类型的成交量形态，我们就可以据此准确地预测个股的走势。一般来说，我们可以根据成交量形态统分为两种：一种是放量形态，另一种是缩量形态。这两种形态是我们进行量价分析的出发点。

放量是指股票在某一段时间内的成交量相对于前一段时间的平均成交量出现了放大的态势。一般有四种情况，即温和放量形态、递增放量形态、连续大幅放量形态、脉冲放量形态。

一、温和放量

温和放量，是指近期一段时间的成交量相对于前一段时间的成交量出现了效果较为温和的放大形态，成交量在前后的变化过程中呈现出了一种相对的连续性，而不是呈现出那种暴涨暴跌的不连续形态。

温和放量形态的出现是市场交投更为活跃的表现，它多出现在底部区域或上涨行情的初期。随着股价的止跌、市场环境的回暖，导致越来越多的场外投资者开始注意股市中的投资机会，于是加入进来；在买盘的推动下及短线投机盘的快出的带动下，个股很可能出现短期幅度较大的波动，这种波动促使买卖双方的分歧加剧，于是双方的交投也更为频繁，成交量也随之出现了温和放量的形态。当温和放量出现在个股深幅下跌后的止跌震荡区或上涨初期时，它主要向我们传递了买盘持续的介入而非卖盘的持续流出这样一种信息，它说明当前市场或个股中的主导力量已由空方开始转变为多方，是我们进行中长线布局的信号。

此外，温和放量也可能出现在个股的上涨途中或顶部区域，但这时的温和放量往往是阶段性的，它是个股"价升量增，价跌量缩"的表现形式。此时，对于温和放量是否反映了资金流入这样的信息，我们就不宜把目光局限于个股的局部走势中，而应从整体趋势运行的角度来解读这一温和放量形态的含义。

图 8-11 为 ST 宜纸（600793）2008 年 8 月 4 日至 2009 年 2 月 2 日期间走

势图。此股在深幅下跌后出现止跌企稳的走势，同时出现了温和放量的形态，这是场外买盘资金持续流入的信号，也预示着此股底部的出现。

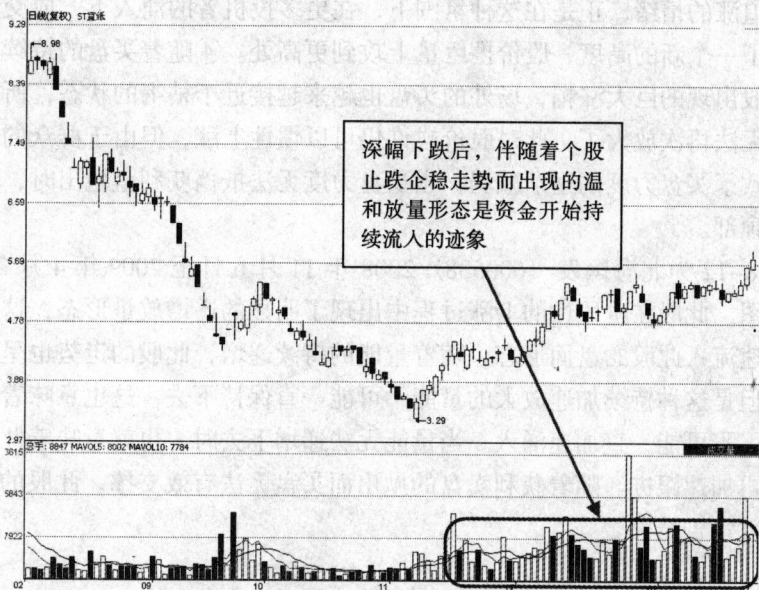

图 8-11　ST 宜纸温和放量形态示意图

二、递增放量

递增放量形态既可以是局部性的，也可以是趋势性的。对于局部成交量递增形态来说，一般是指短短几日内，每个交易日的成交量都相比前一交易日出现了放大，几日的成交量出现逐级递增的态势。当然这种递增并非严格意义上的当日成交量一定要大于前一交易日的成交量，5 日成交量均线更能确切地说明这种形态，当 5 日成交量均线出现明显的上行态势，而这 5 日的成交量变化趋势又具有前后连续性，我们就可以称这一形态为递增放量形态。递增放量形态除了可以指个股在短短数个交易日的成交量变化方式外，还可以把它放在时间跨度更广的周期内加以考查，这种递增放量形态是趋势性的量能持续放大的过程，它对应于我们常说的上涨趋势中的价升量增形态。

成交量递增的过程就是一个市场情绪（即大众情绪）被持续激发的过程。①个股可能由于某种原因开始被一些投资者关注，或者主力关注，总之，买盘力度的增加打破了原来的供求平衡状态，股价在买盘的推动下出现了上涨，交投出现活跃，成交量有所增长。②股价与成交量的异动开始吸引了技术分析派的注意力，"放量要涨"是它们的共识，更多的投资者开始关注它，在更多买盘的介入下，成交量再一次放大，股价也又上了一个新的台阶。③随着此股的强势上涨赚钱效应增加，这只股所具有的题材、概念被越来越多的投资者所注意到，而且正处于上升通道之中，未买进的投资者在看着股价飙升的同时，往往会产生追涨的情绪，正是在这种氛围下，在更多投机者的涌入下，成交量再次被推到了一个新的高度，股价携巨量上攻到更高处。④随着买盘的持续加速涌入及此股出现的巨大涨幅，场外的买盘也越来越接近于枯竭的状态，所以成交量已经无法再次放大了，此时股价或许仍可以惯性上涨，但由于群众的热情的消退导致了买盘力度的逐渐减弱，当买盘力度无法抵挡获利盘抛出时，个股也走到了顶部。

图 8-12 为北海国发（600538）2008 年 11 月 6 日至 2009 年 4 月 27 日期间走势图。此股在阶段性的上涨过程中出现了明显的递增放量形态，这是买盘持续加速流入此股的盘面形态。随着量能的持续递增，此股的走势也呈加快的势头，但是这种持续加速放大的量能不可能一直保持下去，这也意味着买盘资源有限，不可能一直加速涌入。当量能无法递增下去时，也就意味着此股的买盘无法再加速跟进。随着获利卖盘的抛出而买盘无法有效支撑，此股的阶段性上涨也就宣告结束。

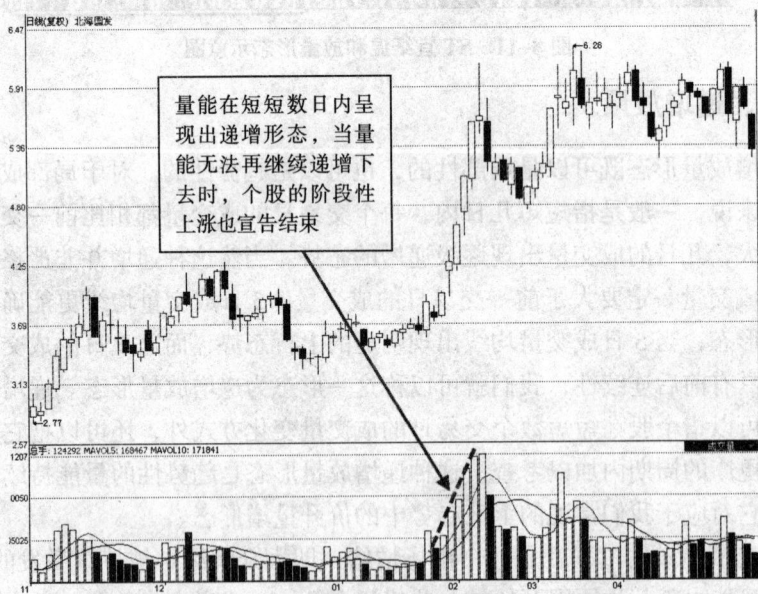

图 8-12 北海国发局部递增放量形态示意图

图 8-13 为大盘指数 2006 年 10 月至 2007 年 6 月期间走势图。随着大盘指数的不断创出新高，成交量也出现了不断放大的形态，持续放大的成交量反映了股市的上涨是在充足的买盘的推动下实现的，这种走势也是我们常说的量价

齐升形态。

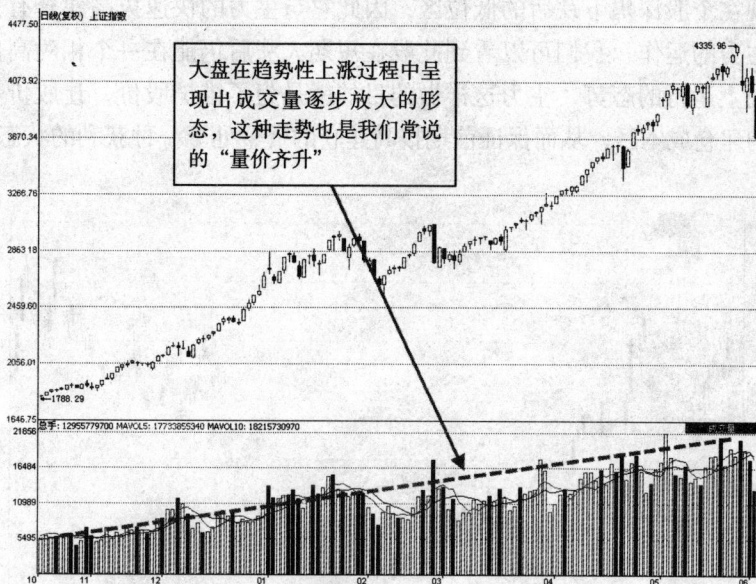

图 8-13 大盘趋势性递增放量形态示意图

三、连续大幅放量（堆量）

"连续大幅放量"又可称为"堆量"，或简称"连续放量"，即成交量出现大幅放出的效果并在随后很长一段时间内得以维持这种量能效果，连续大幅放量形态多蕴藏了主力的参与。

在连续大幅放量形态下，个股往往以短期暴涨的方式出现在投资者面前，这种连续放量的情况多能维持数月之久，给人一种股票交易极为活跃的感觉。这种连续大幅放量形态伴以股价快速走高的形态往往是游资拉高建仓题材股并对其加以炒作而导致的，虽然其间也会发生相对缩量的情况，但即使是缩量，也要明显高于股价启动前的平均水平。这种情况主要是由于主力对倒、短线客增多及快进快出所造成的。当股价明显上了一个台阶后，相对原来的股价波动，其波动幅度明显增大，这为短线客带来了机会，短线投机者的涌入为成交量的连续放大起了不可小视的作用。当然这种连续放大的成交量之所以能维持这么久的原因还在于主力的对倒，较为明显的连续放量多出现在有炒作题材的个股上，对于市场整体及大盘蓝筹股来说，其成交量的变化在没有重大利好的前提下是具有连贯性的，一般不会出现这种连续大幅放量的形态。

图 8-14 为东方宾馆（000524）2008 年 7 月 7 日至 2009 年 3 月 2 日期间走势图。此股在大幅下跌后出现了止跌向上的走势，随后于一个相对低位平台

区开始连续大幅放量且股价在短期内出现了飙升走势。由于这种连续大幅放量形态出现在个股深幅下跌后的低位区，因此它与主力的快速拔高建仓有关。正是基于主力的运作，我们可以看到此股在短期大涨后仍能在一个相对高位区保持震荡向上运行的态势，主力这样做的目的就是为了维护股价，让股价尽量脱离自己的建仓成本区，从而保证前期拔高建仓的资金处于一种获利的状态之下。

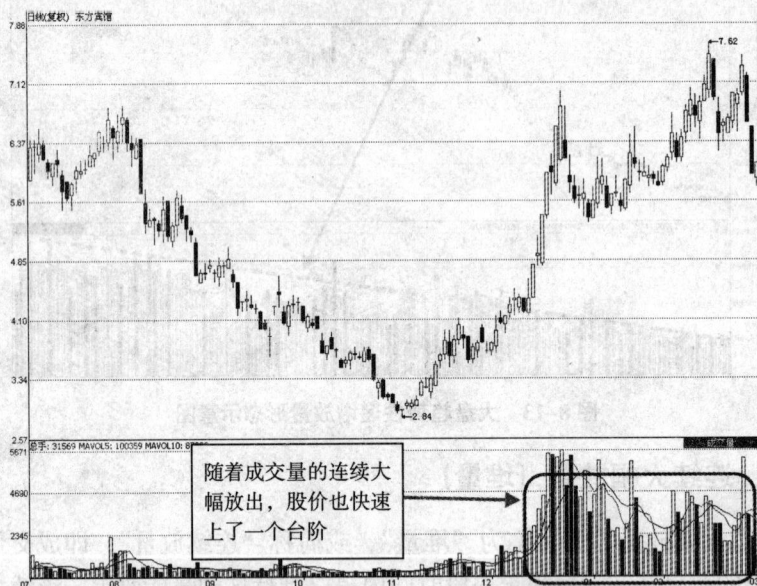

图 8-14　东方宾馆连续大幅放量示意图

四、脉冲式放量

脉冲式放量是指成交量在单日或两三日内突然大幅放出，但是随后几日内逐步恢复放量前的水平或者在第二日就恢复到原来水平，成交量形态呈现出脉冲式的跳跃形态，其成交量往往可达到脉冲放量前的 3 倍以上。对于大盘而言，则多是由于重大消息导致的。由于重大消息的发布，使得投资者分歧加大，因此市场在短时间内的交易规模会呈现快速放大的态势，体现在成交量形态上就是脉冲式的放量。对于个股来说，脉冲放量出现的原因除了上市公司突发利好、利空消息所致外，更多的则来自于主力对倒所致，主力为了达到相应的控盘目的，往往采用对倒放量的方式吸引市场投资者关注此股，当主力放弃对倒后，个股的成交量也就恢复如初。

首先，若个股或大盘的脉冲放量是由于消息因素所导致，我们来看看这一脉冲放量形态反映了什么样的含义。如果是公司突然发布利好或有重大事项发生，股票多会以涨停板的形式出现在我们面前。但此股在大好消息下为何还无法使股票封上涨停板？为何还会有这么多的卖盘涌出？这些涌出的卖盘是散户的还是主力的？是否主力借好出货？利好公布，成交量骤增，市场分歧明显加大，脉冲式放量既是由于买方的快速大量介入导致的，也是由于卖方的快速大量出逃导致的。一般来说，散户在辛辛苦苦拿了一只股票很久后，这只股突然公布利好，多希望股价由此大幅上涨，散户是不太可能在利好公布后马上加入卖方阵营的，所以这种暴量多是主力出货造成的。此外，脉冲放量形态的出现也是对买盘力量短期内的过度透支，当个股出现利好消息时，由于单日或双日的过大成交量导致了后续的买盘无法跟进，因此股价往往会在脉冲放量过后出现下跌，脉冲放量时的上涨往往也意味着阶段性高点的出现。

图 8-15 为上证指数 2008 年 6 月 24 日至 2008 年 11 月 5 日期间走势图。大盘指数在深幅下跌途中于 2008 年 9 月 19 日受消息刺激而出现了快速上涨的走势，这种快速上涨的走势也导致了买卖盘之间的分歧加剧，从而形成了脉冲放量形态。可以看到，在脉冲放量形态出现后，大盘指数很难在这一阶段性的高点上站稳，随后经历了二次探底才真正地出现了止跌企稳的走势，这也说明脉冲放量即使出现在深幅下跌后低位区的上涨走势中，也往往是阶段性高点的标志。

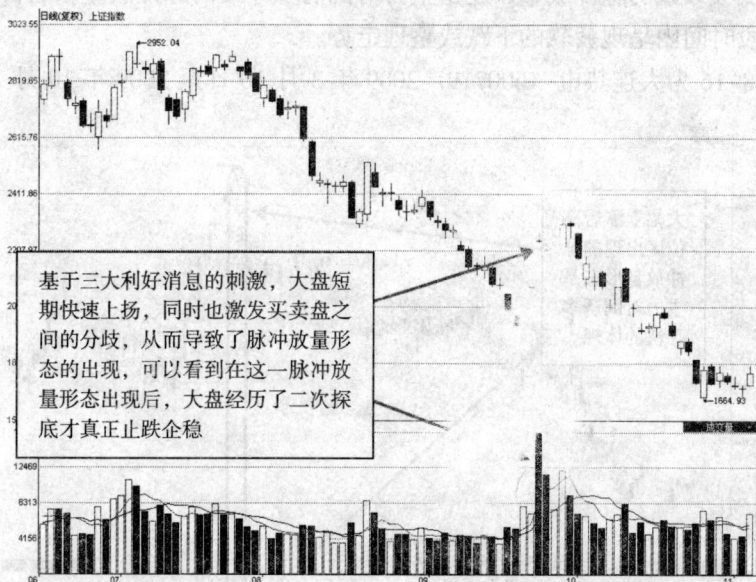

图 8-15　大盘脉冲放量形态示意图

其次，我们再来看看当个股在没有消息面影响的情况下，此时的脉冲放量又体现了什么样的市场含义。我们常会看到某只个股在缓慢爬升途中或横盘震荡过程中在无重大事项的前提下突然出现令人莫名其妙的间歇性放量，随后第二日成交量又恢复到原样。对于这种情况，我们唯一能够给出的解释就是：这是主力大量对倒造成的。一般来说，这种主力异动下出现的脉冲放量或者是由于主力的阶段性"高抛低吸"所致，或者是由于主力对倒出货所致。一个主力在介入某只个股后的一段时间内，无非是以建仓、拉升、洗盘、出货为当前的主导因素，如果是建仓，主力为拿到低价筹码要想方设法地隐藏自身踪迹，哪会如此宣扬；如果是拉升，我们发现次日后，成交量又恢复平静，不是连续的放量很难吸引市场持续关注；如果是洗盘，脉冲式放量的前后几日内股价并无多大变动，这是无法洗出短线获利盘的。最后，我们能得出的唯一结论是：主力有出货的意图。但此时我们仍要结合个股的总体运行趋势来分析这一脉冲放量形态是主力总体性的对倒诱多手法的表现（这一操盘手法是为了迎合很大一部分投资者所固有的"放量要涨"的思维方式而采取的，通过对倒及对倒当日此股的大幅上升，主力可以营造出一种此股要放量上涨的良好市场氛围，从而吸引散户投资者跟进，而主力的真实意图则是出货），还是主力阶段性的高抛低吸所致（主力结合大盘走势通过高抛低吸赚取差价，高抛时往往会出现这种脉冲放量形态）。据笔者对于个股出现脉冲放量形态后走势的观察，无论是主力高抛低吸导致的脉冲放量，还是主力对倒诱多导致的脉冲放量，股价都会在随后一段时间内呈现疲软的下跌或整理走势。

图 8-16 为大连热电（600719）2009 年 3 月 10 日至 2009 年 10 月 13 日期

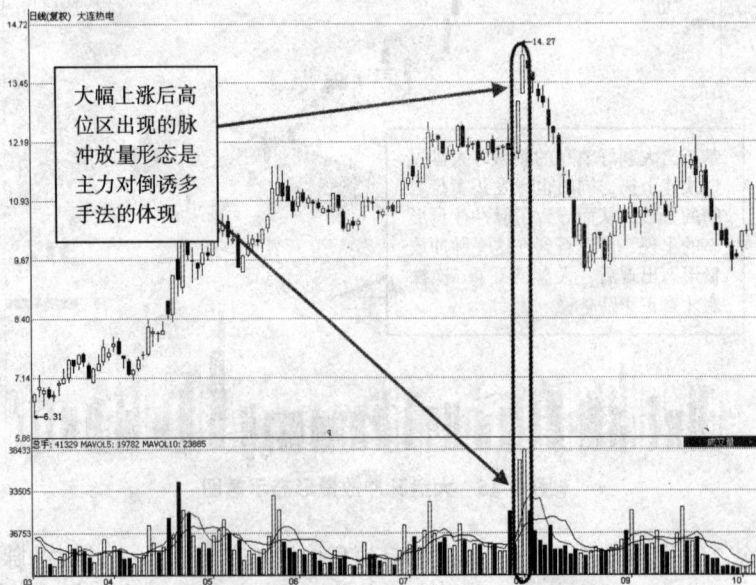

图 8-16　大连热电脉冲放量形态示意图

间走势图。此股在前期累计涨幅巨大的情况下于高位区出现了双日脉冲放量形态，这是主力对倒诱多操盘手法的体现，其目的就是通过对倒放量拉升此股，从而达到让投资者误以为此股要放量上行，从而追涨买入，而主力则是借机出货。

第三节　上升途中的缩量

缩量是指市场整体或个股在近期一段时间内的成交量相对于前一段时间的成交量出现了缩小。放量是市场交投活跃的表现，而缩量则是市场交投清淡的结果，它带来的是盘整或对原有趋势的修正，如果原有的趋势已经确立，缩小的成交量是很难改变原有价格趋势的。

一、上升途中的缩量——主力锁仓的信号

上升途中的缩量既可以出现在个股累计涨幅不大的情况下，也可以出现在个股累计涨幅巨大的情况下，不同情况蕴涵了不同的市场含义。当个股均线呈多头排列形态且上涨趋势较为明确的时候，若此时累计涨幅并不是很大，缩量上涨所体现的市场含义往往是主力控盘能力强、在上涨途中积极锁仓。由于主力在个股上涨时的积极锁仓，因此只需不大的量能就可以推动股价上升，这意味着此股后期在主力的运作下仍将有不错的表现。这一点特别值得注意，投资者千万不能抱守"无量就无行情"的传统量价理论不放，而应结合我国股市中主力的特点来理解量价关系。

图 8-17 为江西长运（600561）2008 年 9 月 24 日至 2009 年 2 月 5 日期间走势图。此股在刚脱离底部区后，出现了震荡上扬的走势，但是在这种震荡上扬的过程中，我们可以看到它出现了明显的缩量，这是市场抛压较轻的表现，同时也说明了主力控盘能力强且在震荡上扬过程中进行了积极的锁仓操作。由于此股目前刚刚脱离底部区，因此在主力的运作下，它后期的走势仍是值得期待的。图 8-18 为江西长运 2009 年 2 月 5 日后走势图。可以看到此股的股价在主力的运作下，于 2009 年 2 月 5 日后再次出现翻倍走势，而这种翻倍走势已提前反映在此股之前的缩量上涨形态中。

二、上升途中的缩量——买盘枯竭的信号

当缩量形态出现在个股前期已有累计较大涨幅的背景下时，这种形态是市场买盘枯竭的信号，预示了上升趋势即将发生反转。在大盘或个股上涨幅度巨

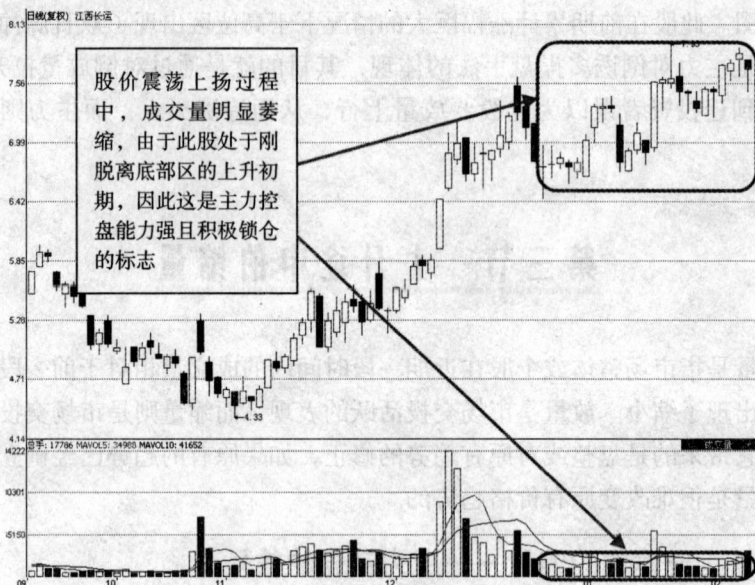

股价震荡上扬过程中，成交量明显萎缩，由于此股处于刚脱离底部区的上升初期，因此这是主力控盘能力强且积极锁仓的标志

图 8-17　江西长运缩量上涨示意图

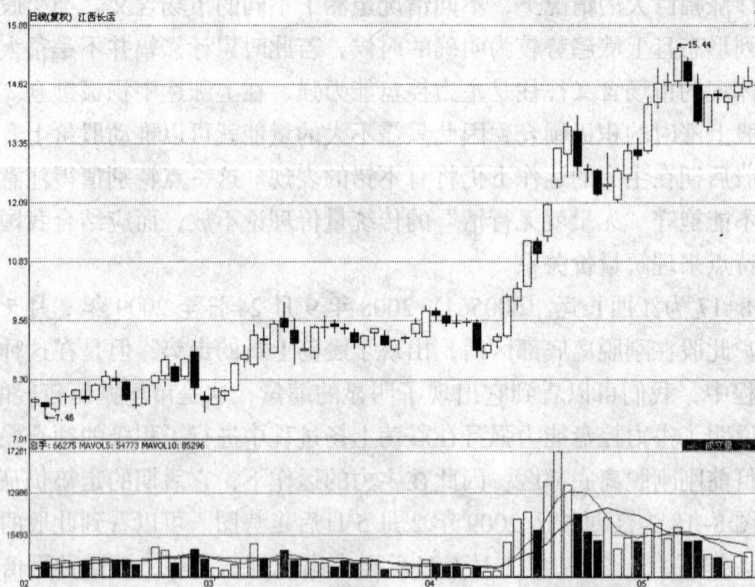

图 8-18　江西长运 2009 年 2 月 5 日后走势图

大的情况下，愿意追涨买进的投资者越来越少，买盘的数量已无法突破前期的值，此时的缩量上涨完全是由于一部分投资者狂热的情绪所致，也是趋势惯性运行的一种表现，随着卖盘的不断涌出，上升趋势就会宣告结束。

图 8-19 为上证大盘指数 2006 年 10 月至 2008 年 7 月期间走势图。在大盘 2007 年的牛市运行中，其最后一波上涨是呈明显的缩量形态的，这是市场买盘趋于枯竭的信号，预示了牛市行情即将结束，是上涨趋势即将反转的信号。

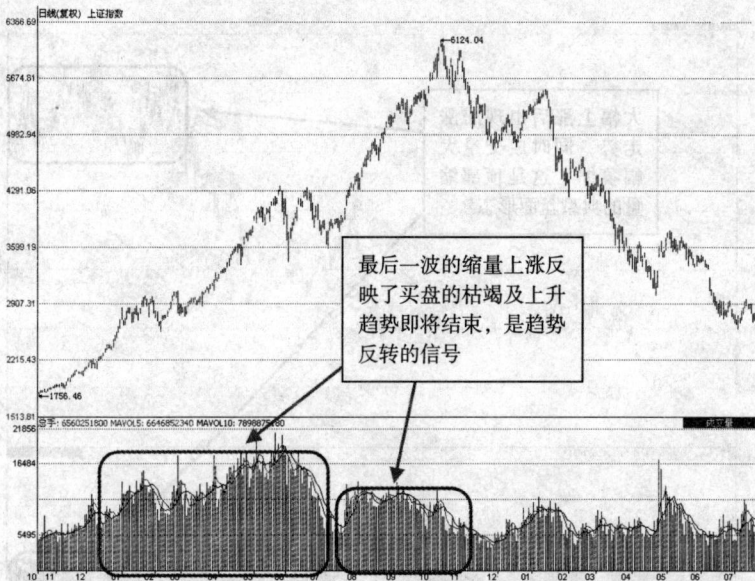

图 8-19　大盘牛市末期缩量上涨示意图

第四节　顶部区与下跌途中的缩量

一、顶部区的缩量形态——趋势反转的信号

如果我们查看那些经历了大幅上涨后于高位区持续震荡运行的个股，就会发现这些个股在此期间运行往往呈现出明显的缩量形态，这就是所谓的顶部缩量。顶部缩量形态反映了大盘或个股上涨幅度巨大的情况下，愿意追涨买进的投资者越来越少。成交量萎缩预示着买方已经入场完毕，这时参与市场交投的大众已经很难能再一次进行聚集而促使股价上升了，而没有大卖盘涌出，也说明了市场在高位处于焦灼状态，这时的买盘，主要来自少数自以为是的短线投机者的加入。随着某些外界的利空因素会诱发卖盘涌出，高位的"平衡"状态就会被打破，随之而来的就是趋势的反转。

图 8-20 为大商股份（600694）2006 年 2 月至 2007 年 10 月期间走势图。此股在经历了大幅上涨之后，于高位区出现横盘震荡滞涨的走势，且这时的量

能出现了明显的萎缩。这种盘面形态就是典型的顶部缩量形态，它反映了此股在上涨幅度巨大的情况下，愿意追涨买进的投资者越来越少，成交量萎缩预示着买方已经入场完毕，随着卖盘的不断涌出，随之而来的就是趋势的反转。

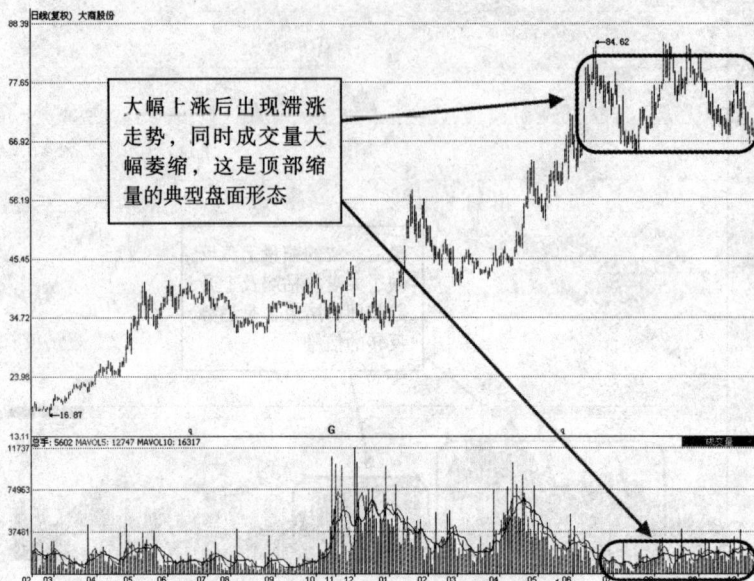

图 8-20　大商股份顶部缩量形态示意图

二、下跌途中的缩量形态——趋势持续的信号

个股在上涨初期就呈现出缩量形态是较为少见的，这往往是主力持仓力度极大的表现。个股在下跌初期及下跌途中出现缩量却是极为常见的形态，它反映了市场投资者多处于观望状态，介入的买盘数量极少、只要少量的抛盘就可以促使股价重心下移、市场套牢盘在增加。因此，我们可以把下跌途中的缩量看做是下跌趋势仍将继续的信号。而且，下跌途中的缩量也说明了没有主力资金介入建仓。如果没有主力资金大力建仓，个股是很难走出反转形态的。但是在下跌走势的末期，成交量萎缩，股价在一个箱体里持续震荡，这往往是行情已见底的信号。这时若出现经济好转、政策利好等因素的刺激，则股价有可能出现一次较为强劲的反弹。

图 8-21 为天津港（600717）2006 年 5 月至 2008 年 12 月期间走势图。此股在下跌途中呈现出明显的缩量形态，这是主力资金迟迟不入场的表现，同时也说明了此股的下跌趋势会在这种缩量的形态下持续下去，当个股步入到下跌趋势后，缩量下跌这一形态是趋势持续运行的信号。

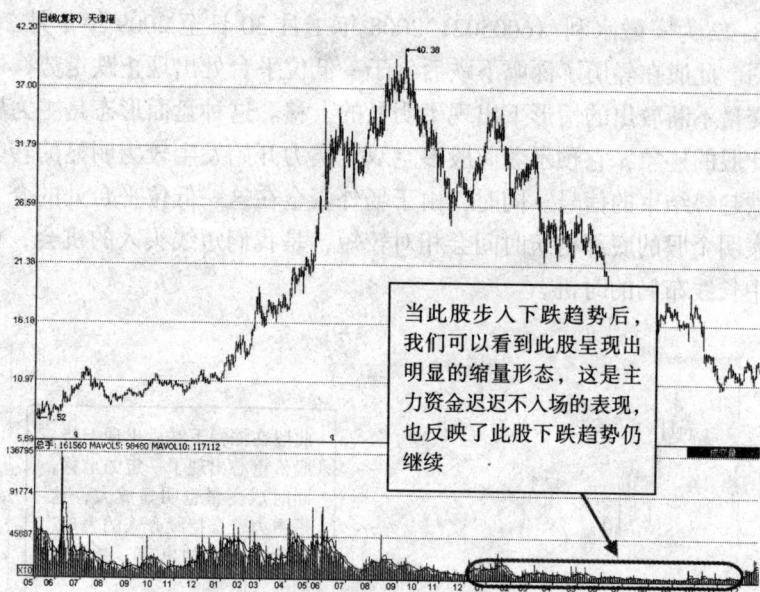

当此股步入下跌趋势后，我们可以看到此股呈现出明显的缩量形态，这是主力资金迟迟不入场的表现，也反映了此股下跌趋势仍继续

图 8-21 天津港下跌途中缩量形态示意图

第五节 低位平台止跌放量是买入信号

　　低位是一个相对的概念，应从个股历史走势中确认其相对低位。一般来讲，当股价经过大幅下跌后，在一个相对的低位出现放量现象，其后期走势可能有两种情况：一是放量过后继续下跌的走势。此时，个股的平台走势不过是下跌途中的一次整理，并不是我们本节中所要讨论的止跌平台。一般来说，当个股可以在深幅下跌后维持较长时间（多在一个月以上）低位平台震荡走势，我们才可以称此股的走势为止跌状态。二是低位平台放量过后，股价重心出现了明显的上移迹象，而且这一低位在将来相当长的时间里很可能成为投资者经常所说的"底部"。"底部"与"顶部"是一对相对概念，顶部是从底部涨上去的，而底部则是从顶部跌下来的。我们所说的底部的概念可以进一步的量化，即底部的价位要相对前期高点有 50% 左右的跌幅，目前在这一低位股价出现止跌企稳迹象，且有一个月以上的强势震荡横盘的时间。对于这样的情况，我们可以将其称之为底部。

　　低位平台的止跌走势并伴以成交量的持续放出是资金持续流入个股的迹象，当个股处于深幅下跌之后，这种低位平台的放量意味着多空双方的实力已开始发生根本转变，是个股阶段性底部出现的标志。

图 8-22 为安徽水利（600502）2008 年 1 月 30 日至 2009 年 1 月 20 日期间走势图。此股在经历了深幅下跌后，于一低位平台处出现止跌走势，股价重心在成交量不断放出的情形下出现了明显的上移。这种盘面形态是主力资金持续流入此股的迹象，它预示着此股多空双方实力开始发生较为明显的转变，是个股下跌趋势结束的信号。同时，由于场外资金在这一低位平台处的介入力度较大，表明个股的底部构筑时间会相对较短，是我们短线买入的机会，也是我们进行中长线布局的时机。

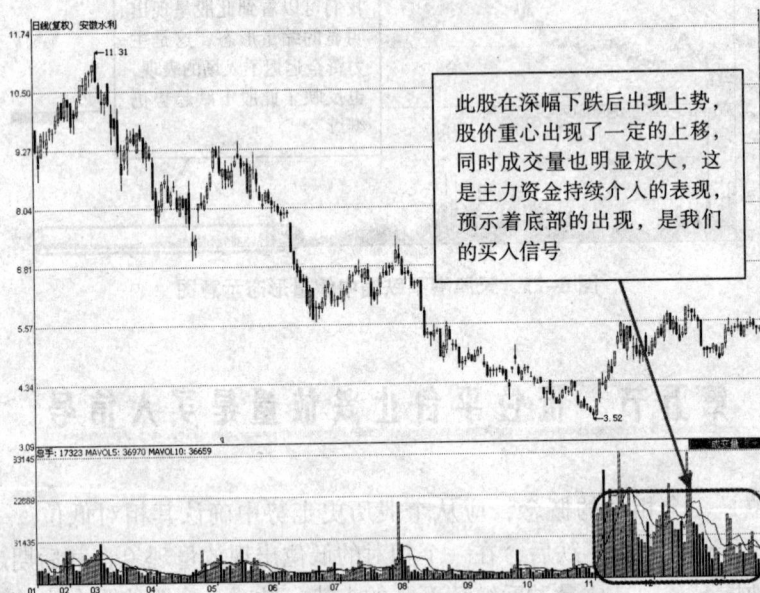

> 此股在深幅下跌后出现上势，股价重心出现了一定的上移，同时成交量也明显放大，这是主力资金持续介入的表现，预示着底部的出现，是我们的买入信号

图 8-22 安徽水利低位止跌平台放量示意图

图 8-23 为三佳科技（600520）2008 年 1 月 21 日至 2009 年 1 月 7 日期间走势图。此股在经历了深幅下跌后，于一低位平台处出现止跌走势，股价重心在成交量不断放出的情形下出现了明显的上移。这种盘面形态是主力资金持续流入此股的迹象，它预示着此股多空双方实力开始发生较为明显的转变，是个股下跌趋势结束的信号。同时，由于场外资金在这一低位平台处的介入力度较大，表明个股的底部构筑时间会相对较短，是我们短线买入的机会，也是我们进行中长线布局的时机。

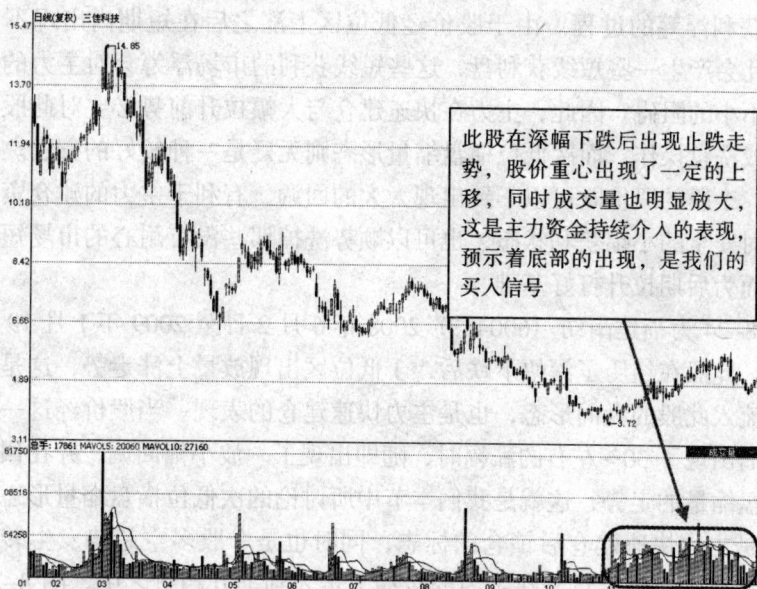

图 8-23　三佳科技低位止跌平台放量示意图

第六节　次低位横盘缩量是买入信号

次低位是一个相对于近期出现的低位而言的。所谓低位，是个股在经历了深幅下跌后形成的，低位若在以后很长的时间内都不会被跌破，则就成为了我们常说的"底部"。但由于"底部"这个概念是从历史的眼光来看的，往往是一种事后得出的结论，因此区分出"底部"和"低位"这两个概念更有助于我们以一种动态的眼光来分析股价的走势。"次低位"是指股价在经过大幅下探后，达到低位即近期的最低点，随后出现了一波反弹，达到比近一段时间最低股价高 20%~30%价位的这个位置，在中线上看是比较低的位置，但是如果从短线上看它又是相对的高位，所以次低位指的是中线。

次低位横盘缩量形态是一种主力锁仓的信号，一般来说，它出现在个股经历了低位区明显放量上涨之后的回调走势中。而前期的低位区持续放量是主力资金快速、大力建仓的表现。由于这种横盘缩量的形态出现在个股经低位上涨之后，且量能没有出现明显的放大，所以不太受到投资者的重视。其实，这种低位长期横盘的股票一旦启动，其涨幅往往十分惊人。对于中长期投资者而言，是一种很好的选择。

次低位横盘缩量形态也是主力在拉升个股前借此平台走势清洗低位区介入

的市场获利浮筹的过程。由于股价经低位区上涨之后在短期内出现不小的涨
幅，因此会产生一些短线获利盘，这些短线获利的市场浮筹会对主力的后期拉
升形成不小的阻碍。因此，主力在快速建仓与大幅拉升前势必要对此股进行一
下震仓或洗盘操作，而次低位横盘缩量形态则无疑是一种较好的方法。采用这
种方法，个股的股价既可以不致出现太大的回调、有利于主力的建仓资金处于
一种相对安全的小幅获利状态，也可以顺势洗掉那些没有耐心的市场短线获利
盘，从而为后期拉升打好基础。

图 8-24 为福建南纺（600483）2008 年 6 月 2 日至 2009 年 1 月 19 日期间
走势图。此股在经历了深幅下跌后，于低位区出现放量上涨走势，这是主力资
金持续流入此股的盘面形态，也是主力快速建仓的表现。当股价经这一波的放
量上涨而出现了 30%左右的涨幅时，随即出现了一波小幅回调，并在回调后出
现了横盘缩量的走势，这就是我们本节中所讨论的次低位横盘缩量形态，它的
出现既是主力快速建仓后锁仓的标志，同时也是个股多空趋势发生转变的信
号，预示着此股随后将会在主力的带动下步入到上升趋势之中。图 8-25 标示
此股次低位横盘缩量后的走势，可以看到，在主力的运作下，此股随后步入到
了上升通道之中。

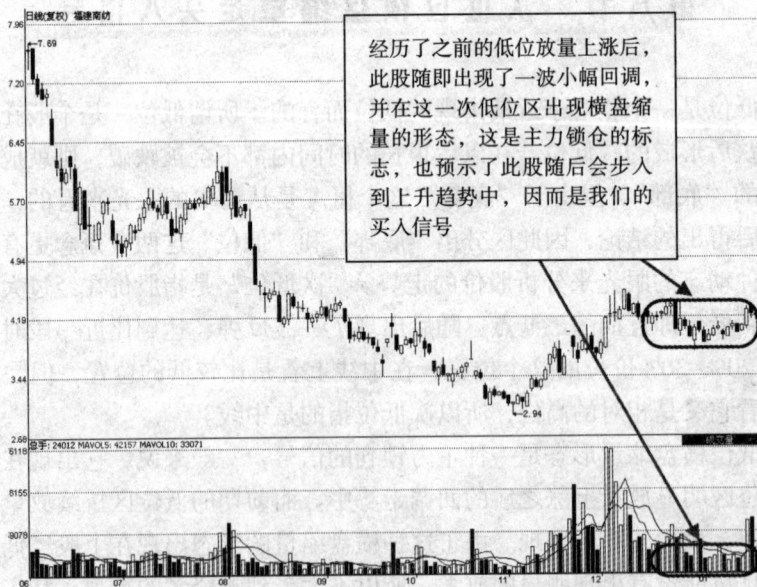

经历了之前的低位放量上涨后，
此股随即出现了一波小幅回调，
并在这一次低位区出现横盘缩
量的形态，这是主力锁仓的标
志，也预示了此股随后会步入
到上升趋势中，因而是我们的
买入信号

图 8-24　福建南纺次低位横盘缩量形态示意图

图 8-25　福建南纺次低位横盘缩量后期走势图

第七节　脉冲放量是卖出信号

　　脉冲放量无论是出现在个股的上升途中、下跌途中，还是出现在个股的高位横盘区，每当脉冲放量出现后，个股的短期走势是较为疲弱的，因此是我们短线卖出的信号。本节中，我们结合实例来分析一下出现在个股趋势运行不同阶段中的脉冲放量形态。

　　图 8-26 为精伦电子（600355）2008 年 11 月 25 日至 2009 年 6 月 16 日期间走势图。此股在上升途中多次出现脉冲放量形态，虽然这一成交量异动形态并没有打破此股的上升趋势，但是在此股每一次出现脉冲放量形态后，都在随后的一段时间内出现了或深或浅的短期回调走势，这种出现在上升途中的脉冲放量形态是主力高抛低吸导致的。主力在结合大盘波动的情况下，在个股的每一次快速上涨后进行大量抛出并引发市场获利盘跟风抛出，从而既造成了此股的脉冲放量形态，又导致了其随后的回调走势。理解这种出现在上升途中的脉冲放量形态，有助于我们在个股的上升途中进行高抛低吸操作，从而实现利润最大化。

　　图 8-27 为青山纸业（600103）2007 年 7 月 11 日至 2008 年 3 月 25 日期间走势图。此股在 2007 年上半年出现了较大的涨幅，在 2007 年 7 月 11 日至

2008 年 3 月 25 日期间，此股正处于高位区的横盘震荡走势中，在横盘宽幅震荡过程中，此股多次出现明显的脉冲放量形态，这是主力在高位区利用对倒手法进行诱多出货的操盘手法的体现。结合股价的高位区震荡滞涨走势，表明此时脉冲量形态是个股处于主力出货区的标志，脉冲放量形态越明显，则个股在

图 8-26　精伦电子上升途中脉冲放量示意图

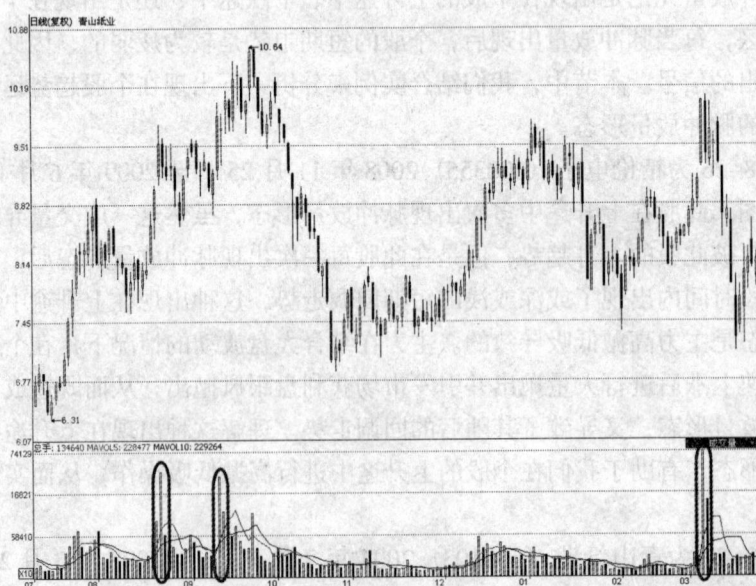

图 8-27　青山纸业顶部区脉冲放量示意图

脉冲放量后的短期跌幅也越大。

　　图 8-28 为凌钢股份（600231）2009 年 4 月 17 日至 2009 年 10 月 9 日期间走势图。此股在经历了较大幅度的上涨后出现了明显的下跌走势，在下跌途中的一波反弹中出现了一个明显的单日脉冲放量形态。这一形态的出现是主力对倒出货的体现，它预示着此股阶段性反弹走势的结束，及随后继续下跌走势的展开，是我们短期卖出的信号。

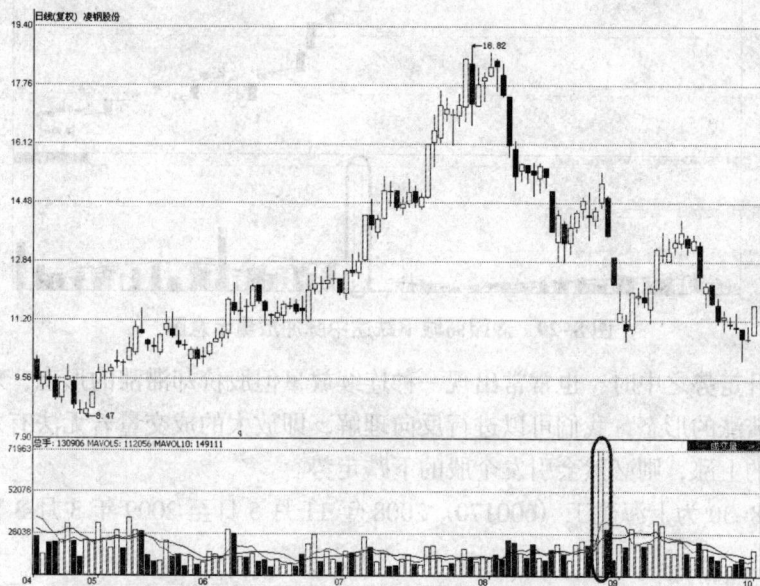

图 8-28 　 凌钢股份下跌反弹脉冲放量示意图

　　图 8-29 为豫园商城（600655）2007 年 12 月 26 日至 2008 年 9 月 22 日期间走势图。当此股明确地步入到下跌趋势后，于下跌途中出现了一个明显的单日脉冲放量形态。这一脉冲放量形态说明此股的抛压极重，是做空力量强大的标志，它对个股的下跌会起到加速作用。从图中走势也可以看到，此股在这一日的单日脉冲之后，再次步入到短期快速下跌走势之中。

第八节 · 连续放量滞涨是卖出信号

　　放量说明了个股的交投趋于活跃，而连续较大幅度的放量则更代表了其买卖双方交投的激烈程度。当个股处于上升趋势时，由于股价走势存在着惯性，因此放大的量能往往会对个股的上涨起到加速作用。但有时并非如此，当个股

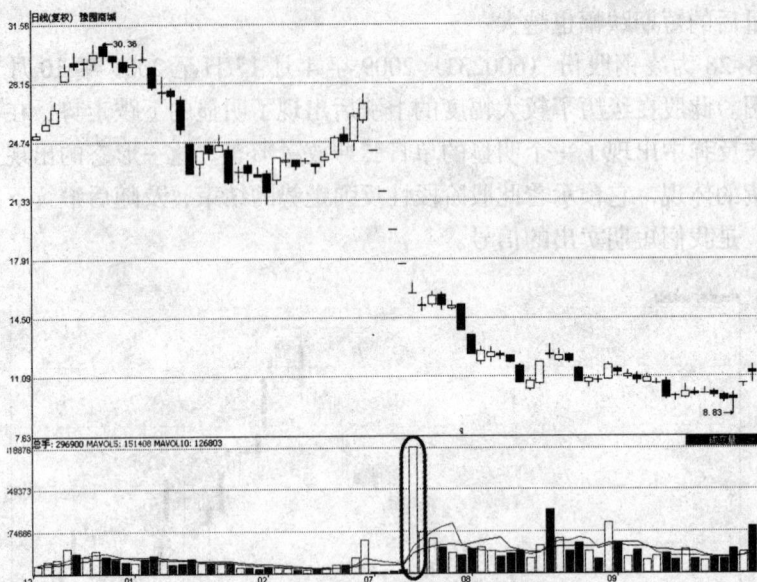

图 8-29　豫园商城下跌途中脉冲放量示意图

处于缓升走势之中时，也常常出现一种连续放量但股价却滞涨的形态，对于这种放量滞涨的形态，我们可以进行反向理解，即放大的成交量若无法有效地推动个股的上涨，则必然会引发个股的下跌走势。

图 8-30 为上海建工（600170）2008 年 11 月 5 日至 2009 年 3 月 3 日期间

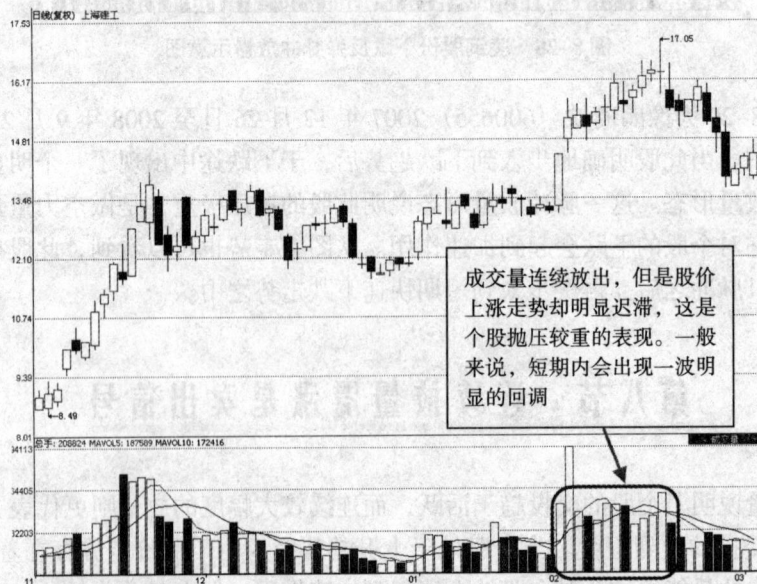

成交量连续放出，但是股价上涨走势却明显迟滞，这是个股抛压较重的表现。一般来说，短期内会出现一波明显的回调

图 8-30　上海建工上升途中放量滞涨形态示意图

走势图。此股在上升途中出现了明显的放量滞涨形态。在放大的量能下，个股仅出现了一个涨停板后就明显滞涨，但是成交量却没有明显萎缩，这是个股在相对高位区抛压较重的表现。放大的量能无法催生个股继续强势上行，则必然会引发个股的短期回调走势。如图所示，此股在这种放量滞涨形态后出现了一波较为明显的回调走势。

图 8-31 为华鲁恒升（600426）2008 年 10 月 27 日至 2009 年 3 月 3 日期间走势图。此股在上升途中出现了明显的放量滞涨形态。在连续大幅放量形态下，若出现快速上涨走势，是买盘承接力度大的表现；在连续大幅放量形态下，若出现滞涨走势，则是卖盘抛压较重的表现。从图中可以看到，在连续大幅放量滞涨形态出现后，此股出现一波明显的下跌走势。可以说，这种上升途中的连续滞涨形态预示了此股短期即将展开下跌走势。

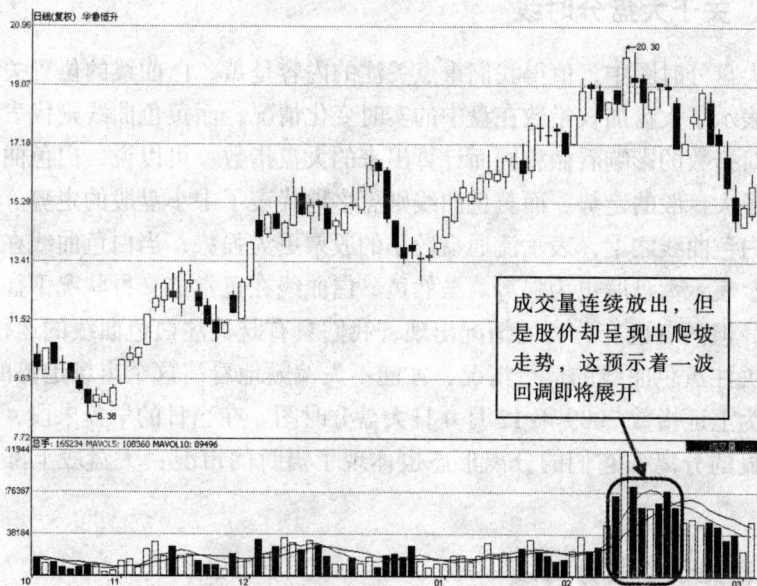

成交量连续放出，但是股价却呈现出爬坡走势，这预示着一波回调即将展开

图 8-31 华鲁恒升上升途中放量滞涨形态示意图

第九章 "分时线"看盘攻略

第一节 大盘分时线与个股分时线

一、关于大盘分时线

在大盘分时图中，值得我们重点关注的内容是黄、白曲线的位置关系。白色曲线表示了大盘加权指数在盘中的实时变化情况，而黄色曲线则代表了把所有股票对指数的影响看做相同而计算出来的大盘指数。可以说，白色曲线更多地代表了大盘股的走势，而黄色曲线则更多地代表了中小盘股的走势。当黄色曲线在白色曲线之上，表示流通盘较小的股票更为强势；当白色曲线在黄色曲线之上，表示大盘股更为强势。虽然黄、白曲线在正常的交投状况下往往出现趋同性，但两者也有分离的情况出现，我们只有既关注白色曲线的运行情况，同时也关注黄色曲线的运行情况，才能不失偏颇地看清这个市场走势的全貌。图9-1为上证指数2009年12月4日大盘分时图。在当日的早盘末段，两者出现了明显的分离，它们的分离形态也体现了当时的市况：大盘股上涨、小盘股下跌。

二、关于个股分时线

与大盘分时图相似，个股的分时图中也存在着白色曲线及黄色曲线，只不过它们所代表的含义略有不同。在个股分时图中，白色曲线表示了此股的实时价格波动情况，是我们所说的个股分时线，而黄色曲线用来表示从当日开盘到目前为止的市场平均持仓成本，计算方法是用到目前的这一时刻的当天成交总金额除以到目前的这一时刻的当天成交总股数，黄色曲线又称为均价线。白色曲线表示个股在一分钟内交易的持仓成本的变化情况，而黄色曲线则表示个股当日内的市场平均持仓成本的变化情况。两者意义不同，在实际看盘中，我们可以根据两者的位置关系来研判个股的盘中走势。

上证指数 1A0001

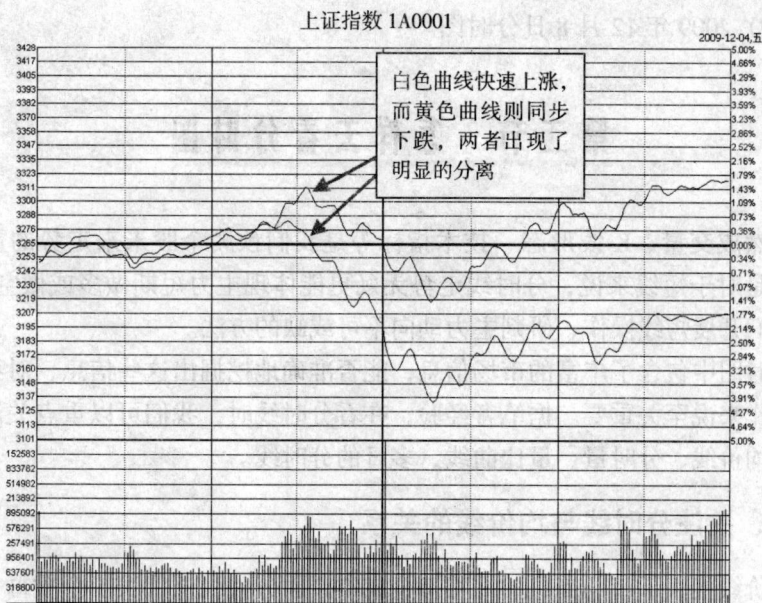

图 9-1　上证指数 2009 年 12 月 4 日大盘分时图

一般来说，当黄色曲线运行于白色曲线上方时，表明市场卖盘力度更大，是个股弱势运行的特征；当白色曲线运行于黄色曲线上方时，表明市场卖盘力度更大，是个股强势运行的特征。如果弱势特征、强势特征分别对应了个股的下跌、上涨，则更能反映个股当日的走势强弱情况。图 9-2 为北方创业

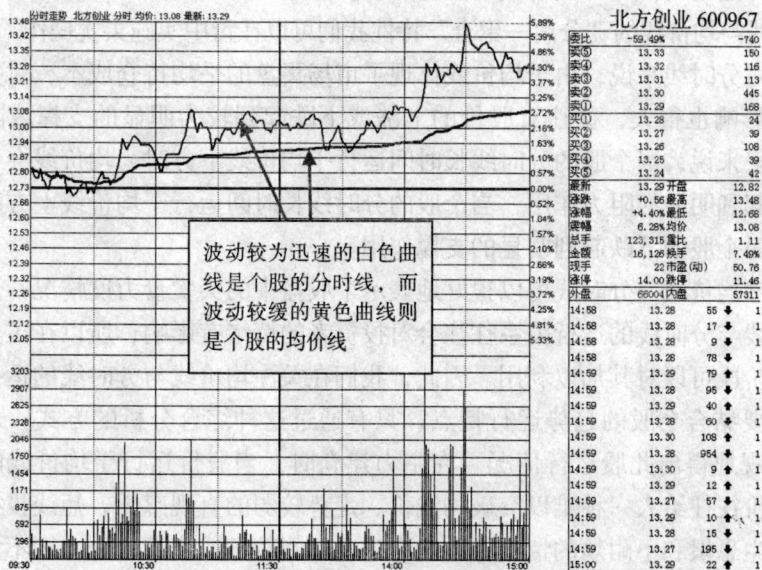

图 9-2　北方创业 2009 年 12 月 8 日分时图

（600967）2009 年 12 月 8 日分时图。

第二节　怎样去看分时图

　　虽然成交量、K 线形态、技术指标等是我们预测个股未来走势的重要方法，但是对于短线来说，分时线走势无疑更能体现主力短期做多或做空意图，它是我们开展短线操作、研判主力动向不可或缺的方法。

　　分时图中包含了丰富的市场信息，能否准确地挖掘出这些信息，对我们的短线操作来说至关重要。据笔者经验，在看分时线时，我们可以重点关注以下四点：均价线、分时量、量比曲线、多日的分时线。

一、关注分时线与均价线的关系

　　均价线代表了市场当日的平均持仓成本，而分时线仅代表了个股每一分钟的持仓成本，两者之间的关系类似于移动平均线中的中长期均线与短期均线的关系。在前面的章节中，我们知道，短期均线及中长期均线的运行方式反映了此股的趋势运行情况，而且短期均线与中长期均线之间存在着"分离—聚合"的特性。这两点是我们研判移动平均线时的关键点，也是我们通过移动平均线进行买卖的关键点。同理，在个股的分时线与均价线的关系中，也存在着以上两点，即通过均价线与分时线的运行方式，识别此股当日的盘中运行情况；结合分时线与均价线的"分离—聚合"特性我们可以在盘中实施买卖操作。

　　相对分时线来说，由于均价线体现了市场买盘的平均持仓成本，对投资者的心理影响也很大，往往对股价的上涨或下跌起到较为明显的支撑或阻力作用。一般来说，当个股的分时线长时间运行于均价线下方时，均价线会对个股的上涨起到明显的阻力作用；当个股的分时线长时间运行于均价线上方时，均价线会对个股的下跌起到明显的支撑作用。

　　虽然均价线与分时线可以很好地表示个股盘中的买卖盘力度情况，但是由于均价线与分时线的运行关系往往会对投资者的情绪有影响，所以在主力控盘的不同阶段可以对其加以利用。因此，我们在关注均价线与分时线的运行关系时，也要结合个股的趋势运行特点，只有通过这种综合分析的方式，才能准确、客观地得出此股运行情况。在主力建仓时，当股价运行于均价线的下方时，股价往往给人一种难以突破均线价、走势较弱的直观感觉，短线投机者很容易产生恐惧和不耐烦的情绪；在主力建仓时间较长或当日建仓力度不大的时候，主力可以控制股价，通过这种方式迫使短线跟风盘在不耐烦的情绪作用下出局，这种分时线走势也往往出现在主力洗盘的走势中。反之，当主力快速建仓的时候，由于主力大力加入，使得个股的买盘力度会显著大于卖盘力度，在主力的持续大量买入下，均价线会对股价形成明显的支撑；在主力拉高的时候，盘中的分时线同样强劲，均价线也长时间保持慢慢向上，这是因为主力在拉升中会积极锁仓。在市场跟风盘涌入和主力积极拉升股价双重因素的作用下，分时线会长时间保持在均价线之上，给人感觉股价走势异常强劲。在主力出货的时候，我们会发现盘中的分时线往往不会具有如此强势，主力经常是在尾盘把股价拉到均价线以上，给投机者以希望，以此推迟他们的抛出时间。

均价线具有助涨杀跌的作用，基于此，由此还派生出一种新的操盘手法：一天交易过程中，股价大部分时间是在均价线之上，均价线也保持向上，但到尾市，主力反手把股价打到均价线之下，使跟风盘产生主力出货的恐惧，迫使他们出局。这种操盘手法经常会出现个股洗盘或出货的走势之中，如何区别是出货还是洗盘，要根据股票当时的形态和所处的高低位置，以及前几天的分时线走势来判断。

二、关注分时线与分时量的配合

分时量反映了个股每一分钟内的成交量，它在分时图下方以柱形图的方式表示。分时线与分时量存在着量价关系，它们的时间周期为分钟，两者之间的关系类似于日 K 线与日成交量的关系，因此，我们可以把前面学到的量价关系应用到分时线与分时量之上，如在盘中分时线上涨时出现"涨时放量，跌时缩量"，则我们认为分时线与分时量的配合关系具有多头含义，是个股稳健上涨的表现。但是投资者在运用分时量时也不能墨守成规，如当个股上涨时，出现量价背离，就认为这种涨势不牢靠，股价仍会跌回来；当个股下跌时，出现量价背离情况，就认为这种下跌不成立，股价仍能涨回来。在研判分时线与分时量的关系时，我们还应把主力的因素考虑进去，不同主力控盘下的个股往往有不同的分时量形态。

当长线主力介入个股后，由于其持仓力度大、控盘能力强，因此个股往往会呈现出缩量上涨的形态。这种缩量拉升往往也体现在上涨时的分时线与分时量的量价背离走势之中；但是对于短线主力而言，由于吸筹时间短，持股比例较少，不具有完全控盘能力，因此即使在短线主力建仓之后，个股的二级市场交投情况仍会十分活跃。由于市场浮筹仍旧较多，因此短线主力拉升就需要成交量的配合才能完成，体现在分时线与分时量就是两者呈现经典的上涨时的量价配合情况。

三、关注量比曲线的运行情况

量比曲线以曲线的形式反映了个股盘中量能的变化趋势，它所反映的信息是当前盘口的成交力度与最近 5 天的成交力度的比值，这个数值越大则表明盘口成交越趋活跃，是我们发现个股出现量能异动的工具，而个股的量能异动无疑是我们展开短线操作的着手点之一。

在关注量比曲线时，我们应重点关注"量比曲线与分时线运行的流畅性及修正"。一般来说，若市场交投气氛较为活跃，个股在早盘刚一开盘后往往会出现较为明显的量能异动，这是因为投资者在一夜休整后，经过深思熟虑，往往会有明确的买入或卖出意图。可以说，刚一开盘的一段时间内是个股多空双方交投较为激烈的一段时间，这就会导致股价及开盘时量能的变化反差极大，反映在量比数值上就是新的交易日开盘时都显得很不稳定，因此我们应该静待量比指标有所稳定后再采取行动。在量比曲线与分时线走势同步运行中，两者有一种行云流水似的走势最好，太曲折或变化过于突兀都需要修正。当量比指标在分时图上沿着一种大趋势单边运行时突然出现量比急速翘头的迹象，投资者不必急于采取行动，因为这仅仅是改变原来单一趋势的一种可能。我们可以等待量比曲线明显反向运行后的再一次走平，进一步修正后，再依据量价的更进一步变化采取行动。若投资者因为分时线与量比曲线的过快变化而盲目出手的话，很有可能产生追涨杀跌的不理智的行为。量比曲线的修正特性更多地反映在上午开盘后的半小时内，开盘时，量比曲线单边上涨或下跌会使图形看上去非常不规则，此时我们难以把握个股或指数的当日趋势，不宜盲目介入。

在实战中，我们重点关注那些出现了明显放量或缩量的个股，一般以个股的量比数值大于 1.5 代表个股出现明显放量，而以个股的量比数值小于 0.5 代表个股出现明显缩量。量比数值大于 1.5，说明个股交投情况较为活跃，反映了个股出现了明显的放量，至于引起放量的原因，我们仍要结合股价运行来分析：若放大的量能是买盘涌入导致的，则个股当日会呈现出上涨形态，但其后势走势如何，我们要结合此股目前的价位、运行趋势、前期走势形态等因素进行综合分析，当它处于较低价位且走势较好时，此时介入很可能面临着较为理想的短线行情；若放大的量能是由于卖盘的涌出导致，一般来说，个股的近期走势不容乐观。量比数值小于 0.5，说明此股交投呈现不活跃迹象，反映出个股出现了明显的缩量。根据股价的不同走势，缩量所反映出的信息也不尽相同，例如，缩量能创出新高，说明主力控盘程度相当高，如果这时个股刚刚启动，则很可能将出现大幅上涨行情，是机会的预示。

四、结合前几日分时线来分析当日盘中走势

个股在某一个交易日内的盘中运行情况往往会受到多种偶然因素的影响，例如，大盘的波动、主力的控盘方式、板块内个股的联动、外围市场变化的影响等。如果仅看当日的分时线走势，往往会得出片面的结论，只有通过看连续多天分时线的走势进行客观的分析，才能得出主力的控盘方式、个股运行情况，并对个股未来的走势作出合理的预测。在我们分析个股多日分时图时，如果得出的关于主力行为、个股走势特点等与日K线图反映出来的趋势一致，则短线操作成功的可能性就非常大；如果推测结论不一致，则证明两者将有一个是错误的。为避免操作失误，此时最好放弃操作，待进一步观察再做决定。

第三节 通过分时图发掘强势股

强势股是指那些上涨势头明确，在同期内其涨幅远超大盘的个股。对于散户投资者来说，捕捉强势股具有十分重要的意义，因为无论是在大盘处于稳健上升走势中，还是处于震荡状态下，操作强势股可以让我们获得远超过大盘指数涨幅的收益。获得超过市场的平均收益是我们炒股的目的所在，否则的话，如果投资者只想取得指数上涨相同的收益，则完全可以通过购买指数型基金达到目的，不必劳神费力地去分析个股走势。强势股在指数上涨时会加速上涨，而在指数回调时却往往能够以逆市横盘或小幅回调代替。同样的时间，同样的大势，不同股票的表现有天壤之别，强势股具有较强的逆跌性，大市回档时它不回档，常以横盘代替回档，当大市重新向上时，它升幅更为猛烈。对操作者来说选择强势股操作非常重要，这些个股可以在短期内带给我们高额的回报，操作强势股也是股市的最大魅力所在。那么，投资者应如何捕捉强势股呢？据笔者经验来说，对于时间跨度较长的中长线操作来说，我们可以通过成交量形态、K线形态等信息来捕捉强势股，但是对于时间跨度较短的短线操作来说，我们更适宜通过分时线的运行方式来捕捉短期内可能出现大涨的强势股。

一、结合大盘波动情况，盘中发掘强势股

大盘是我们研判个股走势的出发点，若个股在短期内会出现明显强于大盘的走势，则这种走势必然反映在此股的分时图与大盘分时图的区别之上。当大盘处于弱势下跌状态时，此股的跌幅会明显小于大盘，分时线的走势也要明显强于大盘；当大盘处于强势状态时，此股的涨幅会明显高于大盘，分时线的运

行也会更挺拔有力。

图 9-3 为白云山 A（000522）2009 年 9 月 9 日至 2009 年 10 月 30 日期间走势图。此股在此期间处于相对低位区的平台震荡走势之中，在前期大盘持续上涨、中小板块大涨的背景下，此股的涨幅却不尽如人意。与此股处于同一医药板块中的很多个股都创出了历史新高，相对于这些个股来说，作为一只盘子不大、业绩优秀的医药股，白云山 A 此时仍处于"底部"阶段，但是这并不是我们对此股展开短线操作的原因，因为它在"底部"区间还会徘徊多久，在此股没有明显的异动时，我们是难以预测的。但是，此股于 2009 年 10 月 26 日至 2009 年 10 月 30 日的盘中分时图异动却给了我们短线买入的信号，因为此股在这几日的分时走势中明显强于大盘，这是强势个股即将短线暴发的典型分时图特征。图 9-4 为上证指数 2009 年 9 月 9 日至 2009 年 10 月 30 日走势图。可以看到大盘指数在 2009 年 10 月 26 日至 2009 年 10 月 30 日期间也出现明显的回调，在大盘同期下跌的背景下，正是我们检验一只个股是否呈现出强势特征的好时机。下面我们结合大盘同日的分时线运行情况来看看白云山 A 在 2009 年 10 月 26 日至 2009 年 10 月 30 日中的分时线运行特点。

图 9-5、图 9-6 分别为白云山 A 和上证指数 2009 年 10 月 26 日分时图。通过对比两者的走势可以看出，在大盘当日早盘快速跳水的情况下，此股却能够出现上涨走势且股价始终围绕着均价线运动，强势特征一览无余，这是主力

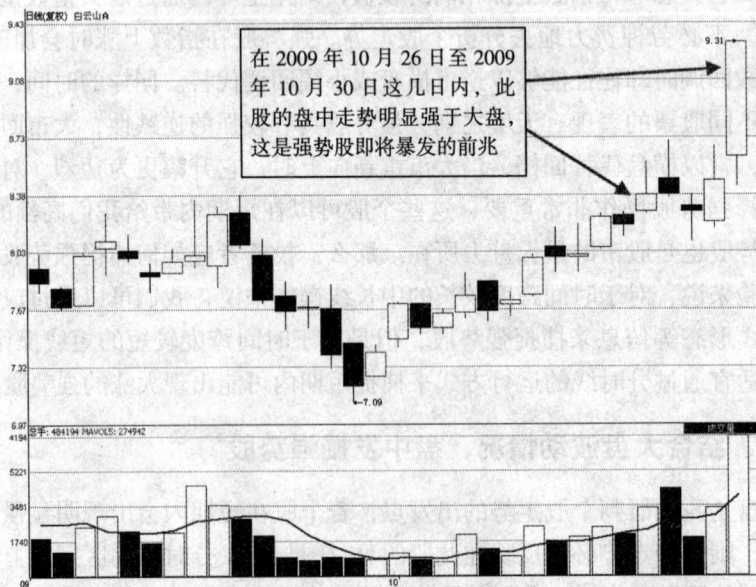

在 2009 年 10 月 26 日至 2009 年 10 月 30 日这几日内，此股的盘中走势明显强于大盘，这是强势股即将暴发的前兆

图 9-3 白云山 A 2009 年 9 月 9 日至 2009 年 10 月 30 日走势图

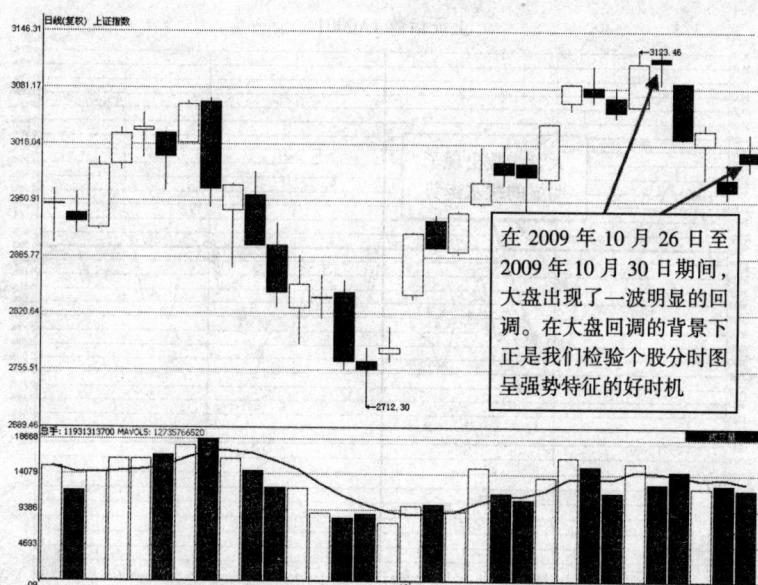

图 9-4 大盘指数 2009 年 9 月 9 日至 2009 年 10 月 30 日走势图

白云山 A000522

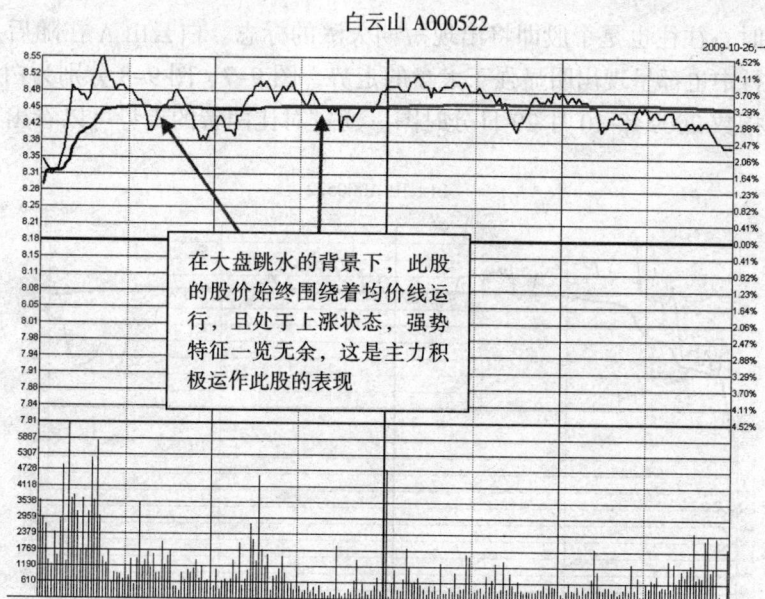

图 9-5 白云山 A 2009 年 10 月 26 日分时图

积极运作此股的表现，也是此股在短期走势中呈现出强势特征的盘面形态。

分时图一旦出现了强势运行状态，就会在随后一段时间继续维持这种状态，这是主力阶段性控盘的表现。当主力尽量以一种强势运行的方式来控制股

上证指数 1A0001

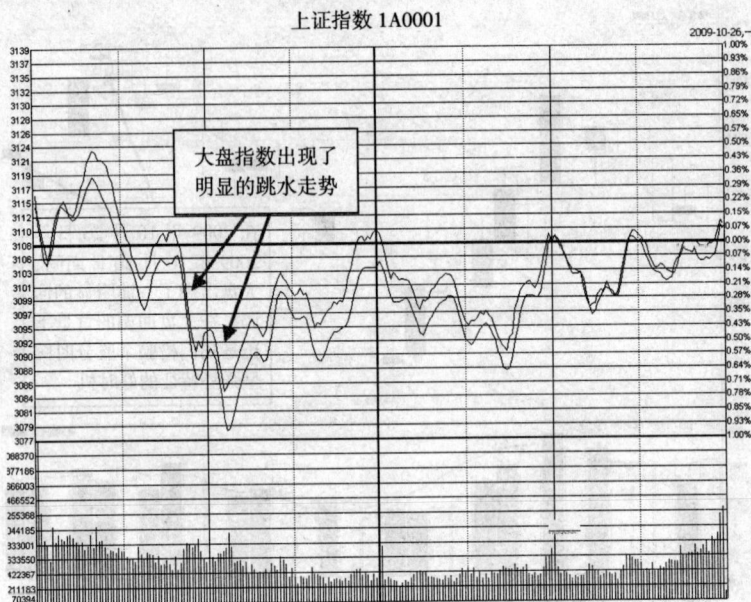

图 9-6　大盘指数 2009 年 10 月 26 日分时图

价波动时，往往也是个股即将出现短期大涨的标志。白云山 A 在随后几日的盘中运行中也都呈现出明显强于大盘的走势，图 9-7、图 9-8 分别为白云山 A 和上证指数 2009 年 10 月 29 日分时图。通过对比两者的走势可以看出，在大

白云山 A000522

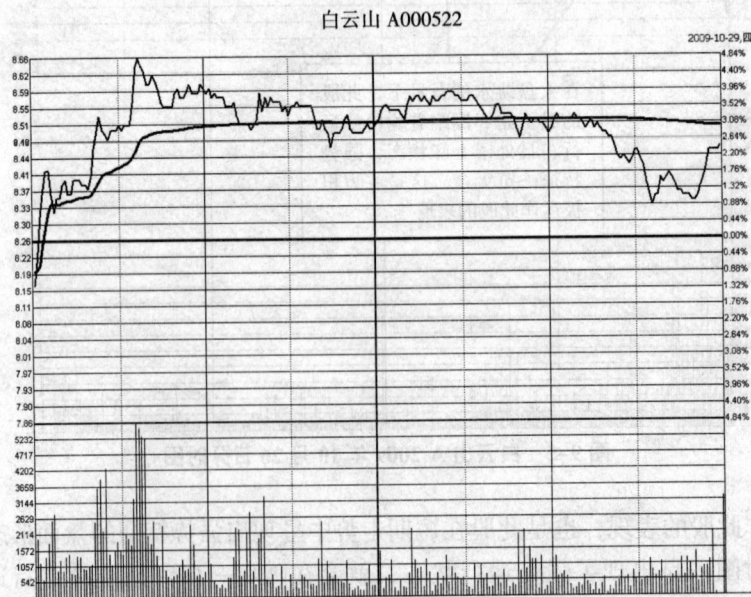

图 9-7　白云山 A 2009 年 10 月 29 日分时图

上证指数 1A0001

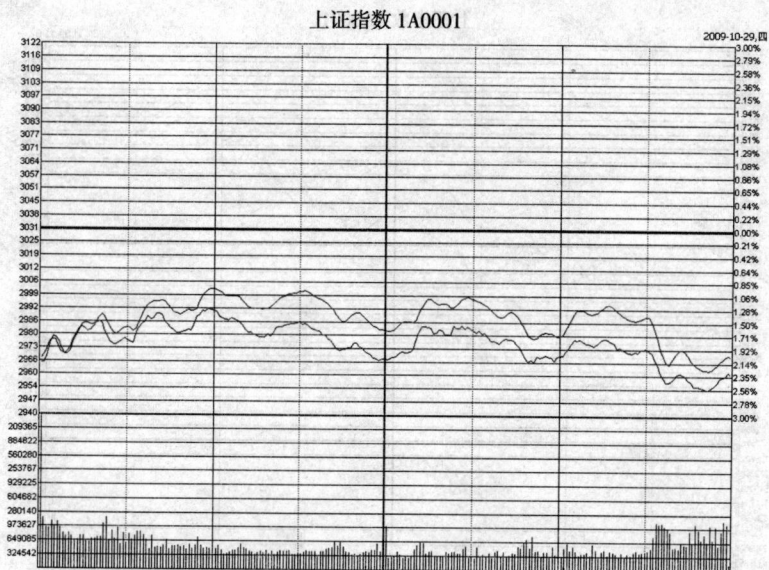

图 9-8　大盘指数 2009 年 10 月 29 日分时图

盘当日下跌幅度较大的情况，此股依然可以实现逆市上涨，显示出了主力强烈的做多意图，一旦大盘走势回暖，此股就有可能出现短线爆发的走势。

　　图 9-9、图 9-10 分别为白云山 A 和上证指数 2009 年 10 月 30 日分时图。通过对比两者的走势可以看出，白云山 A 的早盘走势明显独立于大盘，大盘

白云山 A000522

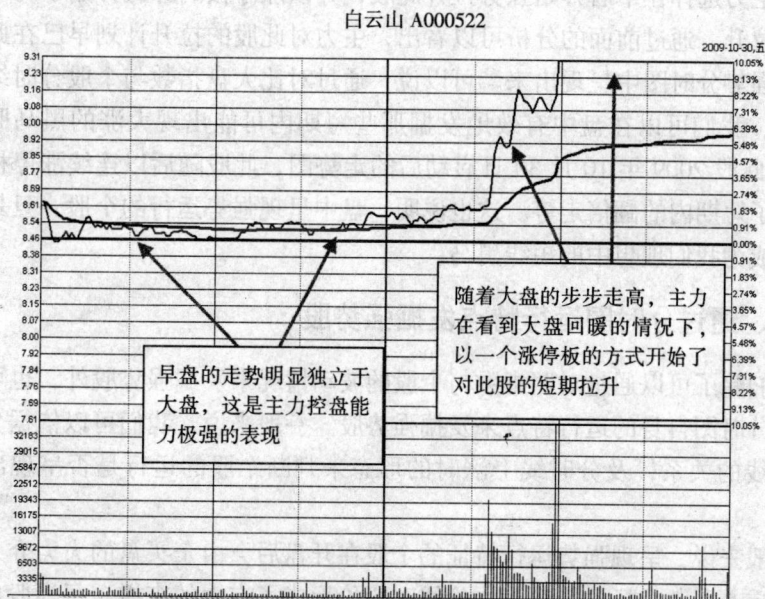

早盘的走势明显独立于大盘，这是主力控盘能力极强的表现

随着大盘的步步走高，主力在看到大盘回暖的情况下，以一个涨停板的方式开始了对此股的短期拉升

图 9-9　白云山 A 2009 年 10 月 30 日分时图

上证指数 1A0001

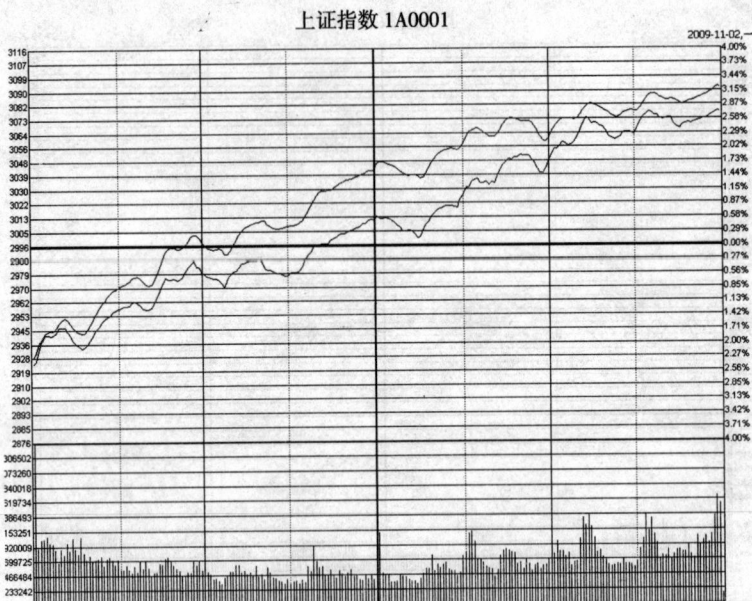

图 9-10　大盘指数 2009 年 10 月 30 日分时图

出现了低开高走的走势，而此股则是处于小幅横盘震荡走势中。这种与大盘走势截然不同的形态也在一定程度上说明了主力对于此股的控盘能力是极强的。随着午后大盘指数的继续走高，大盘短期内回暖走势也得到了确认，在这种情况下，主力选择在午后开始强势拉升此股，并以涨停板的方式开始了对于此股的短线拉升。通过前面的分析可以看出，主力对此股的拉升计划早已在此股前几日的强势分时图中呈现出来。可以说，通过对比大盘指数与个股分时线的波动情况，我们可以在盘中有效地发掘那些短期内可能出现大涨的黑马股。图 9-11 为此股 2009 年 10 月 30 日启动后的走势图，此股随后以连续涨停板的方式完成了短期内的翻倍走势。这也说明，盘中呈现强势运行的个股一旦暴发就有可能成为我们理想中的短线黑马。

二、通过分时图运行特点发掘强势股

我们除了可以通过对照指数与个股的波动情况来发掘强势股外，也可以通过个股分时图自身的运行特点来发掘强势股。一般来说，我们可以依据分时线与均价线的关系，及分时线上涨时的形态来判断个股的运行是否呈现出强势特征。

一般来说，呈现强势运行特征的个股在开盘后会由于买盘的大力介入而出现股价重心不断上扬的走势。均价线对股价形成了有力的支撑，每当股价在一

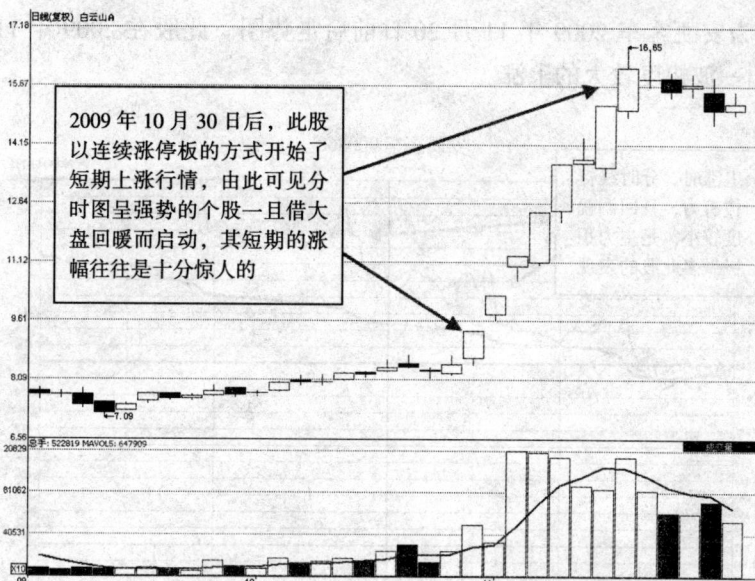

2009年10月30日后，此股以连续涨停板的方式开始了短期上涨行情，由此可见分时图呈强势的个股一旦借大盘回暖而启动，其短期的涨幅往往是十分惊人的

图9-11　白云山A 2009年10月30日启动后走势图

小部获利卖盘的抛售下而出现一波回调时，均价线都会对其构成有力的支撑，这是买盘充足的表现，也是个股分时图呈现强势特征的典型形态之一。此外，强势股的分时图特征还体现在股价的上涨过程中，强势股在上涨时，分时图往往会呈现出挺拔有力且极为流畅的形态，并且在一波上涨后仅出现小幅回调，随后就能于盘中新的高位强势横盘运行。这是买盘持续大力度介入的表现，说明有主力资金在有计划地推升此股。正是基于主力的积极运作，个股才能在随后的走势中脱颖而出，呈现出强势上涨的势头。

　　图9-12为安凯客车（000868）2009年11月20日分时图。此股在当日的盘中走势呈现出明显的强势特征。开盘后，股价在买盘的推动下步步走高，股价的每一次上涨，都是在连续涌入的大买单下完成的，体现在分时线上就是挺拔有力、向上流畅地运行，并且每一次拉升都出现山堆式量能，股价每涨高一个台阶，成交量便会配合温和放大，这是完美的量价配合关系。只有量价配合完美的股票才有能力不断的上涨，最后一次的上封涨停板更是放出巨量，股价在每一波拉升的明显放量是强势股的又一大特点。

　　如图9-12所示，股价在每一次流畅的上扬后，都能在这一新的盘中高位区出现强势横盘走势，说明此股的抛压并足以促使股价出现大幅回落，这是强势股盘中运行的典型形态。此股全天始终运行于均价线上方，这是买盘力道充足的表现，通过对此股当日盘中走势的观察，结合此股目前处于上升通道之中这一情况，我们有理由认为此股的这种短期强势运行走势仍将持续下去，

图 9-13 为安凯客车 2009 年 11 月 20 日前后走势图。此股在 2009 年 11 月 20 日后又出一波幅度较大的上涨。

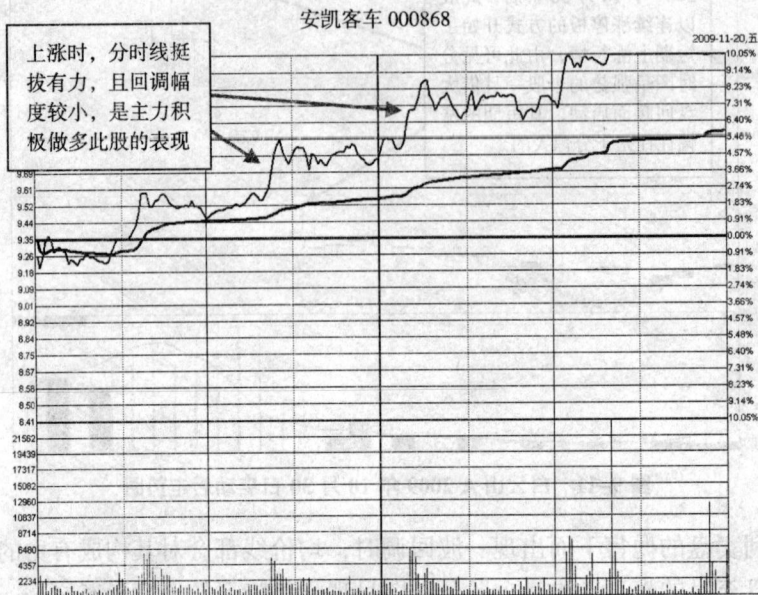

图 9-12　安凯客车 2009 年 11 月 20 日分时图

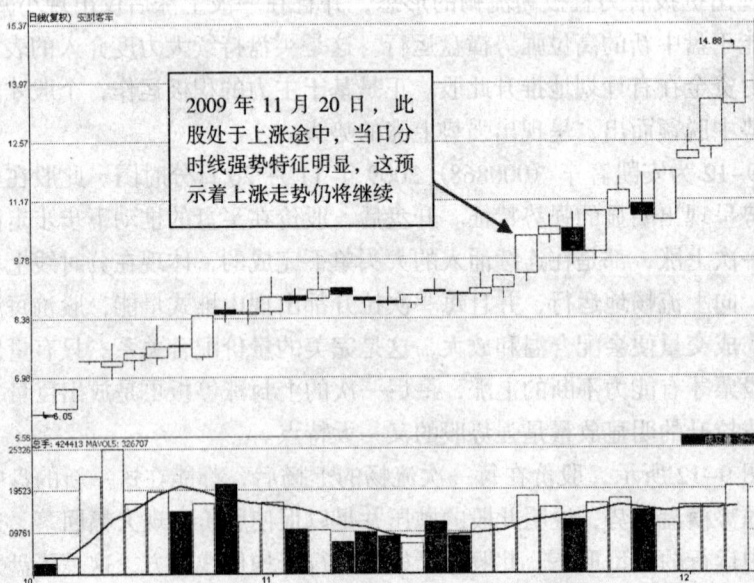

图 9-13　安凯客车 2009 年 11 月 20 日前后走势图

通过以上的分析，我们大致可以将强势股的分时线特点总结如下：

（1）将当日个股的分时线走势与大盘分时线走势进行对比，可以发现个股的分时线运行状态往往更具独立性，如大盘出现跳水，而个股则仅是出现微跌；大盘出现持续上涨，而个股则有可能以窄幅震荡代替，这种独立性走势是主力控盘能力强的表现。一般来说，我们将大盘同期出现较大幅度下跌，而个股以盘整走势出现或是仅出现小幅回调的对照关系当做是个股在短期内呈现出强势特征的表现形态，这种强势特征是主力短期内做多意图的充分体现，也是我们把握个股机会的重要着手点之一。

（2）分时线出现上涨走势，挺拔有力且呈流畅运行的状态，是买盘有节奏且持续性的流入导致的。在每一次的流畅上涨后，股价往往能在盘中新创出的高价位区出现强势横盘，这是市场抛压不重且买盘承接力度强的表现。

（3）均价线对股价构成了有力的支撑，这是个股在全天的交易中呈现出的买盘力度显著大于卖盘力度的表现，也是个股短期内可以呈现强势的主要原因。

（4）股价上涨时，成交量有规律的放大，分时量图形中会出现视觉效果明显的"山堆形"量能形态，这种山堆形的大小形态会随着股价的走高而不断放大。

第四节　分时线上的买入信号

一、均价线形成支撑，在大盘跳水带动下回调至均价线附近是买入信号

个股在当日盘中的表现往往具有前后连贯性，当个股在开盘后呈强势运行状态时，则往往是主力当日做多此股的表现，这时股价会在买盘的有力支撑下运行于均价线的上方。均价线对股价上涨构成了有力的支撑，但是大盘也许并不配合，若当日大盘出现了跳水走势，则正是我们检验此股主力做多意图是否坚决的时机，当此股股价在大盘跳水的带动下并没有向下明显脱离均价线，而是在均价线附近处获得了支撑，这时就是我们的买入时机。

图9-14为紫江企业（600210）2009年12月9日分时图，图9-15为大盘指数2009年12月9日分时图。从图9-14中可以看出，此股在开盘后呈强势运行状态，股价始终运行于均价线的上方，且上涨时分时线挺拔有力，但是当日大盘的走势并不好，全天处于下跌状态，并在早盘的后半段出现了快速跳水走势。大盘的同期跳水走势正是我们检验一只个股当日是否仍会延续强势状态

的好时机。如图 9-14 标注所示，此股在大盘同期快速跳水的背景下并没有受到明显的拖累，而仅仅是出现了小幅回调，当股价回调至均价线附近时获得了有力的支撑，结合此股早盘前半段的强势运行状态，此时就是我们当日盘中的买入时机。

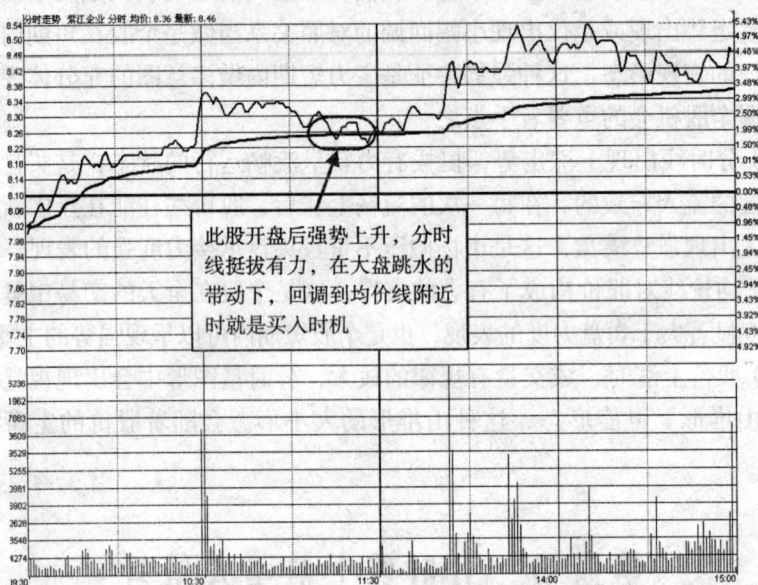

图 9-14 紫江企业 2009 年 12 月 9 日分时图

图 9-16 为明天科技（600091）2009 年 12 月 9 日分时图。从图 9-16 中可以看出，此股在开盘后呈强势运行状态，股价始终运行于均价线的上方，但是当日大盘的走势并不好，全天处于下跌状态，并在早盘的后半段出现了快速跳水走势。大盘的同期跳水走势正是我们检验一只个股当日是否仍会延续强势状态的好时机。如图 9-16 标注所示，此股在大盘同期快速跳水的背景下并没有受到明显的拖累，而仅仅是出现了小幅回调，当股价回调至均价线附近时获得了有力的支撑，结合此股早盘前半段的强势运行状态，此时就是我们当日盘中的买入时机。

二、开盘后放量上冲，小幅回调不破均价线即是买入信号

市场中有很多主力习惯于早盘拉升个股，这种个股的盘面形态往往是早盘开盘后就出现放量上冲的走势，势头十分强劲。个股的上涨一般不会一蹴而就，在一波拉升之后，此股会出现一波小幅回调，若在回调时出现缩量形态且当股价回调至均价线附近时再次有放量上冲的迹象，此时就是我们的买入时

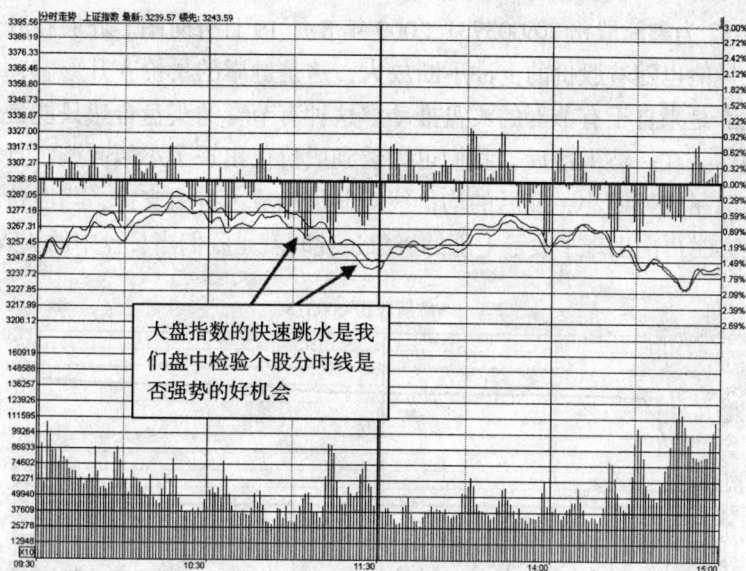

图 9-15 大盘指数 2009 年 12 月 9 日分时图

大盘指数的快速跳水是我们盘中检验个股分时线是否强势的好机会

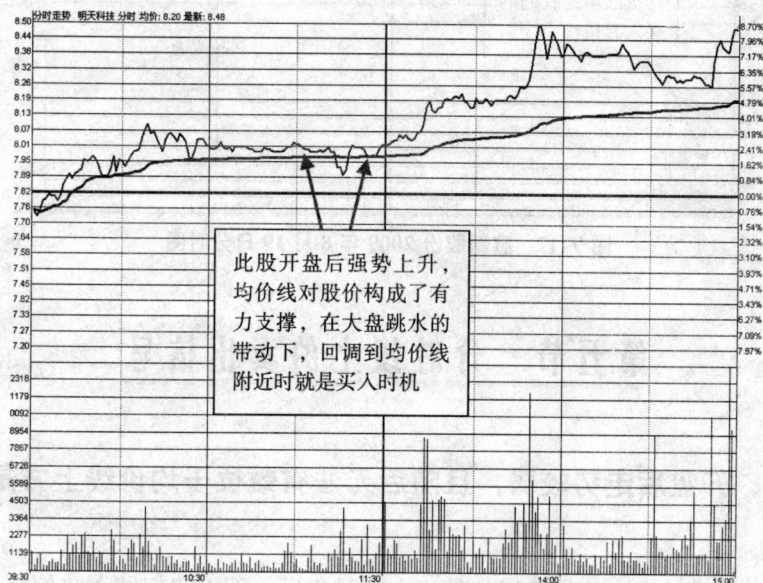

图 9-16 明天科技 2009 年 12 月 9 日分时图

此股开盘后强势上升，均价线对股价构成了有力支撑，在大盘跳水的带动下，回调到均价线附近时就是买入时机

机。开盘后的强势上涨是主力拉升的信号，而缩量回调不破均价线则说明了市场上做空力量的薄弱。对于这样的股票，我们短期内是可以看好的，因为主力一旦有意拉升，其拉升幅度绝对可能是开盘后的那一波上涨幅度，短期内个股还会上涨到更高的价位。

图 9-17 为鑫新股份（600373）2009 年 8 月 19 日分时图。此股在开盘后强势上冲且量能也随着股价的上冲不断放大，这是健康的量价齐升形态，它说明个股的上涨是来自于有节奏的买盘推动，这种有节奏的买盘自然只能是来自于主力的操作。在一波上冲后，我们可以看到股价仅出现了小幅回调，且在回调过程中分时量快速缩小，随后的均价线对股价构成了有力支撑，当股价回调至均价线上方时再次出现了放量上涨的迹象，此时就是我们当日盘中的买入时机。

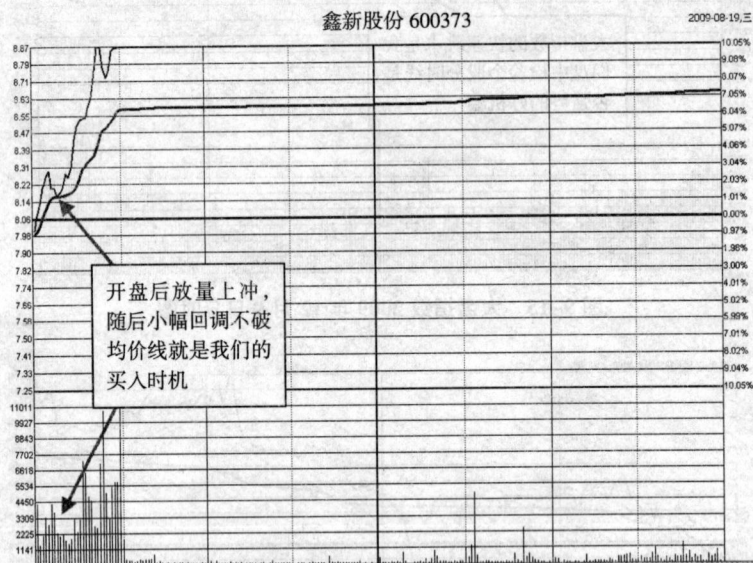

图 9-17　鑫新股份 2009 年 8 月 19 日分时图

第五节　分时线上的卖出信号

一、开盘后走势较弱，且随后无法有效位于均价线上方是卖出信号

分时图中的卖出信号正好与其买入信号相反，下面我们结合实例来进行具体分析。图 9-18 为三友化工（600409）2009 年 12 月 9 日分时图。此股在开盘后处于下跌状态，股价走势较弱，且在随后出现了放量下跌并明显跌破均价线的走势。如果对比图 9-15 中当日大盘指数的走势，就可以看出此股的走势明显要弱于大盘。一只个股在当日，甚至多日内的走势往往具有前后的连贯性，若早盘处于弱势状态，则一般来说其全天的走势也难以乐观。对于这样的

个股，我们就要着手短线卖出了，如图 9-18 所示，此股在随后的反弹中并没有站稳于均价线上方，此时就是我们的盘中卖出时机。

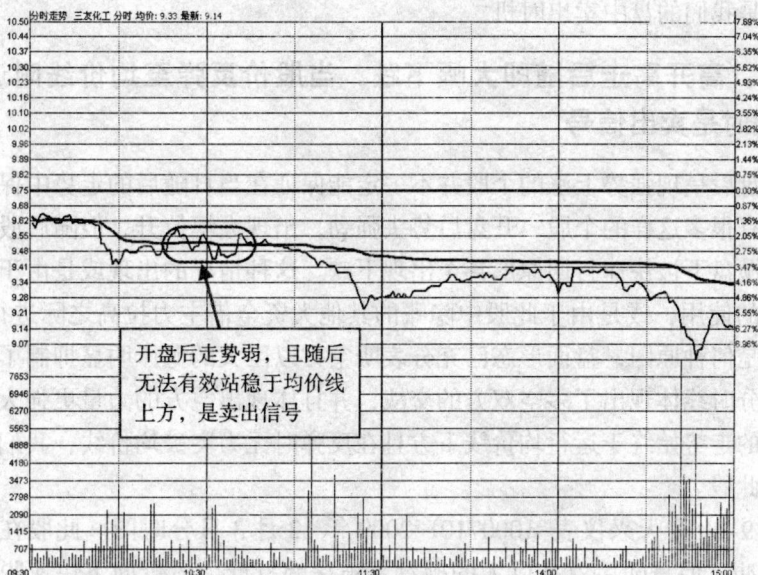

开盘后走势弱，且随后无法有效站稳于均价线上方，是卖出信号

图 9-18　三友化工 2009 年 12 月 9 日分时图

图 9-19 为南通科技（600862）2009 年 12 月 9 日分时图。此股在开盘后处于下跌状态，股价走势较弱，且在随后出现了放量下跌并明显跌破均价线的

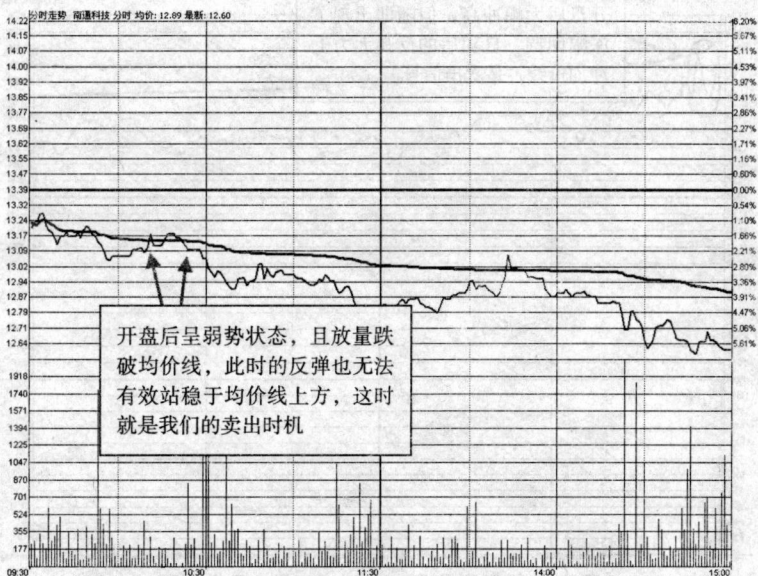

开盘后呈弱势状态，且放量跌破均价线，此时的反弹也无法有效站稳于均价线上方，这时就是我们的卖出时机

图 9-19　南通科技 2009 年 12 月 9 日分时图

走势。如果对比图 9-15 中当日大盘指数的走势，就可以看出此股的走势明显要弱于大盘。如图 9-19 所示，此股在随后的反弹中并没有站稳于均价线上方，此时就是我们的盘中卖出时机。

二、高开高走后随即大幅下跌，当股价反弹至均价线附近且无力突破时是卖出信号

开盘后呈现强势上涨的个股并不一定能保证在当日随后的走势中保持这种势头。有很多这样的个股，开盘后势头强劲，出现大幅拉升，但随后股价就在巨大的抛盘下被快速打回原形甚至出现下跌。这种情况的出现或是由于主力诱多手法的使用，或是由于此股中隐藏的其他大资金借主力拉高之际进行出货。但无论是何种原因，盘面形态已充分表明空方以巨大的抛压明显抑制了多方的行动。分时线体现出了多空双方的交战，并且体现出空方的力量更强大。若随后个股的走势始终于运行均价线下方且在反弹时无力突破均价线，我们就宜短期卖出此股。

图 9-20 为天兴仪表（000710）2009 年 12 月 3 日分时图。此股在开盘后强势上冲，但是随后就在巨大的抛盘下被深幅打低，股价向下快速脱离均价线，并且在随后的反弹中也无力再次向上突破均价线，此时就是我们的短线卖出信号。

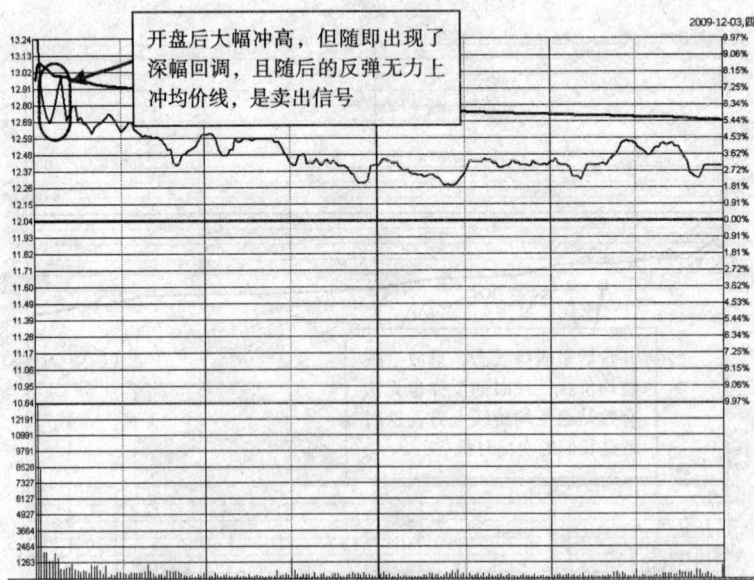

图 9-20　天兴仪表 2009 年 12 月 3 日分时图

第十章 "指标"看盘攻略

第一节 何为指标分析

技术指标分析方法是以市场或个股的交易数据为基本要素，通过某种运算关系建立一个数学模型并给出计算公式，并通过计算得出一个体现股票市场的某个方面特征的量化数值，叫指标值。指标值是以量化的方式反映股市或个股运行状态的数值，通过将各个交易日的指标值连接起来就构成了指标线。这些指标线的用处在于指示当前价格的运行方向，对价格是否达到重要的价格区域发出预报，对买卖决策有很大作用，是投资者用来分析市场某些方面特征的工具。一般来说，技术指标虽然种类繁多，但是其计算过程中所依据的参数（即市场交投数据）却大同小异，主要包括：开盘价、收盘价、当日最高价、当日最低价、成交量这五个数据。

技术指标分析方法属于技术分析中的一种常用方法，它以数学运算为基础，实现了以数值量化的方式来具体地反映市场或个股某方面运行特征的目的。依据技术指标所反映的市场运行特征的不同，我们可以把技术指标统分为三大类，即：趋势类指标、能量类指标、摆动类指标。因为某个指标只能反映出局部的市场状态，所以要想在期货市场中对市场的总体及当前操作期货品种有一个全面的把握，就不能局限于单纯的某一个指标或某一类指标，这时要根据具体的实际情况灵活多变地综合运用这些指标。

一、趋势类指标

趋势理论认为，一旦基本趋势的方向确立，价格就会沿这一趋势持续运行，直到趋势遇到外来因素破坏而改变为止，在市场中我们常可以看到这种价格沿一个主方向持续运行的情况。基于趋势理论的客观性，为了能够准确地反映市场或个股的运行趋势，趋势类指标也就应运而生了，我们把那些反映市场或个股趋势运行状态的指标称为趋势类指标。趋势类指标以均线为基础，根据目前趋势所处的阶段（上升阶段、平台阶段、下降阶段）及当前价格处于趋势线的不同位置，来作出买卖指导。趋势形成及延续具有一个较长的时间跨度且不易受人为控制，因此可以说反映趋势运行的趋势类指标具有明显的稳定性，是中长线投资者研判趋势状态、作出买卖决策的理想工具。趋势类指标主要包括：移动平均线（MA）、指数异动平滑平均线（MACD）、动量指标（MTM）、趋向指标（DMI）、宝塔线（TWRF）、瀑布线（PBX）等等。其中，最为常用的是移动平均线 MA 和指数异动平滑平均线 MACD。本章随后的章节中，我们将会介绍移动平均线及指数异动平滑平均线的买卖方法。

二、能量类指标

能量类指标作为单独的一类指标，是以"成交量"为核心的。它的理论基础基于格兰维尔的量价理论，格兰维尔在其著作《股票市场指标》中指出："成交量是股市的元气与动力，成交量的变动，直接表现股市交易是否活跃，人气是否旺盛，而且体现了市场运作过程中供给与需求间的动态实况，没有成交量的发生，市场价格就不可能变动，也就无股价趋势可言，成交量的增加或萎缩都表现出一定的股价趋势。"我们可以将其观点简要地概括为一句话：成交量是反映股价走势、预测股价走势的重要工具。基于此，为了反映量能的变化形态，能量类指标应运而生。能量类指标是以成交量所提供的信息作为基础，通过一定的数学运算，得出指标模型进行研判。由于能量类指标并不是以价格作为指标的直接参数，所以在使用能量类指标时一般要结合趋势类指标进行综合判断。能量类指标主要包括：成交量（VOL）、心理线（PSY）、量相对强弱指标（VRSI）、均量线、能量潮（OBV）等。其中，最重要的当属成交量，我们在前面的"量价结合"看盘攻略一章中已对其进行了详细的解讲，本章中不再赘述。

三、摆动类指标

摆动类指标基于统计学理论，统计学中认为事物在短期的变化过程中，总有向"平衡位置"靠拢的倾向。基于这一观点，摆动类指标以"平衡位置"为核心，根据某一段时间内的价格波动区间及某一时间点处于这一价格波动区间的位置情况，来作出买卖判断，其设计原理大都较为复杂。在股市中所谓的"平衡位置"的含义是指个股的价格，当个股处于持续上涨状态时，这一"平衡位置"会随着上涨趋势的行进而出现上移；当个股处于持续下跌状态时，这一"平衡位置"也会随着下跌趋势的行进而出现下移。因此可以说，摆动类指标属于短线指标，用于反映个股在短时间内的波动情况，是我们进行短线买卖的工具。当股市处于震荡市中，摆动类指标在反映价格的波动上更为灵敏，往往能够提前反映出价格波动的相对高点和相对低点，是一种很理想的短线指标；但是在个股持续上涨的走势中或是持续下跌的走势中，由于个股很少出现横盘震荡走势，因此摆动类指标往往会出现钝化，不能如实反映价格的真实走势。摆动类指标主要包括：随机摆动指标（KDJ）、乖离率（BIAS）、相对强弱指标（RSI）等，最为常用的要数随机摆动指标。本章随后的章节中，我们将会介绍随机摆动指标的买卖方法。

通过以上的介绍，我们可以大致了解技术指标类的分析方法，每一类的技术指标都有其理论基础，都以量化的方式准确地反映了市场某部分的实际运行情况：趋势类指标反映了大趋势的运行情况；能量类指标反映了量能的变化情况；摆动类指标反映了个股的短期波动情况。在实际使用当中，我们应综合使用这些指标，用图全面、准确地了解市场或个股的实际运行情况，从而作出买卖决策。

第二节　移动平均线下的买卖信号

本节中，我们结合实例以短期移动平均线（MA5）及中期移动平均线（MA30）的相互关系作为研判个股买卖点的信号，力图使读者在牛市、熊市中均可以灵活地利用移动平均线进行买卖操作。

一、移动平均线下的买卖信号

1. 均线多头排列下，在股价快速上涨后，若随后 MA5 回调至 MA30 附近是买入信号

在个股处于上升趋势中，周期长短不一的移动平均线会呈现出多头向上发散的多头排列形态，这意味着多方力量处于主导地位。股价在持续买盘的资金推动下可以稳步上涨，若股价在持续买盘的涌入下出现了一波快速上涨，使得股价在短期内出现了较大涨幅，这会使得 MA5 向上快速远离 MA30，这往往意味着个股短期处于超买状态，也是个股短期内买盘能量过渡释放的体现。由于 MA30 对于 MA5 有吸引作用，随着短期获利盘的抛出，一波回调往往也在所难免。因此，当股价经一波回调使得 MA5 向下靠拢 MA30 时，即是牛市中的回调买入时机。

图 10-1 为云维股份（600725）2006 年 12 月 4 日至 2007 年 5 月 28 日期间走势图。此股在此期间处于上涨趋势中，中期均线与短期均线处于多头排列

形态。如图标注所示，当 MA5 经一波回调至 MA30 附近时，就是我们牛市中的回调后买入信号或加仓信号。

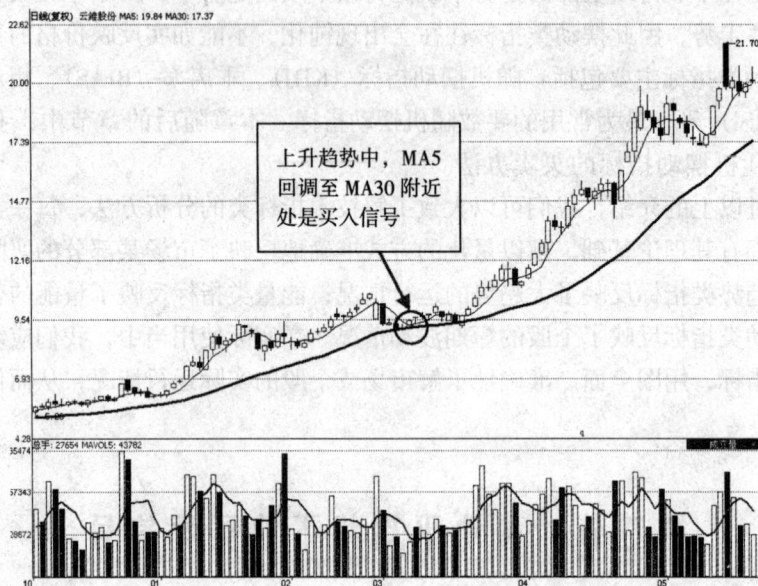

图 10-1　云维股份上涨途中 MA5 回调后买入信号示意图

2. 低位区震荡后，MA5 由下向上交叉 MA30 且出现放量是买入信号

在个股经历了长期、深幅下跌后，往往会于低位区出现横盘震荡的走势，这是多空双方处于焦灼状态的表现。此时，周期长短不一的移动平均线会呈现出相互缠绕的排列形态，若在这种震荡后期出现 MA5 向上交叉并穿越 MA30 形态（这种形态称之为移动平均线金叉形态）且成交量开始放大，这意味着多方力量已处于主导地位，股价在持续买盘的资金推动下很可能出现突破上涨，是买入的信号。

图 10-2 为民生银行（600016）2008 年 7 月 7 日至 2009 年 5 月 25 日期间走势图。此股在深幅下跌后出现了低位区的长时间横盘震荡走势。在横盘震荡过程中可以看到量能在总体上已处于放大形态，这是资金持续流入的迹象。如图标注所示，在横盘震荡之后，MA5 开始向上交叉并穿越 MA30 且量能也出现了较为明显的放大，这是多方力量发起攻击的信号，意味着个股很有可能向上脱离这一低位横盘区，是我们的买入信号。

3. 均线呈空头排列，MA5 向下快速远离 MA30，随后 MA5 走平即是买入信号

在个股处于下跌趋势中，周期长短不一的移动平均线会呈现出多头向下发

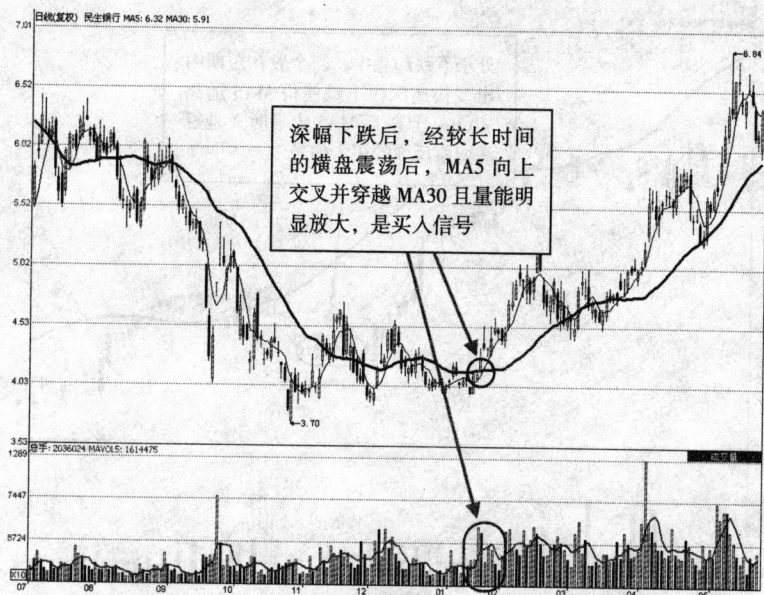

图 10-2　民生银行低位横盘后金叉买入信号示意图

散的空头排列形态，这意味着空方力量处于主导地位。若股价在持续卖盘的抛压下出现了一波快速下跌，使得股价在短期内出现了较大跌幅，这会使得 MA5 向下快速远离 MA30，意味着个股短期处于超卖状态。由于中期均线 MA30 对于 MA5 有吸引作用，若个股在这一波的快速下跌后可以出现较为可观的反弹走势，则 MA5 会在这一波的快速下跌后首先走平，这是买盘开始介入抢反弹、卖盘的能量已短期内释放完毕的信号，是我们在熊市中抢反弹的时机。

图 10-3 为中原高速（600020）2008 年 4 月 3 日至 2008 年 8 月 26 日期间走势图。此股在此期间处于下跌趋势中，MA30 呈现出向下发散的空头排列形态。在一波短期深幅下跌后的个股的 MA5 向下快速远离 MA30 且随后 MA5 出现走平形态时就是我们下跌途中博取反弹的买入信号。

4. 均线呈空头排列，MA5 向上反弹至 MA30 附近是卖出信号

在个股处于下跌趋势中，周期长短不一的移动平均线会呈现出多头向下发散的空头排列形态，这意味着空方力量处于主导地位。当个股股价经一波反弹后使得 MA5 接近 MA30 时，往往会再度引发卖盘抛出，此时即是熊市中的反弹后卖出信号。

图 10-4 为三峡新材（600293）2008 年 3 月 12 日至 2008 年 9 月 24 日期间走势图。此股在此期间处于下跌走势中，MA5 与 MA30 处于空头排列形态，

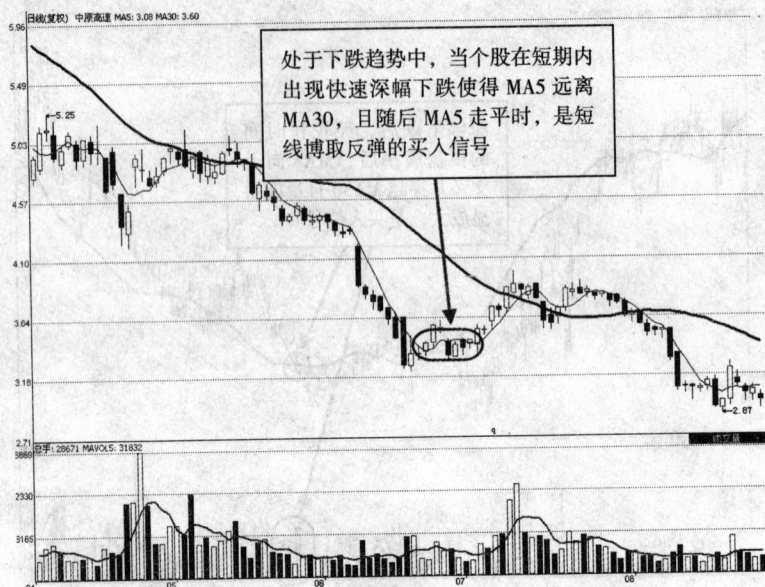

处于下跌趋势中，当个股在短期内出现快速深幅下跌使得 MA5 远离 MA30，且随后 MA5 走平时，是短线博取反弹的买入信号

图 10-3　中原高速下跌途中 MA5 走平买入信号

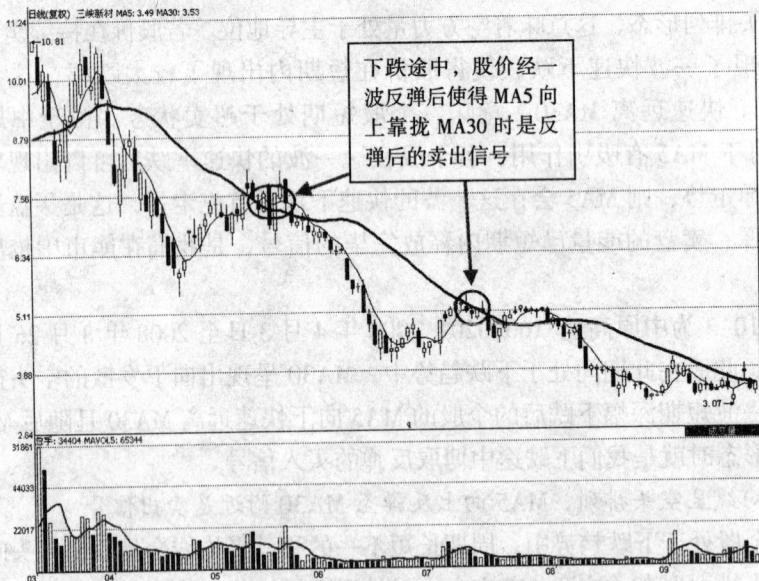

下跌途中，股价经一波反弹后使得 MA5 向上靠拢 MA30 时是反弹后的卖出信号

图 10-4　三峡新材下跌途中 MA5 反弹后卖出示意图

随着下跌途中一波反弹之后，使得 MA5 向上靠拢 MA30 时，就是我们在下跌途中博取反弹时的卖出信号。

5. 高位区震荡后，MA5 由上向下交叉 MA30 是卖出信号

在个股经历了长期、大幅上涨后，往往会于高位区出现横盘震荡的走势，这是买盘已无法有效持续跟进而卖盘还没有大量涌出的表现。此时，周期长短不一的移动平均线会呈现出相互缠绕的排列形态。若在这种震荡后期出现 MA5 向下交叉并穿越 MA30 形态时（这种形态称为移动平均线死叉形态），这意味着空方力量已处于主导地位，股价在持续卖盘的抛压下很可能出现破位上涨，是卖出的信号。与这一卖出信号对应的买入信号是"低位区震荡后，MA5 由下向上交叉 MA30 且出现放量是买入信号"。但是两者有一点是明显不同的，即在"低位区震荡后，MA5 由下向上交叉 MA30 且出现放量是买入信号"中，MA5 向上交叉并穿越 MA30 时多是在成交量放大的情况下完成的，即我们所说的放量突破；但是"高位区震荡后，MA5 由上向下交叉 MA30 是卖出信号"中，MA5 向下交叉并穿越 MA30 时却并不一定需要放量，即我们所说的跌时无量。

图 10-5 为中集集团（000039）2006 年 11 月 7 日至 2007 年 12 月 20 日期间走势图。此股在经历了长时间的大幅上涨之后，于高位区出现横盘震荡走势，这是买盘已无法有效继续推动个股上涨的表现，多意味着个股已步入到了顶部区间。可以看到，在顶部横盘震荡中，短期均线与中期均线处于一种相互缠绕的状态下。随着震荡的持续，当 MA5 开始向下交叉并穿越 MA30 时，这是空方力量发起攻击的信号，意味着个股很有可能向下脱离这一高位横盘区，

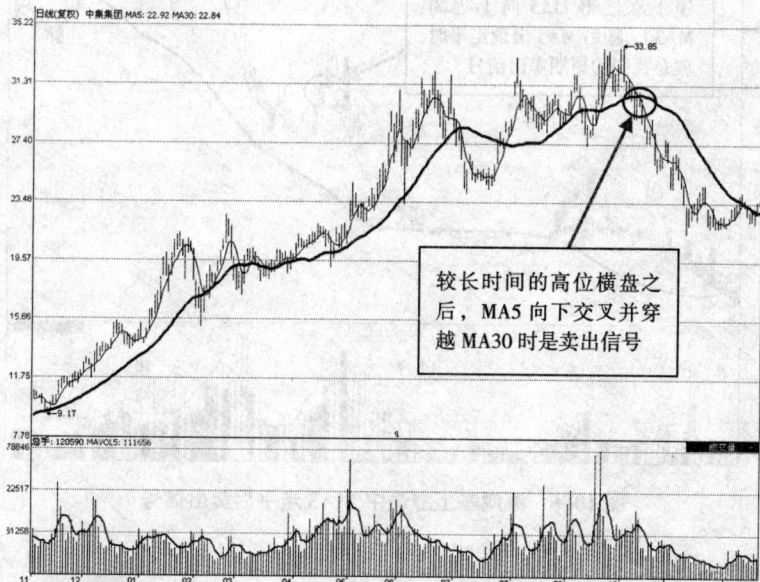

图 10-5　中集集团高位横盘后死叉卖出信号

是我们的卖出信号。

6. 均线呈多头排列，MA5 向上快速远离 MA30，随后 MA5 走平即是卖出信号

在个股处于上升趋势中，周期长短不一的移动平均线会呈现出多头向上发散的多头排列形态，这意味着多方力量处于主导地位。股价在持续买盘的资金推动下可以稳步上涨，若股价在持续买盘的涌入下出现了一波快速上涨，使得股价在短期内出现了较大涨幅，这会使得 MA5 向上快速远离 MA30，这往往意味着个股短期处于超买状态，也是个股短期内买盘能量过渡释放的体现。由于 MA30 对于 MA5 有吸引作用，若个股在这一波的快速上涨后会出现较为明显的回调走势，则 MA5 会在这一波的快速上涨后首先走平，这是获利卖盘开始大量抛出而买盘能量开始减弱的信号。随着短期获利盘的持续抛出，一波回调往往也在所难免，MA5 开始走平时就是我们牛市中的短期卖出信号。

图 10-6 为深鸿基（000040）2008 年 11 月 12 日至 2009 年 5 月 7 日期间走势图。此股在此期间处于上升趋势中，MA5 与 MA30 呈多头排列形态。随着个股在短期内上涨走势的加快，使得 MA5 向上快速远离 MA30，这预示着一波回调即将出现。随后 MA5 走平时就是我们短期内的卖出信号。

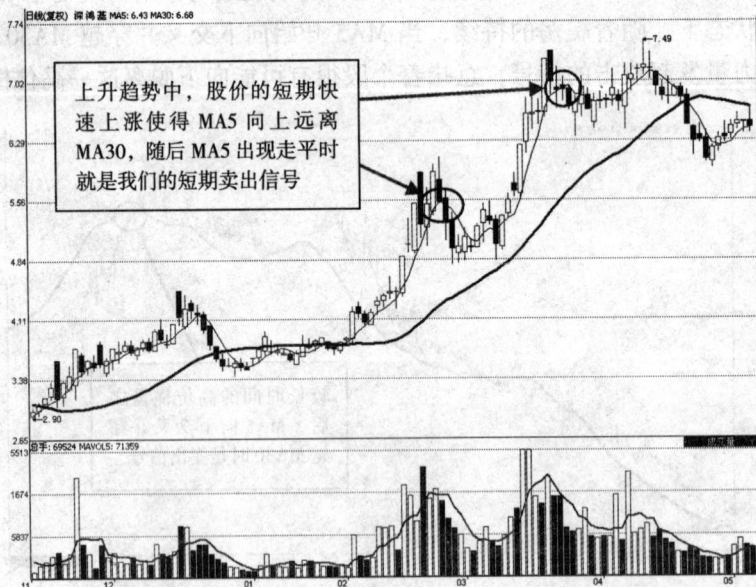

图 10-6　深鸿基上涨途中 MA5 走平后卖出信号

二、格兰维尔的移动平均线八条使用法则

美国投资专家格兰维尔系统性地概括出了移动平均线的使用方法，下面我们就来看看格兰维尔总结出的八条均线使用法则。图 10-7 形象地给出了这八种买卖信号，读者可以结合下面的叙述来理解。

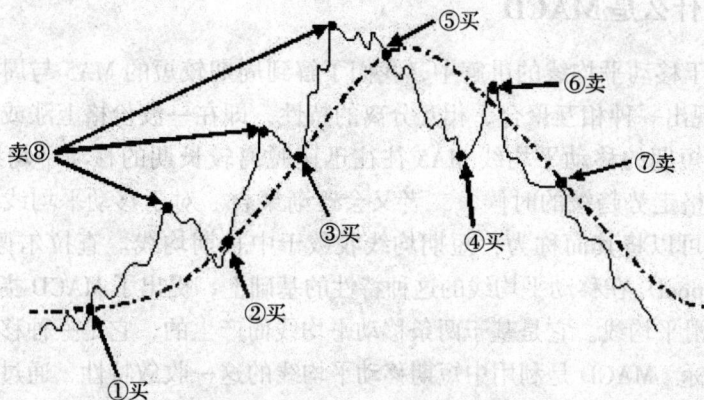

图 10-7　格兰维尔移动平均线使用法则示意图

（1）移动平均线从下降逐渐走平转为上升，而股价从平均线的下方向上突破移动平均线时为买入信号。

（2）股价位于移动平均线上方，经一波回调后，股价并没有跌破移动平均线，随后股价又再度上涨时为买进信号。

（3）股价位于移动平均线上方，经一波回调后，股价跌破移动平均线，但短期移动平均线继续呈上升趋势，此时仍为买进信号。

（4）股价位于移动平均线之下，股价短期内出现快速下跌使得股价距离移动平均线太远，此时为买入信号。因为股价会在均线的引力作用下向上靠拢均线。

（5）移动平均线从上升逐渐走平，而股价从移动平均线上方向下跌破移动平均线时说明卖压渐重，应卖出所持股票。

（6）股价反弹后在移动平均线上方波动，而移动平均线却继续向下运行，这是下跌趋势仍在继续的表现，是卖出信号。

（7）股价运行于移动平均线下方，反弹时未突破移动平均线，移动平均线在趋于水平后又出现下跌趋势，是卖出信号。

（8）股价运行于移动平均线上方，股价短期内出现快速上涨使得股价距离移动平均线太远，说明近期内购买股票者获利丰厚，随时会产生获利回吐的卖

压，是卖出信号。

第三节　MACD——趋势分析与短线炒作的利器

一、什么是 MACD

在关于移动平均线的讲解中，我们了解到周期较短的 MA5 与周期较长的 MA30 呈现出一种相互聚合、相互分离的特性，即在一波价格上涨或下跌的趋势中，较短期的移动平均线 MA5 往往迅速脱离较长期的移动平均线 MA30，随后在价格走势趋缓的时候，二者又会逐渐聚合。对于移动平均线的这种特性，我们可以将其简称为：短期均线收敛于中长期均线。查拉尔德·阿佩尔（Gerald Appel）在移动平均线的这种特性的基础上，提出了 MACD 指标，即指数异动平滑平均线。它是基于两条移动平均线而产生的，它是一种移动平均线的波动指标。MACD 是利用中短期移动平均线的这一收敛特性，通过计算得出两条移动平均线的之间的差异——正负差 DIF，以此作为研判价格波动的根据。

MACD 指标设计的初衷是摒弃移动平均线发出买卖信号相对迟滞的这一特性。在前面的讲解中，我们可以了解到，在趋势较为明确的时候，运用移动平均线 MA 可以作出较为理想的买卖决策，但是在横盘整理的时候，移动平均线 MA 往往发出虚假的信号。而基于移动平均线原理产生的 MACD 既保留了移动平均线 MA 所具有的"呈现趋势性"的优点，又摒弃了移动平均线 MA 的不足之处。可以说，在短期操作中，基于移动平均线原理产生的 MACD 则能得到更为准确的买进卖出信号，它是一种建立在移动平均线之上的指标。

二、MACD 的计算方法

MACD 指标的表示方法：在常用的股票行情分析软件中，MACD 指标主要由三部分构成，即移动平均线（EMA）、离差值（DIF）、离差平均值（DEA）。其中，DIF 是核心，DEA 是辅助。此外，MACD 还有一个辅助指标——柱状线（BAR）。其中，DIF 线是快速平滑移动平均线（EMA1）和慢速平滑移动平均线（EMA2）的差值，DEA 线是 DIF 的移动平均线，在使用中依据 DIF 线和 DEA 线的相互交叉关系及运行形态来实施买卖操作。为了在图表中醒目地表示出买卖盘增减的变化情况，将 DIF 与 DEA 两条线的差用柱状线 BAR 表示，柱状线是有颜色的，在低于零轴以下是绿色，高于零轴以上是红色，前者代表趋势较弱，后者代表趋势较强。

MACD 的计算过程：先计算出快速移动平均线（即 EMA1）和慢速移动平均线（即 EMA2），以这两个数值作为测量两者（快慢速线）间的离差值（DIF）的依据，然后再求 DIF 的 N 周期的平滑移动平均线 DEA 线，计算出的 DIF 和 DEA 的数值均为正值或负值，DIF 与 DEA 两个值的差或商就是所求的 MACD 数值。MACD 数值往往通过柱状线 BAR 的长短表示出来：当离差值 DIF 由下向上交叉离差平均值 DEA 时，即柱状线由绿变红，此时表明多方处于优势阶段，DIF 向上运行得越快、脱离 DEA 距离越远，代表上升趋势越快、上涨幅度越大；当离差值 DIF 由上向下交叉离差平均值 DEA 时，即柱状线由红变绿，此时表明空方处于优势阶段，DIF 向下运行得越快、脱离 DEA 距离越远，代表下跌趋势越快、下跌幅度越大。

下面以 MACD（26，12，9）为例列出了 MACD 指标的计算过程。MACD（26，12，9）表示 EMA1 的参数为 12 日，EMA2 的参数为 26 日，DIF 的参数为 9 日。

1. 计算移动平均值（EMA）数值

12 日 EMA 的算式为：EMA（12）=前一日 EMA（12）×11/13＋今日收盘价×2/13

26 日 EMA 的算式为：EMA（26）=前一日 EMA（26）×25/27＋今日收盘价×2/27

2. 计算离差值（DIF）数值

DIF＝今日 EMA（12）－今日 EMA（26）

3. 计算 DIF 的 9 日 EMA 数值

9 日 DIF 平均值（即 DEA）=最近 9 日的 DIF 之和/9

4. 计算 MACD 数值

MACD＝（当日的 DIF－昨日的 DIF）×0.2＋昨日的 MACD。一般来说，柱状值 BAR＝2×（DIF－DEA），而这一数值也是所求出的 MACD 值。

三、运用 MACD 识别趋势运行并控制仓位

MACD 指标的最主要功能之一是对个股或市场运行大趋势的反映：当 DIF 和 DEA 都运行于零轴上方时，表示目前市场处于上升趋势中，此时，移动平均线呈多头排列，即周期较短的移动平均线运行于周期较长的移动平均线的上方，此时的主要操作策略是建仓或持仓；当 DIF 和 DEA 都运行于零轴下方时，表示目前市场处于下跌趋势中，此时，移动平均线呈空头排列，即周期较短的移动平均线运行于周期较长的移动平均线的下方，此时的主要操作策略是空仓或博取反弹。

此外，我们还可以根据 MACD 指标中红绿柱线的情况在短线操作中来控制仓位的大小：当红柱逐渐加长时，表明多方力量在快速释放，随后股价很有可能在短期获利抛盘抛出的情况下出现一波下跌，短期内投资者应降低仓位；当绿柱逐渐加长时，表明空方力量在快速释放，随后股价很有可能在短期抄底盘的涌入下出现一波上涨，短期内投资者应适当买入或加仓。

图 10-8 为上证大盘指数 2006 年 8 月至 2009 年 3 月期间走势图。当大盘处于上升趋势时，我们可以看到 MACD 指标中的 DIF 线与 DEA 线运行于零轴上方；而当大盘处于下跌趋势时，这两条线则运行于零轴下方，这就是 MACD 指标对于趋势运行情况的总体反映。

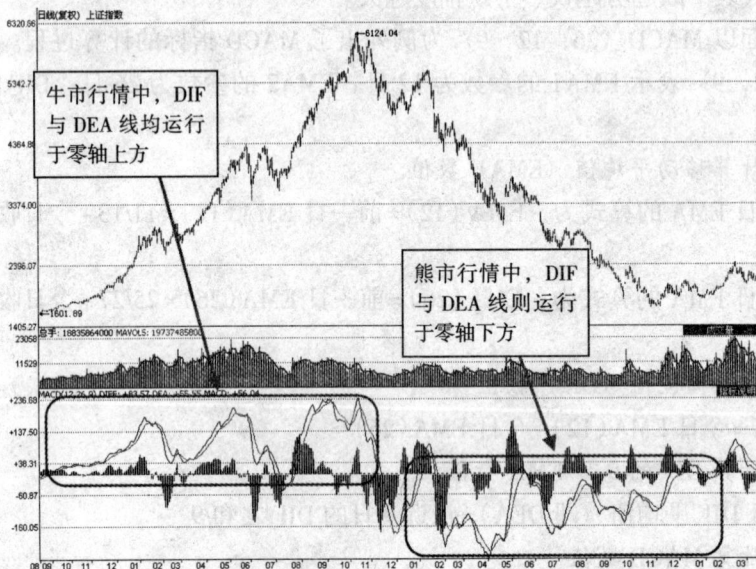

图 10-8　大盘指数走势中 MACD 指标趋势反映示意图

四、MACD 下的买卖信号

1. MACD 金叉形态是买入信号

当个股经过深幅下跌后，或是在相对低位区进行一段时间的盘整走势，或是在上升途中的一波回调或整理走势。随着股价的向上调头，使得 MACD 指标中的 DIF 线自下而上交叉并穿越 DEA 线时是买入信号，这种 DIF 线自下而上交叉并穿越 DEA 线的形态又称之为 MACD 金叉形态。在应用这一金叉形态时，我们要结合个股运行的趋势来操作：当 DIF 线与 DEA 线均运行于零轴上方时，表明市场处于多头趋势中，此时的金叉既是短线买入信号，也可以视为中长线入场的信号；当 DIF 线与 DEA 线均运行于零轴下方时，表明市场处于空头趋势中，此时的金叉形态更多地代表了短线买入信号。

图 10-9 为紫金矿业（601899）2008 年 11 月 21 日至 2009 年 3 月 31 日期间走势图。此股在 2008 年出现了深幅下跌，在 2008 年 11 月之后此股一直处于相对低位区的盘整走势中，并且 MACD 中的 DEA 线与 DIF 线均位于零轴上方，这代表此股目前已处于上升趋势中，是买盘力量显著大于卖盘力量的反映。如图标注所示，在这一低位横盘震荡的末期，此股的 MACD 呈现出金叉形态，这一形态的出现表明个股将突破这一低位盘整区并开始向上运行，是买入信号。

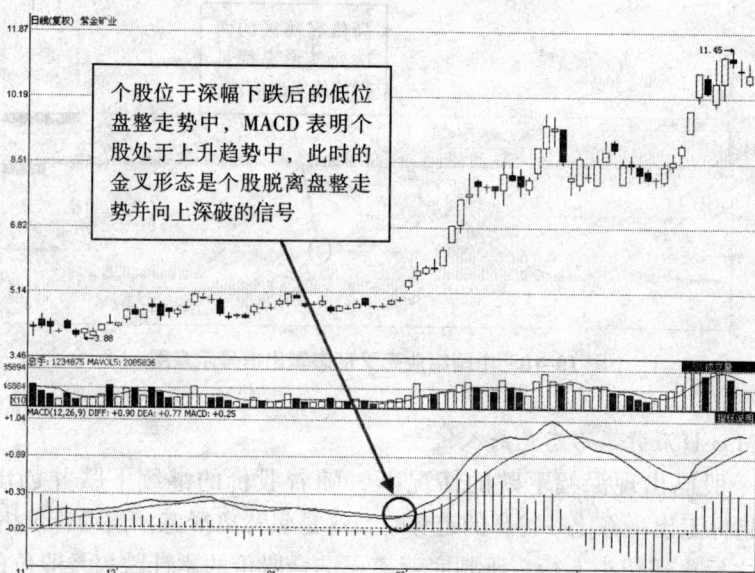

图 10-9 紫金矿业金叉形态买入信号示意图

2. MACD 死叉形态是卖出信号

当个股经过大幅上涨后，或是在高位区进行一段时间的盘整走势，或是在下跌途中的一波反弹。随着股价的向下调头，使得 MACD 指标中的 DIF 线自上而下交叉并穿越 DEA 线时是卖出信号，这种 DIF 线自上而下交叉并穿越 DEA 线的形态又称之为 MACD 死叉形态。在应用这一死叉形态时，我们要结合个股运行的趋势来操作。当 DIF 线与 DEA 线均运行于零轴上方时，表明市场处于多头趋势中，此时的死叉形态只是短线卖出信号，不宜当做中长线离场的信号；当 DIF 线与 DEA 线均运行于零轴下方时，表明市场处于空头趋势中，此时的死叉形态既是短线卖出的信号，也是中长线离场的信号。

图 10-10 为中国铝业（601600）2007 年 4 月 30 日至 2008 年 2 月 5 日期间走势图。此股在大幅上涨之后于高位区出现横盘滞涨走势，在这一高位横盘

期间，如图标注所示，此股出现了两次 MACD 死叉形态（并出现了明显的背离形态），出现在这种情况下的 MACD 死叉形态都是我们高位区的卖出信号。

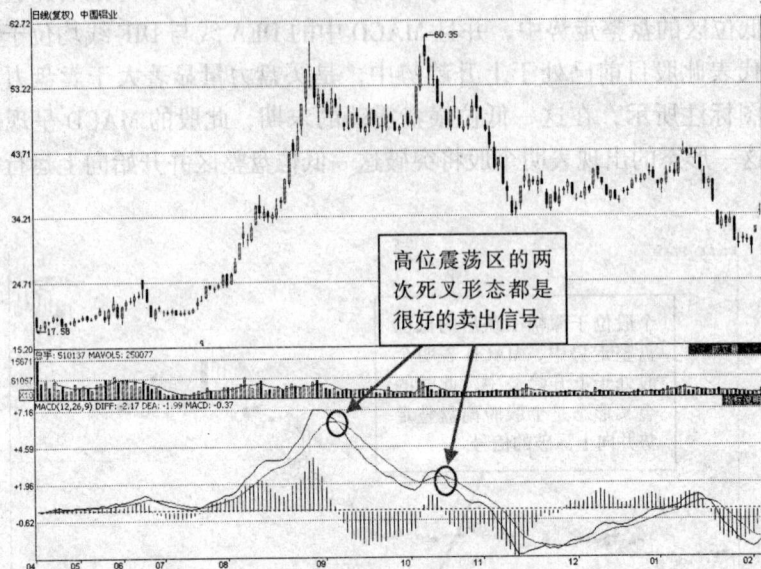

图 10-10　中国铝业死叉形态卖出信号示意图

3. MACD 底背离形态是买入信号

在个股已出现深幅下跌的情况下，随着股价的继续下跌并创出新低，MACD 指标走出一谷比一谷高的走势时，这是底背离形态，预示着价格将可能在不久之后出现转头上行。研判底背离要结合股价的累计跌幅及股价的趋势，如果股价总体跌幅并非巨大，而且 DEA 及 DIF 线均运行于零轴下方，则这种底背离只能预示股价短期内的反弹走势，投资者在介入时宜清仓博取反弹并注意控制风险。

图 10-11 为亚盛集团（600108）2008 年 4 月 17 日至 2009 年 1 月 21 日期间走势图。此股在深幅下跌后出现底背离形态，且股价也出现了止跌企稳的走势，这预示着下跌趋势的结束，是我们进行买入的信号。

4. MACD 顶背离形态是卖出信号

在个股已出现较大涨幅的情况下，随着股价的持续升高并创出新高，MACD 指标走出一峰比一峰低的走势时，这是顶背离形态，预示着价格将可能在不久之后出现转头下行。研判顶背离要结合股价的累计涨幅及股价的趋势，如果股价总体涨幅并非巨大，而且 DEA 及 DIF 线均运行于零轴上方，则这种顶背离只能预示股价短期内的下跌走势，代表股价短期的回调。

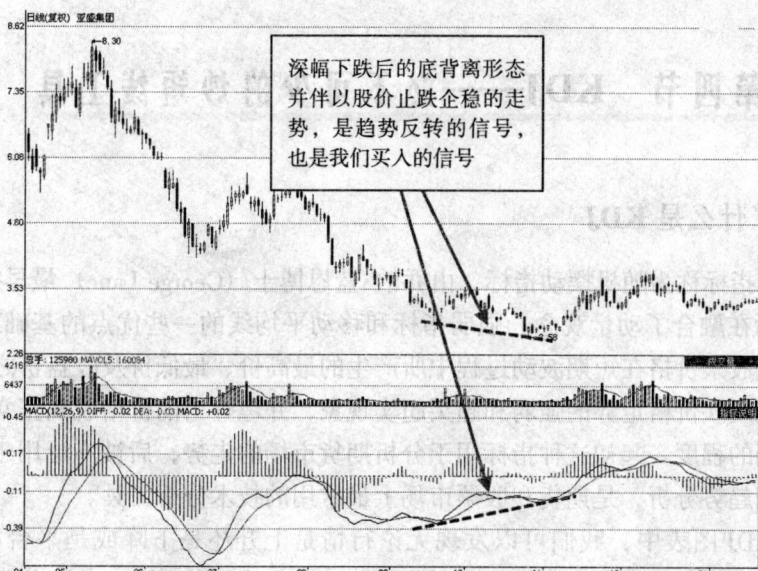

图 10-11 亚盛集团底背离形态示意图

图 10-12 为中信银行（601998）2009 年 1 月 12 日至 2009 年 9 月 1 日期间走势图。此股在出现了较大幅度的上涨之后，股价上涨走势趋缓但却仍在创出新高，与此相对的 MACD 值却是节节走低。这种顶背离形态出现在个股大幅上涨的背景之下，是我们卖出的信号。

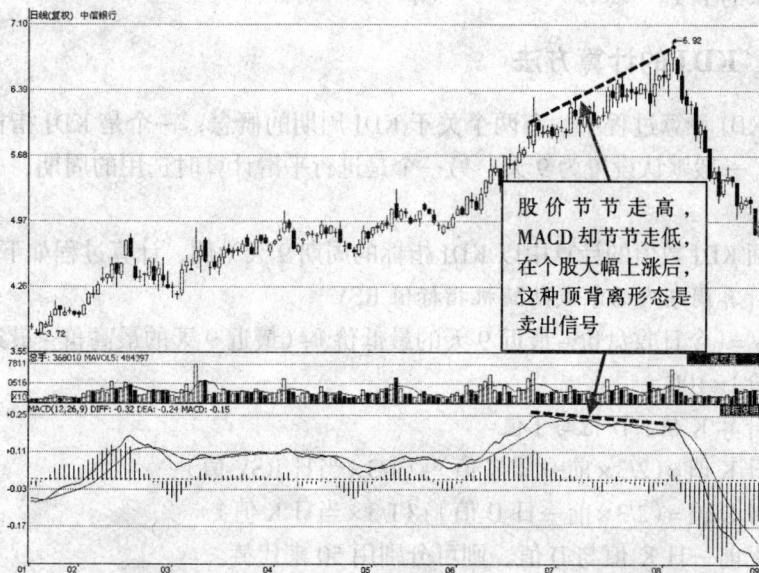

图 10-12 中信银行 MACD 顶背离卖出信号示意图

第四节 KDJ——必不可少的炒短线工具

一、什么是 KDJ

KDJ 指标称为随机摆动指标，由乔治·蓝恩博士（George Lane）最早提出。这一指标在融合了动量观念、强弱指标和移动平均线的一些优点的基础之上，通过研究股票价格在短期波动过程中所产生的最高价、最低价及收盘价之间的关系，以反映价格走势的强弱和超买超卖现象，并考查当前价格脱离正常价格波动范围的程度。起初这种指标用于分析期货市场的走势，后被广泛用于股市的中短期趋势分析，是期货和股票市场上最常用的技术分析工具。

在 KDJ 图表中，我们可以发现无论行情是上升还是下降或是平台震荡，KDJ 指标的三条线总是在一个相对平衡的位置两侧来回的波动，KDJ 指标线的这一形态，正反映了 KDJ 的核心。在价格短期波动过程中，价格有向其短期内平衡位置靠拢的倾向，这个"平衡位置"所代表的价格并不是一成不变的，它会随着价格的运作方向不断的变换而变换。KDJ 指标是通过一段时期内出现过的最高价、最低价及当日收盘价来计算出 K 值和 D 值。在分析中通过 K 值连成快速线 K 和 D 值连成慢速线 D 来进行共同研判，另外又引入了考查二者位置关系的 J 线。

二、KDJ 的计算方法

在 KDJ 计算过程中，有两个关于 KDJ 周期的概念，一个是 KDJ 指标的计算周期，一般默认设置为 9 天；另一个是进行平滑计算时选用的周期，一般设置为 3 天。

下面 KDJ 数值的计算中以 KDJ 指标的周期 9 天为例，计算过程如下：

1. 计算周期内的未成熟随机指标值 RSV

RSV＝（今日收盘价－最近 9 天的最低价）÷（最近 9 天的最高价－最近 9 天的最低价）×100

2. 计算 K 值、D 值与 J 值

当日 K 值＝（2/3×前一日 K 值）＋（1/3×当日 RSV 值）

当日 D 值＝（2/3×前一日 D 值）＋（1/3×当日 K 值）

若无前一日 K 值与 D 值，则可分别用 50 来代替。

注意：式中的平滑因子 1/3 和 2/3 是可以人为选定的，但是目前已经默认约定为 1/3 和 2/3。

当日 J 值=（3×当日 K 值）-（2×当日 D 值）

最早的 KDJ 指标只有两条线，即 K 线和 D 线，指标也被称为 KD 指标。后期为了提高 KD 指标分析行情的能力，又引入了 J 指标，J 的实质是反映 K 值和 D 值的乖离程度，从而领先 KD 值找出头部或底部。J 值范围可超过 100。

三、KDJ 下的买卖信号

相对于移动平均线 MA 及指数异动平滑平均线 MACD 可以反映趋势的特性来说，KDJ 只适用于反映个股的短期波动情况。因此，这一指标可以说是一种短线操作中的技术指标，它有助于投资者在短线操作中进行高抛低吸的波段操作。

1. KDJ 金叉下的买入信号

当个股经短期内一波下跌使得 J 线向下远离 K 线与 D 线，随后在跌势放缓、股价回升的情况下，当 J 线开始向上运行并交叉穿越 K 线与 D 线时，这一形态称为 KDJ 金叉形态，是短期内买入信号。

图 10-13 为华纺股份（600448）2009 年 9 月 2 日至 2009 年 11 月 26 日期间走势图。此股在一波下跌之后，随着股价止跌向上势头的出现，KDJ 也形成了金叉形态，这是我们短期内的买入信号。

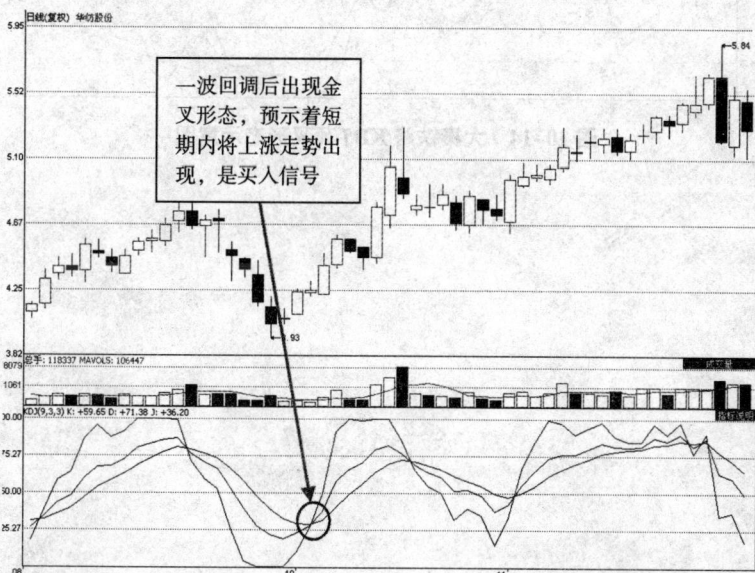

图 10-13　华纺股份 KDJ 金叉买入信号示意图

2. KDJ 死叉下的卖出信号

当个股经短期内一波上涨使得 J 线向上远离 K 线与 D 线，随后在涨势放缓、股价回落的情况下，当 J 线开始向下运行并交叉穿越 K 线与 D 线时，这一形态称为 KDJ 死叉形态，是短期内卖出信号。

图 10-14 为大秦铁路（601006）2009 年 6 月 30 日至 2009 年 9 月 17 日期间走势图。此股在短期内快速上涨之后，随着股价涨势的放缓并出现短期滞涨走势，KDJ 也形成了死叉形态，这是我们短期内的卖出信号。

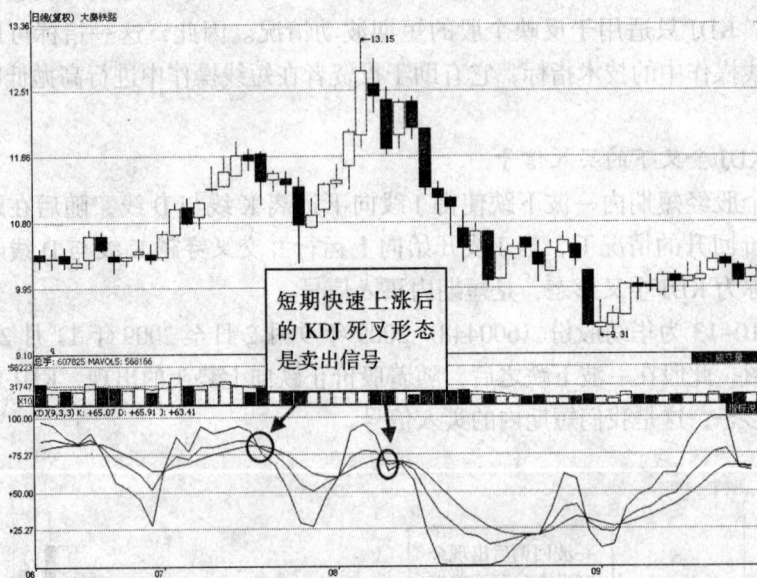

图 10-14　大秦铁路 KDJ 死叉形态示意图

第十一章 "涨跌停板"看盘攻略

第一节 何为涨跌停板

涨跌停板制度源于国外早期证券市场，是证券市场上为了防止交易价格的暴涨暴跌，抑制过度投机现象，对每只证券当天价格的涨跌幅度予以适当限制的一种交易制度。具体是指个股在一个交易日中的成交价格不能高于或低于以该个股上一交易日收盘价为基准的某一涨跌幅度，超过该范围的报价将视为无效，不能成交。涨跌停板的推出是由于我国股市仍属于新兴的证券市场，为了防止出现过度投机的情况、避免股价短时间内的剧幅波动而导致投资者的情绪失控从而作出非理智的决定而实施的，其目的是用以维护证券市场的稳定。

当个股当日的交易价格维持在价格上限时，称之为涨停板；反之，当个股当日交易价格维持在价格下限时，称之为跌停板。我国沪、深证券交易所对股票、基金交易实行价格涨幅限制，涨幅比例为10%，其中ST股票和*ST股票价格涨幅比例为5%。在个股的实际走势中经常会出现涨停板或跌停板的走势。一般来说，涨跌停板会起到两方面的作用：①对个股在一个交易日内超过10%幅度的大幅上涨或下跌起到了暂时中止的作用。个股可能由于各种原因在短时间内出现暴涨暴跌，但由于涨跌停板制度，当个股在具有突然上涨10%以上或下跌10%以上冲击力时（比如突发重大利好消息、大盘反转），被迫在10%处停住，以给投资者更多的思考时间来作出买卖决策，避免因一时情绪失控而作出错误决定。②涨跌停板的出现可以相应地提高投资者或降低投资者的心理预期，从而在一定程度上起到了助涨杀跌的作用。虽然涨跌停板制度的本意正是防止市场上的追涨杀跌情绪，但是当股票涨停后，持股者看到充足的买盘力量，便会提高心理预期，从而选择在更高的价位卖出，而对于想买的人来说，也因为受到了个股强势涨停的心理影响，担心在低位无法再买到，也会加强看好股票的决心，不惜在更高的位置追高买进。因此，在股市的实盘操作中，有一种专门针对涨停板的短线技术——"抢涨停板"，即当一只股票即将涨停时，投资者如果能够及时判断出一只个股当日会强势封上涨停板，提前追进，那么，第二天出现的高点将给你非常好的获利机会。对于跌停板来说则刚好相反，个股跌停后让人们对此股的期望值更低，卖方希望尽快离场以避免资金再度缩水，而买方则希望在更低的价位介入，不会贸然出手。因此可以说，涨跌停板的出现会对买卖股票的双方产生明显的心理影响，而这种心理预期又会反过来对个股形成促涨杀跌。

第二节　涨停板出现的原因

涨停板的出现不是偶然的，它是有内在原因的。一般来说，我们可以把涨停板出现的原因归结为主力异动、业绩改善、政策利好、上市公司利好事项、技术形态、社会重大事件这六种因素。

业绩改善所促成的涨停板多出现在公司发布年报、季报时，由于年报、季报反映了上市公司的业绩大增，因此在投资者的追捧下及主力的顺势运作下，股价很容易收于涨停板。政策利好所促成的涨停板往往是主力资金炒作题材股的结果，当一些行业扶持政策出台时，那些与此相关的题材股就会成为市场热点，也会成为主力炒作的对象，这种股不但会于当日收于涨停板，而且往往能连续收于涨停板。技术面导致的涨停板则较为灵活多变，由于股市中存在着大量的技术分析者，因此，当一些重要的技术指标发出明确的买入信号时（如MACD、KDJ呈金叉形态且个股运行形态极好），此时主力很可能借机运作此股，并通过涨停板的方式拉升此股。上市公司利好所促成的涨停板也是一种极为常见的方式，一些上市公司在通过资产重组、资产收购、股权投资等重大事项后，往往会对上市公司的业绩产生明显的影响，因此股价在二级市场中的重新定位也就势在必行。在上市公司发布利好消息并复牌交易后，我们常常可以看到连续缩量涨停的走势。社会重大事件所促成的涨停板往往就是我们所说的题材股，因为国内股市中有炒作热点的习惯，因此那些在国内外备受关注的热点题材就会成为主力炒作的对象，与此相关的个股则为相应的题材股。社会事件的影响力越大，则主力炒作相应题材股的资金力度也越大，这样的个股往往会呈现出连续涨停板的走势。

一、主力异动导致的涨停板

几乎每个交易日都会有一些个股出现涨停板走势，但并不是每个交易日都有政策消息或上市公司发布重大利好消息，且这些个股的涨停板也往往与题材

炒作无关，对于这些没有消息面支撑、与市场热点无关的涨停板形态，我们将
其称为主力运作所促成的涨停板形态。涨停板形态是主力控盘中经常用到的一
种方式，主力在建仓、拉升、洗盘、出货时，为达到控盘目的，很可能运用涨
停板的方式。涨停板所出现的位置区间不同，含义不同。一般来说，我们可以
把低位区出现的放量涨停板看做是主力建仓的表现，而把高位震荡区出现的放
量涨停板看做是主力出货的表现。

　　图 11-1 为中兵光电（600435）2009 年 2 月 27 日至 2009 年 9 月 14 日期
间走势图。此股在此期间位于高位区的震荡走势之中。如图标注，在此期间，
此股多次出现涨停板形态，且涨停板出现后几日的成交量呈现出明显的放量形
态。这些涨停板均出现于此股消息面风平浪静的情况下，且此股在此期间并非
市场热点，考虑到此股目前所处的位置区间，及这种没有体现出拉升效果的涨
停板，我们可以认为这是主力诱多出货操盘手法的体现，是主力的异动导致了
此股的涨停板形态。

图 11-1　中兵光电主力异动导致的涨停板

二、业绩改善导致的涨停板

　　从中长线的角度来说，股价的波动是以业绩为核心的，股价的短期波动可
能会受到诸如消息、主力、题材等因素的影响。但是从长远的角度来看，股价
仍是在围绕着业绩波动。如果一个上市公司现阶段成长性极好，业绩优良，但
股价偏低，这就预示着其股价后期必将上涨，如贵州茅台、苏宁电器等个股的

股价无论在牛市中，还是在熊市中均可以保持良好的上涨势头，就是因为它们的业绩始终保持着较高的增速，业绩对股价形成了支撑。尽管有时在股票市场中有部分股票的交易价格常常偏离其价值运行，但这只是市场中的短暂现象，后市必然会进行修正。由此也可以看出业绩对于股价的影响，这种影响力尤为集中体现在业绩发布的当日。当一只个股公布季报或年报时，如果出现业绩大幅增长或是扭亏为盈，则很有可能在业绩公布当日出现涨停，这种涨停板既是主力顺势拉升的结果，也是投资者开始关注此股并大量涌入的结果。

图11-2为吉林化纤（000420）2009年12月10日分时图。当日此股发布业绩预告："吉林化纤：预计2009年净利润1500万元，去年同期净利润-37712.9万元，每股收益-0.9514元。"由于此股去年的亏损情况较为严重，因此这一业绩改善消息对于上市公司来说无疑是一大利好，当日此股以涨停开盘，随后在大买单的涌入下很快封牢于涨停板之上。

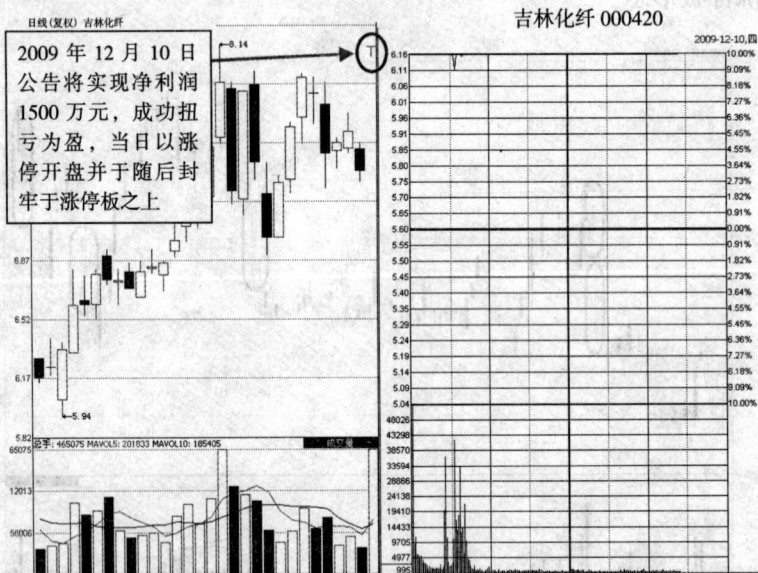

图11-2　吉林化纤扭亏为盈涨停板示意图

三、政策利好消息导致的涨停板

在我国证券市场中，政府扮演着宏观调控的角色。股市被称作虚拟经济体，是一个国家经济变化的"晴雨表"，其走势在很大程度上影响实体经济的发展。股市的暴涨暴跌对于实体经济的发展是极为不利的，为了防止过度投机造成股市的大起大落，政府会在股市过热的时候降温，在股市低迷的时候打气，而股市也对经济和金融政策的反应十分敏感。一般来说，对股市构成影响的政策有两大类，一类是较为常见的行业扶持政策，这种行业政策对相关受益的上市公司是利好，往往会成为主力的炒作目标，而出现涨停板走势；另一类是直接或间接影响股市整体的金融政策，如上调或降低印花税、增加或减少信贷资金、增加或降低银行利率等等。

在我们关注国家的政策时，可以对那些行业相关的政策加以重点关注。国家在不同时期内，由于宏观经济发展的需要会有不同的产业发展倾向，因此会出台一些针对相关行业的优惠政策，以扶持这一行业更快发展。而上市公司无疑是各行业中最具竞争力的公司，处于国家产业扶持行业的上市公司可以交更少的税、获更多的利，这对上市公司来说自然是一个重大利好，这些个股就很有可能成为市场热点，出现涨停板走势。

图 11-3 为三峡新材（600293）2009 年 2 月 19 日至 2009 年 4 月 2 日期间走势图。此股在 2009 年 3 月 26 日开始了涨停板走势，这种走势是与 2009 年 3 月 26 日出台的"关于加快推进太阳能光电建筑应用的实施意见"这一政策相关的。由于此股隐含了太阳能题材，因此成为主力的炒作目标，出现了连续涨停板的走势。

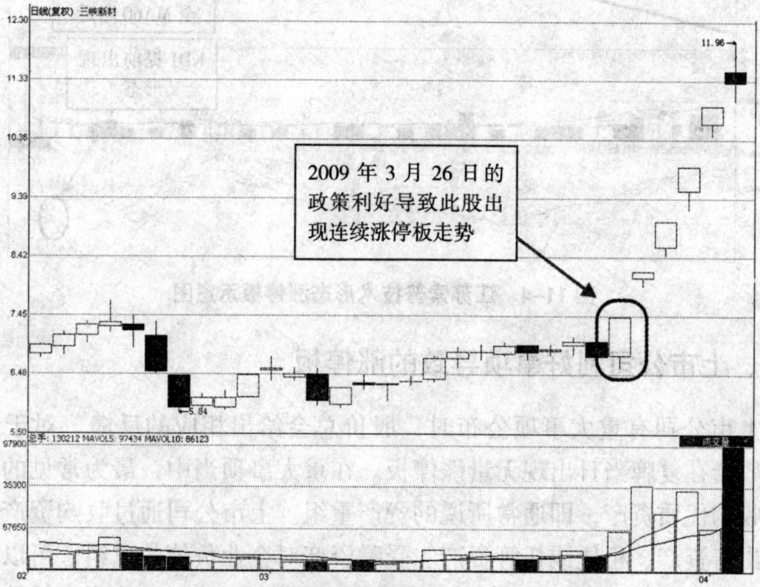

图 11-3　三峡新材政策利好涨停板示意图

四、技术图形完善导致的涨停板

在股市中有相当一部分投资者是从技术分析的角度出发来买卖个股的，移动平均线理论、量价理论、MACD、KDJ 等技术理论与技术指标深入人心。当个股出现成交量温和放大、K线呈慢牛缓升形态、相关技术指标处于良好的"金叉"形态时，相信侧重于技术分析的投资者就会入场买股，而主力也可以借市场投资者对于此股的信心借机发力，将股价轻松拉至涨停板。技术面导致的涨停板是主力控盘手法与个股技术形态的一次默契配合，利用良好的技术形态，主力可以借此股的良好市场人气将其轻松拉升至涨停板。

图11-4为江苏索普（600746）2009年5月5日至2009年7月13日期间走势图。此股在一个相对低位区的平台持续震荡之后，技术形态呈现出较为理想的状态，这是此股随后出现了涨停板走势的原因所在。

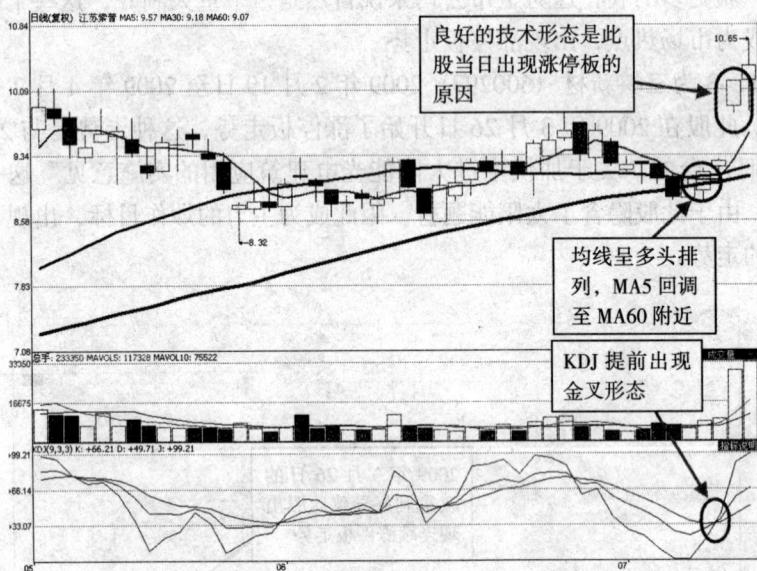

图11-4　江苏索普技术形态涨停板示意图

五、上市公司利好事项导致的涨停板

当上市公司有重大事项公布时，股价总会给出相应的反馈。对于重大利好，一般会在复牌当日出现无量涨停板。在重大事项当中，最为常见的要数定向增发收购优质资产，即通常所说的资产重组。上市公司通过收购资产、资产置换、出售资产、租赁或托管资产、受赠资产对企业负债的重组，可以卸掉上市公司一些多年的包袱，提高上市公司市场占有率，让上市公司直接接轨市场的新兴产业，大大提高公司的盈利能力和盈利水平，是上市公司进行资源有效整合的一种方式。重大的资产重组则促使上市公司主营业务完全转型，使上市公司从原来的业绩较差变为业绩优秀，起到化腐朽为神奇的作用，与此相应的二级市场中的股价也将出现大幅变化。

图 11-5 为高淳陶瓷（600562）2009 年 3 月 25 日至 2009 年 6 月 11 日期间走势图。此股在 2009 年 5 月 22 日复牌后发布重大事项公告："高淳陶瓷：拟通过资产置换及非公开发行方式转型电子信息产业。为了增强公司的竞争能力，提高公司的持续盈利能力，改善公司的财务状况，避免同业竞争，减少关联交易，有利于公司的长远持续发展，公司拟以资产置换及非公开发行股票购买资产的方式，取得中国电子科技集团公司第十四研究所（'十四所'）、国睿集团有限公司（'国睿集团'）以及商翠云等 5 名自然人目前拥有的与微波和信息技术业务相关的股权和资产。"这种重大的资产重组事项无疑意味着上市公司主营业务的全面转型，属于重大利好事项范畴之内，因此在此股复牌后出现了连续缩量涨停板的走势。

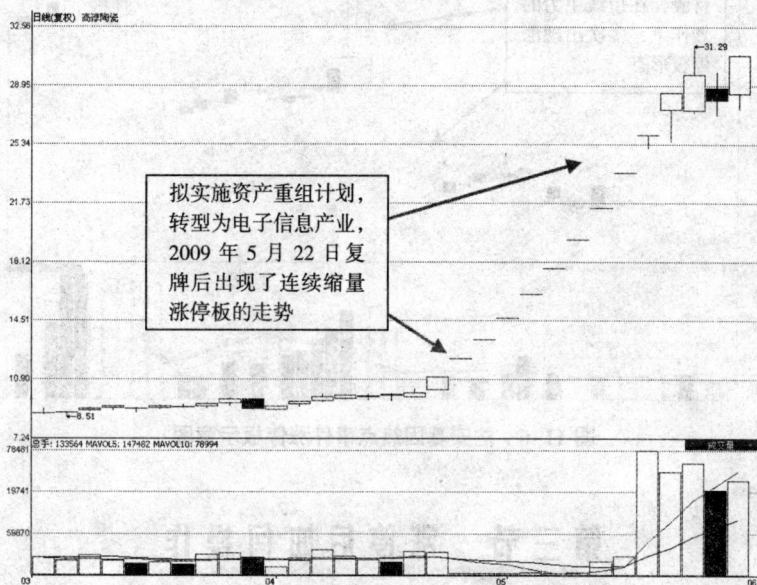

图 11-5　高淳陶瓷资产重组涨停板示意图

六、社会重大事件导致的涨停板

国内外的重大事件既是社会生活中的热点，也是股市炒作的热点，这些热点以题材的方式呈现在投资者面前。主力适时地结合社会上的重大事件对相关的个股进行炒作往往可以形成很好的市场氛围，而且，在国内的股市中一贯有炒作市场热点题材股的风气，如 2009 年所出现的甲流疫情就让与此相关的题材股着实火了一把。2009 年的中华人民共和国 60 周年国庆事件也催生出了一批相关的国庆题材股。这些社会重大事件所导致的题材股往往以涨停板的形态出现在投资者面前，是短线主力炒作的结果。

图 11-6 为达安基因（002030）2009 年 4 月 8 日至 2009 年 6 月 25 日期间
走势图。此股多次出现了涨停板走势，而这种涨停板走势正是源于此股的甲流
感题材。在甲流感疫情不断蔓延的情况下，"甲流感"无疑是社会生活中的重大
事件。由于此股具有甲流感题材："取得甲型 H1N1 流感病毒（2009）RNA 检
测试剂盒（PCR-荧光探针法）的验证成功"，而获得了短线主力的大力炒作，
其间涨停板形态不断出现。

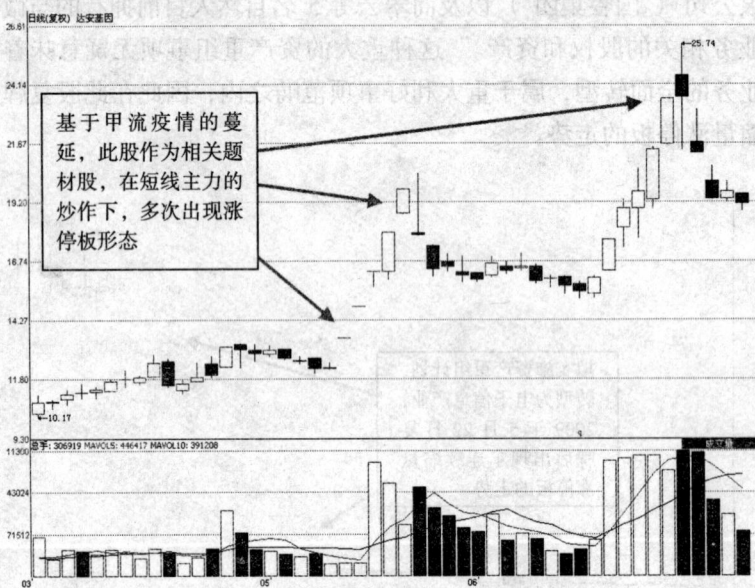

图 11-6 达安基因热点事件涨停板示意图

第三节 涨停后如何操作

涨停板既是机会的象征，也是风险的预示，操作好涨停板个股可以为我们
带来良好的收益，但是如果盲目操作涨停个股则有可能让我们出现严重亏损。
据笔者对于涨停板走势的经验积累来说，我们可以从以下三点出发来操作涨停
个股，即根据涨停板出现位置进行操作、根据涨停板后几日的股价走势进行操
作、根据涨停板出现原因操作。

一、根据涨停板出现位置进行操作

个股的运行往往呈现出周期循环的特征，因此出现在个股运行不同阶段的
涨停板也代表了不同的含义：出现在高位横盘震荡区的涨停板多是主力诱多出

货手法的体现；出现在下跌途中一波反弹后的涨停板同样是主力对倒出货的体现；出现在个股深幅下跌后的放量涨停板往往就是主力大力建仓的表现。此外，涨停板作为最常见的拉升方式之一，往往也会出现在个股的启动初期或是上涨途中，这样的涨停板不但可以集聚良好的市场人气，也可以对股价的上涨形成有力的推动作用。下面我们结合实例来看看如何操作出在个股运行不同阶段中的涨停板。

图 11-7 为浪潮软件（600756）2009 年 4 月 3 日至 2009 年 8 月 21 日期间走势图。此股在经历了大幅上涨之后，于高位区出现了多次涨停板走势。但是我们可以发现，在这几次的涨停板之后，此股都出现了明显的放量形态，且股价也在这种放大的量能压力下回落至涨停板启动前的价位处，考虑到此股之前出现了巨大的累计涨幅，而且此时又是处于横盘滞涨状态，因此我们可以把这种涨停板及涨停板后的放量下跌形态看做是主力诱多出货的操盘手法。如图标注所示，在最后一次涨停诱多之后，此股出现了急速向下跌破这一高位区平台的走势，这更可以证明这种高位区震荡中的涨停板是主力诱多操盘手法的体现。

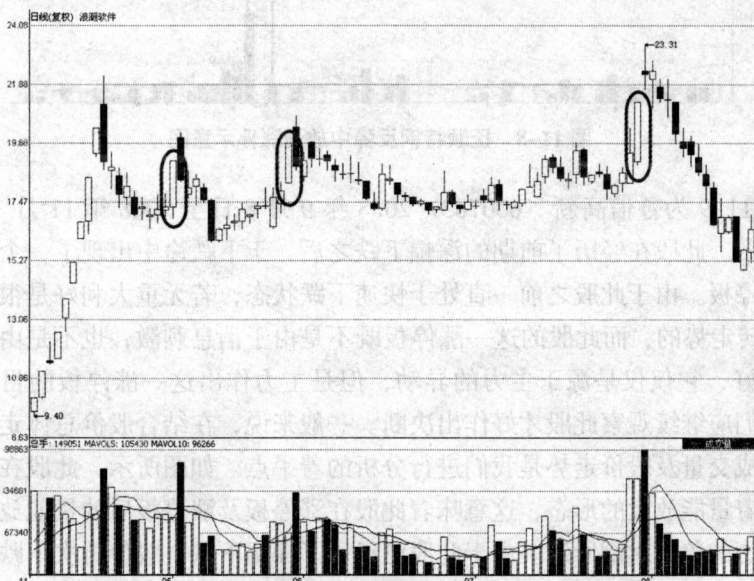

图 11-7　浪潮软件顶部震荡区涨停诱多示意图

图 11-8 为抚顺特钢（600399）2008 年 5 月 30 日至 2008 年 8 月 27 日期间走势图。此股在下跌途中出现了一个平台整理区域，并在这一平台整理区域走势末期出现了明显的脉冲放量涨停形态。由于此股之前一直处于明显的下跌走势之中，且股价在这一平台整理区域运行的时间较短，并没有出现明显的止

跌企稳迹象，因此这种脉冲放量涨停多是主力对倒出货手法的体现，结合前面
我们讲过的脉冲放量所具有的市场含义，我们就可以轻易地识破主力这种对倒
诱多的操盘手法。

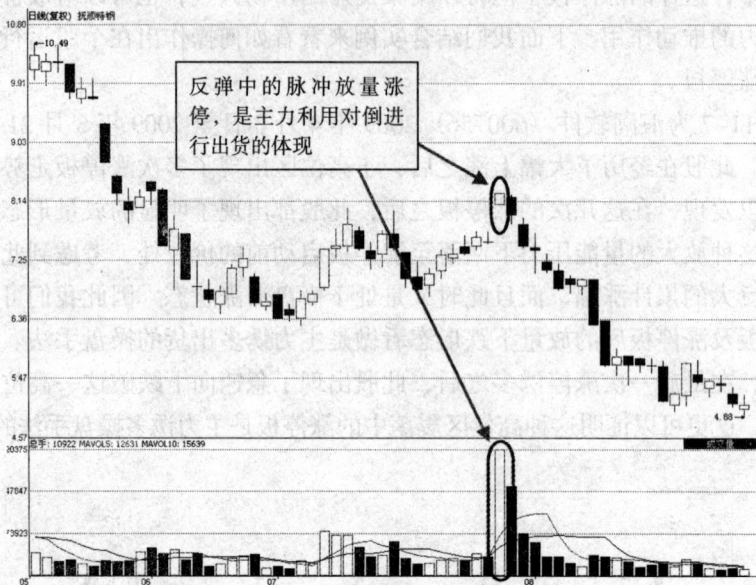

反弹中的脉冲放量涨停，是主力利用对倒进行出货的体现

图 11-8　抚顺特钢反弹中放量涨停示意图

图 11-9 为鲁信高新（600783）2008 年 9 月 8 日至 2008 年 11 月 14 日期
间走势图。此股在经历了前期的深幅下跌之后，于下跌途中出现了一个明显的
放量涨停板。由于此股之前一直处于快速下跌状态，若无重大利好是很难走出
V 形反转走势的，而此股的这一涨停板既不是由于消息刺激，也不是由于技术
形态良好，它仅仅是源于主力的异动，但是主力作出这一涨停板的目的何在
呢？我们应继续观察此股才好作出决断。一般来说，在结合股价总体走势的情
况下，成交量及股价走势是我们进行分析的着手点。如图所示，此股在随后继
续保持着量能放大的形态，这意味着此股在涨停板及涨停板后的量能放大并非
源于主力的单日对倒所致。由于此股已经历了深幅下跌，股价再次下跌的空间
有限，因此这时的持续放量更是一种资金流入的表现，但资金流入并不是决定
我们应作出抄底买入的原因，我们还应跟踪个股随后的走势来做决定。如图所
示，此股在放量涨停板后虽然出现了一波惯性下跌，但是随后很快就在大量买
盘的推动下收复失地，这时我们就应注意到此股很可能已经见底，是我们应择
机介入的信号。

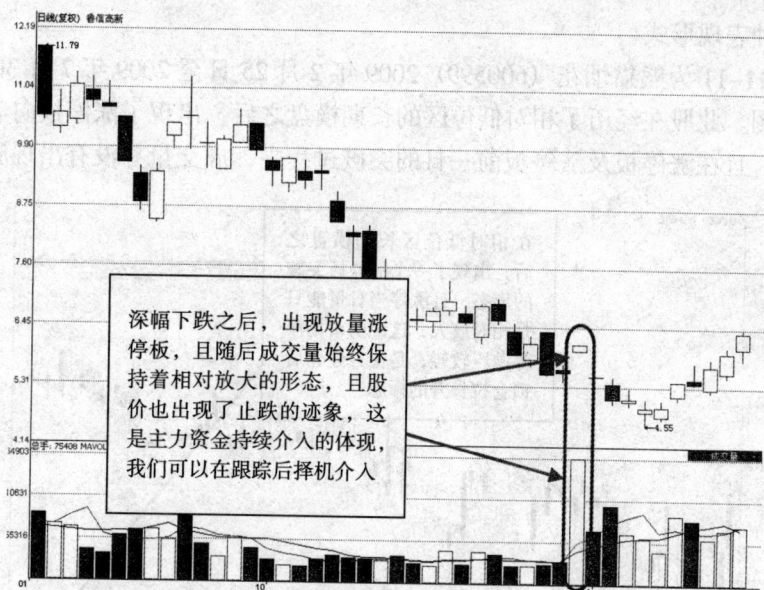

深幅下跌之后，出现放量涨停板，且随后成交量始终保持着相对放大的形态，且股价也出现了止跌的迹象，这是主力资金持续介入的体现，我们可以在跟踪后择机介入

图 11-9　鲁信高新深幅下跌后的放量涨停板示意图

图 11-10 为此股随后的走势图。此股在这一放量涨停板之后，出现了次低位横盘缩量的形态。这一形态我们在前面已有介绍，次低位的缩量横盘是主力快速建仓后的锁仓标志，此时就是我们最好的介入时机，而主力的建仓就起始于之前的放量涨停板。可以说，这种深幅下跌后的放量涨停板更是主力快速建

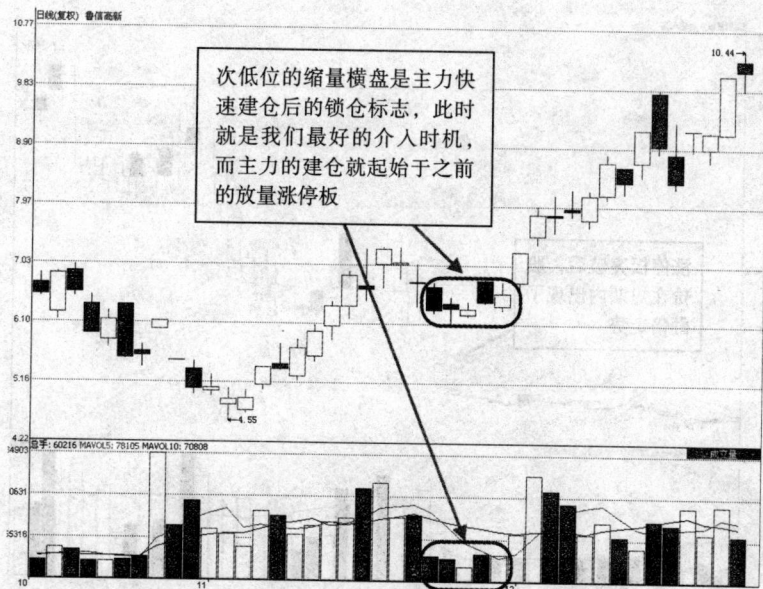

次低位的缩量横盘是主力快速建仓后的锁仓标志，此时就是我们最好的介入时机，而主力的建仓就起始于之前的放量涨停板

图 11-10　鲁信高新后期走势图

仓的一种表现形式。

图 11-11 为熊猫烟花（600599）2009 年 2 月 25 日至 2009 年 7 月 30 日期间走势图。此股在经历了相对低位区的长期横盘之后，出现了涨停板向上突破的形态，且在涨停板及涨停板前一日的突破过程中，成交量并没有出现脉冲式

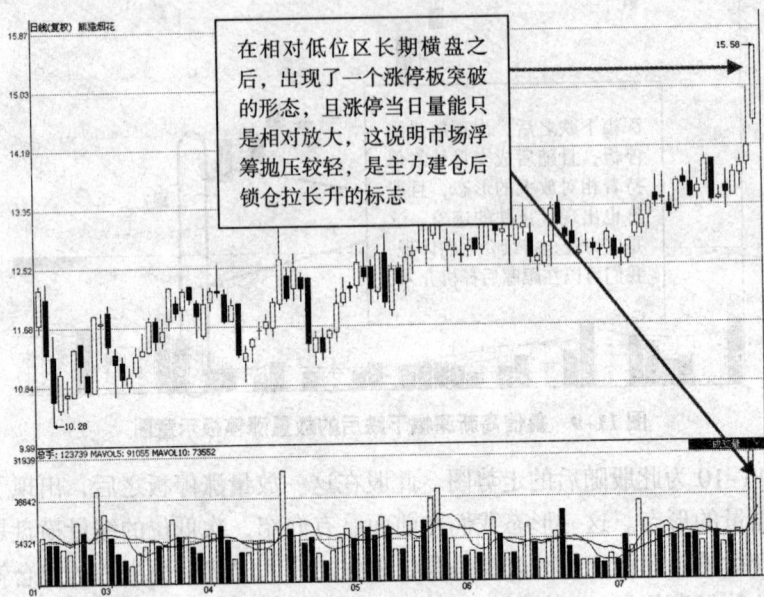

> 在相对低位区长期横盘之后，出现了一个涨停板突破的形态，且涨停当日量能只是相对放大，这说明市场浮筹抛压较轻，是主力建仓后锁仓拉长升的标志

图 11-11 熊猫烟花涨停板拉升示意图

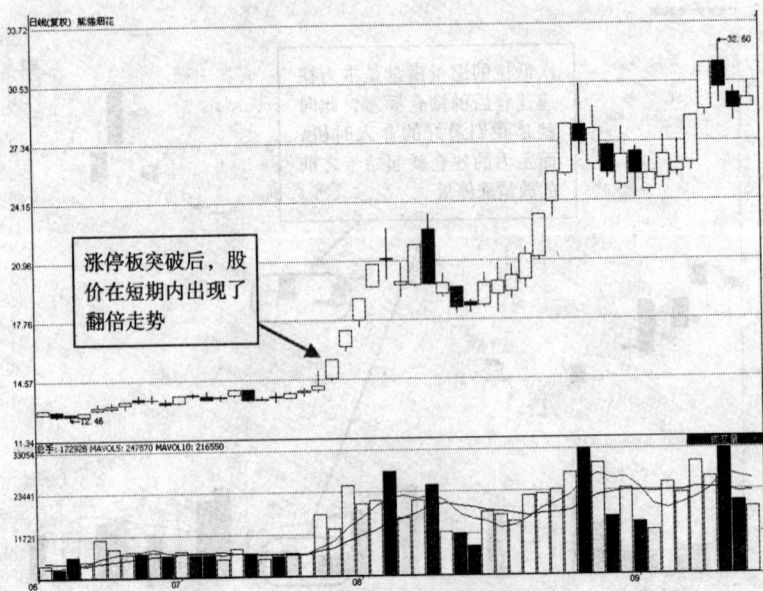

> 涨停板突破后，股价在短期内出现了翻倍走势

图 11-12 熊猫烟花涨停板后期走势图

的放大形态，这说明主力已在前期的横盘区内进行了大量的建仓，也说明市场浮筹抛压较轻，是主力建仓后锁仓拉升的标志。因此，我们可以把这一涨停板看做是主力建仓后的拉升标志，它预示着个股即将步入到上升通道之中，如图11-12为此股涨停板后期的走势图，可以看到，此股在主力的炒作下出现了短期翻倍的走势。

二、根据涨停板后几日的股价走势进行操作

涨停板往往表示了个股在随后的短期走势中将呈现出强势运行的状态，但是这并不意味着个股在涨停板随后的几个交易日中仍能继续强势上涨。有的时候，若主力发现主场抛压较重，往往就会暂停拉升的节奏，让个股在出现涨停板后进行横盘震荡或结合大盘震荡使之走出回调走势，以此来洗掉一些市场获利浮筹，从而为后期的继续拉升打好基础。据笔者经验，若个股在前期处于较为良好的运行状态下（如相对低位区的横盘震荡、稳健的上升形态）且累计涨幅并不巨大，此时出现的涨停板更是短期机会的象征，我们可以积极关注这种个股在涨停板后的走势。但是对于那些高位区横盘震荡中的涨停板则应回避，因为它们多是主力诱多操盘手法的体现。下面我们结合实例来看看要如何根据涨停板后的走势进行操作。

图11-13为广州药业（600332）2008年11月26日至2009年11月16日期间走势图。此股在经历了低位区的长期横盘震荡之后，以涨停板形态突破低

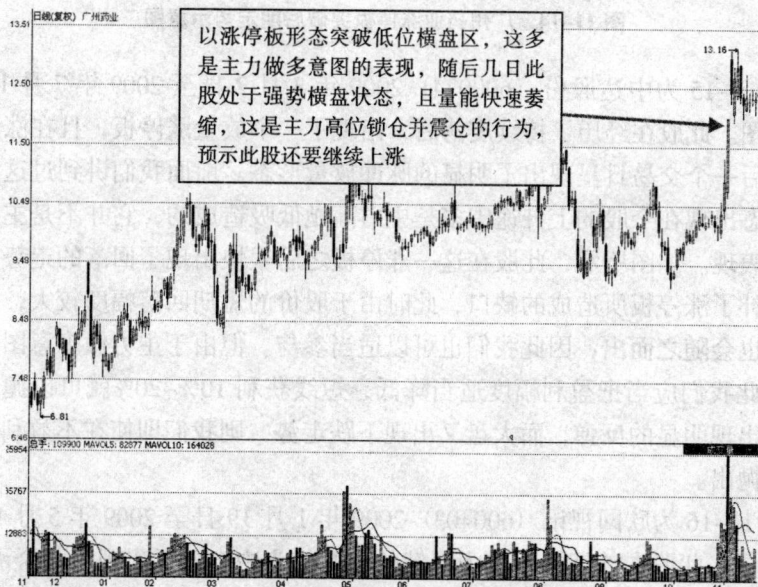

图11-13　广州药业涨停板突破示意图

位横盘区，这多是主力做多意图的表现。随后几日此股处于强势横盘状态，且量能快速萎缩，这是主力高位锁仓并震仓的行为，预示此股还要继续上涨。图 11-14 为此股随后的走势图，可以看到此股在这一短暂的涨停后强势横盘之后，再次出现了一波强势上涨，这是主力做多意图的表现。而主力的这种做多意图早已体现在此股之前的涨停突破及突破后的横盘走势中。

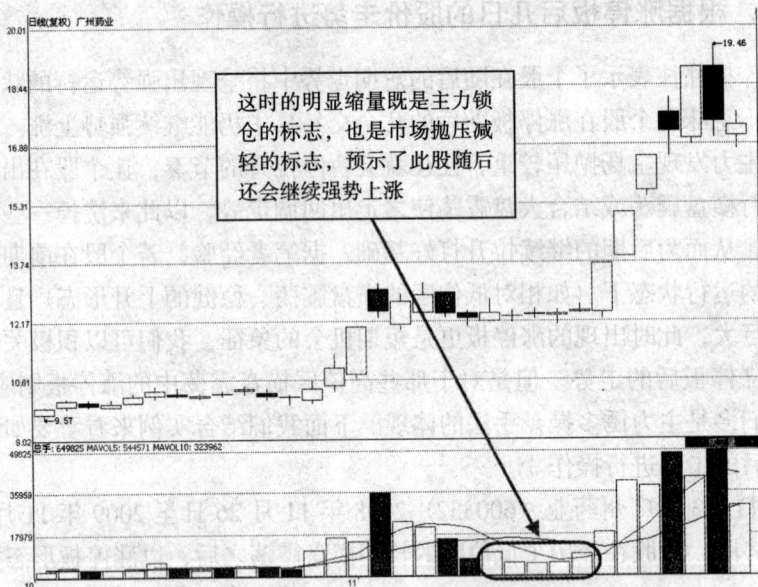

图 11-14　广州药业涨停板突破后期走势示意图

图 11-15 为中达股份（600074）2009 年 3 月 2 日至 2009 年 7 月 17 日期间走势图。此股在经历了持续震荡后，出现了一个放量涨停板，且在涨停板当日及随后一个交易日呈现出了明显的脉冲放量形态。前面我们讲到过这种脉冲放量形态出现在个股的上升途中多是主力高抛低吸造成的，它并不是主力做多意图的表现。如图所示，此股在这一涨停板之后很快出现了回落的走势，股价快速回补了涨停板所造成的缺口，此时由于股价的短期回落幅度较大，一波反弹往往也会随之而出，因此我们也可以适当参与。但由于主力做多意图并不坚决，因此我们应当把盈利幅度适当降低，短线获利 10%~20% 就可以抛出，如果没有出现明显的反弹，而大盘又出现下跌走势，则我们即使在不盈利的状况下也应抛出。

图 11-16 为欣网视讯（600403）2009 年 1 月 19 日至 2009 年 5 月 19 日期间走势图。此股在前期处于较为稳健的上升势头中，随后出现了两个涨停板。这两个涨停板由于量能存在着明显的区别，因此它们的市场含义也是极不相同

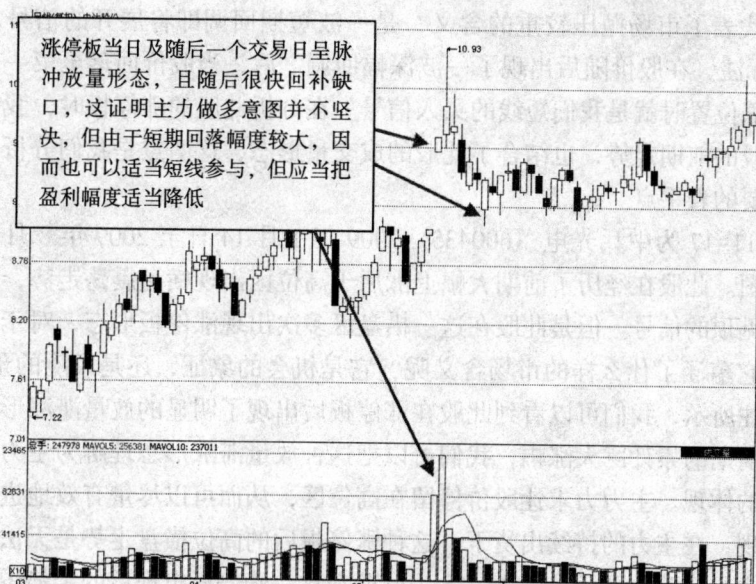

涨停板当日及随后一个交易日呈脉冲放量形态，且随后很快回补缺口，这证明主力做多意图并不坚决，但由于短期回落幅度较大，因而也可以适当短线参与，但应当把盈利幅度适当降低

图 11-15　中达股份涨停板后操作示意图

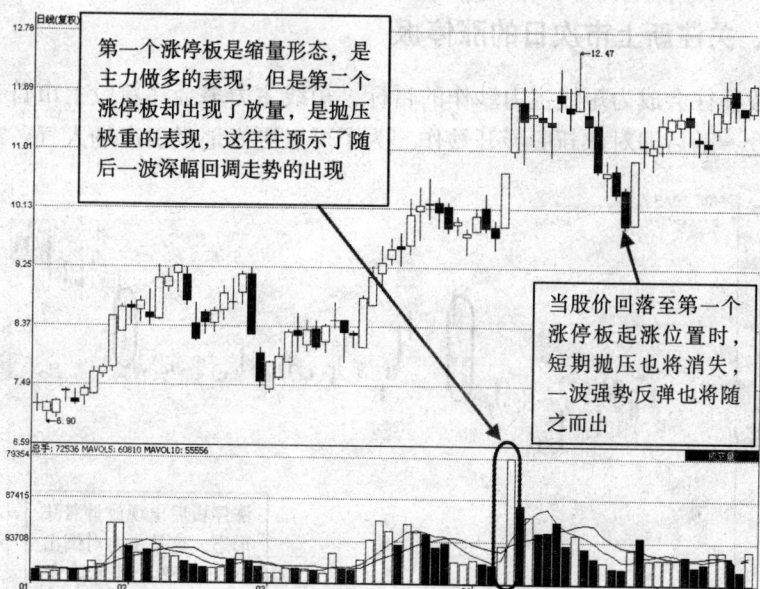

第一个涨停板是缩量形态，是主力做多的表现，但是第二个涨停板却出现了放量，是抛压极重的表现，这往往预示了随后一波深幅回调走势的出现

当股价回落至第一个涨停板起涨位置时，短期抛压也将消失，一波强势反弹也将随之而出

图 11-16　欣网视讯涨停板后操作示意图

的。第一个涨停板呈现出缩量形态，这是主力锁仓拉升的表现。但是主力的控盘也要随市场变化而来，在随后的第二个涨停板上我们可以看到此股出现了放量，考虑到此股目前的这一涨停板处于上升趋势中的高点位置，因此这种放量

形态更代表了市场抛压较重的含义，是一波短期回调即将展开的信号。如图11-16 标注，在股价随后出现了一波深幅回调之后，当股价回落至第一个涨停板的起涨位置时就是我们短线的买入信号。在分析此股的涨停板时，我们既结合了此股的前期走势，也结合了此股的成交量形态，这两点是我们分析个股走势时重要的着手点。

图 11-17 为中兵光电（600435）2009 年 1 月 14 日至 2009 年 8 月 6 日期间走势图。此股在经历了前期大幅上涨后于高位区出现横盘震荡走势，这是个股走势见顶的信号。但是此股在这一横盘区多次出现涨停板形态，对于这种涨停板，它蕴涵了什么样的市场含义呢？它是机会的象征，还是风险的预示呢？如图标注所示，我们可以看到此股在涨停板后出现了明显的放量滞涨形态，结合此股前期的累计巨大涨幅，我们可以把这种放量滞涨形态理解为主力对倒出货手法的体现。主力力求让股价停留在高位区，从而可以尽量有效地进行相对高位套现，在主力的持续出货下，这种涨停板后的高位横盘走势是无法有效维持的，它是风险的预示。图 11-18 为此股在这一涨停板出现后的走势图。在经历了涨停后的高位区滞涨走势后，它出现了一波快速深幅下跌走势。

三、关注新上市次日的涨停板

新股往往会成为短线主力炒作的目标，短线主力多会在新股上市首日进行大量建仓，随后即对此新股展开炒作。为了可以更好地吸引市场人气，新股中

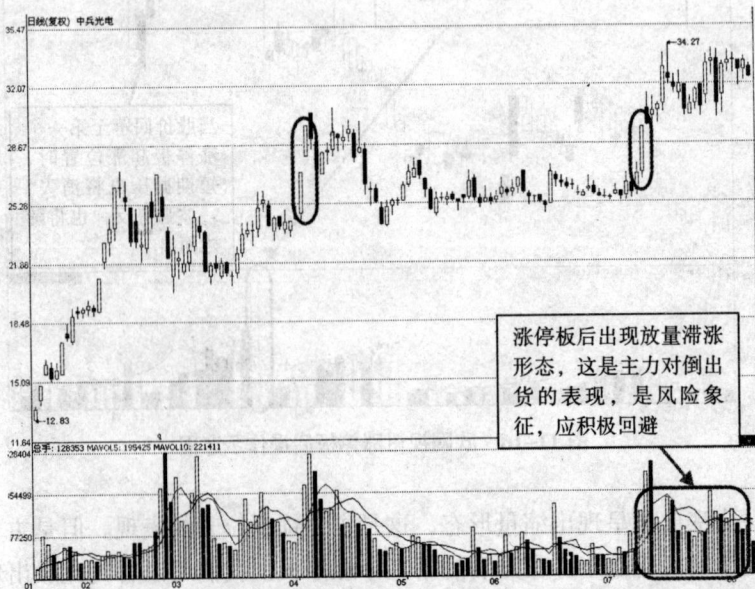

图 11-17　中兵光电涨停板后操作示意图

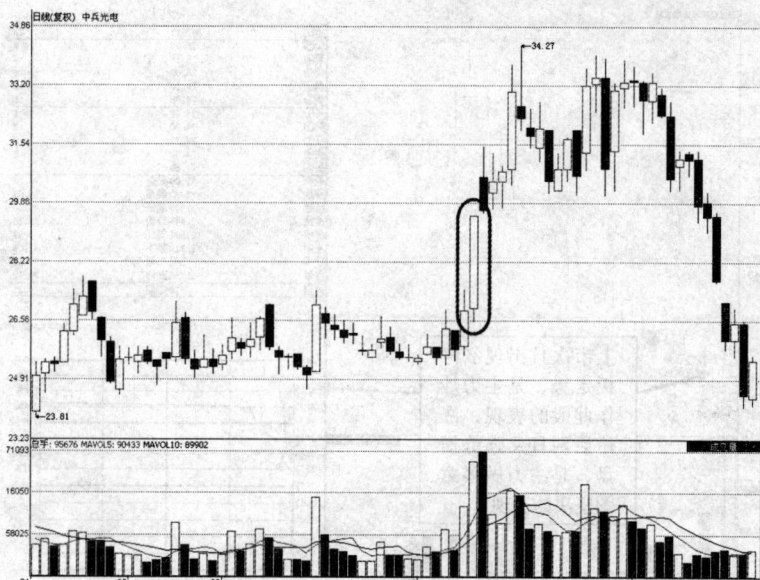

图 11-18　中兵光电涨停板后期走势图

若是已于上市首日介入了实力强大的主力，则很有可能在第二个交易日就出现涨停板走势。这种涨停板多是机会的象征，如果在这一涨停板之后，此股仍可以在涨停后的相对高位强势横盘，则主力的做多意图就更为明确，是我们短线介入的信号。在参与这种涨停板时，我们更多的是注意技术面，而非基本面，因为新股炒作的就是一个题材性与人气性，往往与新股的基本面（估值状态）无直接关系。

图 11-19 为吉峰农机（300022）2009 年 10 月 30 日至 2009 年 12 月 11 日期间走势图。此股在上市次日出现了一个涨停板形态，这是主力已在上市首日进行充分建仓并在随后快速展开对此股炒作的表现，而且此股在这一涨停板后两日出现了高位区的强势横盘，这是主力做多意图坚决的表现。这样的个股后期往往还有更为惊人的表现，此时的横盘即是我们短线介入的机会。

图 11-20 为湘鄂情（002306）2009 年 11 月 11 日至 2009 年 12 月 11 日期间走势图。此股在上市次日出现了一个涨停板形态，这是主力已在上市首日进行充分建仓并在随后快速展开对此股炒作的表现，而且此股在这一涨停板后两日出现了高位区的强势横盘，这是主力做多意图坚决的表现。这样的个股后期往往还有更为惊人的表现，此时的横盘即是我们短线介入的机会。

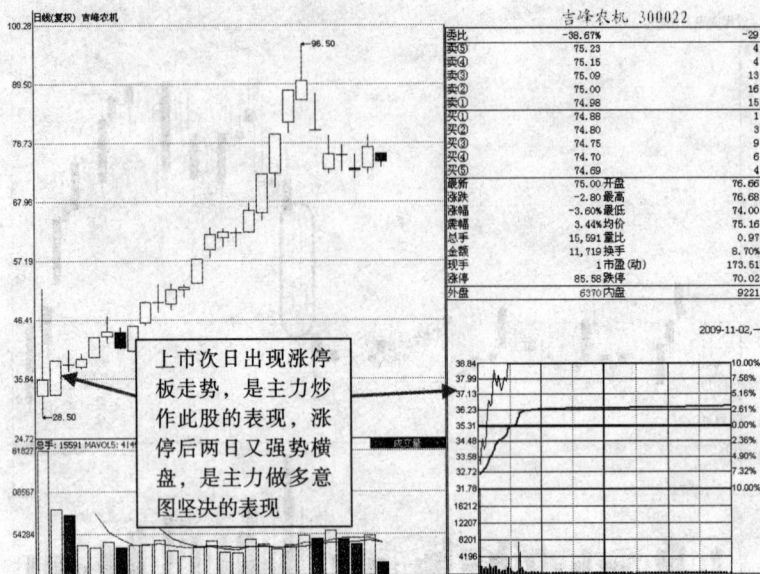

图 11-19　吉峰农机新股次日涨停示意图

图中文字框内容：
上市次日出现涨停板走势，是主力炒作此股的表现，涨停后两日又强势横盘，是主力做多意图坚决的表现

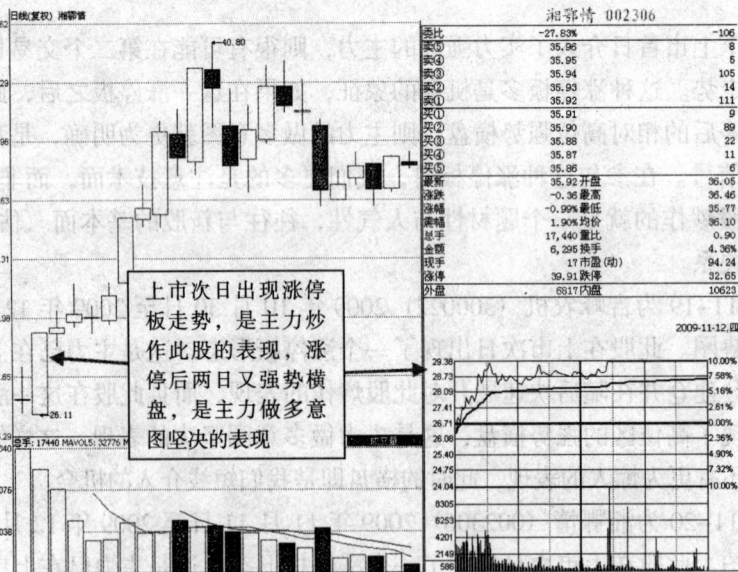

图 11-20　湘鄂情新股次日涨停示意图

图中文字框内容：
上市次日出现涨停板走势，是主力炒作此股的表现，涨停后两日又强势横盘，是主力做多意图坚决的表现

第四节　跌停后如何操作

　　涨停板既是机会的象征，也是主力诱多的手法，是风险的预示，但是跌停

板则往往只是风险的预示，很少成为主力诱空的手法。因此，在个股出现跌停板走势时，如果此时个股恰逢处于高位区或是下跌途中，则我们就应尽早卖出，以回避随后即将出现的更大幅度的下跌。

图 11-21 为郴电国际（600969）2007 年 2 月 28 日至 2007 年 6 月 6 日期间走势图。此股在经历了大幅上涨后，于 2007 年 5 月 30 日因突遇上调印花税的重大利空政策而出现跌停板走势。这种出现在高位区的跌停板是个股趋势反转的信号，并且预示了短期内还会有更深的跌幅出现，是我们卖出的信号。

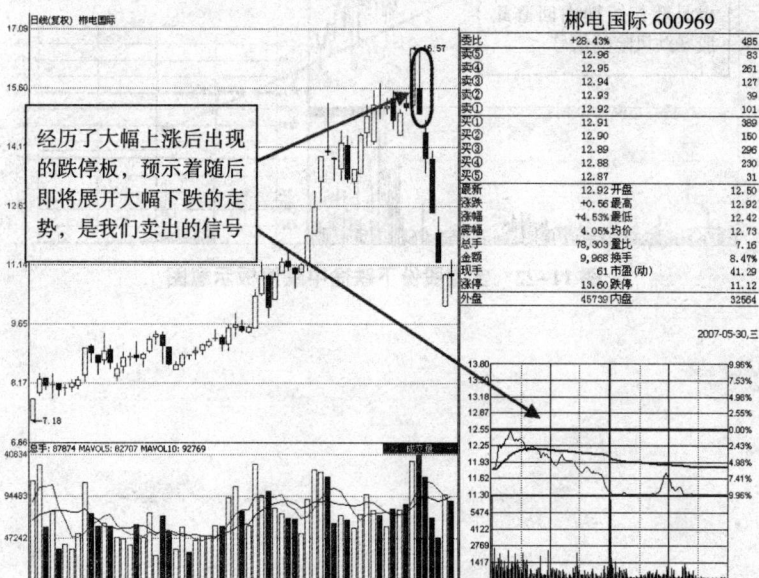

图 11-21　郴电国际高位反转跌停板示意图

图 11-22 为宝胜股份（600973）2007 年 10 月 19 日至 2008 年 4 月 22 日期间走势图。此股在经历了高位区的震荡之后，出现了一个向下破位的跌停板形态，这是个股正式步入下跌趋势且下跌走势开始加速的信号。由于此股此时的股价刚刚脱离顶部区，因此后期还有很大的下跌空间，这既是我们中长线离场的信号，也是我们短期内回避此股暴跌风险的信号。

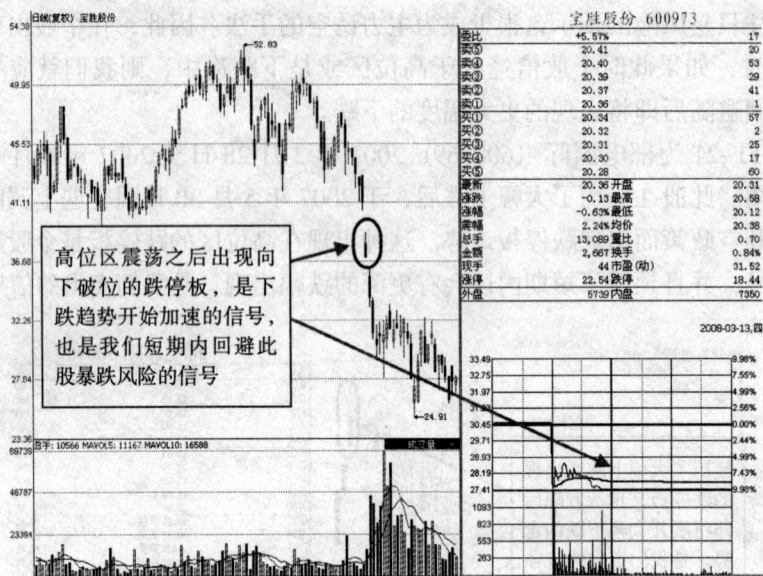

高位区震荡之后出现向下破位的跌停板，是下跌趋势开始加速的信号，也是我们短期内回避此股暴跌风险的信号

图 11-22　宝胜股份下跌途中跌停板示意图

第十二章 "主力动向"看盘攻略

在国内股市中，主力不仅仅是对趋势起到引导作用，还可以成为趋势的制造者。可以说，把握了主力的动向就在一定程度上了解了个股的运行规律。那么，我们应如何把握主力动向呢？由于主力在建仓、拉升、洗盘、出货的各个阶段中，都会在盘面上留下相应的痕迹，会呈现出某些具有共性的盘口特点，发现这些盘面痕迹、理解这些盘口特点所代表的含义，我们就可以准确地把握主力动向，从而准确地预知个股的走势，打开获利之门。

第一节 看懂主力建仓时的盘面特点

一、主力建仓时的典型 K 线走势

主力资金强大，在建仓时需要买入大量的筹码。可以说，主力的建仓行为势必会打破个股原有的供求状态，使得买盘的力量明显大于卖盘的力量，在这种状态下，个股往往会呈现出一些典型的 K 线走势。

1. 局部呈现牛长熊短走势

所谓牛长熊短是指个股在阶段性的上涨过程中，这一波的上涨时间要明显长于其随后出现回调的时间。在牛长熊短的走势中，由于主力持续吸筹的缘故，股价重心也会逐步上移，这种上涨会使得主力建仓成本增加。由于主力不愿意其建仓成本过高，主力希望在一个相对较低的价位内多吸纳一些筹码，因此为了控制股价，在把股价推高之后，主力往往在大盘震荡的时候瞅准机会来一次打压，这种打压所形成的大阴线会给散户造成强大的心理压力，在主力打压和散户恐慌抛售的双重压力下，股价迅速下跌。由于这种回调走势只是在主力的引导及市场获利浮筹抛出所促成的，而主力的主要目的仍是吸筹，因此个股的回调时间往往相对较短且呈现出缩量下跌的形态。随后在主力继续吸筹的情况下，股价仍会自低位重新开始缓慢上升。这种方法不仅节约了时间和空间，而且当股价再次被推高时，一些经历了这种股价快

速波动的散户往往会由于心态原因在此相对"高位"抛出，主力则可以进一步快速吸筹。对于牛长熊短这一局部走势的形态来说，还有一点是值得我们重点关注的，这就是牛长熊短所出现的股价位置区间。只有当牛长熊短走势出现在个股深幅下跌后的止跌攀升区域时，我们才可以把它当做是主力吸筹的标志，在一只股票已经上涨了许多之后的牛长熊短，仅可以理解为主力出货力度较小，而不能简单的理解为主力正在建仓或加仓。

图 12-1 为辽宁成大（600739）2008 年 10 月 8 日至 2009 年 1 月 19 日期间走势图。此股在经历了深幅下跌后出现了止跌走势，在股价的上涨过程中，可以看到此股出现了明显的牛长熊短走势，上涨时放量、回调时缩量，且上涨的时间及幅度都要大于下跌的时间及幅度，这便是牛长熊短走势的典型特点。

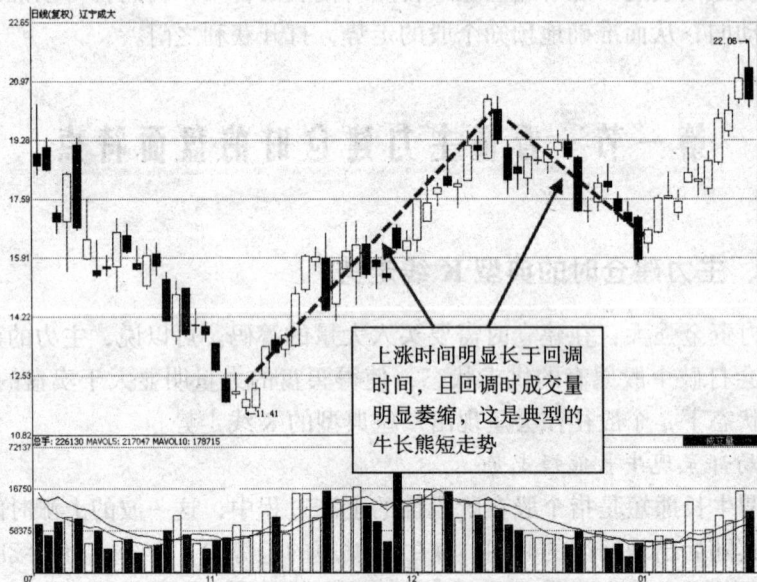

图 12-1 辽宁成大牛长熊短示意图

2. 总体上呈现慢牛攀升形态

当主力开始介入一只个股进行建仓行为后，会使得这只股票的下跌动能被完全减弱。由于主力的建仓力度较大且为了尽量降低建仓成本，会使股价尽可能保持在相对低位区运行，此时股价往往会呈现出缓慢上扬的态势，对比同期大盘可发现其明显强于大盘走势，这种股价重心缓慢攀升的形态我们将其称作为慢牛形态。

图 12-2 为洪都航空（600316）2008 年 5 月 26 日至 2009 年 5 月 13 日期

间走势图。此股在经历了深幅下跌后，于低位区出现缓慢攀升的走势，股价在买盘资金持续的推动下出现了长时间内持续上升的形态，但是上升的速度并不快。这种慢牛走势是主力持续建仓的盘面形态，它说明个股已结束了前期的下跌走势，而且已有主力资金持续流入，这样的个股后期往往还会有更好的上涨行情出现。

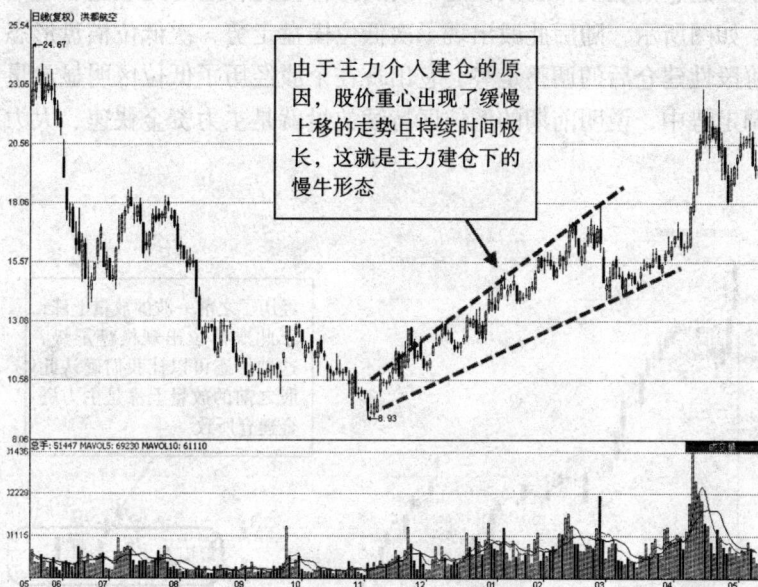

由于主力介入建仓的原因，股价重心出现了缓慢上移的走势且持续时间极长，这就是主力建仓下的慢牛形态

图 12-2　洪都航空慢牛形态示意图

3. 红肥绿瘦，且阳线数量显著多于阴线数量

若个股在某一交易日的卖盘力量显著大于买盘力量，则个股当日往往会呈现出下跌走势，即当日收出阴线；反之，若个股在某一交易日的买盘力量显著大于卖盘力量，则个股当日往往会呈现出上涨走势，即当日收出阳线。当主力介入个股进行建仓操作时，会使得此股在大多数的交易日内出现买盘力量显著大于卖盘力量的情况，与此相对应的当日个股走势多会以阳线形态出现，而且买盘的力量越强，则阳线实体往往就越大，这种 K 线形态体现在 K 线图上就是：这一阶段的阳线数量要显著多于阴线数量，且阳线的实体往往会明显长于阴线的实体（即红肥绿瘦）。

4. 低位区放量上涨后的次低位窄幅横盘形态

次低位横盘形态，是主力阶段性建仓后的调整走势，它出现在个股经历了低位区明显放量上涨之后的回调走势中，而前期的低位区持续放量就是主力资金快速、大力建仓的表现。由于这种横盘形态出现在个股经低位上涨之后，是主力快速建仓后的锁仓信号，同时也反映了市场抛压较轻。通过这一次低位横盘形态，我们可以有效地确认此股之前出现的放量上涨是由于主力的大力建仓所致。

图12-3为贵研铂业（600459）2008年7月15日至2009年1月5日期间走势图。此股在深幅下跌后出现了一波明显的放量上涨走势，但是这一波放量上涨是主力建仓的表现，或仅仅是一波反弹行情呢？通过此股随后的走势来进行分析。如图所示，随后此股出现了次低位横盘走势，次低位横盘形态，是一种主力阶段性建仓后的调整走势。它出现在个股经历了低位区明显放量上涨之后的回调走势中，说明前期的低位区持续放量就是主力资金快速、大力建仓的表现。

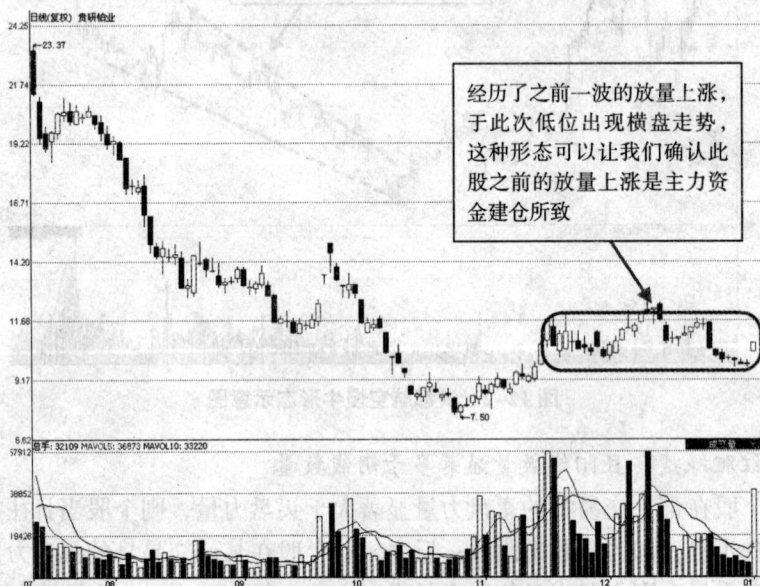

图12-3　贵研铂业次低位横盘形态示意图

5. 典型的底部K线形态

前面的章节中，我们介绍了一些典型的底部K线形态，这些典型的底部形态主要包括：圆弧底、头肩底、W底（或称双底）、三重底、V形底等等。这些K线形态若出现在个股深幅下跌之后，往往就预示着底部的出现。这些形态既有可能是市场自然运行的结果，也有可能是主力运作的结果，因此，在了解主力建仓时的盘面形态时，我们也应了解这些典型的底部形态。

二、主力建仓时的量能特点

主力在建仓过程中要买入大量的筹码，这势必会使个股的量能出现变化。一般来说，主力在建仓时的量能特点可以归结为以下几点：一是成交量在总体上出现放大形态，这是主力资金持续流入的迹象；二是在局部的上涨与回调走势中，呈现出涨时放量，而回调时却相对缩量的形态；三是在主力建仓的末期，由于主力已持重仓会使得市场浮筹明显减少，这时个股可能会出现一段时间的整理走势（或是横盘震荡、或是小幅回调、或是小幅上涨），在这种整理走势中，我们可以看到明显的缩量形态（相对于前期主力建仓时的量能而言）。

图 12-4 为赛迪传媒（000504）2008 年 8 月 11 日至 2009 年 1 月 23 日期间走势图。此股在经历了深幅下跌后，于低位区出现止跌向上的走势，如图标注所示，在这一低位区的震荡攀升走势中，我们可以看到此股的成交量在总体上处于放大状态，这是资金持续流入的迹象，且在每一波的上涨与回调中，都呈现出涨时放量而跌时相对缩量的形态。

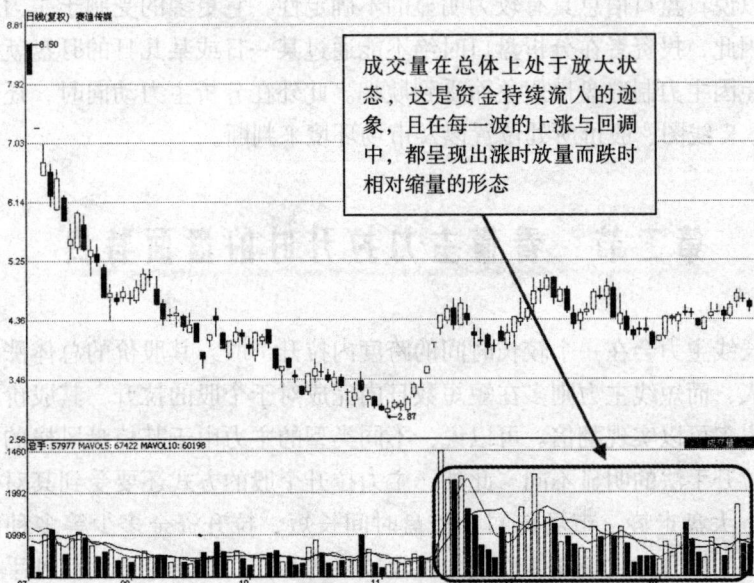

成交量在总体上处于放大状态，这是资金持续流入的迹象，且在每一波的上涨与回调中，都呈现出涨时放量而跌时相对缩量的形态

图 12-4　赛迪传媒主力建仓时量能示意图

三、主力建仓时的盘口特点

主力在建仓时除了会在 K 线图、成交量形态上留下痕迹外，往往还会出现一些较为明显的盘口信息。所谓盘口信息就是个股在盘中实时交易过程中所出现的盘口数据，主要包括分时线走势、委买盘与委卖盘的变化、大买单与大

卖单的成交细节等等。很多投资者都有实时盯盘的习惯，因此主力的很多控盘手段也是通过盘口得以实现的。投资者要想在股票市场中生存下去，就要学会区分真实的盘口信息与虚假的盘口信息。由于主力的控盘风格不同，因此在主力建仓时往往也会出现不同的盘口特点，此时投资者就要结合个股总体走势的特点来做综合研判，避免因一时的盘口变化而作出错误的决定。

例如，在主力建仓时，有的主力采用打压的方式以此来制造市场恐慌的气氛达到吸筹的目的，此时在盘口中很有可能就会呈现出大单压顶、小单托底的买卖盘关系，给投资者一种此股抛压极重、难以上涨的直观感觉，从而让那些没有耐心的投资者抛出手中的廉价筹码；有的主力为了能够快速建仓而采用连续大幅推升股价的方式，体现在分时图中就是分时线呈现出流畅的放量上涨形态，这是持续涌入的买盘资金推动所造成的。此外，在个股处于明显的低位区时，若出现反常内、外盘关系，即内盘明显大于外盘但是股价却并没有出现明显的下跌，这多是主力通过对倒手法打压股价，并在随后通过小单买入的方式进行建仓的一种表现。

可以说，盘口信息具有较为明显的不确定性，它更多的受制于主力的控盘手法。因此，投资者在分析盘口时绝不能通过某一日或某几日的盯盘就得出结论，以免因主力制造盘口假象而受到欺骗。此外在分析主力动向时，还要结合成交量、K线图、股价所处位置以及市场环境来判断。

第二节　看懂主力拉升时的盘面特点

中长线主力会在一个较长时间的跨度内拉升个股，其股价的总体涨幅也往往很惊人，而短线主力则多在短短数日内完成对于个股的拉升，其股价短期内的涨幅也多可以实现翻倍。可以说，不同类型的主力由于其控盘风格的不同会导致其拉升手法的明显不同。此外，主力拉升个股的方式还要受到其对个股控盘程度、大盘走势、市场传闻、控盘时间长短、拉升资金多少等多种因素制约。不同的拉升方式最能体现主力控盘风格的不同，但无论采用何种手法，通过拉升实现股价大幅上涨的目的是不变的，否则就不能称之为拉升，下面我们就来讨论主力拉升阶段的盘口特点。

一、主力拉升时的典型 K 线走势

1. 火箭式拉升——短线主力常用的方式

火箭式拉升是指主力在拉升个股股价时，其涨势如同火箭般的向上发射出去，多是短线主力在急功近利式的凶悍炒作下实现的。一般来说，短短几日内的股价上涨幅度都在 30% 以上，因为它创造了时间与收益的最完美的组合，因此，这也是投资者在买股中最想捕捉到的黑马股。

这种拉升手法由于在拉升时股价异动过大，常会一拉升就吸引市场的注意，因此多出在市场中短线主力炒作火暴题材股的过程中。在个股处于火箭式上升的初期，即使投资者注意到了此股的上涨，但多会希望等待回调时再择机介入，然而此股的随后走势更是出人意料，非但没有回调，反而出现了越上涨抛压越轻的状况，股价短期内的大幅上涨使其成为了市场的焦点。当大量投资者再也忍不住诱惑而大力介入以求快进快出赚取 10%~20% 的利润时，此股主力就开始反手做空，主力在股价直线飙升后之所以还能全身而退，并不是由于此股的基本面出现了什么变化，而在主力成功地利用了散户投资者的追涨心理及投机心理。

在火箭式拉升的盘面形态中，日 K 线图呈现出连续的放量大阳线，股价迅速上一个台阶，是这种拉升手法的最直接的视觉体现。若出现火箭式上涨的个股是源于主力对此股题材进行炒作的结果，那么这种个股多是以连续涨停板的方式完成的。当股价快速上升到一个新平台后，主力就会停止拉升的步伐，股价要在这平台处震荡很久后，主力才结合当时的实际情况决定是否要再次拉升。

图 12-5 为长春燃气（600333）2009 年 9 月 14 日至 2009 年 12 月 10 日期

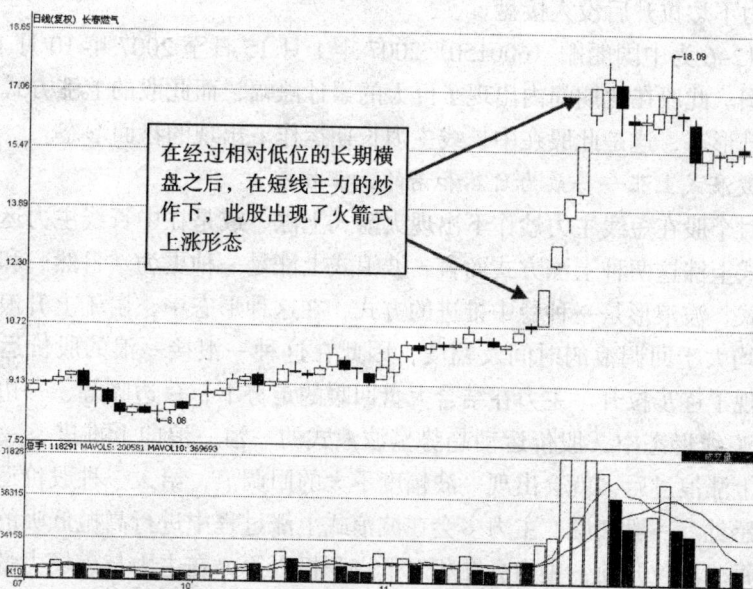

图 12-5　长春燃气火箭式拉升形态示意图

间走势图。此股在经过低位区的长期横盘之后出现了火箭式上涨的盘面形态，此股的上涨源于南方出现了天然气荒的情况，在这种消息的刺激下此股作为当时燃气类个股中的领涨股出现了连续 5 个涨停板的走势，是短线主力炒作市场热点的结果。

2. 台阶式拉升——中长线主力常用的方式

台阶式拉升多出现在中长线主力控盘的个股中，从 K 线形态上来看，股价的上涨是一个台阶一个台阶的上涨，即每次股价的上涨都来自于几天内的连续大阳线将股价拉高一个台阶，而每上一个新的台阶后就会采取平台或强势整理的方法，经过这种方式的洗盘后再度拉升股价至一个新台阶。台阶式拉升的总体推进速度较为缓和，但随着股价经过这种一个台阶一个台阶的上涨，其累计涨幅往往很惊人。

台阶式拉升适用于主力实力较强、运作项目基本面优良、后市存在重大题材的大盘绩优个股，这种主力操作风格通常较为稳健。由于运作项目基本面比较优秀，后市存在重大题材，而且主力实力也非同一般，所以主力运作起来得心应手，信心十足。在刚刚开始上涨的时候，股价明显处于相对低估的状态，这时的低估很可能是源于市场整体的低迷。随着主力对于此股的不断拉升，此股的业绩及估值也会随着股价的不断上涨而获得越来越多投资者的共识，而且每一个台阶上涨后的横盘走势既是一次清理市场获利浮筹的过程，也是个股估值中枢重新确立的过程。随着市场信心的恢复以及整体估值中枢的上移，主力不愁拉升后没人接盘。

图 12-6 为中国船舶（600150）2007 年 1 月 15 日至 2007 年 10 月 15 日期间走势图。此股在此期间内出现了巨大的累计涨幅，而此股的上涨方式即为台阶式上升形态，这是此股在中长线主力长期运作下出现的盘面形态。

3. 波浪式上涨——最为自然和谐的上涨方式

相对个股在短线主力炒作下出现火箭式上涨、或是在中长线主力运作下出现台阶式上涨这两种上涨方式而言，波浪式上涨是一种更为"自然、和谐"的上涨方式。波浪形是一种稳中推进的方式，在这种形态中，由于上升浪的时间及幅度均大于回调浪的时间及幅度，因此在这种一浪接一浪的股价运动过程中，实现了逐步拉升。主力在结合大盘回暖的走势下，一边吸筹、一边推高股价，在 K 线形态中，股价运动趋势呈波浪式的一浪一浪向上推进，一波较为明显的上涨浪过后，就会出现一波幅度不大的回调浪，给人一种股价运行较为自然的感觉。一般来说，主力多会在波浪式上涨过程中进行高抛低吸的波段操作：在每一波拉升前，主力会在相对低点积极吸筹，在主力与市场力量的双重推动下，股价轻松的就可以完成一波上升浪；当这一波的升幅达到 20% 左右

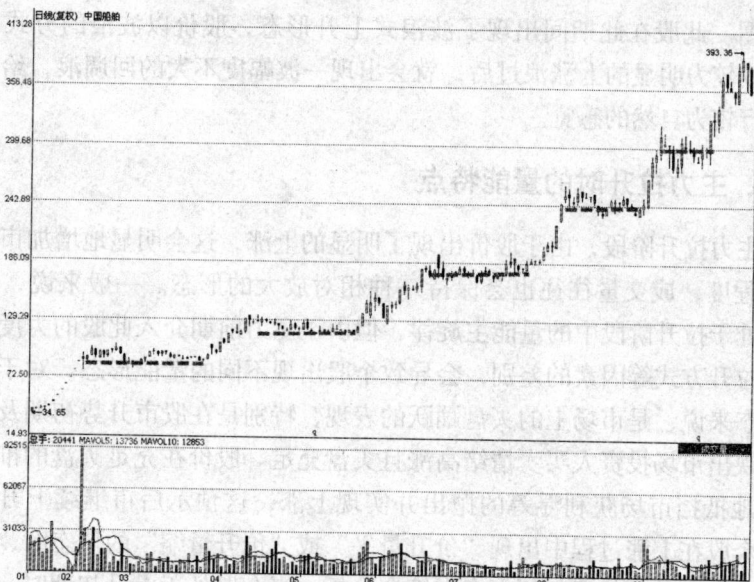

图 12-6　中国船舶台阶式上涨示意图

时，主力可以在大盘震荡的配合下逢高减仓，在主力减仓的带动下，市场上的
获利盘也会部分涌出，于是个股出现一波回调；在回调浪的低点，主力则适当
的加仓，既让股价止跌，又迎合了大盘，为下一波上升浪打下了基础。

图 12-7 为浦发银行（600000）2008 年 11 月 28 日至 2009 年 5 月 25 日期

图 12-7　浦发银行波浪式上涨示意图

间走势图。此股在此期间出现了波浪式上升形态，股价以波浪的方式稳步上涨，一波较为明显的上涨浪过后，就会出现一波幅度不大的回调浪，给人一种股价运行较为自然的感觉。

二、主力拉升时的量能特点

在主力拉升阶段，由于股价出现了明显的上涨，这会明显地增加市场的交投活跃程度，成交量往往也会保持一种相对放大的形态。一般来说，"放量"是个股处于拉升阶段中的量能主旋律，但由于主力前期介入此股的力度、控盘能力、拉升方式等因素的差别，会导致个股出现不同的量能形态。对于量价齐升的形态来说，是市场上的买盘踊跃的表现，特别是在股市升势初期及中间阶段，反映出市场投资人买卖情绪高涨且买盘充足。股价在充足买盘的推动下可以有效地抵挡市场获利浮筹的抛出并实现上涨，这预示后市继续上升机会较大。当个股在上涨过程中出现"价升量平"或"价升量缩"的形态时，此时我们要结合个股的趋势运行特点来做综合分析：当个股处于上升初期时，这两种不放量而实现上涨的形态说明主力控盘能力较高，是此股后期将要大涨的信号；当这两种形态出现在个股累计涨幅较大的情况下，它们说明了买盘的枯竭，是上涨趋势即将见顶的信号。

三、主力拉升时的盘口特点

在拉升阶段，个股以上涨为主旋律，在盘中会经常出现分时线向上大幅上扬的形态。此时如果能在盘中看到大单扫货的现象，多体现了主力拉升的决心。在大单扫货的同时，主动性大买单明显多于主动性大卖单，分时线与分时量呈现同步上升的形态，个股在分时图上经常沿着 45 度斜率上升。一般来说，主力更多的偏向于在开盘或收盘阶段进行拉升，在开盘及随后的早盘阶段进行拉升可以为当天个股的强势运行打下基础，而在尾市时拉升则可以为第二天的顺势高开打下基础。在个股处于拉升阶段时，分时线往往呈现出流畅的挺拔形态，这是买盘资金持续大力介入以拉升股价的表现，而且股价在上涨时的分时图越流畅则往往意味着主力的控盘能力越强，越能体现出个股处于强势的上升阶段。读者可以结合前面章节中讲解到的"强势股的分时线特点"一节来理解主力拉升时的盘口特点。

第三节　看懂主力洗盘时的盘面特点

通过洗盘，主力可以提高市场散单的平均持仓成本，使得市场成本远远高于自己的建仓成本，为后期的拉升及出货打下基础。而且，在洗盘过程中，若个股的股价波动幅度较大，主力还可以借机进行高抛低吸以赚取差价，这样，既降低了自己的持仓成本，同时也抬高了跟风者的持仓成本。主力洗盘讲究的是时间与空间，不同的洗盘时间与空间往往反映了不同的洗盘方式。洗盘行为多出现在主力建仓完毕后以及拉升途中，出现在不同的时间点上。主力洗盘的方式也是不同的，从而体现在盘面上的技术特征也不尽相同。下面我们就来看看主力洗盘时的盘面特点。

一、主力洗盘时的典型 K 线走势

1. 打压式方式

打压式洗盘多出现在主力建仓末期或个股上升途中，是一种周期较短的洗盘方式，其中出现在主力建仓末期的打压式洗盘也可以看做是主力拉升前的一次震仓行为。在打压式洗盘过程中，主力多是结合大盘的同期回调走势，顺势打压，K 线往往呈现出短期内连续阴线下跌的形态，这可以制造良好的恐慌气氛，迫使获利投资者抛出手中筹码，从而完成一次短期内的快速洗盘行为。

图 12-8 为滨州活塞（600960）2008 年 10 月 20 日至 2009 年 6 月 11 日期间走势图。此股在此期间处于上升走势中，在一波较快上涨后，此股连续出现了两根大阴线，这是主力结合大盘回调对个股进行的一次快速打压洗盘行为。从走势图中可以看到，在打压的两天内，虽然股价出现了明显的下跌，但是却并没有出现明显的放量，这说明此股的市场抛压并不重，且并无主力打压出货的迹象。这种短期内的大幅下跌走势仅是主力结合大盘走势进行打压从而引发市场获利浮筹抛出而导致的。

2. 横盘震荡方式

横盘震荡的洗盘方式既可以是窄幅型的横盘震荡，也可以是宽幅型的箱体震荡。窄幅型的横盘震荡洗盘往往对应于个股台阶式上涨后的横盘之中，而宽幅型的箱体震荡洗盘往往是主力在上升途中利用洗盘走势进行高抛低吸赚取差价的表现。当主力对个股完成一个阶段的拉升后，为了让个股在高位区进行充分换手，往往会让股价于相对高位区进行长期的横盘走势，此时若大盘走势较为平稳，则主力多会采用窄幅型的横盘震荡洗盘方式，通过个股的较长时间横

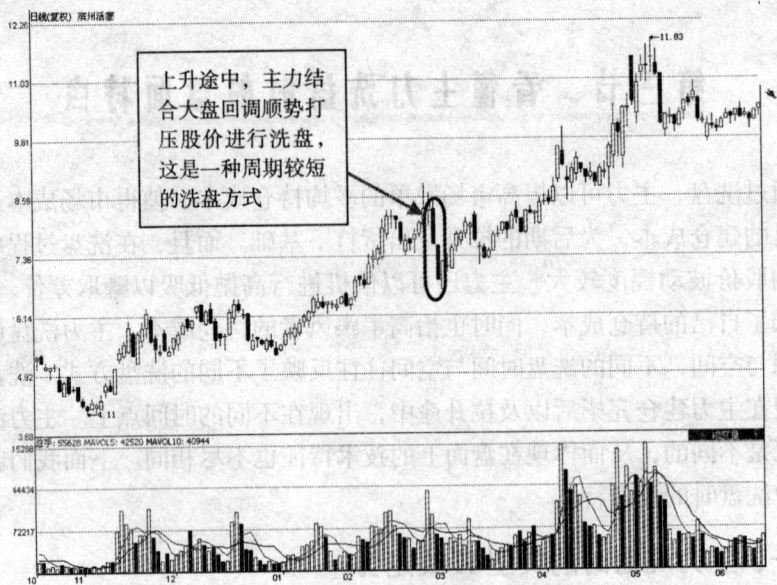

上升途中，主力结合大盘回调顺势打压股价进行洗盘，这是一种周期较短的洗盘方式

图 12-8 滨州活塞打压洗盘示意图

盘，可以让那些没有耐心的投资者抛出手中的获利筹码，也会吸引一部分仍然看好此股后期走势的较为坚定的投资者加入进来，这样，市场浮筹在这一横盘就完成了一次较为充分的换手，从而更有利于主力后期展开对于此股的拉升。这种洗盘的方式特征是，股价呈现小幅震荡，使得短线上几乎没有什么差价，主力在此期间既没有打压，也没有拉升，一般多是通过在委托盘上挂大压单、下挂大托单用以维持股价，成交量相对萎缩，给人感觉此股交投极不活跃。这种横盘震荡型的方法，主要是针对市场绝大多数投资者没有耐心的弱点，以引导散户投资者充分换手。若主力在洗盘过程中，大盘出现了较明显的回调走势，此时个股在主力洗盘与市场抛压的双重作用下，往往会出现宽幅震荡的形态。主力通过个股在这一相对高位区的宽幅震荡形态，让投资者出现判断失误，误以为股价见顶，并且宽幅震荡的形态有利于吸引短线投机者，从而有利于充分提高市场平均持仓成本。在宽幅震荡过程中，主力也可以利用其自身强大的控盘实力做高抛低吸的波段操作以降低持仓成本。

图 12-9 为四创电子（600990）2008 年 11 月 4 日至 2009 年 10 月 23 日期间走势图。此股在上升途中多次出现横盘震荡走势，那么，如何识别这种横盘震荡走势是洗盘走势还是个股走势见顶的标志呢？一般来说，我们可以从此股前期上涨过程中的量价关系来着手研判：若个股在横盘震荡之前的上升走势中呈现出良好的量价齐升形态，这多意味着此股的上涨走势并没有终结，这时的横盘震荡走势往往是主力在个股上升途中进行洗盘造成的；反之，若个股前期

累计涨幅巨大，且在之前呈现出了较为明显的量价背离形态，则这种横盘震荡走势就极有可能是个股见顶的标志了，投资者应注意此股的高位风险。

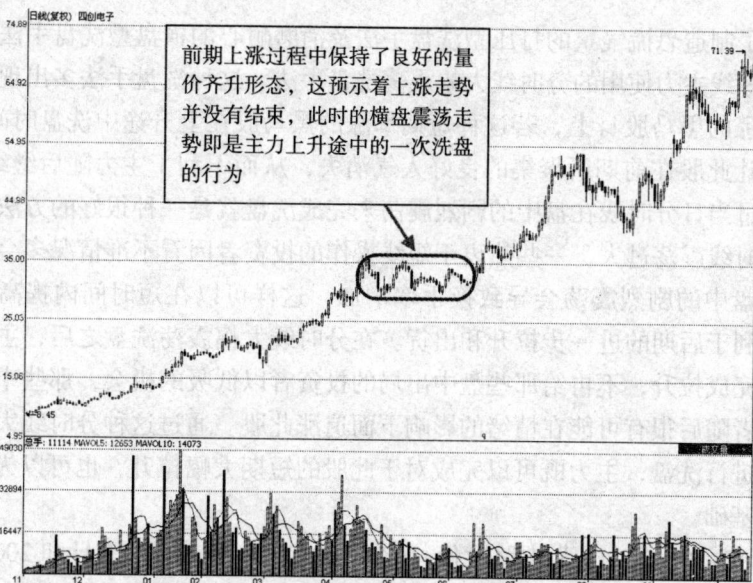

前期上涨过程中保持了良好的量价齐升形态，这预示着上涨走势并没有结束，此时的横盘震荡走势即是主力上升途中的一次洗盘的行为

图 12-9　四创电子上升途中横盘震荡洗盘示意图

二、主力洗盘时的量能特点

主力在洗盘时为了控制股价的走势，势必要进行适当的买入或卖出，但由于洗盘的目的是为了引导市场浮筹进行充分换手，从而便于后期的拉升，在洗盘期间主力多会采取锁仓操作，在主力仅仅是通过少量筹码引导股价走势的洗盘行为中，散户交易所产生的成交量势必会呈现出萎缩的形态，所以，总体成交量规模随股价震荡而趋于萎缩是主力洗盘时的一个重要特点。主力洗盘时成交量的另一特点是，股价波动过程中，上涨时却出现相对的放量，而在股价在下跌时成交量则明显缩小，主力只在其中引导市场来完成筹码换手，量价关系多处于正常的状态。

三、主力洗盘时的盘口特点

在不同的洗盘方式下，个股的盘口也会呈现出明显不同的特征。在横盘窄幅震荡的洗盘方式中，主力通过上挂大压单、下放大托单的方式让股价处于窄幅波动之中，从而让那些没有耐心的投资者抛出手中筹码；在打压式的洗盘中，主力结合大盘震荡，通过连续的大单将股价快速打低，在盘中形成放量下跌的盘面形态，给投资者一种此股走势极弱的感觉，从而让市场获利浮筹产生不安的心态，担心已有的利润会随着股价的持续下跌而消失，从而抛出手中筹码。

除了制造恐慌气氛的打压型洗盘手法及消磨耐心的横盘型洗盘手法外，还有一种短线主力使用的分时线大幅震荡洗盘手法。这种洗盘手法多出现在短线急拉暴涨的黑马股身上，若这种短期暴涨的黑马股在上升途中洗盘时间过长，势必会让此股在前期所聚集的良好人气消失，从而不利于主力随后继续拉升，此时通过当日分时线在盘中的剧烈震荡来完成洗盘就是一种很好的方法。由于当日分时线震荡过大，一些热衷于短线操作的投资者因看不准情况多会出局观望，且盘中的剧烈震荡会导致换手率增加，这样可以在短时间内提高市场成本，有利于后期的进一步拉升和出货。在分时线大幅震荡洗盘之后，主力会在收盘前完成拉升，不再给那些盘中出局的投资者以低吸的机会，那些中途出局的投资者随后很有可能在情绪的影响下而追涨此股。通过这种分时线大幅震荡的方式进行洗盘，主力既可以完成对于此股的短期大幅拉升，也可以为后期出货打下基础。

图 12-10、12-11 为中路股份（600818）2008 年 11 月 25 日和 2008 年 11 月 26 日分时图。此股的火箭式上涨行情源于主力对于此股迪斯尼概念的炒作，由于迪斯尼主题公园落户上海，而中路股份恰有一块土地与迪斯尼主题公园相邻，因此获得了游资的大力炒作。在此股的急拉暴涨过程中，主力在拉升途中

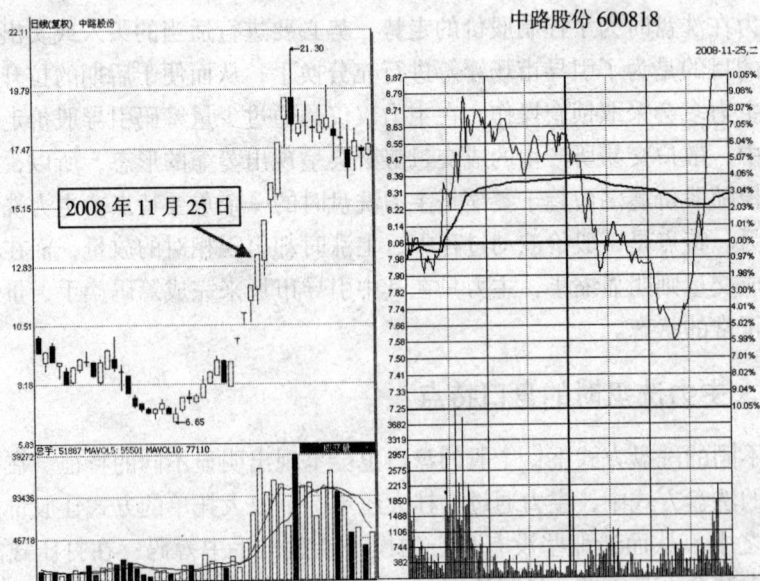

图 12-10　中路股份 2008 年 11 月 25 日分时图

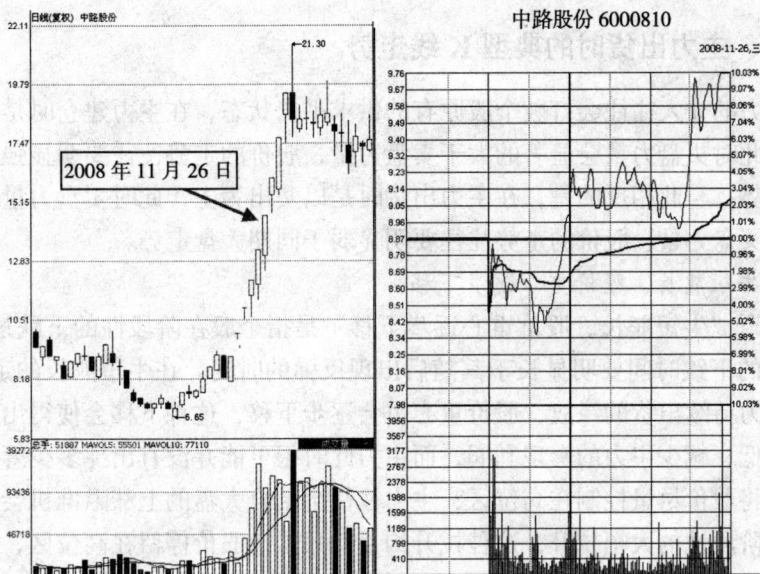

图 12-11　中路股份 2008 年 11 月 26 日分时图

采用了分时线大幅震荡的洗盘方式，如图 12-10 及图 12-11 所示，此股在这两日的盘中震荡幅度极大。在分时线的大幅震荡下，投资者基于利润可能消失的恐慌心态，往往会出现一种此股短期上涨走势结束的错觉，从而抛出手中筹码，而主力正是利用投资者的这种心态，并在收盘前再次将股价打高，从而通过分时线的大幅震荡完成了拉升途中的快速洗盘。

第四节　看懂主力出货时的盘面特点

　　任何一个主力，只有将手中的筹码派发出去，才能使账面的盈利变为实实在在的获利。为了将手中低位买入的筹码派发出去，主力必然要使用各种方法诱骗散户投资者入局接盘。为了充分实现高位出货的目的，主力需要一定的时间和空间来完成这一道程序。此外，主力在出货阶段还要受到持股的数量、大盘走势好坏、操盘手法等多种因素制约。基于主力控盘风格的不同，不同类型的主力很可能采用完全不同的出货方法。但是无论怎样，当主力开始大量出货时，势必会改变一只个股的原有供求关系，导致个股走势出现滞涨或下跌，如果同期大盘表现不好，则此股在主力出货的带动下会明显的弱于大盘走势。下面我们就来看看主力出货下的盘面特点。

一、主力出货时的典型 K 线走势

主力的介入往往会打破个股原有的供求平衡状态，在主力建仓时是以买入为主，此时买盘力量会显著的大于卖盘力量，股价的走势往往要明显强于同期大盘走势；与此相反的是，在主力出货时是以卖出为主，此时卖盘力量会显著的大于买盘力量，股价的走势往往要明显弱于同期大盘走势。

1. 牛短熊长、股价重心逐步下移

所谓"牛短熊长、股价重心逐步下移"是指个股在阶段性的下跌过程中，这一波的下跌时间要明显长于其随后出现反弹的时间。在牛短熊长的走势中，由于主力持续出货的缘故，股价重心也会逐步下移，这种下移会使得出货价位逐渐降低、减少主力的套现利润，而主力此时很可能并没有出掉多少筹码。因此为了将股价尽量控制在高位区，主力往往会结合大盘的上涨瞅准机会对此股来一次阶段性的大幅拉升，这种拉升的目的只是让股价停留在高位区，而非真实的突破上涨，是主力为了迷惑投资者并吸引跟风而刻意制造出"走势强劲"的假象，所以在做 K 线图时往往会有意做成醒目的长阳线、向上跳空缺口、涨停板，以此来吸引散户投资者积极介入。但是一旦散户介入，就会发现股价开始持续阴跌，这说明个股升势已至末期，也充分说明了此股的买盘不足而主力拉高后的出货意图十分明显。在牛短熊长中，如果主力不通过连续两三日的大阳线拉回股价，则股价的重心会出现逐步走低的情况。前面我们提到过主力在建仓时，有牛长熊短的 K 线走势，而在出货时则是正好与之相反的牛短熊长的走势——下跌天数明显多于上涨天数。对于牛短熊长这一局部走势的形态来说，还有一点是值得我们重点关注的，这就是牛短熊长所出现的股价位置区间，只有当牛短熊长走势出现在个股大幅上涨后的滞涨区域时，我们才可以把它当作是主力出货的标志，在一只股票累计涨幅不大或是处于相对低位区时，仅可以理解为主力建仓力度较小或没有明显的建仓行为，而不能简单地理解为主力正在出货。

图 12-12 为中国软件（600536）2009 年 3 月 12 日至 2009 年 8 月 31 日期间走势图。此股在经历了大幅上涨后于高位区出现横盘滞涨走势，在此股的横盘震荡过程中，我们可以看到其 K 线走势出现了明显的牛短熊长的形态，主力仅通过一两天的时间拉高股价以此来吸引投机盘及跟风盘介入，一旦跟风盘开始介入，主力则借机出货，因此就出现了这种上涨时间短随后下跌时间长的牛短熊长的走势，而且个股的总体走势也在主力的持续出货下出现了股价重心逐步下移的倾向，这是市场中卖盘的力量开始强于买盘力量的直接体现。

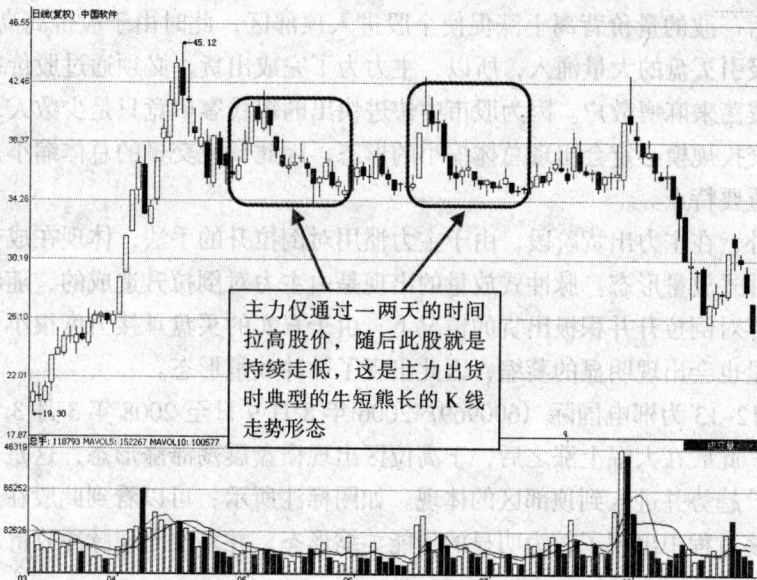

图 12-12　中国软件牛短熊长示意图

2. 典型的顶部 K 线形态

前面的章节中，我们介绍了一些典型的顶部 K 线形态，这些典型的顶部形态主要包括：圆弧顶、头肩顶、M 顶（或称双顶）、三重顶、V 形顶等等。这些 K 线形态若出现在个股大幅上涨之后，往往就预示着顶部的出现，这些形态既有可能是市场自然运行的结果，也有可能是主力运作的结果，因此，在了解主力出货时的盘面形态时，我们也应了解这些典型的顶部形态。

二、主力出货时的量能特点

很多投资者认为主力由于持仓量巨大，因此在出货时势必会造成成交量的大幅放出，但是实践证明，这种想法往往是错误的。因为个股在筑顶过程中往往是以缩量形态出现在投资者面前的，缩量虽然限制了主力的出货行为，但它的确是主力出货阶段最为重要的量能形态。主力出货阶段的缩量形态往往是此股在最后一波上涨中的量价背离形态的延伸，因为个股在最后的上涨过程中，由于前期持续上涨所产生的市场做多热情并没有消退，虽然此时买盘已越来越匮乏，但是由于股市的财富效应并没有消失，卖盘并没有大量涌出，因此个股往往可以呈现出明显的量价背离形态。可以说不是买盘的充足形成了这一波上涨，而是市场的非理性狂热形成的。这一波的价格上涨幅度视当时的市场狂热程度而定，但一般来说涨幅往往小于前一波主升浪。

最后一波的量价背离上涨促使个股进入顶部区，此时由于股价高高在上，已很难吸引买盘的大量涌入，所以，主力为了完成出货，必须通过股价在顶部长期的震荡来麻痹散户。因为股市中快进快出的短线客毕竟只是少数人，这一阶段的交投规模必定会出现总体缩小的形态，因此，成交量的总体缩小是这一阶段的重要特点。

此外，在主力出货阶段，由于主力惯用对倒拉升的手法，体现在成交量上就是脉冲式放量形态。脉冲式放量的出现是由主力对倒拉升造成的，随后，在主力放弃对倒拉升并积极出货的情况下，由于真实的买盘承接力度很小，此时的成交量也会出现明显的萎缩，因此出现了脉冲放量形态。

图 12-13 为郴电国际（600969）2006 年 8 月 9 日至 2008 年 3 月 3 日期间走势图。此股在大幅上涨之后，于高位区出现横盘震荡滞涨形态，这是个股已结束上升趋势并进入到顶部区的体现。如图标注所示，可以看到此股在这一顶部区震荡过程中出现了较为明显的量能萎缩形态，并多次出现脉冲放量形态。

图 12-13　郴电国际顶部区量能特征示意图

三、主力出货时的盘口特点

主力在出货时除了会在 K 线图、成交量形态上留下痕迹外，往往还会出现一些较为明显的盘口信息。由于主力的控盘风格不同，因此在主力出货时往往也会出现不同的盘口特点，此时投资者就要结合个股总体走势的特点来做综合研判，避免因一时的盘口变化而作出错误的决定。例如，在主力出货时，有的主力看到大盘不稳，往往会采用打压的方式以此来吸引市场抄底盘的介入，此时在盘口中很有可能就会呈现出放量下跌且反弹无力的走势，若投资者贪图一时便宜，很有可能高位被套；也有的主力在大盘走势较好的情况下，为了能够尽量在高位区抛出更多的筹码，往往会在盘中利用对倒手法制造一种此股要放量上涨的假象，从而吸引投资者追高买入，而主力则是借机高位抛出。此外，在个股处于明显的高位区时，若出现反常的内、外盘关系，即外盘明显大于内盘但是股价却并没有出现明显的上涨，这多是主力通过对倒手法拉升股价，并在随后通过小单卖出的方式进行出货的一种表现。

可以说，盘口信息具有较为明显的不确定性，它更多的受制于主力的控盘手法，因此，投资者在分析盘口时绝不能通过某一日或某几日的盯盘就得出结论，以免因主力制造盘口假象而受到欺骗，此外在分析主力动向时，还要结合成交量、K线图、股价所处位置以及市场环境来判断。

第十三章 "题材股走向"看盘攻略

题材是造就个股行情的主要动力之一，许多短线暴发的超级"黑马股"无不具有爆炸性题材，题材的作用在于号召市场资金转向某一热点，题材股往往以短期暴涨的形式出现在投资者面前。主力为了能够让市场投资者充分地认识到这一题材的火暴性，往往采用直拉式的手法，在拉抬股价的时候多采取连续涨停的方式，股价在短短数日以火箭般的速度快速上升，这也充分体现了题材股的赚钱效率。

本节中，我们就来看看各式各样的个股是如何在不同的题材的催生下实现短期暴涨的。

第一节 题材股炒作过程分析

不了解主力对于题材股的炒作过程，我们就难以把握题材股的走势。对于市场主力而言，炒作题材股一般有挖掘题材、快速建仓、拉升个股、借助传媒造势、高位出货这五个阶段。

一、挖掘题材（理解题材股特性）

好的题材可以让主力在个股的炒作过程中事半功倍，获得市场的认可，既减轻了主力拉升时的障碍，也方便了主力后期的高位出货。不同的题材有不同的挖掘方法，例如，对于政策扶持题材，由于这一消息是公开性的，对于全体投资者来说，是同步获得这一消息的，能否在第一时间内挖出那些与此消息有直接关联的个股就有赖于对个股的了解程度了；对于高送转题材的挖掘就多属于"内幕消息"的挖掘方式；对于业绩暴增则取决于主力对于公司基本面、行业基本面等情况的分析能力。有的题材股侧重于消息面，有的题材股侧重于传闻，在理解个股的题材时，我们一定要注意它的题材是确切的，还是属于朦胧的。所谓确切的题材是指那些支持此股上涨的题材具有确切性，如政策扶持题材、创投题材、国庆题材、申奥题材等。例如，对于政策性题材来说，当国家的某种产业政策发布时，我们可以很容易的识别出某一只个股是否与这一政策相关；对于创投题材来说，在创业板推出之前，哪些个股参股了创投公司、参股多少都属于公开性的消息，而创业板的推出也是迟早的事，是确定中的事，因此我们可以把与此相关的题材股称为"具有确切题材的题材股"。所谓朦胧的题材是指个股在持续走高的过程中，支持此股暴涨的题材具有明显的不确定性，上市公司往往要反复的发布澄清公告。例如，资产注入题材、高送转题材、重组题材等都是具有不确定性的题材，只有当这些题材在上市公司的公告下兑现的时候，它们才能成为明确的题材，但这些题材能否兑现，则是一个未知数。主力在炒作这种题材时，主要是借助市场传闻。例如，在主力炒作有资产注入题材的个股时，当上市公司没有发布消息时，这种炒作只能是一种预期，所以主力就会选择那些具有资产注入预期特点的个股进行炒作，但上市公司在未来是否会有资产注入动作、资产注入的规模、注入何种资产则是明显不确定的。

二、快速建仓

对于绝大多数题材股来说，都是在短线主力的参与下完成的，虽然也有一些题材股吸引了中长线主力介入，但是这种情况还是相对较少的，因此，我们可以把主力对于题材股的建仓行为称作快速建仓。快速建仓的最大特点就是题材股在相对低位区突然快速启动，同时成交量急速放出。可以说，题材股在启动之初就很好的吸引了市场的目光，这为主力后期继续强势拉升打下了很好的基础，因为受快速建仓所限，其持有的筹码数量还达不到完全控盘个股的能力，因此借助于市场人气来完成对题材股的炒作就显得极为重要。

三、拉升个股

一般来说，对于题材股的炒作，虽然不需要有宏观的背景做支撑，但对题材股的炒作还是讲究时机的。原则上在极弱的单边跌市中，主力是不会去盲目炒作题材股的，在这种大盘背景下，投资者也千万不要因为个股出现了明显的异动就去贸然追涨，因为单边跌势的大环境降低了主力的炒作意图，也难以促使投资者产生追涨的热情。但是在其他的环境下，题材股无疑具有很好的炒作价值。例如，在市场经过大幅度的下跌之后或是个股在低位区持续震荡时，这时候整个市场比较沉闷，场内资金多数已被套牢并不急于卖出，而场外有大量空仓资金急于寻找获利的机会，这时突然发动，能够轻易引导其他场外资金介入从而成为题材热点的推动者。热点题材再加一个好的拉升可以起到传导作用，一些主力的提前炒作会激发其他主力资金介入，从而形成传导，在主力资金之间的默契和协同配合下，题材股就会出现火暴的上涨势头，而市场中的散户资金的跟风又会对股价起到推波助澜的作用。

在大盘人气较为旺盛的时候，是题材股炒作的最好时机。一旦国内外的重大事件或上市公司的重大事件导致个股或板块成为市场焦点时，题材股也就相应的诞生了，它的诞生方式是以短期暴涨呈现在投资者面前的。题材股与其他个股的最大不同点在于它的上涨方式是急速的，而且往往是短期内的翻倍走势。主力为了能够让市场投资者充分地认识到这一题材的火暴性，往往采用直拉式的手法，在拉抬股价的时候多采取连续涨停的方式，股价在短短数日以火箭般的速度快速上升。当突然出现一个凌厉上涨的个股时，而且又有"确切的题材"或"朦胧的题材"支撑此股的上涨，这一题材就很容易受到市场投资者特别是短线资金的追捧，从而使得题材股在主力的引导下出现暴涨。市场投资者的追涨情绪越高，则题材股的短期爆发力度也越大。

四、借助传媒造势

好的题材离不开股评、传媒的造势，无论这种宣传是有意的还是无意的，都在一定程度上吸引了投资者的关注，当股价的短期飙升与传媒导向相配合时，就是题材股涨得最为火暴的时候。但是我们在关注股评或传媒等宣传的时候，一定要注意它的滞后性。因为传媒在点评个股的时候都是以股价的走势为依据，然后再找出相关理由解释此股的异动，当个股纳入媒体视野的时候，往往也是它已出现了明显暴涨的时候，总给人一种媒体信息相对滞后的感觉。对于那些主观想象出来的"好题材"在没有落实到实实在在的股价上涨中时，是不能称之为"热点"的。媒体造势之所以较慢，因为所谓的题材只有等到个股飞涨后，个股所蕴涵的题材才能称为"热点"。对挖掘题材股而言，它的主要任务是提前挖掘题材并运作题材股，而对于媒体而言，它的主要任务是关注个股的异动并对个股异动的原因加以解释。媒体关注那些异动的个股，然后加以点评，自然要相对于股价的走势滞后很多。投资者此时据传媒点评再加入到题材股中，就有追涨的嫌疑了，无疑要承担更多的风险。

五、高位出货

一般情况下，出货无论对于中长线主力来说，还是对于短线主力来说，都是最难，也是最为漫长的过程。我们在跟踪题材股走势的时候，可以发现，题材股的涨势维持的时间并不长，但涨幅却巨大，这说明主力在拉升题材股时并不需要太多的时间，往往是十几个交易日内，股价就会实现翻倍。但是在个股经历了这种短期的大幅上涨之后，题材股并没有出现我们所想象的暴跌（如果是在大盘的暴跌影响下出现急速上涨后的暴跌回调走势则另当别论），而是于高位区出现长时间的横盘走势。若此时大盘处于上升走势，则题材股也是难以实现上涨的，大盘指数的上涨正好可以掩护题材股中主力进行出货。高位横盘的时间长短既与主力的出货程度有关，也与同期的大盘运行情况有关。在大盘运行相对较稳的时候，题材股可以长期的维持在高位横盘震荡中，这种长期的高位横盘走势往往会让投资者形成思维惯性，降低投资者的高位风险意识，让投资者误以为此股已难以再跌，从而吸引一些短线客加入进来，而主力则是在悄然中不断的出货。一旦主力出货大功告成，此股的这种高位"平衡状态"就会被打破，出现急速下跌的走势。

第二节　创投题材股看盘实战

由于题材的多样性，我们无法给出沪、深两市所有的题材，但是题材股的走势、主力炒作题材股的方式、投资者对于题材股的分析方法等具有相似性。在本节及随后的几节中，通过以下介绍的几种典型题材股的实战讲解，相信读者可以很好的理解题材股走势特点的。

图 13-1 为大众公用（600635）2007 年 11 月 13 日至 2008 年 3 月 4 日期间走势图。此股在此期间出现了一倍以上的涨幅，而同期大盘却是在不断下跌

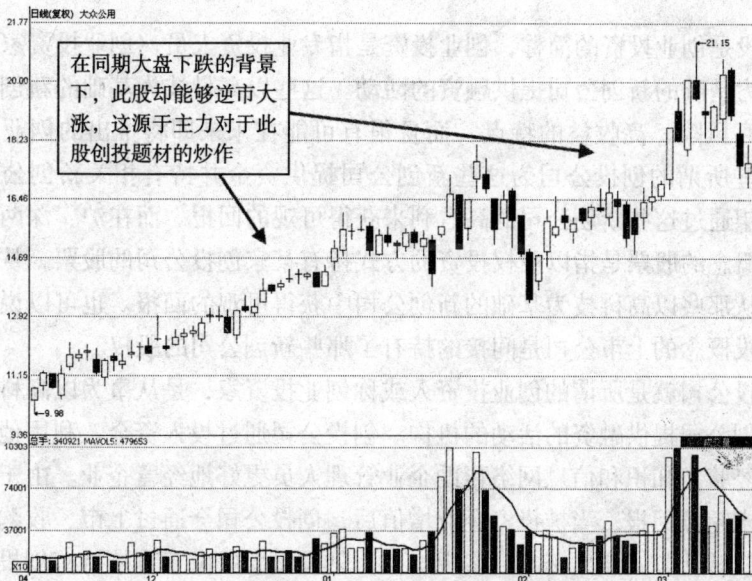

图 13-1　主力炒作大众公用创投题材示意图

（图 13-2 为大盘指数 2007 年 11 月 13 日至 2008 年 3 月 4 日期间走势图）。大众公用之所以出现了这种逆市上涨，是由于当时市场传闻创投板即将推出，在主力炒作其创投题材下，此股因具有创投题材而实现了逆市大涨。那么，什么是创业板投资呢？

图 13-2　同期大盘指数走势图

创投是创业投资的简称，创业投资是指专业投资人员（创业投资家）为以高科技为基础的新创公司提供融资的活动。这些以高科技为基础的新创公司往往具有高风险、高收益的特点，而且很有可能在未来即将推出的创业板中上市。那些所谓的创投公司为这些新创公司提供资金并持有相关新创公司的股权，希望通过这些新创公司的高盈利来获得可观的回报。而在沪、深两市中具有创投概念的股票是指以股权投资的方式持有某家创投公司的股票，从而实现了间接从那些以高科技为基础的新创公司中获得可观的回报。也可以说，这些具有创投概念的上市公司是间接的持有了那些新创公司的股权。

创投公司就是所谓的创业投资人或称创业投资家，是从事为以高科技为基础的新创公司提供融资的活动的机构。创投公司通过投入资金，利用他们长期积累的经验、知识和信息网络帮助企业管理人员更好地经营企业。由于投资目的是追求超额回报，当被投资企业增值后，创投公司会通过上市、收购兼并或其他股权转让方式撤出资本，实现增值。创投概念股由于直接持有创投公司的股权，因此也可以享受到这种超额的回报，这也正是主力炒作创投概念的原因。

　　2007 年 8 月 22 日，《创业板发行上市管理办法》（草案）获得国务院批准，中国证监会于 2007 年 9 月召开会议，部署有关创业板的具体工作。创业板，通俗地讲就是指为那些以高科技为基础的新创公司提供上市融资的一个平台。通过推出创业板，我国股市的结构也将会形成主板市场与二板市场两个融资平台，主板指的是沪、深股票市场，创业板就是指二板市场。创业板兴起于 20 世纪 90 年代的美国，著名的美国纳斯达克市场就是典型的创业板市场，曾孵化出微软（Microsoft）、英特尔（Intel）、戴尔（Dell）和思科（Cisco）等一批世界 500 强企业。创业板的上市审批方式明显不同于主板市场，例如，申请创业板上市的公司财务门槛较低。主板要求申请上市的公司保证最近三年连续盈利且总盈利额不少于 3000 万元，而要求申请创业板上市的公司只需保证连续两年盈利且总盈利额不少于 1000 万元；主板要求最近申请上市的企业三年营业收入不少于 3 亿元，而创业板只要求企业的最近一年营业收入不少于 1500 万元。申请创业板上市的公司其规模也要小得多。创业板要求企业上市后总股本不低于 3000 万元，而主板最低要求是 5000 万元。可以说，创业板是指专为暂时无法在主板上市的中小企业和新兴公司提供融资途径和成长空间的证券交易市场，是对主板市场的重要补充。在创业板上市的公司既是高收益的代名词，也是高风险的代名词，例如，到目前为止，有 6000 多家企业在纳斯达克上市，同时也有 2000 多家企业先后退市。

　　在经历了近十年之久的规划后，创业板即将推出的消息充斥着股票市场。在这种背景下，那些具有创投概念的股票也就持续活跃，在主力的炒作下，出现了逆市大涨。在参与这种股票时，由于这一题材是透明的，投资者只要查看上市公司的公开资料就可以对于此股是否具备创投题材一目了然，而在创业板没有推出之前，"创投"始终都会是一个好的炒作题材。在实际参与时，投资者只需关注个股的股价位置区间就可以。如果具有创投题材的个股处于明显的低位区，而此时创业板仍没有实际推出的话，那么，布局此股就是没有问题的。虽然大众公用在 2007 年 11 月 13 日至 2008 年 3 月 4 日期间因创投题材实现了逆市大涨，但是创业板并没有如期推出，因此，此股在后期也是随着大盘出现了一路走跌的局面（图 13-3 为此股 2008 年 3 月 4 日至 2008 年 10 月 23 日期间走势图）。但此股的创投题材却并没有因股价的下跌而消失，股价的大幅下跌反而为我们继续布局此股的创投题材提供了好的时机。

　　大众公用具有创投题材，但是它的创投题材无疑明显逊色于鲁信高新的创投题材。图 13-4 为鲁信高新（600783）2008 年 1 月 2 日至 2008 年 11 月 5 日期间走势图，此股在 2008 年 9 月 3 日复牌后成为了两市公认的"创投第一股"。2008 年 1 月 30 日此股因重大事项停牌交易，于 2008 年 9 月 3 日才开始

图 13-3 大众公用 2008 年 3 月 4 日后走势图

2008 年 9 月 3 日复牌后成为两市"创投第一股"，由于创业板推出消息趋于平淡，且大市处于暴跌状态，因而此股的创投题材并没有得到有效的炒作

图 13-4 鲁信高新创投 2008 年走势图

复牌交易，并发布公告："鲁信高新：拟向鲁信集团定向增发 1.7 亿股收购山东高新 100%股权。山东省高新技术投资有限公司（简称：高新投）作为一家综合类的创投企业，重点投资于电子信息、生物工程、新材料、机械、化工等产

业领域。高新投在八年的运作中，累计投资项目 42 个，其中初创期企业 7 个，成长期企业 20 个，扩张期企业 15 个，无 Pre-IPO 企业。高新投目前持有成长期、扩张期的项目数量有 20 多个，且被投资项目的盈利能力良好，公司的经营业绩已呈稳定增长态势。本次增发有利于拓宽鲁信高新的业务范围和规模，提升公司的盈利能力，增强上市公司的综合竞争力，促进公司的可持续发展。鲁信高新的原有主营业务为磨具、磨料、耐火材料等生产和销售，属于一般竞争性领域，本次交易完成后，高新投将成为本公司的全资子公司，本公司将拥有高新投的全部资产和业务，本公司的经营业务得以拓展：除原有的磨具、磨料外，主营业务将增加创业投资业务。创投产业具有较高的盈利能力，该优质资产注入鲁信高新后，不仅能极大地改善上市公司的财务状况，提高上市公司的盈利能力，为投资者带来较高的投资回报，而且可以解决磨料磨具产业发展过程中的资金瓶颈问题，有利于上市公司整体业绩的提高。"

　　鲁信高新作为一个总股本只有 2 亿股的上市公司，通过此次增发收购山东高新投的股权，无疑将使公司的主营业务发生重大转向，因此，在此股复牌后，被冠以"两市创投第一股"的美名。但此股在停牌期间正逢大盘暴跌，而创业板的推出消息似乎也没了踪影，因此，此股在大盘单边下跌期间并没有得到主力炒作，出现了一路走跌的走势。但是大盘总有回暖的时候，而大盘回暖时就是主力炒作题材股的时候，也将是此股暴涨的时候。

　　图 13-5 为此股 2008 年 10 月 17 日至 2009 年 3 月 16 日期间走势图。在大

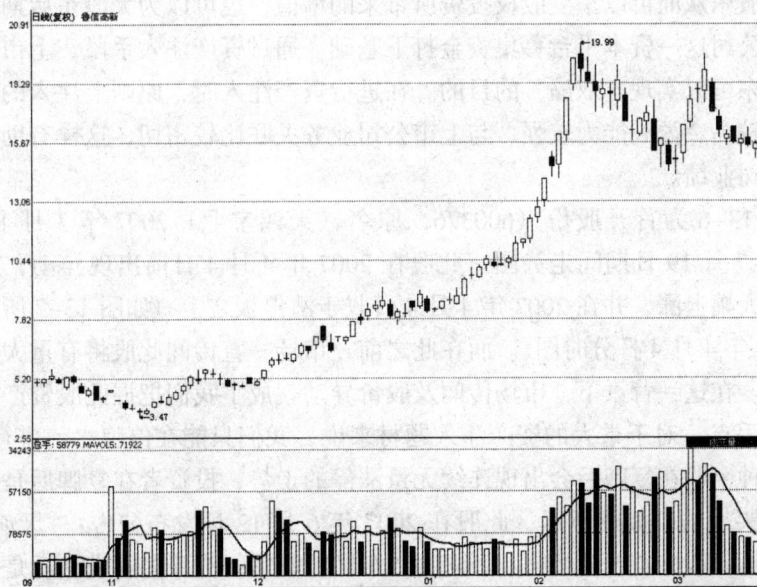

图 13-5　鲁信高新因创投题材大涨示意图

盘回暖的背景下，由于创业板仍然没有推出，因此具有创投概念的股票仍是好的炒作题材。此股也因"创投第一股"的题材获得了主力资金的大肆炒作，出现了短期内股价翻了数倍的走势。主力炒作此股的手法之凶悍、炒作时间之长，是与此股的"两市创投第一股"的火暴题材密切相关的，而这一题材是公开透明的，因此，善于分析的投资者是有可能抓住这匹黑马的。

第三节　资产注入题材股看盘实战

无论在国内股市，还是在国外股市中，资产注入题材都是主力炒作的重点对象之一，因为资产注入对于上市公司来说往往是实实在在的业绩改善。通过对上市公司进行资产注入，可以实现盘活存量资源、优化资源配置、提高上市公司质量等目标。所谓资产注入就是上市公司通过定向增发的方式向相关企业或个人进行资金募集，然后再用这些资金去购买某家企业的优质资产，从而提高本上市公司的盈利能力。在国内的资产注入题材中，有不少上市公司背后依托着强大的控股股东，这些大股东往往是行业中的龙头企业，这样上市公司就可以通过向大股东定向增发的方式实现控股股东把自家的优质资产注入上市公司里面去的目的。为上市公司注入优质资产后，可以有效改善上市公司的资产质量，提高上市公司的盈利能力，从而使得上市公司的二级市场股价被重新定位，大股东从而可以享受股权投资所带来的增值，也可以为大股东后期继续通过上市公司这一资本平台募集资金打下基础。通过资产注入手段，上市公司与控股股东可以实现"双赢"的目的。在进行资产注入时，原则上注入的资产应该质量较高、盈利能力较强、与上市公司业务关联比较密切，这样有助于提升上市公司业绩。

图 13-6 为首开股份（600376，原名：天鸿宝业）2007 年 3 月 13 日至 2007 年 7 月 19 日期间走势图。此股在 2007 年 4 月 4 日前出现异动，股价连续三天大幅上涨，并在 2007 年 4 月 4 日收于涨停板之上（如图 13-7 所示为此股 2007 年 4 月 4 日分时图）。而在此之前，市场一直传闻此股将有重大资产注入事项。在这一背景下，市场传闻及股价异动就成了我们把握此股资产注入题材的着手点。对于重大的资产注入题材来说，我们只能在停牌之前进行布局，因为这种个股在复牌后会出现连续无量涨停的走势，投资者在复牌后是没有机会低位买入的。如图所示，此股在 2007 年 6 月 12 日发布公告："天鸿宝业：以 10.44 元/股向首开集团发行不超过 5.5 亿股股票；首开集团成立后是国内资产规模最大的房地产开发集团之一。通过本次交易，首开集团将主要从事主营

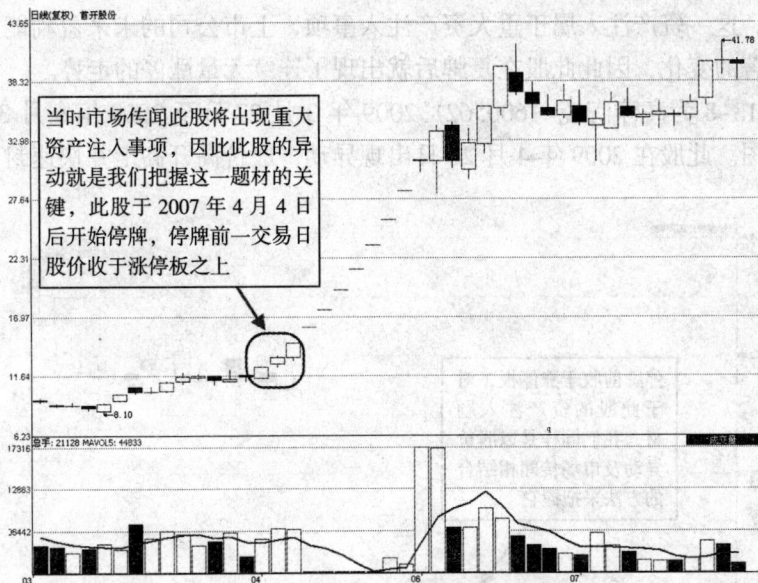

图 13-6　首开股份资产注入示意图

当时市场传闻此股将出现重大资产注入事项，因此此股的异动就是我们把握这一题材的关键，此股于 2007 年 4 月 4 日后开始停牌，停牌前一交易日股价收于涨停板之上

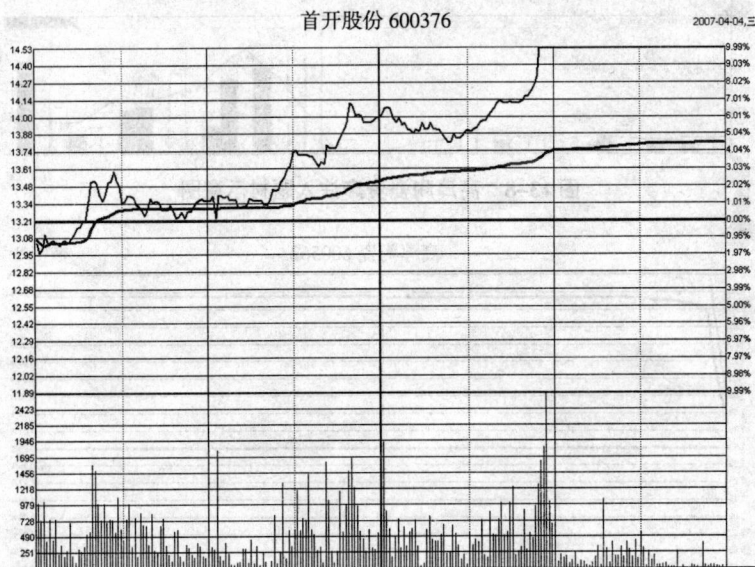

图 13-7　首开股份 2007 年 4 月 4 日分时图

业务公司的股权注入公司，即：将土地一级开发业务、房地产开发业务以及优质持有型物业注入公司，将迅速扩大公司的经营规模，使公司竞争力得以大大提高。通过本次向首开集团购买资产，公司盈利能力将提高，每股收益和净资产收益率等指标均有一定幅度的增长，从根本上符合公司及全体股东的利益。"

可以说，这一资产注入属于重大资产注入事项，上市公司的未来盈利能力将会出现显著的变化，因此此股在复牌后就出现了连续无量涨停的走势。

图 13-8 为高淳陶瓷（600562）2009 年 3 月 27 日至 2009 年 6 月 30 日期间走势图。此股在 2009 年 4 月 20 日出现异动，股价高开高走并快速封于涨停

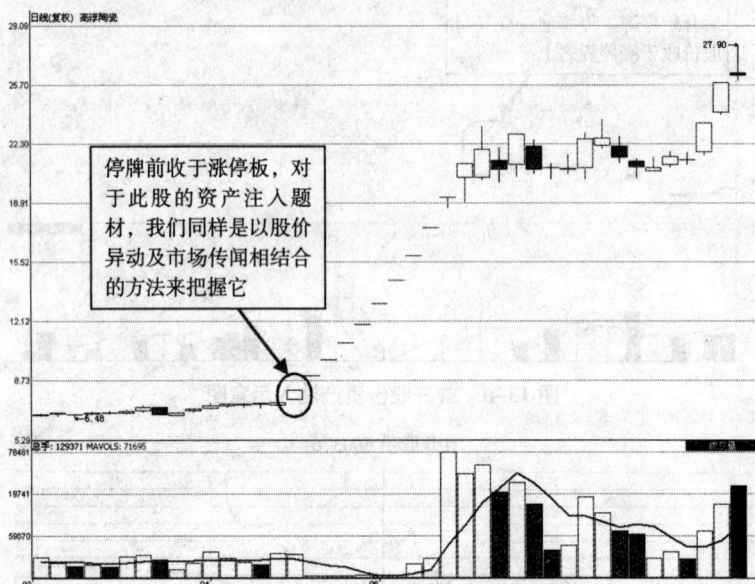

图 13-8　高淳陶瓷资产注入题材示意图

图 13-9　高淳陶瓷 2009 年 4 月 20 日分时图

板之上。同样，在此之前市场一直传闻此股将有重大资产注入事项（高淳陶瓷的重组消息早已在江苏省本地风传）。此股在 2009 年 5 月 22 日发布公告："高淳陶瓷：拟通过资产置换及非公开发行方式转型电子信息产业。"

　　有一些资产注入题材我们只能在消息发布前介入，但是也有一些具有明确资产注入题材的个股给了我们后期低价介入的机会。这种机会可遇不可求，更多的来源于大盘的暴跌而导致个股股价大幅下跌出现的。这一情况之所以出现，是因为资产注入有一个从"拟注入"至"实质注入"的过程。当大盘同期暴跌时，这一上市公司发布的"拟注入"的消息有可能被市场投资者所忽略，而主力鉴于大盘的暴跌走势也没有盲目炒作此股。这种机会并不多见，但并不是没有，如中兵光电就是这样一只具有明确资产注入题材性质的白马股，且股价在上市公司发布了注入方案后由于大盘的暴跌而出现了被明显错杀的情况，这就是我们可遇不可求的介入机会。

　　图 13-10 为中兵光电（600435，原名：北方天鸟）2007 年 6 月 28 日至 2008 年 10 月 10 日期间走势图。此股在 2007 年 8 月 23 日因公布重大事项而出现停牌，随后于 2008 年 5 月 30 日开始复牌交易，并发布公告："中兵光电：拟向华北光学定向增发 7871 万股 A 股，用于购买华北光学拥有的军品二、三、四级配套产品及军民两用技术产品对应的相关资产及负债。本次交易前，华北光学持有公司 33.97% 的股权，为中兵光电的第一大股东。本次交易后，华北光学持有公司 57.31% 的股权，依旧为中兵光电的第一大股东。本次发行

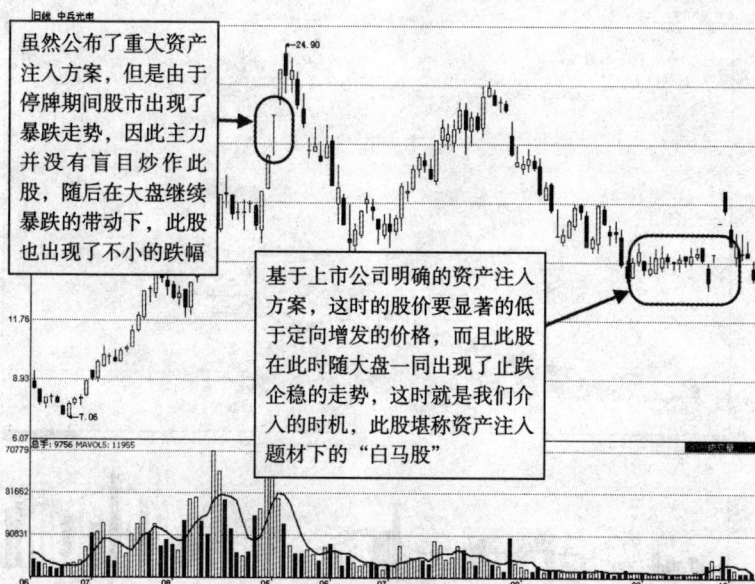

图 13-10　中兵光电资产注入题材示意图

的发行价格等于定价基准日前 20 个交易日中兵光电股票交易均价，即每股 15.69 元。本次交易前，公司主营业务为电脑刺绣机的研发、生产和销售，所属行业为纺织机械制造业。本次交易完成后，公司主营业务将转变为以军品二、三、四级配套产品及军民两用技术产品的研发、生产、销售为主，电脑刺绣机为辅的业务框架。公司行业属性转为军工制造业为主、纺织机械制造业为辅。其中，所收购的目标资产（即：华北光学拥有的军品二、三、四级配套产品及军民两用技术产品流水线）所生产的军品及军民两用技术产品主要销售给中国兵器工业集团系统内单位、军方和其他军工集团系统内单位，兵器集团系统内单位是目标资产产品的最大客户，2006 年、2007 年、2008 年 1~6 月目标资产对兵器集团系统内单位的销售额占目标资产全部同类交易的金额比例分别为 92.27%、81.48%和 91.54%。通过这次资产注入，上市公司给出的预期每股收益将达到 0.80 元/股。"可以说，这次资产注入事项使上市公司发生了脱胎换骨的转变，其主营业务将完全转型，未来的每股收益也将大幅增长。如图所示，在 2008 年大熊市的带动下，此股的股价一路跌到了 10 元附近，这无疑是明显的价值低估区。而此股在 2008 年 5 月 30 日后复牌的走势中明显有主力介入的迹象，因此，此股未来的大幅上涨是可以预期到的，此时就是我们介入这一资产注入题材白马股的最好时机。如图 13-11 所示为此股 2008 年 10 月 10 日后的走势图，股价从最低点的 10 元附近，在主力的运作下一路上涨至 40 元附近。

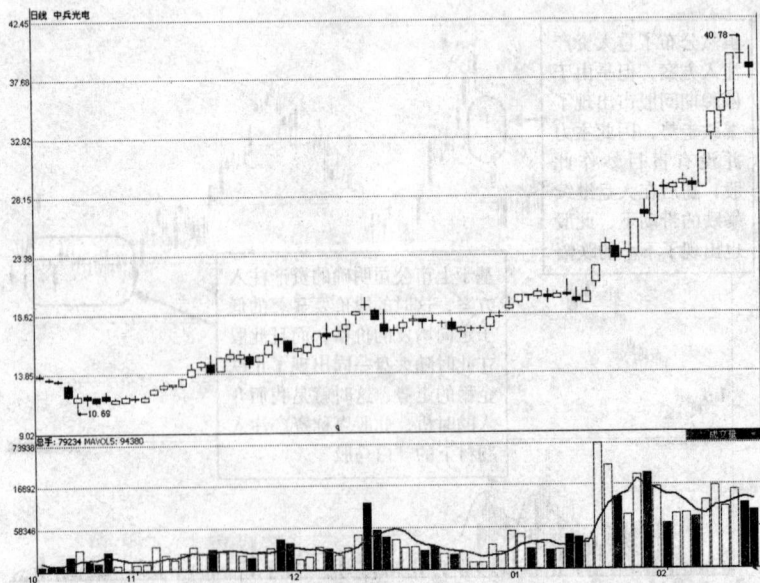

图 13-11 中兵光电 2008 年 10 月 10 日后走势图

资产注入事项属于上市公司的重大事项，对于普通投资者来说，在消息正式公布前是很难能通过公开信息获知的。但是，情况也并非完全如此，有一些资产注入题材还是有迹可循的。据笔者经验来说，对于那些非内部消息式的资产注入事项来说，我们可以从两方面把握上市公司的资产注入题材：一是看上市公司的关联交易情况；二是看大股东的承诺及大股东的实力。

关联交易就是指上市公司大股东通过关联公司为中介并与其控股的上市公司进行交易。在大股东处于非流通的情况下，大股东多会通过关联公司从上市公司低买高卖，或者上市公司从大股东关联公司高买低卖，从而将利润直接向大股东或者大股东关联方进行转移，这是大股东及关联方利用不对称交易来剥夺上市公司收益的一种方法。但是，随着全流通的实施，二级市场中个股的股价定位情况直接关系到大股东的股权增值情况，因此大股东有提高上市公司盈利能力的动力。因为上市公司的业绩增长将直接带动二级市场股价的上涨，从而也会给大股东带来丰厚的减持收益。上市公司因产业链很不完善，有可能通过关联交易获得大股东的支持，从而提升业绩。但这种关联交易毕竟只是一时性的，为了解决产业链的不完善，最好的方法就是向上市公司注入优质的资产，即大股东很可能会通过资产注入解决上市公司产业链完善问题从而减少关联交易。在这样的情况下，可以认为关联交易多的、交易规模大的上市公司，存在较大资产结构改善和利润提升空间，其资产注入可能性较大。

不少上市公司仅仅是其背后大股东所控制的一小部分资产，而大股东所拥有的庞大优质资产并没有实现上市。这样的大股东会向上市公司注入优质资产从而实现主营业务的上市。不少上市公司背后的大股东旗下仅有此一只上市公司，为了提振市场信心、加强资源整合力度，大股东往往都会提前承诺，未来几年内将会将旗下的优质资产择机注入上市公司中。这种承诺是公开信息，它表明了大股东欲以上市公司为平台，实现其主营业务整体上市的目的，投资者通过查看个股的相关信息就可以发现个股是否有这种情况。

第四节　高送转题材股看盘实战

高送转之所以能成为长盛不衰的题材，是因为它传递了这样的信息：公司实施高送转是公司高速成长的体现。至于是否真的如此，则显得次要了，因为股市炒作的就是一个预期。上市公司进行高送转并不能为投资者带来真实的回报，主力炒作高送转题材股是基于国内股市中那些高成长性的个股，往往也是股本快速扩张的过程。它只是向投资者传递了一个信息，既然公司具备高送转能力，那公司未来的成长性还是很好的。高送转是国内股市的一大特点，而炒作高送转题材则是国内股市自成立以来的永恒主题，当一只股票经历高送转后，给人的直观印象是此股的价格很低，好像没怎么涨一样，这就是高送转的最大亮点——可以使二级市场上的股价变得极为"便宜"。当高送转的个股在除权后若其业绩能够保持高速增长，由于持续增长的业绩会带动股价持续走高，因此就会走出"填权"行情（比如苏宁电器、驰宏锌锗等），但具有这样高速成长性的个股毕竟只是少数。主力炒作高送转个股主要还是重视这一题材受到了广大投资者的认可，炒作它可以形成很好的市场氛围。大多数个股进行高送转后其业绩是无法保证股价能够填权的，但这并不妨碍主力炒作，主力会利用其可靠的消息渠道，在上市公司公布高送转方案前积极炒高此股，待上市公司正式公布高送转预案的时候可以结合大盘实际情况或继续拉升此股、或利用高送转带来的"低价"视觉效果出货。

图 13-12 为万通地产（600246）2008 年 12 月 12 日至 2009 年 4 月 15 日期间走势图。引股在 2009 年 2 月 20 日前出现了暴涨走势，股价在经历了低位平台蓄势之后短期快速翻倍。这种暴涨走势让很多投资者看不明白，直到此股于 2009 年 2 月 20 日发布公告："万通地产：2008 年每股收益 1.0403 元，10 派 3.50 元转增 10；万通地产（600246）2008 年每股收益 1.0403 元，每股净资产 5.6918 元，净资产收益率 18.96%，实现净利润 52743.64 万元，同比增长 219.78%，主营业务收入 48.41 亿元，同比增长 122.44%，10 派 3.50 元转增

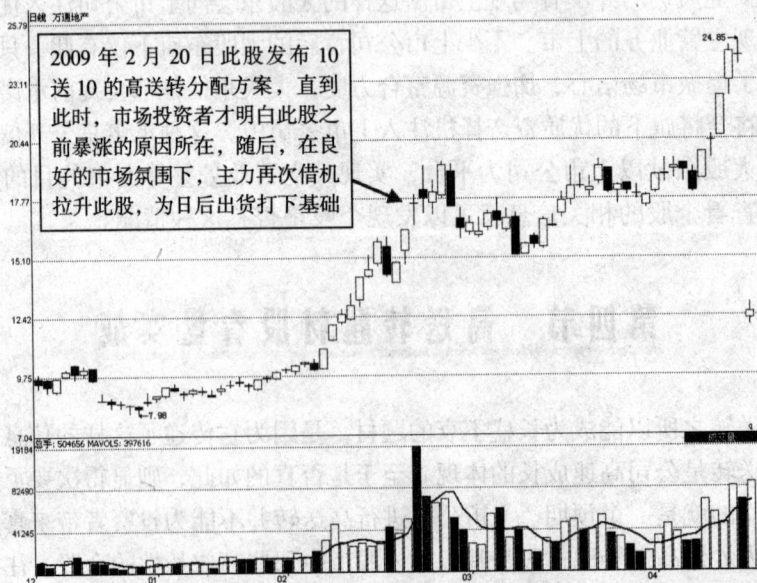

图 13-12 万通地产高送转题材走势图

10。"投资者才明白过来，原来是业绩增长加上高送转导致的此股前期大涨。由于此股业绩不俗，且有高送转题材，在同期大盘走势稳健的基础上，此股此时的股价相对于底部而言仅有一倍多的涨幅，并没有达到主力的目标位，在随后大盘走势向上及主力的积极运作下，再次出现上涨走势也不足为奇。图13-13为此股2009年2月26日至2009年6月23日期间走势图。此股在2009年4月16日除权后，可以看到股价形成了明显的"低价"视觉效果。这种"低价"的视觉效果掩盖了此股前期大幅上涨的真实走势情况，也在一定程度上方便了主力炒高此股后的出货行为。

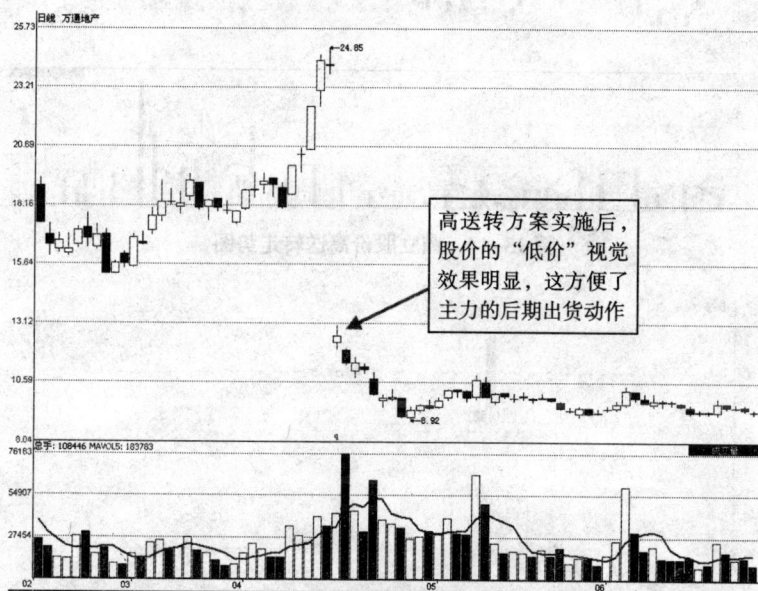

图 13-13　万通地产高送转除权后示意图

图 13-14 为鼎立股份（600614）2008 年 11 月 7 日至 2009 年 4 月 16 日期间走势图。此股在 2009 年 3 月 18 日公布 10 送 7 的高送转方案："鼎立股份：2008 年每股收益 0.1488 元，拟 10 转 7 股。"由于此时股价刚刚脱离底部区，是属于白马型的高送转个股，且同期大盘走势稳健，因此投资者可以在此股公布高送转方案后积极介入。如图所示，此股随后在主力的运作下继续出现大涨走势，而这种大涨走势正是主力对于此股高送转题材的继续炒作。图 13-15 为此股高送转方案实施后的股价走势图，可以看到，在高送转方案实施后此股的股价形成了明显的"低价"视觉效果，这在一定程度上方便了主力的出货。

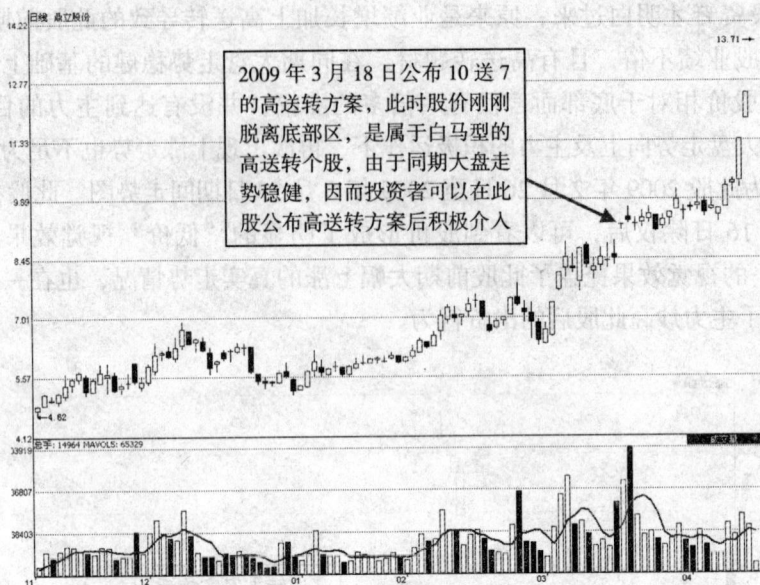

2009 年 3 月 18 日公布 10 送 7 的高送转方案，此时股价刚刚脱离底部区，是属于白马型的高送转个股，由于同期大盘走势稳健，因而投资者可以在此股公布高送转方案后积极介入

图 13-14　鼎立股份高送转走势图

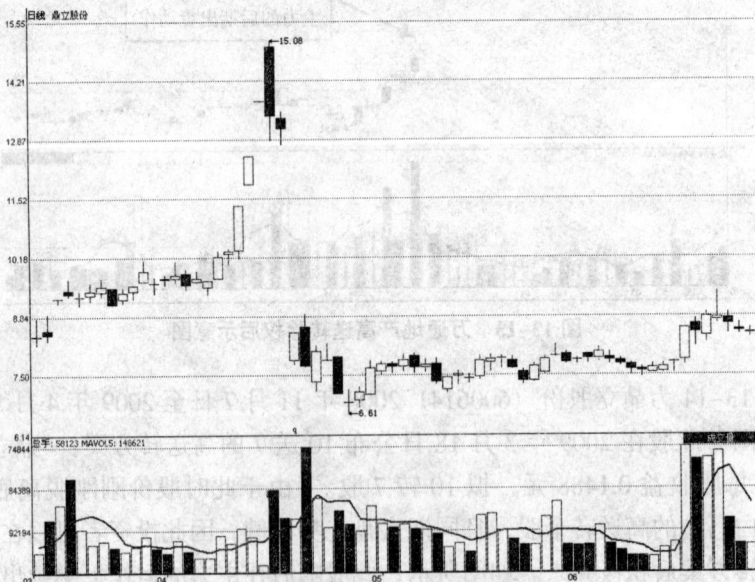

图 13-15　鼎立股份高送转除权后示意图

第五节　产业政策扶持题材股看盘实战

　　产业政策扶持题材是两市中最为常见的题材。在经济发展的不同阶段，国家会根据宏观经济发展的需要出台相关的产业政策，这些产业政策既会对一些行业进行扶持，也会抑制一些行业的产能扩张。此时，相关受益行业的受益股就是政策导向、国家方针产生的市场热点。股市有着对经济政策最敏感的神经，主力自然不会袖手旁观，会借政策扶持对相关受益股择机炒作。

　　近年来，我国政府从财政政策或价格政策上一直在鼓励新能源产业发展，这将推动这一产业从初创期向成长期发展，这一过程中会产生很多投资机会。在 2009 年的政策扶持题材中，新能源的产业及节能环保产业仍是政策大力扶持的对象，未来的经济发展中，谁掌握了新能源技术，谁就在未来低碳经济的国际竞争中拥有话语权。

　　图 13-16 为三峡新材（600293）2009 年 2 月 27 日至 2009 年 4 月 13 日期间走势图。此股于 2009 年 3 月 26 日开始启动，随后连续出现了四个涨停板，这一暴涨的走势源于主力对于其太阳能题材的炒作。2009 年 3 月 26 日下午，国家发布了《关于加快推进太阳能光电建筑应用的实施意见》是导致此股出现暴涨的原因所在。如图 13-17 为此股 2009 年 3 月 26 日分时图，从图中可以看

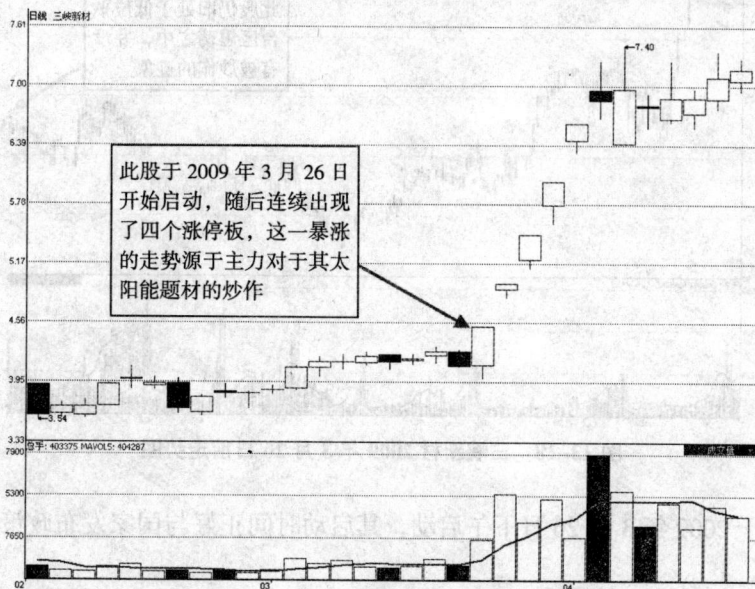

图 13-16　三峡新材太阳能题材走势图

三峡新材 600293

当国家相关的政策一出台，此股就得到了主力的大幅拉升，由此也可见主力对于此股题材的了解程度

2009-03-26,四

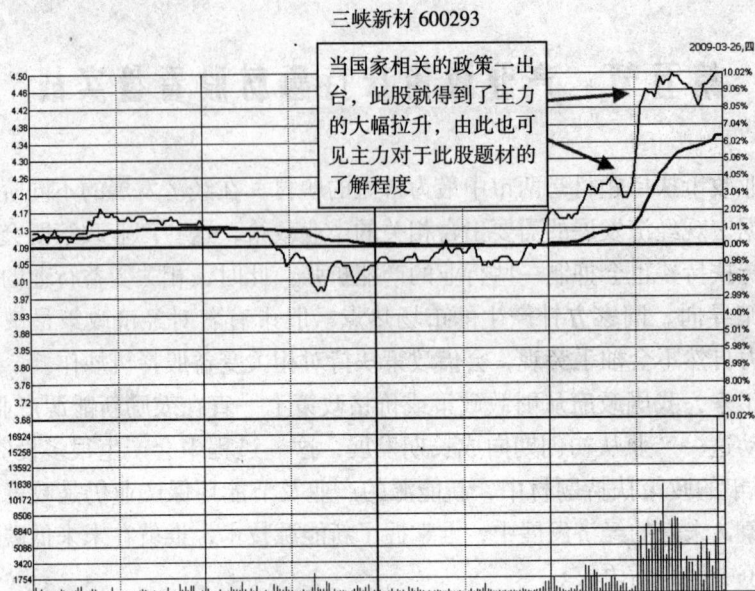

图 13-17　三峡新材 2009 年 3 月 26 日分时图

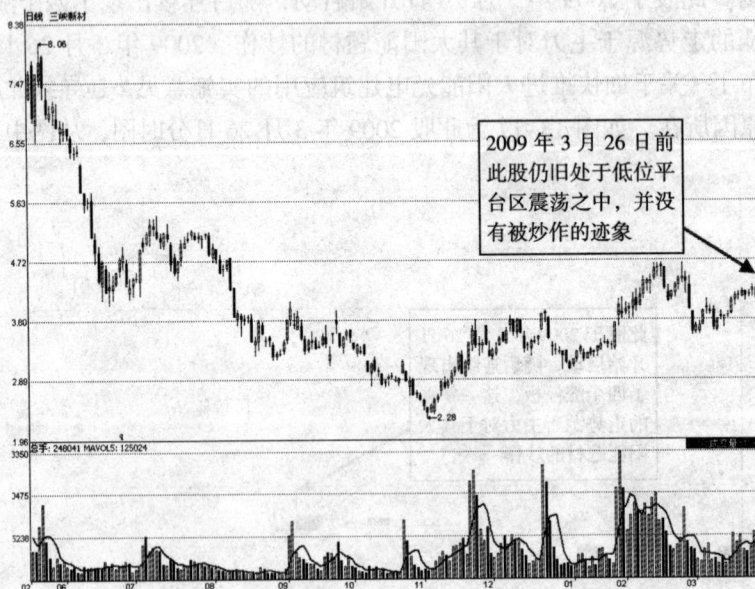

2009 年 3 月 26 日前此股仍旧处于低位平台区震荡之中，并没有被炒作的迹象

图 13-18　三峡新材 2009 年 3 月 26 日前走势图

到此股于 2009 年 3 月 26 日下午启动，其启动时间正好与国家发布政策的时间相吻合。

在《关于加快推进太阳能光电建筑应用的实施意见》这一消息的刺激下，

很多与此相关的太阳能题材股都出现了明显的上涨，如天威保变、航天机电、川投能源、力诺太阳等，但这些个股由于前期已被反复炒作，因此股价并不低，无法成为主力再次大幅炒作的对象。但是三峡新材则不同，此股由于具有"隐性"的太阳能题材，在前期的新能源炒作中并没有被充分发掘，因此股价仍旧处于一个较低的位置区间。由于股价身处低位且有重磅隐性太阳能题材，因此在此波的太阳能政策题材炒作中，它当仁不让地成为了这一波炒作中的龙头个股。三峡新材所具备的题材很简单，市场热炒其拥有储量巨大的硅砂，而这是太阳能发电首要原材料，未来可能会充分受益于太阳能扶持政策。有机构甚至认为三峡新材是太阳能中的"硅王"，因此可以说此股具备巨大的想象空间。

第三篇　细节看盘之三大看盘时间

导　读

　　无论是主力的行为，还是市场中多空力量的转变，都是通过盘中交易来实时反映的，而相关的交易细节就反映在每个交易日的 6 小时交易时间中。在实际看盘中，我们可以从不同的角度着手。在第二篇中，我们从不同种类的盘面信息去分析个股的走势，但是在超短线的实盘操作中，当日的盘中交易情况则更为重要，它是我们把握个股数日内波动情况的直观窗口。我们把每个交易日的盘中交易划分为三个时间段，即开盘及早盘前 30 分钟、中盘、尾盘 30 分钟。市场或个股在这三个时间段的不同运行状态往往反映了不同的市场含义，理解好这些含义将会使我们在短线操作中更为准确地把握买卖点。本篇中将详细介绍每个时间段的交易细节。

第十四章 关注开盘及早盘 30 分钟

第一节 高开下的市场含义

通过开盘前 9:15~9:25 的集合竞价会产生当日的开盘价，根据这一价格与上一交易日收盘价的不同，开盘分为高开、低开和平开三种。高开是指当天第一笔撮合成交的价格高于前一个交易日的收盘价格，平开及低开则是指当天第一笔撮合成交的价格等于或低于前一个交易日的收盘价格。开盘价是当天第一笔成交的价格，高开与低开往往对当日个股的盘中走势有重要意义，是市场各方对当天股价的一个预期，它既有可能是主力当日控盘意图的最初体现，也有可能是个股在消息面的刺激下出现的逆转走势，明显的低开与高开往往预示着多空的力量出现了显著的变化。

当日的开盘价与前一交易日的收盘价之所以会出现这种明显的异动，是在收盘后与开盘前这段时间内出现消息方面的变化、心理方面的变化或外围股市的暴涨暴跌等因素的影响所产生的效果的一种集中释放的体现。此外，开盘价也是主力当日控盘的起始点，若主力在当日有强烈的做多或做空意图，这种意图往往就会反映到当日的开盘价中，在高开下容易营造一种良好的做多氛围，在低开下则容易让投资者产生恐慌情绪，因此在明显的高开或低开的支撑下，主力在当日随后的控盘操作中会更从容。

根据高开的幅度及集合竞价时的成交额大小，我们可以对个股的高开方式进行量化区分。在实盘操作中，集合成交额及幅度均较大的高开方式往往具有重要的实战意义，这种高开方式我们可以简称为放量高开，它是我们在查看个股开盘状态时应重点关注的对象。

放量高开表示了个股在当日开盘时出现了明显的异动，产生这种异动既有可能是利好消息的刺激，也有可能是主力控盘意图的体现。当出现了利好消息时，我们可以关注这一利好消息是来自于政策面还是来自于上市公司的重大事项发布。政策面的利好消息会影响到很多与此相关的题材股，而上市公司的利好消息则只对个股产生影响。由于市场投资者对利好消息的解读方式不同，因此，在利好消息的刺激下会导致买卖双方出现较为明显的分歧，大幅高开表明买方力量明显强于卖方力量。由于市场分歧的加剧，大幅高开往往与量能的明显放大同时出现。在消息面风平浪静的情况下，放量高开则来源于主力的控盘行为。主力的真实意图或许是要拉升建仓、或许是要大幅拉升股价、或许是要拉高出货，此时投资者应结合股价的具体所处位置来加以判断：当股价处于较低价位区间时，放量高开既是市场能量聚集的表现，也是主力活跃于其中的表现，放量高开表明市场对股票未来行情看好，是股价积极上涨的信号，投资者可以积极关注此股的后期表现；在股价快速的深幅下跌过程中，出现放量高开的现象则很有可能是一波强势反弹的信号，而在高位区或连续大涨之后出现的放量高开，则很有可能是主力借市场人气所使用的拉高出货的操盘手法，投资者应提高警惕。

图 14-1 为菲达环保（600526）2009 年 11 月 27 日前后走势图，图片右侧为此股 2009 年 11 月 27 日分时图。此股当日高开高走并快速上封至涨停板之上，当日此股的放量高开是源于政策面传出发展低碳行业的利好消息。作为环保股的菲达环保是这一产业政策倾向的直接受益股，而且此股在这时处于刚刚突破相对低位盘整区的上升走势之中，2009 年 11 月 27 日之前的两个涨停板突破形态已经彰显了主力的做多意图。在 2009 年 11 月 27 日结合利好消息的情况下，此股出现的这种放量大幅高开形态很明显是主力再次做多的表现。如

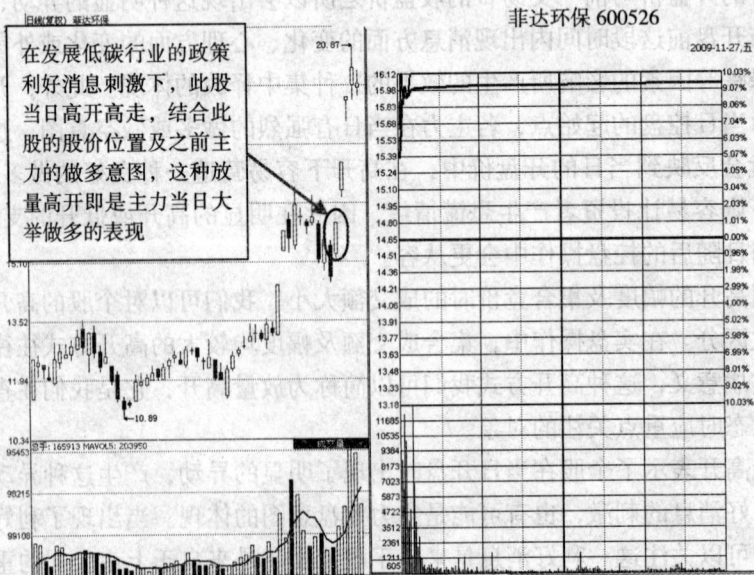

图 14-1　菲达环保 2009 年 11 月 27 日放量高开示意图

图所示，此股在 2009 年 11 月 27 日之后连续出现了两个涨停板的强势上涨走势，而这一波的强势上涨就起源于此股在 2009 年 11 月 27 日所出现的放量高开中。

图 14-2 为中金黄金（600489）2009 年 2 月 2 日前后走势图，右侧为此股 2009 年 2 月 2 日分时图。此股当日高开高走并呈现强势运行状态，在当日收盘前上封至涨停板。2009 年 2 月 2 日是 A 股市场春季后的第一个交易日，作为一只黄金类的个股，中金黄金的走势明显受到国际金价的影响。由于国内股市在春节停牌期间，国际黄金价出现了大幅上涨走势，因此在这种氛围下，中金黄金于节后首个交易日出现了明显的放量高开，股价一举突破前期的低位平台震荡区。考虑到此时股价仍处于相对低位区，而且前期一直处于止跌企稳走势中，因此此股当日的放量高开所产生的缺口即是主力做多的表现。这是典型的个股由于脱离低位盘整区并向上运行初期产生的突破缺口形态，是个股开始一波上涨行情的信号。如图所示，此股在 2009 年 2 月 2 日之后短暂几日的相对高位区强势横盘，随后就在主力的持续推动及买盘的大量涌入下出现了强势上涨走势，而这一波的强势上涨就起源于此股在 2009 年 2 月 2 日所出现的放量高开。

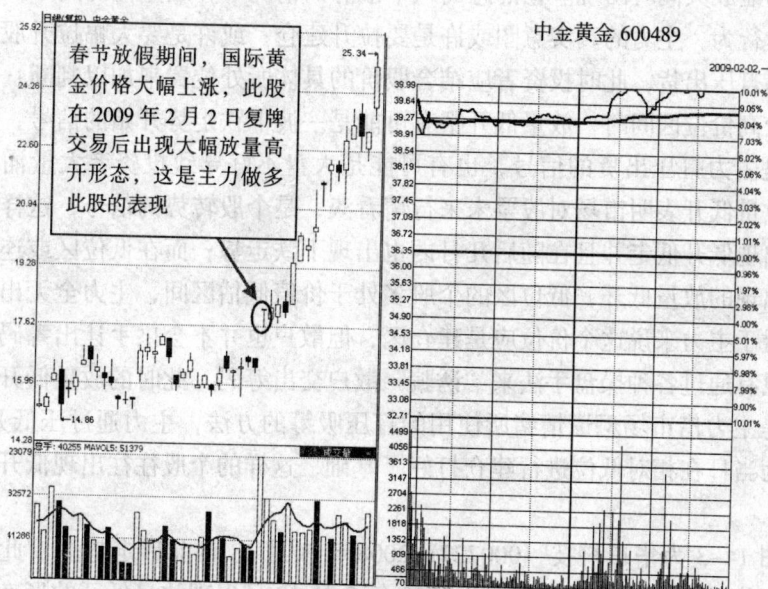

图 14-2　中金黄金 2009 年 2 月 2 日放量高开示意图

第二节　低开下的市场含义

　　低开是指某股票的当日开盘价低于前一个交易日收盘价的情况。根据低开的幅度及集合竞价时的成交额大小，我们可以对个股的低开方式进行量化区分，在实盘操作中，集合成交额及幅度均较大的低开方式往往具有重要的实战意义。这种低开方式我们可以简称为放量低开，它是我们在查看个股开盘状态时应重点关注的对象。

　　放量低开表示个股在当日开盘时出现了明显的异动，产生这种异动的原因既有可能是利空消息的刺激，也有可能是主力控盘意图的体现。当出现了利空消息时，我们可以关注这一利空消息是来自于政策面还是来自于上市公司的重大事项发布。政策面的利空消息会影响到很多与此相关的题材股，而上市公司的利空消息则只对个股产生影响。由于市场投资者对利空消息的解读方式不同，因此，在利空消息的刺激下会导致买卖双方出现较为明显的分歧，大幅低开表明卖方力量明显强于买方力量。由于市场分歧的加剧，大幅低开往往与量能的明显放大同时出现。在消息面风平浪静的情况下，放量低开则来源于主力的控盘行为，主力的真实意图或许是要拉升建仓、或许是要大幅拉升股价、或许是要打压出货，此时投资者应结合股价的具体所处位置来加以判断：当股价处于较高价位区间时，放量低开很有可能是一波下跌走势开始的信号，它既有可能是主力打压出货的信号，也有可能是大盘不好导致投资者大量涌出的标志，放量低开表明市场对股票未来行情看淡，是个股转势的信号，这样的个股往往出现低开低走并且在随后几日内也出现下跌走势；而在低位区或连续大跌之后出现的放量低开，低位区的个股多处于价值低估区间，主力全无出货的可能，对于主力来说这个价位应是建仓区，但散户也并不会拱手让出筹码，因此主力只有通过各种操盘手法来"诱骗"散户交出筹码，此时的放量低开就很有可能是主力借市场恐慌情绪所使用的打压吸筹的方法，主力通过压低开盘价，从而为当日在相对低位进行建仓打好了基础，这样的个股往往出现低开高走的走势。

　　图 14-3 为华东科技（000727）2008 年 3 月 18 日前后走势图。此股在经历了高位区的持续震荡之后，于 2008 年 3 月 18 日出现放量低开的形态。由于此股目前处于高位区的震荡之中，因此这种放量低开多是一种做空的表现。由于在此之前大盘已出现了连续的大幅下跌，相对于 2008 年 3 月 18 日之前的大盘而言，此股的走势较为稳健，但是如果大盘没有止跌的迹象，个股是难以停

留在高位区的，个股的补跌走势也就势在必行。当日此股的这种放量低开很明显是主力在看到大盘并无回暖走势的情况下而采用了打压出货的手法，这也意味着此股将随大盘步入到下跌趋势中，高位区的放量低开往往是趋势转向的信号。

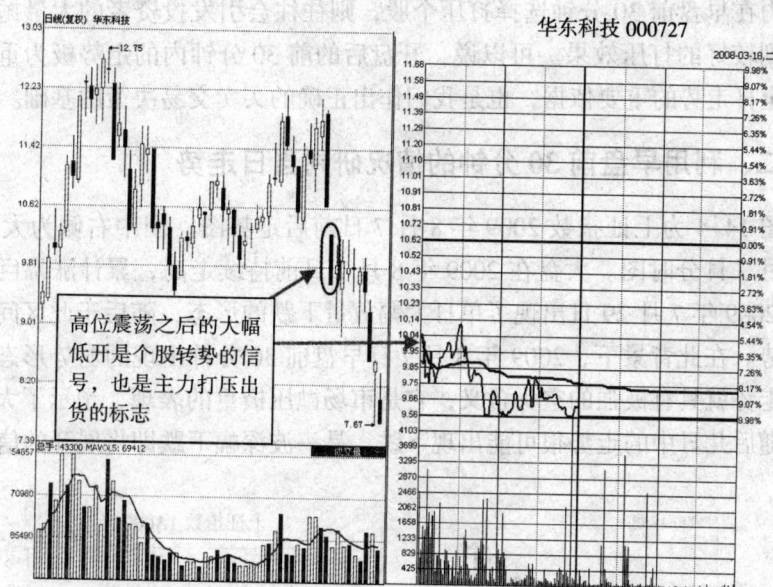

图 14-3　华东科技 2008 年 3 月 18 日放量低开示意图

第三节　早盘 30 分钟涨跌情况解析

一、关注开盘后的前 30 分钟

我们之所以应重视早盘开盘后的前 30 分钟走势，是因为在开盘后的前 30 分钟的这段时间里，人们的投资心理最浮躁，最希望得到某种方向的指引。一旦早盘前 30 分钟的涨势或跌势确立，则个股在当天随后的走势中很可能会因投资者在早盘前 30 分钟而产生的看多或看空的心态下出现惯性运行。早盘前 30 分钟的走势之所以重要，因为它既是个股当日走向的最初体现，也是主力当日控盘意图的最初体现。由于在上一交易日的收盘至当日开盘这段时间内，市场很可能会受到消息面、周边股市走势、投资者心态转变等因素的影响，因此对于投资者来说，在经过上一交易日后有 22 个半小时的思考时间。在开盘后的 30 分钟内所作出的买卖决策往往是较为理性的，这 30 分钟的走势往往也预示了多空力量的变化情况，是我们研判个股当日走向的基础。对于主力而言，由于短线投资者更多地喜欢在早盘前 30 分钟参与买卖，此时主力可以结合短线投资者的买卖完成当日的拉升、洗盘操盘行为。主力在早盘前 30 分钟快速拉升个股往往可以引发追涨盘的大量介入，起到更好的拉升效果；相反，若主力在早盘前 30 分钟选择打压个股，则往往会引发投资者的大量抛出，可以起到较好的打压效果。可以说，开盘后的前 30 分钟内的走势极为重要，是研判全日走势的重要依据，也是我们作出正确的买卖交易决策的基础。

二、利用早盘前 30 分钟的情况研判当日走势

图 14-4 为上证指数 2009 年 8 月 7 日前后走势图，图中右侧为大盘 2009 年 8 月 7 日分时图。大盘在 2009 年 8 月 7 日前持续走高，累计涨幅巨大，并且在 2009 年 7 月 29 日出现了单日大幅放量下跌的形态，随后于此区间出现震荡走势。在此背景下，2009 年 8 月 7 日早盘前 30 分钟出现的弱势形态及放量下跌走势就具有极强的空头含义，它是市场抛压极重的表现，预示了大盘在当日及随后几日中的走势很可能出现下跌，是一波深幅下跌即将展开的信号。

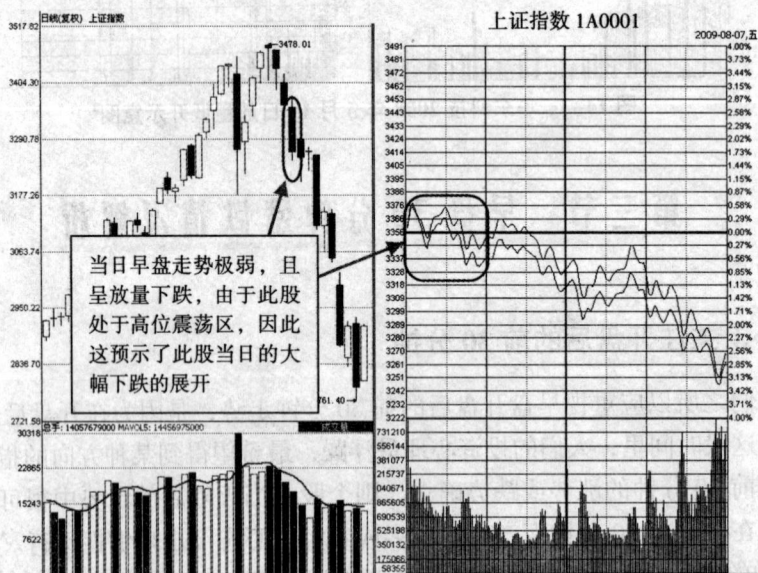

图 14-4 大盘指数 2009 年 8 月 7 日分时图

图 14-5、图 14-6、图 14-7 分别为上证指数 2009 年 2 月 3 日、2009 年 2 月 4 日、2009 年 2 月 6 日分时图。图中左侧为此股这几日前后的日 K 线图，此股在此期间正处于脱离这一低位震荡区的向上攀升走势之中，这几日的分时图

都呈现出强势上涨的形态，而这几日的早盘前 30 分钟也都是强势运行的状态。可以说，通过早盘前 30 分钟的指数走势我们可以较为客观准确地了解市场的买卖力量对比情况。这种出现在低位区的早盘前 30 分钟的强势走势，是我们短线买入的信号，因为它预示着多方开始发动攻击，是一波上涨走势开始的信号。

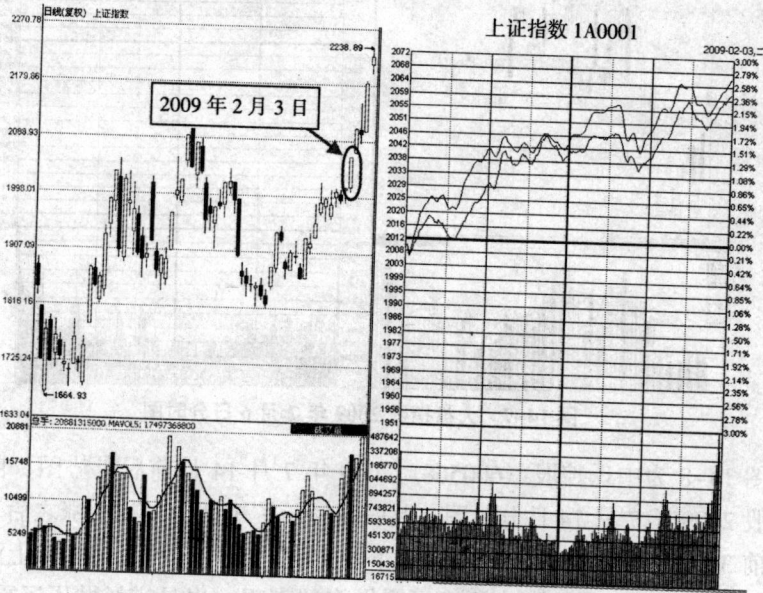

图 14-5　大盘指数 2009 年 2 月 3 日分时图

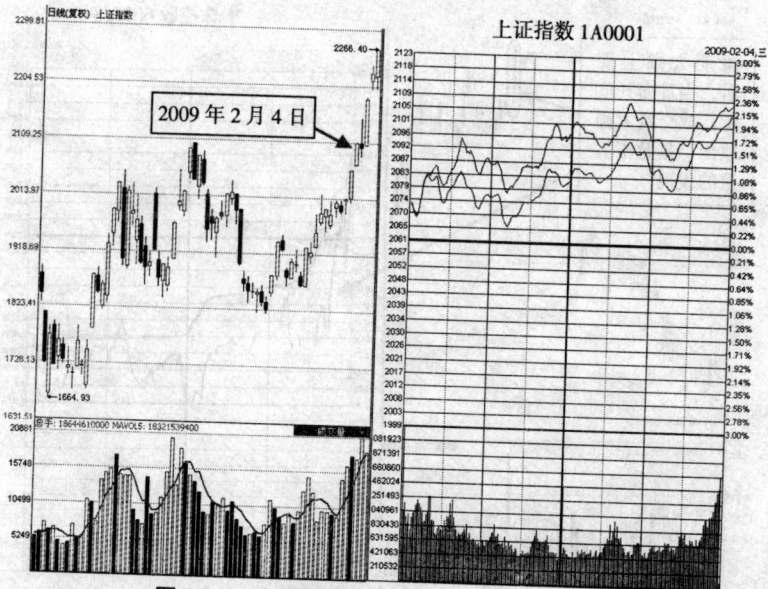

图 14-6　大盘指数 2009 年 2 月 4 日分时图

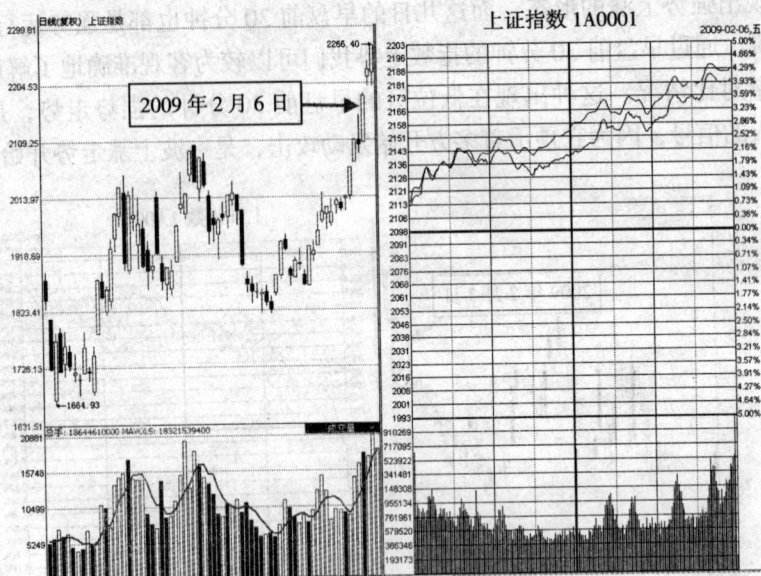

图 14-7　大盘指数 2009 年 2 月 6 日分时图

图 14-8 为中珠控股（600568）2009 年 7 月 14 日前后走势图，图中右侧为此股 2009 年 7 月 14 日分时图。此股在经历了短期的大幅上涨之后，于当日早盘前 30 分钟出现高开低走的放量下跌走势。出现这种短期大幅上涨之后的高开低走往往是主力短期内无意再次做多的表现，也是市场抛压沉重的表现，

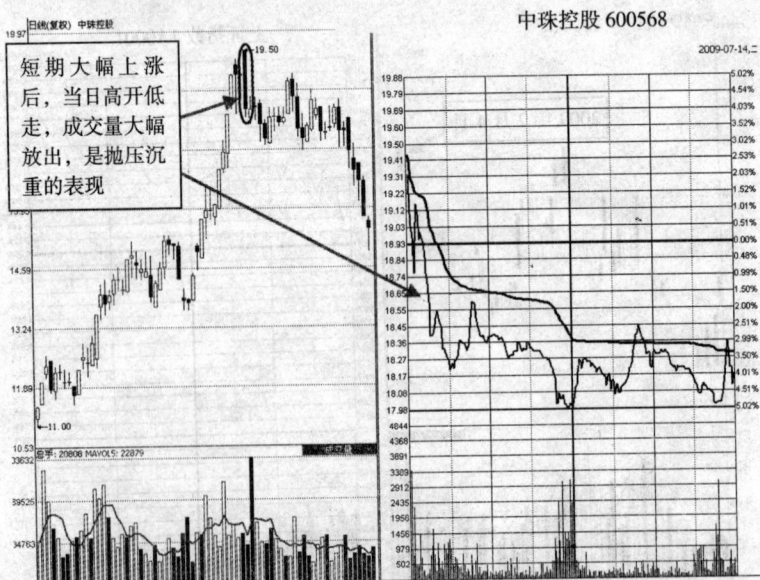

图 14-8　中珠控股 2009 年 7 月 14 日分时图

它预示着此股当日走势将呈下跌形态，在随后的一段时间内也极有可能出现短期大幅下跌的走势，是风险的信号，也是我们第一时间卖出的信号。

第四节　利用排行榜捕捉异动股

在常用的股票行情分析软件中，通过键入数字"60"我们可以打开沪、深两市的排行榜。这一排行榜包括了全体个股依某一数据大小进行排行的情况，如涨幅、量比、委比、市盈率、市净率等，是我们在看盘时经常要关注的。依据个股在排行榜中的位置，我们可以很容易缩小选股范围，进而锁定目标股。善于利用这些股票行情软件中的排行榜，我们就会对市场整体运行、局部运行的实时情况看得更透，从而可以更准确地展开实盘操作。例如，通过涨幅排行榜我们可以了解到哪些个股强势上涨、哪些个股大幅下跌、哪些板块是市场热点、哪些板块备受市场冷落，通过查看个股或板块的涨跌情况，再结合它们相应的成交金额，我们就可以了解市场的资金流向。当某一板块经常出现在涨幅靠前的位置上，说明场外大资金在持续、大量的流入此板块，意味着新的市场热点或个股行情即将诞生。此时，我们就有从板块中发掘潜力个股的机会。无论我们在牛市中展开的"追涨"策略还是熊市中展开的"反弹"策略，涨幅排行榜都是我们进行短线操作必不可少的看盘工具。

此外，在排行榜中，较为重要的还有量比排行榜及市盈率、市净率排行榜。通过量比排行榜我们可以一目了然地看清个股出现了明显的放量或缩量：出现在量比排行榜前面的个股，说明当日成交量较近日呈现出明显放大的势头；而出现在量比排行榜末端的个股，说明当日成交量较近日呈现出明显的萎缩，出现这两种明显量能变动的个股是我们进行分析时的重点所在。较低的市盈率与市净率意味着机会，而较高的市盈率与市净率则预示着风险，虽然市盈率、市净率排行榜只是静态的排行榜，它只反映了个股的静态市盈率排行情况，但仍不失为我们通过基本面进行选股的出发点之一。

第十五章　关注中盘运行

第一节　理解中盘"飙升"与"跳水"的原因

经过了开盘及早盘前 30 分钟的运行后，个股就进入到了中盘阶段。中盘也可以称为"盘中"，具体来说，中盘是指 10:00~11:30 及 13:00~14:30 这 3 个小时的交易时间，它占据了个股当天交易中的主要时间段。通过个股中盘运行的方式我们可以了解个股当日走势的强弱特点。

对于个股的中盘运行情况我们可以通过大盘指数走势、板块指数走势、个股分时图、委买盘与委卖盘、买盘与卖盘等方面来进行综合分析。对于那些出现了明显异动形态的个股（如出现了飙升或跳水的走势），我们则应找出此股异动的原因，再做进一步分析。

一、关注大盘指数的走势

大盘是个股运行的大环境，当大盘出现下跌走势时，绝大多数个股也会呈现出下跌走势；当大盘出现上涨走势时，绝大多数个股也会在这种良好的氛围下出现上涨。可以说，大盘走势在很大程度上影响着，甚至决定着个股的盘中走势。因此，当个股在盘中出现了飙升或跳水的走势时，我们要看看这种走势是否因大盘指数的异动而导致的。一般来说，若个股在盘中出现了与大盘齐涨共跌的走势，则我们可以对个股中的主力因素暂且忽略，而将分析重点转移至市场整体的多空力量变化中，转移至对大盘短期走势的研判上；反之，若个股走势明显独立于大盘走势，如大盘大涨它不涨，或大盘跳水它不跳，这时，我们可以将特立独行的走势看做是主力运作的结果，应将分析重点转移至个股身上（在第四节中，我们将结合实例来讲解如何利用个股的盘中独立走势去分析个股动向）。通过对比大盘与个股的盘中走势情况，我们就可以对个股的盘中走势了解得更透，也能更准确得作出买卖决策。

在关注大盘指数走势时，我们重点关注大盘权重股的走势，因为对于指数而言，权重股的影响力无疑更大。一般情况下，大盘权重股稳定，股指的走势不会差，个股也有表现机会。大盘权重股大幅下跌，将导致股指的大幅下跌，市场有可能出现恐慌抛售，应离场观望。所以，要密切关注大盘权重股的动向。

二、个股涨跌数量对比

大盘指数虽然可以较为准确地反映市场总体的运行情况，但由于权重股对于指数的影响力更大，因此当少数的权重股出现异动时，大盘指数往往就难以准确地反映市场整体运行情况。此时，通过个股涨跌数量对比，我们可以看到大盘涨跌的真实情况。大盘指数在涨且上涨个股数大于下跌个股数，说明大盘涨势真实，市场呈强势特征，短线操作可以积极展开；反之，大盘指数在涨但上涨个股数却明显小于下跌个股数，这说明指数上涨源于主力资金拉抬指标股，市场呈弱势特征，短线操作应视目标个股展开。

图 15-1 为上证大盘指数 2009 年 12 月 4 日分时图。可以看到运行于上方的上证综合指数在收盘时上涨了近 2%，但是当日个股的下跌数量却要显著的多于上涨个股数量。当日这种指数涨、个股跌的走势是源于权重股大幅上涨，如果查看中小盘个股当日的走势，我们可以看到它们多出现了深幅下跌，虽然大盘指数出现了上涨，但这并不是市场强势的体现，因此投资者在展开短线操作时更要小心谨慎。

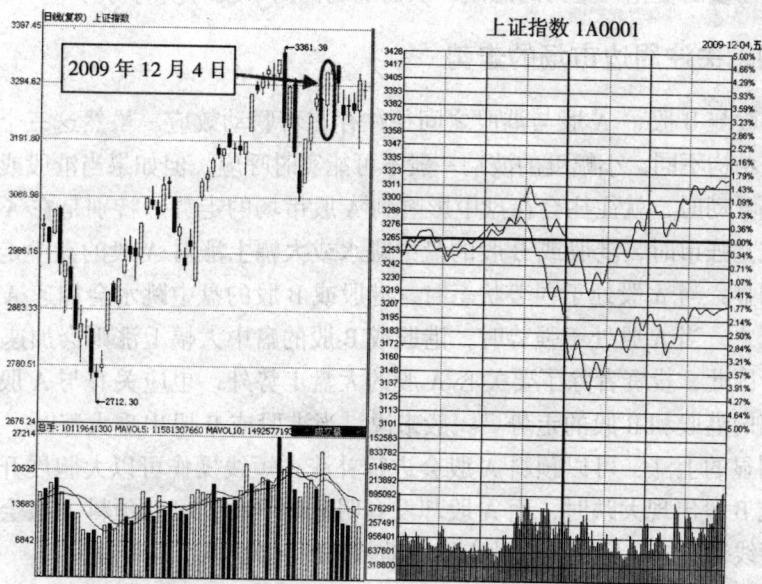

图 15-1 大盘指数 2009 年 12 月 4 日分时图

三、关注个股中盘分时图形态

大盘指数、个股涨跌数量比仅是市场整体运行情况的反映。虽然个股的走势在很大程度上受到大盘的影响，但是只要大盘在短期内不出现暴涨或暴跌的走势，个股的运行形态就是我们应重点分析的内容。因为个股中多空双方的交锋情况、主力的控盘意图等决定股价走向的重要信息是通过盘中分时图表现出来的。若主力有做多意图或个股买盘较强，在早盘前 30 分钟后，主力会积极做多此股，股价会在均价线上方波动，这是买盘力量大于卖盘力量的表现。而且，在适当的时机下，主力还会通过连续的大买盘来推升股价以达到拉升的目的，个股的盘中走势会明显强于大盘走势；反之，若主力有做空意图或个股抛压较重，则个股在盘中会呈现出弱势下跌的走势，而且其走势很可能要明显弱于当日大盘走势。

此外，通过中盘的个股分时线走势，我们可以看到个股在中盘运行时是否可以延续早盘前 30 分钟的势头：若空方力量在早盘前 30 分钟取得了主动，并且持续性极好，则说明此股的后期走势仍旧不佳，反之，则有可能出现"空转多"的情况；若多方力量在早盘前 30 分钟取得了主动，并且持续性极好，则说明此股的后期走势仍将乐观，反之，则有可能出现"多转空"的情况。将早盘前 30 分钟的走势与中盘的走势相结合，我们就可以用一种连贯的方式去分析多空力量的变化、主力的意图，从而准确推测个股的预期动向。

四、关注周边市场的走势

A 股与 B 股、A 股与港股之间往往存在着联动效应。虽然这三个市场中的资金结构不同，小幅度的波动一般不可能实时呼应，但如果当港股或 B 股出现大幅异动时，就往往会在盘中影响到 A 股市场的走势。特别是在 A 股处于弱市或是强市时，港股或 B 股的盘中跳水或大幅上涨对 A 股的盘中走势影响更为明显：当 A 股处于弱势状态时，港股或 B 股的盘中跳水会加速 A 股的下跌，反之，当 A 股处于强势时，港股或 B 股的盘中大幅上涨则会加速 A 股的上涨。因此，投资者除了要关心 A 股的大盘走势外，也应关心与 A 股具有同股同权的港股和 B 股的走势。一般来说，当港股或 B 股出现大涨时，而 A 股没有明显的上涨，可以预料 A 股会进行补涨，短线操作可以大胆展开；而在港股或 B 股出现大跌时，而 A 股却没有明显的下跌，可以预料 A 股会进行补跌，短线操作应尽量避免这种市场联动带来的大盘风险。

第二节 如何解读盘中的大挂单

在关注个股的盘中运行情况时，大挂单与大笔成交也是值得我们重点关注的，这两种信息往往透露了主力当天的控盘意图。大挂单是指委买或委卖盘中所出现数量较大的挂单，大挂单可以分为两种：一种是出现在委卖盘中的大压单，如委买盘中都是百手左右的挂单，而在委卖盘却出现了千手以上的挂单，这种委买盘与委卖盘过于明显的数量上的差别就很有可能是主力挂出大压单造成的，至于主力的意图我们则要结合股价的总体走势来判断；另一种是出现在委买盘中的大托单，如委卖盘中都是百手左右的挂单，而在委买盘却出现了千手以上的挂单，这种委买盘与委卖盘过于明显的数量上的差别就很有可能是主力挂出大托单造成的。

当大量的委卖盘压在上面且其数量要显著多于委买盘数量时，称为上压板。上压板往往给人一种乌云压顶的感觉，一般来说，这说明市场抛售欲望较强，股价后市看跌。上压板多出现在个股经历了较大幅度的上涨后，由于获利盘抛售愿望较强、空方力量充足，这时的上压板往往是市场开始步入下跌趋势的预兆；当大量的委买盘托在下面且其数量要显著多于委卖盘数量时，这称为下托板，下托板往往给人一种千斤托底的感觉，一般来说，这说明市场买入欲望较强，股价后市看涨。下托板多出现在个股经历了较大幅度的下跌后，由于抄底盘抄底愿望较强、多方力量充足，这时的下托板往往是市场开始步入上涨趋势的预兆。对于大挂单的信息，我们有时要从正向理解，有时则要从反向理解，因为上压板与下托板既有可能是市场真实买卖愿望的反映，也有可能是主力特意挂出来以迷惑散户投资者的，此时，我们应结合股价的总体走势进行判断。下面我们通过几种情况来介绍一下如何应用大挂单的情况去分析主力图、研判个股走势。

一、深幅下跌后，大单托底是股价止跌、资金入场迹象

在个股经历了深幅下跌后，由于做空动能的逐渐减弱，股价的估值越来越具吸引力，因此很有可能促使主力资金及散户投资者进场买入，此时市场抛售意愿较低，但是买入意愿却相对较强。由于前期的持续下跌使得市场气氛仍旧较为低迷，更多的投资者没有选择主动性买入，而是将委买价设在下方，因此就出现了这种大单托底的情况。这种大单托底的形态预示着随后即将出现的上涨趋势。

二、深幅下跌后，大单压顶但股价不跌，是主力制造恐慌、借机吸筹的表现

当个股经历了大幅下跌之后，若出现止跌企稳，或是出现放量止跌的形态，多说明个股的跌势已近末期，此时，我们很有可能在盘口中看到大单压顶的情况。这种大挂单所蕴涵的市场含义往往是反向的，它是主力制造恐慌、借机吸筹的表现。一般来说，个股在开盘后由于持续的买盘导致其股价逐渐上涨，当股价涨到一定幅度时却在卖三、卖四位置出现大托单，给人一种抛压沉重、股价难涨的感觉，但当股价上涨到这个大压单的位置时，股价并没有在主动性卖盘的打压下出现明显的下跌。可以说，这种大压单是主力借市场人心不稳、市场做多气氛不足，进而制造恐慌气氛，以此诱骗投资者交出手中筹码。因此，投资者在盘中见到这种情况不必急于抛出筹码，应有一定的持股耐心才会获得更好的收益。

三、相对低位或上升途中横盘震荡区，上有大压单、下有大托单，多是主力洗盘的一种手法

个股处于相对低位横盘区或是起涨初期的横盘震荡之中，此时个股在前期或是保持了较好的止跌上扬形态、或是保持了良好的上涨势头，这种形态说明市场的多方力量已开始强于空方力量，是整体趋势上行的标志。此时，个股在这种相对低位或上升途中横盘震荡区出现的上有大压单、下有大托单的挂单形态多是主力洗盘的一种手法，其目的是通过股价走势的小幅波动来消磨投资者的耐心，从而抛出手中筹码，提高市场平均持仓成本，这可以更有利于主力的后期拉升操作。

四、大幅上涨后，大单压顶是市场抛压重、趋势反转的信号

在个股经历了深幅下跌后，由于做多动能越来越弱，股价的泡沫也越发的明显，因此很有可能促使主力资金及散户投资者产生抛售意愿，此时市场买入意愿较低，但由于前期的持续上涨使得投资者心态较为稳定，因此持股者没有急于主动抛出，而是将委卖价插设在上方，因此就出现了这种大单压顶的情况，这种大单压顶的形态预示着随后即将出现的下跌趋势。

五、大幅上涨后，大单托底但股价不涨，是主力假护盘、真出货的表现

当个股经历了大幅上涨之后，若出现上涨乏力，或是明显的量价背离形

态，多说明个股的涨势已近末期。此时，我们很有可能在盘口中看到大单托底的情况，这种大挂单所蕴涵的市场含义往往是反向的，它是主力假护盘、真出货的表现。一般来说，个股在开盘后由于持续的抛盘导致其股价逐渐下行，但是当股价跌到一定幅度时却在买三、买四位置出现大托单，给人一种主力护盘、股价无法继续下跌的感觉。当股价下跌到这个大托单的位置时，股价明显反弹无力，如果只是护盘的话，就不应该只是在低位象征性地挂出大单后，而不关注股价的反弹。出现这种情况多是主力为稳定市场信心，希望市场浮筹不要抢着和主力同时出货而采取的策略。所以，投资者在盘中见到这种情况一定要小心为上，不要以为有这种大托单，股价就不会再下跌，因为一旦大盘走势不好，这种大托单就会消失，而个股往往也会出现破位下行的走势。

六、总结

大压单与大托单既有可能是市场真实买卖愿望的反映，也有可能是主力特意挂出来以迷惑散户投资者的。由于盘中的挂单具有明显的不确定性，因此仅凭盘中的挂单情况，我们是难以分析个股走势的。但是有一点却是可以肯定的：如果一只个股在盘中交易中频繁地出现大挂单，那我们可以确认此股中有主力参与。至于主力的真实意图如何，我们则应在结合个股走势的基础上却分析、推断，大挂单的出现将使我们有效地发现主力的一举一动，从而更好地把握买卖时机。

第三节　关注大笔成交的细节

大挂单仅仅是委托出来的单子，并不一定真实成交，但是大笔成交则不同，它是发生真实交易的单子。根据交易方向的不同我们可以把大笔成交分为大买单与大卖单两种：大买单是指以委卖价主动性买入的大单子；大卖单则是指以委买价主动性卖出的大单子。一笔或两笔的大笔成交可能来自于大户，但是个股在中盘不时地出现大笔成交或是连续地出现大笔成交则多是主力资金活动的结果。在中盘看盘中，如果我们可以将大笔成交细节及大挂单情况结合起来进行分析，对于把握主力动向、分析个股走势则无疑会起到更好的效果。本节中我们就来看看大笔成交反映了哪些市场信息。

（1）当个股处于深幅下跌后的低位区运行时，这时的大买单具有正向意义，它是主力资金入场的表现，但若是主力不想推高股价来进行建仓，则这种大买单并不具有连续性，此时个股会在这一低位区徘徊较长时间以满足主力大量建仓的需要；当个股经历了大幅上涨后于高位区出现滞涨走势，若这时出现大卖单向下砸出，我们可以理解为大资金出逃，若这种出货行为在顶部区域内的很长一段时间内经常出现，则可以认为这是主力资金大力出货的表现。

（2）当个股处于低位区运行时，若经常出现大抛单，但是股价在总体走势上并没有出现下跌，则这种大抛单多是主力对倒造成的，其目的就是让一些实时盯盘的散户投资者误以为仍有主力资金在出货。通过这种大单砸盘的方式可以有效制造恐慌情绪，让短线客看不准行情，从而出现判断错误而抛出手中的廉价筹码；当股价处于高位区时，经常出向上的大单扫货，给人的感觉是在这个高价区，仍有大资金在积极做多，然而实际情况往往并非如此，主力多是通过在上方挂出自己的单子，然后主力自己再大笔买入以此造成"抢筹"的假象，以此吸引市场追涨盘介入，这种手法我们可以将其称为"对倒拉升出货"手法，是主力诱多出货的表现形式，一旦市场跟风气氛上来了，主力往往就会毫不留情的大肆出货，当主力对倒拉升时，个股会出现放量上涨，甚至出现一种放量突破的形态，但是随后当主力放弃对倒拉升并开始积极出货时，不但成交量会大幅萎缩，股价也会迅速回落到对倒拉升前的起涨点附近。

（3）当个股处于刚刚脱离底部区的上涨初期，此时主力的仓位很可能并不够，且底仓获利较少，如果同期大盘也出现回暖走势，则主力多会选择在这一价位区进行加仓操作。虽然此时的价位相对于前期的底部来说要高一些，但是从中长线的角度来看，这一价位仍是极低的，而且主力加仓可以顺势引发市场对于此股的做多热情，从而更便于主力后期大幅拉升此股，此时的大单买入多是主力加仓的一种表现。而在拉升过程中出现的大单砸出往往是非主力的大资金获利出局，或者是主力故意迷惑市场而采取的对倒策略。一般来说，若我们可以确认有主力介入此股，只要此股的股价总体涨幅不超过50%，投资者就没有必要担心股价会暴跌，毕竟主力在拉升时也要动用不少资金，这在无形中会增加主力的控盘成本。

（4）当个股在低位区进行了较长时间盘整走势后，主力很有可能在这一低位区的震荡过程中进行较为充分的建仓，随后，借助于大盘的回暖走势，主力就很有可能对此股展开拉升操作。一般在建仓后、拉升前，为了测试市场抛压及承接力度，主力很有可能通过突然性的大单买入推高股价或是突然性的大单抛出砸低股价，测试此股中是否还有隐匿其中的大资金及市场浮筹的稳定度。体现在盘面上的形态就是：当某股在某日正常平稳的运行之中，股价被突然出现的上千手大买单拉升然后又快速归位或者股价突然被盘中出现的上千手大抛单砸至跌停板附近，这表明有主力在其中试盘。主力向上拉升试盘多用于测试市场的抛压如何，主力向下砸盘试盘多用于测试是否有其他大资金在承接主力的抛盘。通过这种突然性的大单买入及大单卖出的方式试盘，主力才会决定是否拉升。

第四节　关注中盘走势独立的个股

当个股在盘中运行时，若个股的走势与大盘较为同步，则这样的个股即使有主力运作，则它在近期的表现也多与大盘同步；反之，对于那些盘中走势明显独立于大盘的个股，则往往体现了主力近期内做多或做空的意图，是我们在盘中应重点关注的个股。下面我们结合实例来分析盘中走势相对独立的个股。

如图 15-2 为中通客车（000957）2009 年 8 月 13 日至 2009 年 10 月 30 日期间走势图，图中右侧为此股 2009 年 10 月 23 日分时图；图 15-3 为大盘指数 2009 年 8 月 10 日至 2009 年 10 月 30 日期间走势图，图中右侧为指数 2009 年 10 月 23 日的分时图。如图 15-2，中通客车在当日开盘后出现高开高走并快速上封涨停板的走势，其走势明显独立于当日大盘，由于此股目前处于一波回调后的相对低位震荡区，且从中长线的角度来看，此股的累计涨幅并不大，因此，这种强势运行的独立走势是主力做多意图的体现。

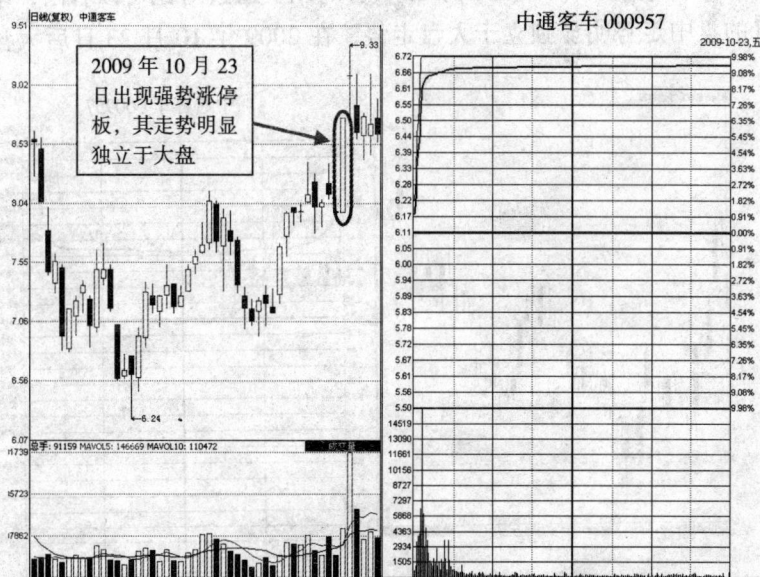

图 15-2　中通客车 2009 年 8 月 13 日至 2009 年 10 月 30 日期间走势图

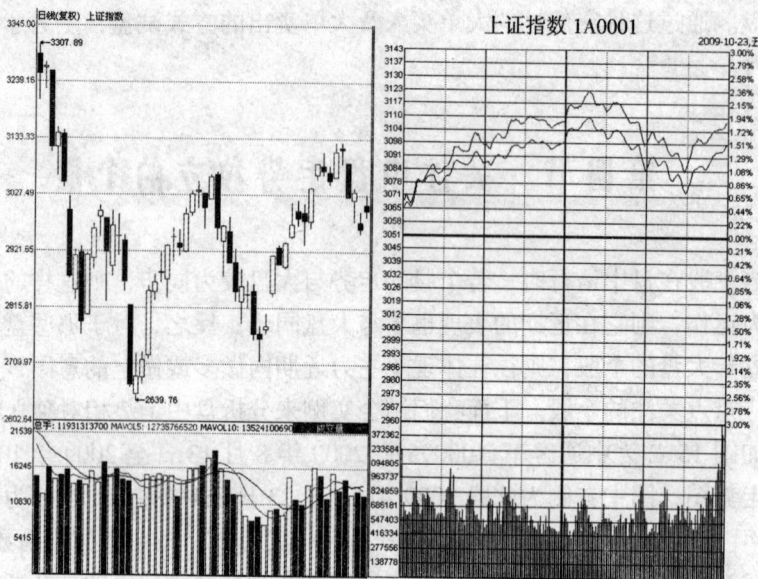

图 15-3　大盘指数 2009 年 10 月 23 日分时图

图 15-4 为中通客车 2009 年 10 月 26 日分时图；图 15-5 为大盘 A 股指数 2009 年 10 月 26 日分时图，图 15-6 为中通客车 2009 年 10 月 29 日分时图；图 15-7 为大盘指数 2009 年 10 月 29 日分时图。通过对比可以看出，中通客车这几日的盘中走势明显独立于大盘走势，在 2009 年 10 月 23 日后大盘出现了

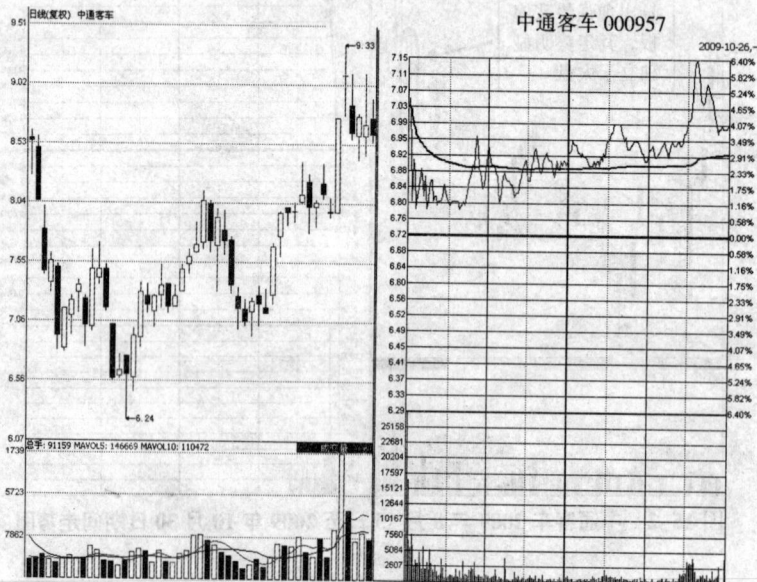

图 15-4　中通客车 2009 年 10 月 26 日分时图

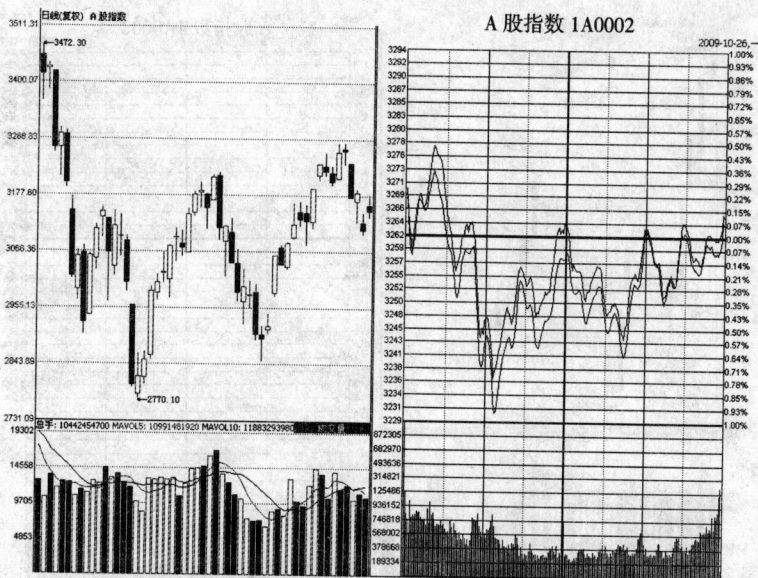

图 15-5　大盘 A 股指数 2009 年 10 月 26 日分时图

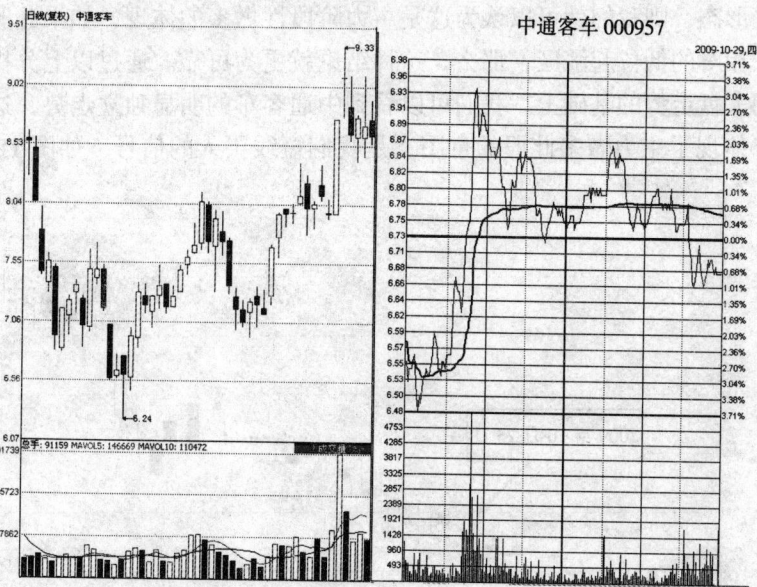

图 15-6　中通客车 2009 年 10 月 29 日分时图

一波明显的回调走势，但是中通客车却能在 2009 年 10 月 23 日的涨停板价位
走出强势横盘的走势。如果个股在某一个交易日内出现独立于大盘的强势运行
状态，我们可以认为这种独立走势或是由于消息刺激、或是由于当日板块走强
所带动。但是若一只个股可以在连续多个交易日中出现这种明显强于大盘走势

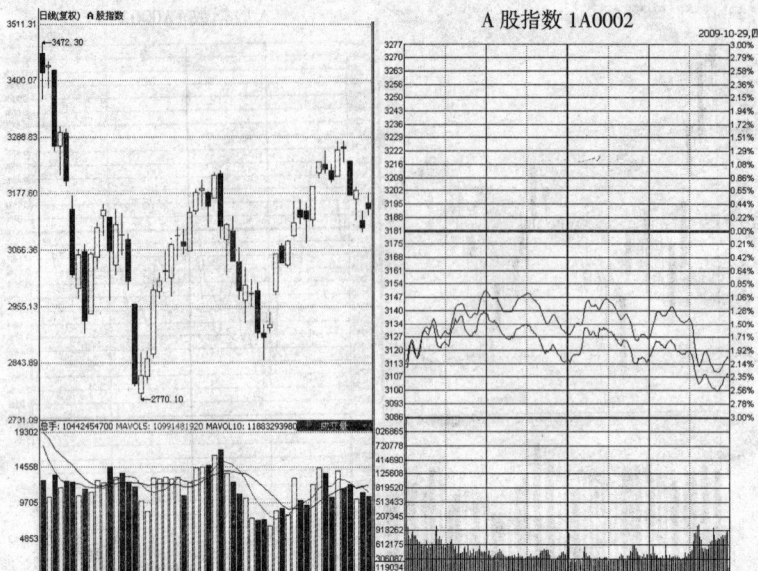

图15-7 大盘指数2009年10月29日分时图

的独立形态，则我们就可以认为这是主力阶段性做多的体现，如果此股的价位也处于相对的低位起涨区，那么，这种结论就更为可靠。通过以上分析，在结合同期大盘走势的基础上，我们可以看到中通客车的明显独立走势，这种独立的走势体现了主力做多此股的意图，是我们短线买入的信号。如图15-8为中

2009年10月23日

图15-8 中通客车2009年10月23日后走势图

通客车 2009 年 10 月 23 日后的走势图，图 15-9 为大盘指数 2009 年 10 月 23 日后的走势图，可以看到中通客车在随后出现了大幅上涨，短期内的上涨幅度接近翻倍，而同期的大盘却仍处于横盘震荡之中。通过分析盘中个股走势的独立性，我们往往可以捕捉到短期翻倍的黑马股。

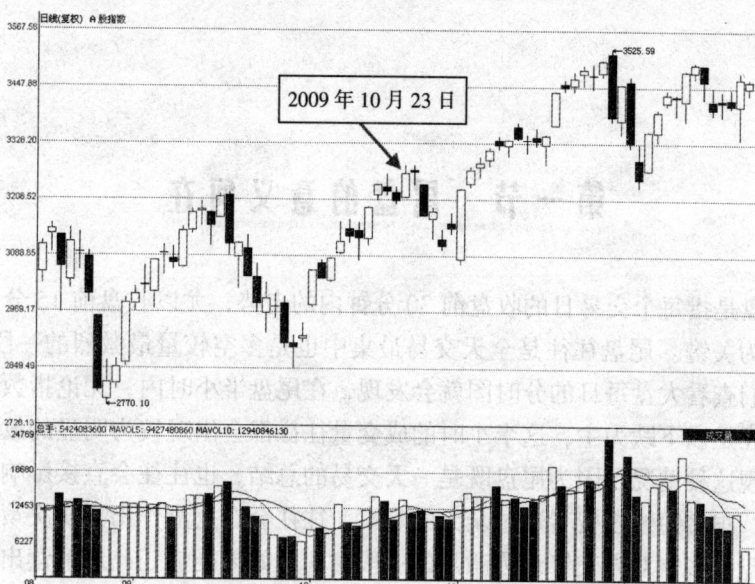

图 15-9　大盘指数 2009 年 10 月 23 日后走势图

指数300点到570点（1.90倍）内，用15天时间完成涨幅200点，10月25日收盘价收于多日新高，随后于高位横向盘整，11月8日，至收盘前，指数在前期较高的位置横盘整理，成交量在尾盘出现放大

第十六章　关注尾盘异动

第一节　尾盘的意义何在

尾盘是指每个交易日的收盘前 30 分钟内的走势，尤以收盘前 15 分钟内的走势最为关键。尾盘往往是全天交易最集中也是多空较量最激烈的一段时间，如果我们查看大盘每日的分时图就会发现，在尾盘半小时内，无论指数是以上涨为主还是以下跌为主，这半小时的成交量往往都会出现较为明显的放大。之所以出现这种情况是因为尾盘既是一天交易的总结，也往往会直接影响次日盘面走势，很多短线投资者通过全天的观察，往往会在尾盘作出买卖决策。可以说，尾盘是多空双方交锋最为激烈的一段时间，如果能够正确地解读出尾盘交易中所带给我们的信息，将会使我们在随后的短线操作中处于主动地位。那么，尾盘提供给我们哪些信息了呢，我们应如何去解读呢？

第二节　通过尾盘走势获取主力行为信息

若主力在短期控盘过程中有明显的做多或做空意图，则这种意图很有可能通过早盘前 30 分钟及尾盘的走势反映出来。早盘前 30 分钟的走势可以奠定个股全天走势的强弱，而尾盘 30 分钟的走势则有助于为主力下一个交易日的做多或做空打下基础。因此，当主力通过尾盘来实施做多或做空的行为时，个股就会在尾盘呈现出明显的异动（或是出现大幅上涨的形态，或是出现大幅下跌的形态）。如果当日大盘指数在收盘前的走势较为稳定，则我们更可以直观清晰地看到主力的这种控制尾盘的行为。尾盘拉升并不代表主力次日要做多此股，这也有可能是主力为次日高位出货所进行的尾盘拉升；尾盘打压也不一定代表主力次日的做空行为，这也有可能是主力为次日此股的上涨预留空间。在分析个股的尾盘异动时，我们还要结合个股的整体运行特点及近期走势强弱来

做综合判断。

　　图 16-1 为博盈投资（000760）2009 年 6 月 4 日前后走势图，图中右侧为此股 2009 年 6 月 4 日分时图。此股当日在尾盘出现了明显的异动，此股全天呈弱势运行状态，但是尾盘时却出现了强势上涨，这种明显的尾盘异动走势往往也是主力短期内强烈地做多此股或做空此股的表现。此股在前期处于良好的上涨走势中，2009 年 6 月 4 日之前几日处于上升途中盘整走势。在 2009 年 6 月 4 日之后，此股出现了短期内的强势上涨，可见，2009 年 6 月 4 日的尾盘拉升是主力借前期形成的良好上涨氛围再次大力做多此股的表现。

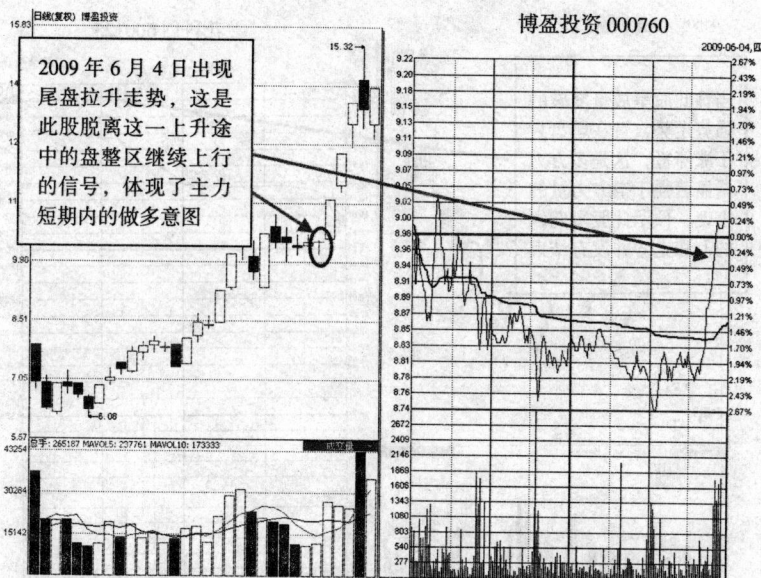

　　2009 年 6 月 4 日出现尾盘拉升走势，这是此股脱离这一上升途中的盘整区继续上行的信号，体现了主力短期内的做多意图

图 16-1　博盈投资 2009 年 6 月 4 日尾盘异动示意图

第三节　通过尾盘走势获取多空双方实力信息

　　由于在尾盘的交投过程中，成交量往往呈现出明显的放大形态，因此，此时若我们结合股价的波动方向就可以大致分析出市场上的多空实力对比。一般来说，投资者在观察大盘或个股的一天走势之后，往往会在尾盘作出买进或卖出的决定，若买盘的力量显著的大于卖盘力量，则个股或大盘在尾盘中会出现上涨走势，这种买盘力量大于卖盘力量的状况也往往会延续到下一个交易日中；反之，若卖盘的力量显著的大于买盘力量，则个股或大盘在尾盘中会出现下跌走势，这种卖盘力量大于买盘力量的状况也往往会延续到下一个交易日

中。在结合大盘或个股全天走势的基础上，透过尾盘的走势，我们可以大致了解到个股或市场中的多空实力情况是否保持了良好的延续性、是否已在尾盘出现了一定的转向，这些信息有助于我们准确预测个股或大盘随后的走势情况。

图 16-2 为兰花科创（600123）2009 年 3 月 12 日前后走势图。此股当天呈强势运行状态，且股价的走势正处于突破前期低位横盘区的状态下。在尾盘半小时内此股依然延续这个交易日的强势走势并最终于收盘前封于涨停板之上，这意味着此股中多方力量已处于压倒性的优势。由于此时正是处于刚刚突破前期低位平台的位置，因此后市仍将看涨。

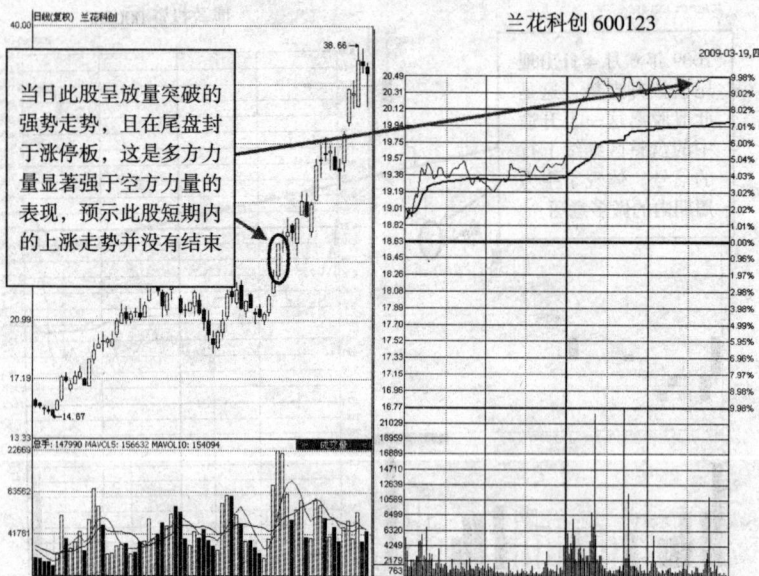

图 16-2　兰花科创 2009 年 3 月 19 日分时图

第四节　通过尾盘走势获取趋势转向的信号

当市场或个股经历了一波快速的上涨或下跌后，若短期内趋势将出现转向，即出现由升转跌或是由跌转升时，这种转势的信号往往就体现在尾盘的异动之上。

图 16-3 为包钢股份（600010）2009 年 2 月 17 日前后走势图。此股在经历了 2009 年 2 月 17 日前的快速上涨后，于 2009 年 2 月 17 日继续呈强势运行走势，但是这种走势在尾盘却出现了变数。如图所示，此股在尾盘出现了快速跳水的走势，这种走势出现在前期的快速上涨之后往往是个股短期上涨走势结

束的信号，它预示了此股随后即将展开的一波回调。

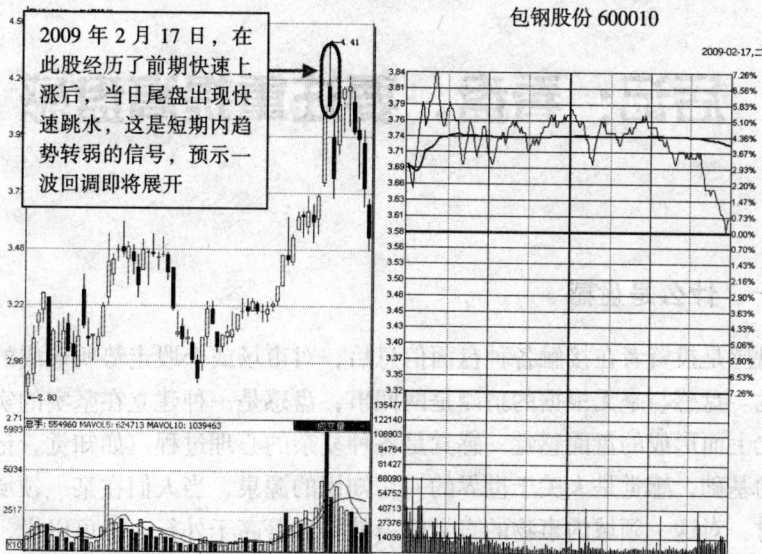

2009 年 2 月 17 日，在此股经历了前期快速上涨后，当日尾盘出现快速跳水，这是短期内趋势转弱的信号，预示一波回调即将展开

包钢股份 600010

图 16-3　包钢股份 2009 年 2 月 17 日分时图

　　图 16-4 为大盘指数 2009 年 7 月 29 日前后走势图。在大盘经历了 2009 年 7 月 29 日之前的快速上涨后，在当日尾盘出现了深幅、快速的跳水，这是空方力量集中释放的表现，也是市场抛压沉重的表现，这预示了大盘短期内将会在持续抛盘的带动下出现深幅回调走势。

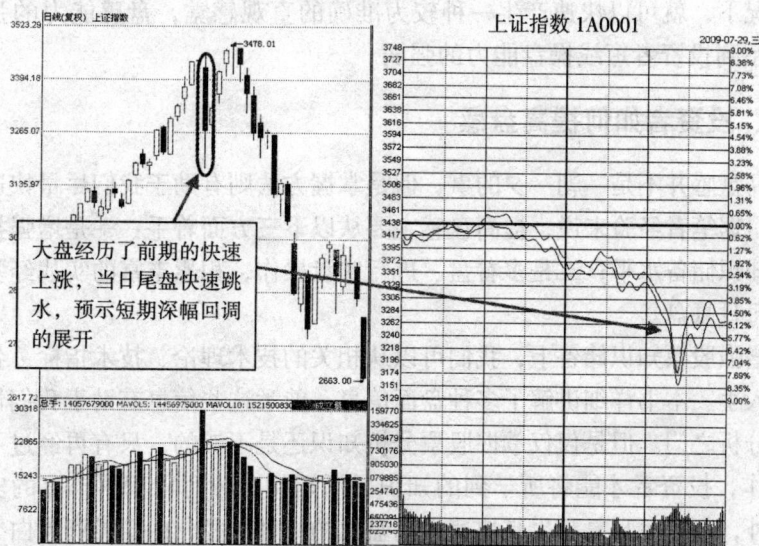

大盘经历了前期的快速上涨，当日尾盘快速跳水，预示短期深幅回调的展开

上证指数 1A0001

图 16-4　大盘指数 2009 年 7 月 29 日分时图

后记：看盘，要注重提高盘感

一、什么是盘感

盘感是投资者在接触各种盘面信息后，对市场或个股走势所形成的一种预期感觉。盘感与毫无根据的猜测是两回事，盘感是一种建立在坚实的实盘操作水平之上而形成的盘面感觉。感觉是各种复杂的心理过程（如知觉、记忆、思维）的基础，感觉是人关于世界的一切知识的源泉，当人们在某一领域内介入较深时，对这一领域内事物的直觉能力就要显著高于外行人，可以说，这种直观的感觉并不是什么神秘的事物，它是建立在人们对某一专业知识的精通掌握之上的。由于市场或个股的短期走势往往受多种因素影响，如果仅靠分析逻辑推理过程，我们是难以得出可靠的买卖决策的，而且往往也很容易错失买卖良机。但是盘感则不同，它是投资者在日积月累的看盘、操盘过程中形成的一种直观感觉，投资者根据他所接触到的相关盘面信息（如 K 线图走势、成交量情况、分时线走势、委买委卖盘情况、成交单细节情况等），在不经过逻辑分析的情况下，就可以快速产生一种较为准确的直观感觉，盘感能力的强弱也直接关系到投资者短线操盘能力的强弱。

二、投资者如何提高盘感

提高盘感并不是一朝一夕的事，但是掌握方法则有助于我们尽量快速地提高盘感。据笔者经验来说，提高盘感主要从以下三方面着手：一是增强投资者的股票知识储备水平；二是多看盘、进行实盘操作，积累丰富的实战经验；三是坚持每日复盘。

在增强股票知识储备上，我们可以从相关的技术理论、技术指标、各种盘面信息入手。本书详细讲解了多种盘面信息，熟悉这些信息有助于我们快速进入技术分析之门。但是仅仅掌握股票分析知识还是不够的，只有再经过不断的实盘操作，投资者才能将所学到的知识灵活运用，才可以积累丰富的实战经验。此外，坚持每日复盘也是快速提高盘感的一种捷径，由于投资者白天时间有限，不可能每个交易日都实时地动态盯盘，而且一般在白天动态盯盘的时候也没有充足的时间进行总结，复盘就是对当天的走势进行一次回顾和总结，从中发现问题和蛛丝马迹，并据此确立自己在第二天或者是一段时间内的操作方向。在复盘时，投资者可以重点关注自选股走势及大盘走势，并从排行榜中及时找出那些出现明显异动的个股，以做后期跟踪。

　　有一句谚语说得好："不要轻视感觉，因为感觉会引发行为；不要轻视行为，因为行为会形成习惯；不要轻视习惯，因为习惯会形成性格；不要轻视性格，因为性格会决定命运。"可以说，成功离不开对机会的及时发现和把握，而这种能力的源头就是一种"直观的感觉"，投资者一旦具备了这种对于股市的优秀的直观感觉能力——盘感，就可以成为一个真正成功的交易者。